U0365951

方维规　著

历史的概念向量

图书在版编目（CIP）数据

历史的概念向量 / 方维规著. —北京：生活·读书·
新知三联书店，2021. 2
（乐道丛书）
ISBN 978 - 7 - 108 - 07027 - 2

Ⅰ.①历… Ⅱ.①方… Ⅲ.①思想史–研究–世界
Ⅳ.①B1

中国版本图书馆 CIP 数据核字（2020）第 256558 号

责任编辑　王婧娅
封面设计　黄　越
责任印制　黄雪明
出版发行　生活·讀書·新知 三联书店
　　　　　（北京市东城区美术馆东街 22 号）
邮　　编　100010
印　　刷　江苏苏中印刷有限公司
排　　版　南京前锦排版服务有限公司
版　　次　2021 年 2 月第 1 版
　　　　　2021 年 2 月第 1 次印刷
开　　本　880 毫米×1230 毫米　1/32　印张　17
字　　数　457 千字
定　　价　82.00 元

目 录

第三编

序

"乐道文库"书系问世，拙著《什么是概念史》能忝列其中，实感惬心。我把"乐道丛书"理解为"乐道文库"的配套文本，因而选辑了十多年来与概念史有关的若干文章结集成书。《什么是概念史》是一本理论著作，而此前拙笔《概念的历史分量：近代中国思想的概念史研究》，则是运用概念史方法的实证研究。本书中既有理论也有个案考析，还有不少散论；也就是说，不少文章并非严格意义上的概念史著述，但或多或少都与概念有关，即透过概念潜望镜来观察和思考问题。

第一编是理论篇，其中不少内容已被加工进《什么是概念史》一书，然而作为单独发表的文章，各有其专门论题和架构。此书虽未收入我的全部概念史理论文章，但包含我在这个领域最初的评述文字和最新面世的文章，能够体现我对概念史的思考，长文《概念史八论》是我单篇发表的较为系统的概念史理论撰述。各文的形式和篇幅相差较大，缘于写作时的用意，这次因本书篇章结构才将其组合到一起，并对原文或多或少做了一些调整和修订；但为了显示不同阶段的认识，或对某些问题在理解上的发展变化，所以尽量保持原文的整体面貌。

第二编为实证研究，起首论述"民主"和"知识分子"的两篇文章是较为典型的概念史研究，接着对"跨文化""世界文学""光晕"或"共同体"等概念的查考，无疑也有明显的概念史理路，但多半都有特定的语境，带着具体的问题意识探讨相关问题。这些或长或短的"概念史"篇什，兴许能见出概念史方法在社会学、文学理论、文化研究等不同领域的运用可能性。需要说明的是，这个单元中探究的十多个概念，虽不像《概念的历史分量》那样考证的全是富有整合力的大概念，但这些概念在人文社会科学或相关学科中的重要性是毋庸置疑的。

第三编主要是书评、序言等论说文字，也都触及概念（史），或历史语义学领域内相关问题的考辨。其中讨论的一些学者著述，可以让人直接或间接看到汉语学界近年来在概念史或相近领域所取得的一部分成就，可是也存在某些明显的疑点。因此，这一编中除了明确的质疑文章外，其他各篇中亦有不少商榷文字。其实，此书中还有若干文章，间或也针对一些特定问题提出不同观点。概念史不仅在于寻流讨源，正本清源也是其重要追求。我只是根据自己见到的史料和相关文献提炼见解，不敢说观点有多高明、思想有多深刻，也不排除主观判断和偏颇言说，然深信辨析和切磋能够推动学术的进步。

当今研究知识形态和知识变化，概念史已经不可或缺；同样确定无疑的是，单凭概念史亦无法让知识的历史动力一览无遗。本书取名《历史的概念向量》，意在昭示概念的认识论之维和可能潜力，这也是借用数学名词"向量"的缘由：既有大小又有方向的量，很能在隐喻的意义上表示概念的视域、走向及其变化。概念的这种动态特性和能量，亦可用物理学中的"向量"（"矢量"）来形容：力，位移，速度，加速度，让人看到概念对于历史发展的推动力，或经验世界的加速发展和时代化，也是语言加速变迁的时期。此外还有概念对历史经验的阐释力，以及表现事实、改变事实的能量。

这部文集也从一个侧面体现出我十多年来的问学之旅。无论是个人精神探求还是特定的学术机缘，我做的东西比较杂；说得好听点，我的学术旨趣横跨不少专业，从事的常常是跨学科研究，但主要是在文学与历史之间穿行，哲学则是许多研究的应有之题。以概念史为例，伽达默尔曾写过一篇题为《作为哲学的概念史》（1971）的文章，概念史名家朔尔茨（Gunter Scholtz）的一篇论文则是《作为历史哲学与哲学历史的概念史》（2000）。本书中除概念史理论文章和实证研究外，其他一些论文或许也能体现我的概念意识。

本书各篇均已在学术期刊或集刊中发表，但有同道朋友说有些文章的纸质版不易找到，这次编入此书，或许能给感兴趣的学人提供方便。原文出处均见于各篇首页注释。一些评论性文章原来没有注释，值此整理书稿时添加了必要的注释。另外，因各篇文章写作于不同时间，对概念史基本问题的论述中偶尔有一些重复文字或引文，还有个别大同小异的阐释。为尽量保持原文结构和论述逻辑起见，编辑时未删减"重复"内容。我的概念史论文时有不少德语参考文献，为了方便大部分读者，注释中的外语文献附有译文，虽显"拥挤"，但我觉得"做材料"是必要的，能够让人了解别人做过什么，这不仅有相关问题的"资料索引"之意，有些著作题目或许还会带来启发。

人的精力是有限的，眼光也一定是有限的。这次不揣浅陋、收拾旧文，虽有颇多修改，对个别篇章甚至用心做了大幅扩充，但肯定还有许多不足之处，切盼有心之士和先进读者的慧见和指教，说不定以后还有机会改正、修订和增补。

最后我要对本书的责任编辑王婧娅表示我的衷心感谢。早在她编辑我的上一本书《什么是概念史》的时候，我就深有体会，和一个在行的责编合作，不但是愉悦之事，还能获得精到的指正。

第一编

理论的必要性 *

2011 年 10 月，复旦大学历史学系与台湾"中央研究院"近代史研究所合作举办了"近代中国知识转型与知识传播（1600—1949）"国际学术研讨会。潘光哲君递交了那次会议文献中最长的论文：《西方政体类型知识"概念工程"在晚清中国的创发与建设》。密密麻麻的 60 页文字，体现出其论文的一贯风格：通彻而致密。史料功夫让人钦佩，且总有新的发现。并且，他不但会旁征博引，也会旁敲侧击，在会上以开玩笑的口吻说："方维规是天上飞的，我们是地上爬的。"说出这句话的原因，许是我递交的会议论文，谈的是概念史的理论问题。作为朋友，他当然知道我还写过几篇关于概念史方法的小文。与会者基本上是史学界的朋友，比我更懂得他的见解；不过，我也不会误解他的意思：他说的"爬"，是爬梳功夫。

我当时觉得有点冤：我不是主要也在地上爬吗？后来，他在《东亚观念史集刊》第二期上发表的《从"新名词"到"关键词"专题引言》，更让我明白了他的谦逊之言，他强调的是"史家技

---

* 本文原为《观念史·概念史·关键词专题引言》，载《东亚观念史集刊》第四期（2013 年 6 月），第 91—100 页。此稿是"引言"的节本。为了段落和行文的通顺，文字略有改动，并添加了一些文字。

艺":"探讨'新名词'抑或'关键词'的事业,毕竟还是历史学的工作。既然是史学研究,就必须立基在扎实的材料基础上;没有扎实的材料基础,却专以形构理论、概念等空言为能事,不过是对史学自身学科纪律的侮辱。"① 此番话语,也可用来为天上地上之说做注脚。或者说,天上地上之喻,绝非玩笑之言,且言之有理。这对我们非史学界中人来说,不啻为一种鞭策。

说实在的,谁都不想老在天上飞,鸟类人类都一样。脚不踩着地,心里会不踏实。飞得再高,也得歇脚。2011 年 11 月,在台湾政治大学文学院主办的"近代东亚的观念变迁与认同形塑"国际学术研讨会之后,《东亚观念史集刊》召集了刊务会。编审委员会让我为该刊第四期的专题栏目策划一次"概念史·观念史·关键词"的理论探讨。身为编审委员,同好信任,推辞不得,于是硬着头皮接下了这一差事。

"天上飞的。"虽然不是谁都能说得如此形象而诙谐,但是这种看法,或许是不少人都会有的。在天上飞,常会给人凌空蹈虚、虚无缥缈之感。这是理论本不该有却很常有的特点。何为理论? 理论何为? 提出这类问题的人,一般不会对答案感兴趣,因为那多半是一种讥刺,在做实证研究的人那里尤其如此。在这个语境中,我们马上就会想到理论在晚近国际学界的遭遇,会想到 20 世纪末期以来弥漫于国际学界的各种理论危机论与深刻的理论焦虑。用伊格尔顿(Terry Eagleton)《理论之后》② 中的话说,理论的黄金时代已经过去。并且,"理论之后"之说,似乎成了一种共识。不管是文

---

① 潘光哲,《从"新名词"到"关键词"专题引言》,载《东亚观念史集刊》第二期(2012 年 6 月),第(81—90)89 页。

② Terry Eagleton, *After Theory*, New York: Penguin, 2004.

学研究中的"抵抗理论"①，还是西方哲学研究中的反本质主义（维特根斯坦［Ludwig Wittgenstein, 1889—1951］、罗蒂［Richard Rorty, 1931—2007］），或者 20 世纪 80 年代伦理学界颇有声势的"反理论"思潮（威廉姆斯［Bernard Williams, 1929—2003］、泰勒［Charles Taylor］、麦金泰尔［Alasdair MacIntyre］等），都是对元叙事理论之合法性的怀疑，亦即对普适性、体系性"理论主义"的拒绝。

人们不再相信终极本质与宏大叙事；固定不易的元叙事理论，遭到来自文本与历史的质疑和问难。这一切都让理论黯然失色，似乎风光不再。然而，这只是问题的一个方面。另一方面，抗拒本质主义的"反理论"或所谓"后理论"，并不是"理论的死亡"或"理论无用论"，而是告别"大理论"（the grand theory），告别宏大叙事，转向形形色色的"小理论"。其实，反理论也是一种理论。维特根斯坦认为自己根本不需要理论（《美学讲演录》），可是他的论说充满理论。对于理论局限和理论危机的认识，只是对普适性宏大理论的不满和厌烦，如华勒斯坦（Immanuel Wallerstein）所说："在社会科学迄今的历史发展中，无论人们怎样真诚地追求，对于普世性的期待从来没有真正实现过。"② 然而，我们不可能处在"理论之后"，理论不可能终结，没有理论便没有人的反思，它是人类生活之不可分离的一部分（伊格尔顿《理论之后》）。换言之：各

① Paul de Man, *The Resistance to Theory*, Minneapolis: University of Minnesota Press, 1986.
② 华勒斯坦，《开放社会科学——重建社会科学报告书》，第 49 页（Immanuel Wallerstein, *Open the Social Sciences: Report of the Gulbenkian Commission on the Restructuring of the Social Sciences*, Stanford: Stanford University Press, 1996）。

人都有其理论，至少有其小理论；哪怕他/她没有意识到自己的理论，或只是（不自觉地）依附于特定时代或地域的主导理论。

维特根斯坦依托于语言分析，提出了他的反本质主义理念，即哲学的本质就是语言。语言乃人类思想之表达，哲学的本质只能在语言中寻找。他以此解构了传统哲学所根究的唯一本质，将哲学问题转化为语言问题。他在《哲学研究》（1953）中提出，语词与其指称对象的对应关系，并非语言的本质所在；语词的意义是由"用法"确定的，即所谓"含义即用法"或"用法中的含义"。这一观点与概念史研究息息相关，科塞雷克（Reinhart Koselleck, 1923—2006）在钩稽概念的形成、运用和变化时，强调的正是概念的实际"运用"，类似维特根斯坦所说的在"语言游戏"（Sprachspiel）中理解游戏。另外，维氏在《逻辑哲学论》（1922）中有句名言："凡是能够说的事情，都能够说清楚，而凡是不能说的事情，就应该沉默。"① 换句话说，凡是能用语言和逻辑来表达或分析的东西，均为可说的，否则就是不可说之物。而概念史根究的语词和概念，正是某个时代或时期中可表达和"可说的"东西。除此而外，概念史还注重"如何说"的问题：就像一个人净化其语言就是净化思想一样，一个时代寻找和提炼概念的过程，也是在提炼认识和思想。

在"历史语义学"（德：historische Semantik；英：historical semantics；法：sémantique historique）框架之内，人们时常论及英、法、德三种不同旨趣和视角的研究模式。剑桥学派波考克（John

---

① Ludwig Wittgenstein, *Tractatus logico-philosophicus*, London: Kegan Paul, (1922)2010, p.162.

Pocock）和斯金纳（Quentin Skinner）的思想史研究，是一种不以概念为指归的话语史研究，强调政治理论的所有语言因素以及词语的运用范围，注重对文本的分析性诠释，在政治事件的整体语境中查考"话语"的交流语境和语言习惯，要言之为"历史语境主义"（historical contextualism）。他们的"话语"概念，明显区别于福柯（Michel Foucault, 1926—1984）的话语理论。福柯以话语为核心所从事的学科史研究，视话语为具有普遍社会意义之物的表征，表征对象即为知识，而"知识考古"乃探究知识的话语分析。在他看来，"人之科学"（法：sciences humaines；英：human sciences）就是话语系统，或曰研究话语和表征，揭橥其深层结构。他本人的研究工作，不仅准确描述了不同的话语概念，也在话语分析与人之科学之间建立起极为重要的联系。

在此，我们可以看到话语分析与概念史的相通之处，即认定语言是事物的标记（表征）。不仅如此，科塞雷克把关键概念看作历史发展的"实际表述"（显示器）和"推动因素"（推进器）；福柯则认为，语言不仅是知识载体，且决定知识本身。表征与话语最终见之于"认识型"（épistémè）这一福柯理论的核心概念。所谓"认识型"，是说每个时代都有一套支配各种话语和知识的基本范畴，也就是知识生成的规范；所有知识活动都受到特定"认识型"的制约。还有知识密码，无外乎词与物的关系；根究这种关系，便是知识考古的关键所在。因此，福柯式的认识论历史研究，主要不在于考证概念的根源和延续本身，而是描述概念得以生成、延续或断裂的认识型，话语被视为整个知识的陈述方式。并且，福柯认为概念的形成过程颇有意趣，一旦定型于辞书，便会在很大程度上失去其原有话语功能。他所关注的是一切所说的和所写的东西，钩稽特定时期、特定语境的特有话题，及其有规则的言说方法。

在德里达（Jacques Derrida, 1930—2004）那里，文本之外无他物；在福柯眼里，话语之外无他物。人与世界的关系是话语关系，没有话语就没有存在。后来，新历史主义深受福柯的影响，把过去发生的事件当作有待破解的文本，认为各种话语形式都与其他话语和实践有着互文性，相互影响并由此决定话语。新历史主义将历史事物的构成与文本解读联系在一起，强调陈述形式亦即修辞，提出"文本的历史性"和"历史的文本性"，即文本体现历史或隐含历史，而历史具有书写之文本特征。

不管是德国概念史，还是剑桥政治思想史，或者法国以"话语史"形式所从事的历史语义学研究，其实都强调话语与概念的重要性。它们的最根本差异，是探索语言与历史之关系时的切入点各异；三种学术流派的不同，在于历史考察的不同着眼点与分析范畴。当然，一切都缘于各自理解历史的基本理念。无论如何，话语离不开概念，查考概念也离不开话语分析，二者常是你中有我、我中有你，是一种互动互惠的关系。

与布罗代尔（Fernand Braudel, 1902—1985）整体史观之"长时段"（longue durée）研究方法所呈现的多种时间层级相仿，在科塞雷克眼里，历史有着不同的时间层级，也就是过去、现在、未来之时间结构。他曾在多篇文章中指出，概念史实为概念之时间史。政治和社会的基本概念，都蕴含着过去的经验、现在的体验和对未来的期待；并且，它们随着历史时间的变化而变化：现在是过去的未来，未来是期待所要造就的现在。这就生发出科氏分析概念时所依托的两个重要范畴："经验空间"（Erfahrungsraum）与"期待视野"（Erwartungshorizont）。前者作为过去的留存及现实体验，融汇着过去与现在的实际认知；后者则是基于特定现实的展望或空想。科塞雷克认为，任何历史时间都离不开这两个范畴。诺贝尔文学奖获得者格拉斯（Günter Grass, 1927—2015）新造的德语词"过现未"（Vergegenkunft），很能说明科塞雷克所阐释的过去、现在和未来的时间之维。为了拓宽历史"真实"概念，描述事实的复杂时间结构，格拉斯认为过去、现在、未来具有"同时性"，因而发展了他的"第四时间"（die vierte Zeit）概念："过现未"把三种时态连在一起，乃三个时间维度相交之整体，追忆过去，反映现实，预示未来。

　　概念史是对传统观念史的反拨，德国的经典概念史常被看作反传统的思想史研究。换言之，概念史在很大程度上是在对传统观念史的批判中产生的，它强调概念的变化和变化的概念。当然，剑桥政治思想史或法国的话语史研究，也都是对传统观念史的拒绝，从内容到方法都焕然一新。英语学界大多数学者时常混用"观念史"（history of ideas）和"思想史"（intellectual history）；德语概念"Ideengeschichte"，汉译"思想史"者有之，"观念史"者有之。就汉语感觉而言，"观念史"和"思想史"总是有点区别的，其实大同小异。行文至此，我想到自己近期在一些讲座和座谈中，常被问及概念史与观念史的区别，还有概念史和观念史谁大谁小的问题。这里可能存在一个误区：汉语表达很容易让人望文生义，大多数人会说观念大，概念只是一个词语。虽然在这个问题上不宜用"大小"论之，但我暂且还是想说，我所理解的概念史"大于"观念史，这在"概念史"（Begriffsgeschichte）的英文译词中较为明晰：history of concepts 亦即 conceptual history。要做概念史，忽略观念亦即思想是不可能的。我们在此也可以视之为思想史的切入点问题。

再回到前文谈及的理论必要性问题。我们不会崇尚理论"拜物教"，但是"理论无用论"或理论无济于事之说，显然是不可取的。伊瑟尔（Wolfgang Iser, 1926—2007）在《怎样做理论》中的一种说法，或许不是没有道理的："我们目前谈论理论的衰落，指的是我们对理论的误读，而不是理论本身的过时。"[1] 一些地道的实证研究，不应让人产生一种错觉，以为没有理论也行，甚至认为理论永远追求不可企及之事。福柯或科塞雷克的研究之所以精湛，正在于他们的理论或方法，而不唯有史料的堆砌。过硬的实证研究，不是必须舞动理论大旗，却渗透着问题意识与理论和方法意识。理论和材料是相为表里的。明确的方法论，能够指导材料的挖掘和分析；翔实的材料，能够信而有征地展示或发展理论。东亚历史语义学的研究成果已很可观，可是理论之贫困，造成某些"实证"研究之想当然的结论，或者忽略本该延伸探讨的问题。

德国概念史、剑桥学派政治思想史、法国"概念社会史"（socio-histoire des concepts）或话语分析，都与历史学密切相关，甚至直接来自历史学。然而，若以为这些研究方向抑或"新名词""关键词"研究仅属于史学研究，那是一种误解。以德国概念史为例，其整个发展的领军人物中有哲学家、史学家、社会学家等。《哲学历史辞典》是概念史扛鼎之作之一，从雏形到杀青，历时百余年之久，参与这一皇皇工程的主要是哲学家。作为《哲学历史辞典》"配套工程"，创办于 1955 年的《概念史文库》（*Archiv für Begriffs-geschichte*）也早已转变为整个概念史研究之标志性的跨学科机关

---

① 伊瑟尔，《怎样做理论》，朱刚等译，南京，南京大学出版社，2008 年，第 11 页。

刊物。诚然，不管是哲学史还是文学史，都与"史"有关，或曰相关学科的历史部分，可是这里的学科分类是不同的，与纯粹的史学研究是有区别的。概念史与思想史，尤其与社会史的结合，本身就淡化了传统的学科界线。它是历史学的，又不全是历史学的。它可以是以概念为中心的思想史研究，也可以是以概念为中心的社会史研究。同样，人们完全可能以概念为中心来从事文学理论研究。我们钦佩旁征博引的"史家技艺"，同时也仰慕法国年鉴学派创始人之一布洛赫（Marc Bloch, 1886—1944）在其遗著《为史学辩护》中所倡言的千姿百态、富有美感的"史家技艺"：学识与诗意、理智与情感相结合的技艺。（布洛赫：《为史学辩护》，Marc Bloch, *Apologie pour l'histoire ou métier d'historien*，1949；英译《史家技艺》，Marc Bloch, *The Historian's Craft*，1953）

概念史是人文科学中的一种跨学科研究方法；前文述及的英法两种研究方向，也都是跨学科的。就国际学界晚近的走向而言，探讨理论问题的鲜明特色之一，是对跨学科理念的思考。跨学科而又以某个学科为重心，既在其内又在其外。先前，人们强调各学科之迥异的学术话语，哲学话语不同于社会学话语，史学话语不同于文学批评话语，而今到处可见一种整合性话语，涵盖以往各行其是的学科或门类。对于历史语义学来说，其实早就能够见出历史、哲学、政治、社会、思想等不同研究领域的话语融合。德国不同学科的概念史辞书，很能让人看到跨学科方法的广泛运用。

历史语义学与概念史

——关于定义和方法以及相关问题的若干思考 *

1

概念史（Begriffsgeschichte）首先在联邦德国登上学术宝座并获得国际声誉，曾被不少西方学者称为史学研究的一个方向。它的价值淋漓尽致地体现于八卷本大辞典《历史基本概念——德国政治/社会语言历史辞典》①，并以此宣称史学研究中的一个特殊方法的特殊地位。这一巨著早被国际学界视为史学概念史之最有名的跨学科代表作之一。不同专业的不少著名学者在此著中根究了政治、社会领域的核心概念：从法国大革命前已经存在的"社会""国家"等传统术语，到"共产主义""法西斯主义""反犹太主义"等新术

---

* 本文是笔者在"历史文化语义学国际学术研讨会"（武汉大学，2006 年 12 月 16—18 日）及"东亚文艺文化学术史的重构"研讨会（日本"国际日本文化研究中心"，2007 年 3 月 22—26 日）上的发言稿，载冯天瑜等编《语义的文化变迁》，武汉：武汉大学出版社，2007 年，第 12—19 页；另见鈴木貞美、劉建輝编《東アジアにおける学芸史の総合的研究の継続の発展のために》，国际研究集会报告书第 31 集，国际日本文化研究中心出版，2013 年，第 63—67 頁。此稿是修订版。

① *Geschichtliche Grundbegriffe. Historisches Lexikon zur politisch-sozialen Sprache in Deutschland*, 8 Bde, hrsg. von Otto Brunner, Werner Conze, Reinhart Kosel-leck, Stuttgart: Klett-Cotta, 1972 - 1997.

语，以及在西方现代并得力于现代社会才得以生成的诸如"阶级""需求""进步""历史"等概念。该著遴选了一百多个术语，考察其如何在法国大革命与工业革命进程中嬗变为政治、社会的核心概念并渗透于今人的历史意识。我们可以毫不夸张地说，没有这些政治、经济、社会和文化的基本概念，便没有现代意义上的历史观。《历史基本概念》的主要理论假设是，历史沉淀于特定概念并凭借概念成为历史。

　　德国人特别青睐的"历史语义学"（德：historische Semantik；英：historical semantics）是国际学界相关领域的学者熟知的一个概念，在德国亦时常与"概念史"并用。《历史基本概念》的领衔者科塞雷克（Reinhart Koselleck, 1923—2006）主编的一部当时这个领域的著名理论著作，书名便是《历史语义学与概念史》①。此书可能的用意是，一方面对"德国学派"进行纲领性反思，一方面阐述这一史学研究的实力和缺陷。书中十八篇论文分为两个部分："社会、政治之概念史的可能性和局限性"以及"理论与历史探讨"。

　　我在德国哥廷根大学东亚研究所专事"近现代汉语学术用语研究"项目期间（1996—2000），采用"历史语义学"汉译 historische Semantik，实属不得已而为之。这个中文翻译实际上不能覆盖其全部含义，即便此译已经体现出这个概念的最重要的特征。"历史语义学"探索文化表述，尤其是语言表述的含义及其历史变化，囊括如问题史、思想史或概念史中对历时语言变化的研究，在德国主要以概念史的形式出现。这便常常遭到语言学家的批评，他们认为"概

---

① *Historische Semantik und Begriffsgeschichte*, hrsg. von R. Koselleck, Stuttgart: Klett-Cotta, 1978.

念史"缺乏牢靠的科学方法做根基。[①] 一个简单的事实或许可以让人理解此类批评的合理性，即德语 Begriffsgeschichte 很难译成外语。英语通用的表述 history of concepts 亦即 conceptual history，实则与之不符，因为它不包含词语符号和语言构造；假如采用 history of words（词汇史），无疑又很片面。Begriffsgeschichte 不只关乎词汇史，而是有的放矢地将目光投向一些专门问题，且从来没有把所有词汇看作自己的研究对象，这就产生了概念史特有的方法。概念史关注一些特殊的、重要的词汇，既审视语言符号的形式又探究其语义和作用，并在这两个层面上描述和勾勒一个概念的常态、断裂及其变化。

这种研究方法的确立，是因为人们认识到所有领域（亦包括科学领域）的语言处于无定状态，看到了世间存在不同的思维方式和不同的语言，犹如存在不同的哲学体系、学科、流派、时代、国家和文化。因此，历史语义学是在概念上对时代、科学、社会、政治之差异的探讨。它不怎么轰轰烈烈，很少引起人们的强烈反响；可是，当思维与话语的不同体系之间的事实差异进入我们的意识时，历史语义学自然就显得不可或缺了。当今西方人文社会科学的几乎所有领域都出版了这类参考书和辞书，或还在编纂之中。这些书籍显示出人们学会了重视差别。例如在文学研究中，人们不再不假思索地讨论"经典"和"经典的"，而是首先弄清这个概念说的是什么，研究者本人用它指什么。一般说来，对一个事物的指称在一个很长的时期内比较固定，而被指称者却在变化，它涉及物质生活，

---

① 参见布塞，《历史语义学——对一个纲领的分析》，第50—52、80—82页(Dietrich Busse, *Historische Semantik. Analyse eines Programms*, Stuttgart: Klett-Cotta, 1987)。

但更多涉及政治、文化、宗教、思想等领域，例如自由、民主、家庭、爱情等。历史语义学的目的在于发现并阐明概念在过去与现在之间的差别及其起源和成因。

2

　　历史语义学的源流也许可以追溯到 18 世纪的欧洲，当时经历了从古典主义到浪漫主义的时代过渡，它对语言学的发展进程具有指点方向的意义。崇尚仿古的古典派逐渐被追求个性和活力的浪漫派所取代，后者力图摆脱成规，研究新的发展，并用新的方法探讨已知现象。因此，关于语言起源的问题也被提上议事日程。何为语言？语言从何而来？语言如何发展至当时那个时期的情状？最后一个问题便关涉语言的演化。布雷尔（Michel Bréal, 1832—1915）是最早从事历史比较语言学的学者之一，他的论著《语义学》① 赋予"语义学"概念以今天依然有效的含义。布氏的一些研究是对 19 世纪占统治地位的历史语音学的回应，并让语义学获得了应有的地位。

　　语义学（semantics）是语言学的一个分支，它研究语言、语言符号和符号顺序的含义亦即词汇、语句和文章的含义。换言之，它探讨的是语言表述形式的意义和内涵。这个概念的词源为希腊语的 $\sigma\varepsilon\mu\alpha\nu\tau\iota\kappa\acute{o}\varsigma$（标明的，表示的，描述的）亦即 $\sigma\varepsilon\mu\alpha\acute{\iota}\nu\varepsilon\iota\nu$（标明，表示，描述）；"Sem"则对应于希腊语 $\sigma\tilde{\eta}\mu\alpha$（标记，特征）。正是希腊词源决定了 semantics 绝非语言学的专利。例如逻辑学中的 semantics，是指逻辑句式和推理求真的学理。而整个哲学学科内则将历

① Michel Bréal, *Essai de Sémantique*, Paris: Hachette, 1897.

史语义学看作一种围绕含义问题进行讨论的哲学史研究，它不直接与事物本身也不仅仅与概念相关，而是审视和赋予所探讨的对象以特定含义的方法。换句话说，哲学中的"历史语义学"是对文化内涵的形态、转型和变形的哲学探讨。

这便关系到上文所说的用"历史语义学"翻译 historische Semantik 的无奈之境，亦可称之为翻译的困境。汉语"语义学"概念，似乎仅限于语言学范畴，至少能引起大多数人对语言学的联想。而正因为"sem"的希腊词源为"标记"和"特征"，西人在看到 historical semantics 的时候，常会将它理解为"历史特征"。很能说明这一点的，或许是哥廷根著名的 Vandenhoeck & Ruprecht 出版社自 2003 年推出的、以"Historische Semantik"为标题的系列专著，读者首先想到的无疑是"历史特征"：第一卷的书名便是《仪式化的政治：古罗马的标记、肢势与统治》①，或如《作为王侯形象的宫殿：古老帝国宫廷建筑中的统治比喻（1470—1618）》（卷六）②，又如《民主时代的尊严：雅典的市民城邦与古典时期之尊严的关系》（卷八）③。

当然，超出"语义学"范畴的还有许多研究，例如对"陌生性"亦即容纳和排斥外人的历史特征的探讨，关于浮士德素材的历史特征，等等。指出 historical semantics 的"历史特征"之义，亦

---

① Egon Flaig, *Ritualisierte Politik: Zeichen, Gesten und Herrschaft im Alten Rom*, Göttingen: Vandenhoeck & Ruprecht, 2003.

② Matthias Müller, *Das Schloß als Bild des Fürsten: Herrschaftliche Metaphorik in der Residenzarchitektur des Alten Reichs (1470 - 1618)*, Göttingen: Vandenhoeck & Ruprecht, 2004.

③ Christel Brüggenbrock, *Die Ehre in den Zeiten der Demokratie: Das Verhältnis von athenischer Polis und Ehre in klassischer Zeit*, Göttingen: Vandenhoeck & Ruprecht, 2006.

旨在呈现其包容性与跨学科性：它借用各种学科的知识进行研究，又以自己的特有价值丰富各种学科。为了解决 historical semantics 之汉译无法兼容常人理解的"历史语义学"和"历史特征"两层意思，我们也许可以在广义与狭义上理解"历史语义学"。尽管源于希腊语的 semantics 是关于符号含义的学问，但它毕竟主要关乎语词和语句，此乃狭义诠释。同时，"历史语义"不排斥"历史特征"且为某种意义上的历史特征，两者之间不存在根本冲突。不仅如此，它们常常融为一体，例如音乐、图画和肢体语言等非语言载体也有自己的语义，甚至连"沉默"也可有语义。

3

历史语义学探索以往不同社会中各种语义之生成的条件、媒介和手段，深究各种文化用以自我表述的知识、情感和观念之语义网络的先决条件。历史语义学聚焦于话语和文字、图像和音像、礼仪和习惯的表述形式的差异性。它阐发不同的文化旨趣和知识结构之载体的共存和互动，以及各自表达语义的能量和可能性。唯有在社会结构的框架内才能把握历史语义，进入视线的是能力和斟酌、规则和策略，语词含义只有借此才能生成并确立，或者被拒绝或调整。语义同时也是微观历史与宏观历史现象，因而要求微观的深入挖掘与宏观的文化比较相结合。

关于语义的微观历史与宏观历史，我想用欧洲的两种历史语义学（概念史）研究模式来做简要阐述："欧洲关键词"和"启蒙运动与历史语义学"研究方案。"欧洲关键词"模式是指国别和各民族语言中进行的各类研究，一般都能借助于欧洲共有的"关键词"

所确定的欧洲框架亦即含义语境。鉴于欧洲语言（词汇/表述）的多样性，在指称或描述具体事物时，欧洲关键词研究可以确认那些要么共有、要么相互匹配的概念。可是，翻译家或文化学家都知道，（跨）文化对话中常会出现"不可译性"问题。这种状况不是因为不同语言之间可能缺乏相关对应词，更多缘于观念化（概念化）的历史过程以及特定概念所承载的传统关联，会导致概念/观念中特殊因素的增长。这种特殊性常被对话者当作认同形式，并以各自的文化属性与不可译性（民族特性）来界定自己。确认"欧洲关键词"并认识其具体运用，依赖于跨文化（超国界）的历史比较所得出的结论，而把握"关键词"的调节和规范作用及其在特定文化和国别中的历史状况，又是历史比较的前提。在语言和历史的交汇处探讨问题，历史语义学，尤其是概念史应该置身于语词史和问题史（思想史）之间，即以跨学科、跨文化的视野来探讨相关概念（例如欧洲土地上的"故乡""区域""国家"或"战争""和平""革命"等概念）的历史语义。

　　"启蒙运动与历史语义学"课题的最大特色，是可以将不同国家和不同领域"各自为政"的概念史家聚拢到一起，统观各种研究的着眼点、资料来源和分析方法，发展一种研究 18 世纪欧洲的历史语义学视角。[1] 此研究除了探讨一些关键词的典型历史语义之外，亦可在方法上带来突破：一方面，它可在很大程度上消除法国的话语

---

[1] 参见三部德、意、法"启蒙运动"辞书——德：*Lexikon der Aufklärung: Deutschland und Europa*，hrsg. von Werner Schneiders, München: Beck, 1995；意：*Dizionario critico dell'Illuminismo*, a cura di Vincenzo Ferrone e Daniel Roche, Roma-Bari: Laterza, 1997；法：*Dictionnaire européen des Lumières*, sous la direction de Micael Delon, Paris: PUF, 1997。

分析（discours）和"词语统计学"（lexicométrie）、英美的观念史（history of ideal）和德国的概念史各行其是的隔阂状态，在这个领域形成一种虽不统一，却相互关联的研究方向。另一方面，不管是文学史和语言学方法的结合，还是文本和历史的交汇，或者跨文化比较，此研究颇能体现跨学科考证的丰富性，必然会拓展文化研究视野并为文化史研究做出贡献。例如"词语统计学"与"新文化史"（new cultural history）相交的历史语义学，便是颇为独到的方法。①

上文所说的语义之微观历史和宏观历史现象以及西方近年来在这方面的研究范式或尝试，无疑可以给曾经的汉字文化圈的历史语义学研究提供借鉴。它不仅关涉中国、日本、朝鲜半岛缘于各自历史条件、发展状况和转型形式等的内部微观历史，亦与汉字文化圈跨国宏观历史文化相关。就世界范围而言，汉字文化圈又是某种意义上的"微观历史"；近现代社会和观念转型期的汉语嬗变，在很大程度上是西学东渐的产物。因此，汉语历史语义学又是跨越东西半球和两大文化的跨学科研究。这不仅使研究更加纷繁和复杂，也使它更为光彩夺目。

4

博尔赫斯（Jorge Luis Borges，1899—1986）曾有名言：辞典的

---

① 参见赖夏特，《"词语统计学"与"新文化史"之间的"历史语义学"——现状述评》，载赖夏特编《启蒙运动与历史语义学：西欧文化史的跨学科研究》，第7—28页。(Rolf Reichardt, "*Historische Semantik* zwischen *lexicométrie* und *New Cultural History*. Einführende Bemerkungen zur Standortbestimmung", in: *Aufklärung und Historische Semantik. Interdisziplinäre Beiträge zur westeuropäischen Kulturgeschichte* [*Zeitschrift für Historische Forschung*, Beiheft 21], hrsg. von R. Reichardt, Berlin: Duncker & Humblot, 1998, S. 7 - 28).

编纂显然基于一种还未被证实的假设，认为世界上的各种语言是由相互对应的同义词组成的。^① 从实用角度来看，这种假设自然是必不可少的。尽管如此，这一假设并不完全令人信服。在不同的语言中，真正对应的同义词只是很小一部分。且以欧洲为例：欧洲国家有着大体相似的文化和语言源流，可是各种语言所固有的特色亦即不对应之处，常常使翻译家大伤脑筋。汉语（尤其是汉语自成一体的语言结构和书写规则）与欧洲语言的差异尽人皆知。不言而喻，中西语言的翻译是很困难的；从某种意义上说，这里存在的语言鸿沟甚或无法逾越。前文提到的 historical semantics 之汉译"历史语义学"，甚至同属印度-日耳曼语系的德语 Begriffsgeschichte（概念史）之英译 history of concepts，都是很明显的例子。这里说的往往不只是对应词的问题，更多的是对特定"对应词"在不同文化、历史和语境里的不尽相同的理解或想象。

19 世纪中叶以降，中国不断努力翻译介绍一种天差地远的，也就是西方的知识文化体系，并试图把西方的科学文化与中国传统文化结合起来。富足的汉语汉文既是译介西方文化之雄厚的本土资源，也是语言创新的原材料。如何准确地用汉语翻译西方的知识体系，确实是一个严峻的挑战。翻译过程无疑也是创造过程，"西学"的译介大大丰富了近现代汉语学术词汇。现代汉语（尤其是科技和学术用语）的很多重要词汇与概念，均产生于 19 世纪下半叶和 20

---

① 博尔赫斯，《论翻译》，载《博尔赫斯访谈录（1981—1983）》，第 51 页(Jorge Luis Borges, "Translation", in: *Twenty-four Conversations with Borges: Interviews by Roberto Alifano 1981 - 1983*, Housatonic, Mass.: Lascaux Publishers, 1984: "The dictionary is based on the hypothesis — obviously an unproven one — that languages are made up of equivalent synonyms.")。

世纪初。还有许多语词也是在这个时期发生了质变。鉴于此，亦由于历史语义学本身就与不同时代的语言衍变有关（当代也有语言嬗变和新语），以及近些年来中外学者对清末民初汉语新语研究的相当丰硕的成果，我们完全可以将这个领域的研究归纳为近现代西学东渐之汉语历史语义学。对这个时期作为传播西学的语言媒介之汉语新概念的研究，自当包括整个汉字文化圈，尤其是日本在接受西学与汉语新语生成过程中所扮演的重要角色。

与世界其他地区的研究一样，语言的创造性肯定也是汉语历史语义学的中心议题之一，它尤其体现于意译外来词，这也是汉语新语的主要方面。即表述者如何运用自我语言资源中的语义能量进行对话和交流，它又是如何作用于语义的发展。我们需要研究的是语义的扩展、收缩、改进、恶化、移位，禁忌化或寓意化等诸多变易现象。前文关于历史语义学的界定和方法等问题之论述，牵涉其学术定位，我们既要在语言学的层面上寻找，更要在思想史和哲学认识论上进行探索。

德国的那些重大哲学、政治、社会语言辞书项目中的概念史和概念分析方法，不仅在辞典编纂学上显示了实力，而且也为语言史、社会史、心态史等理论建构做出了贡献，例如概念史三大名著——十三卷本《哲学历史辞典》（1971—2007）①，八卷本《历史基本概念》（1972—1997），已出二十一卷的《法国政治/社会基本概念工具书（1680—1820）》（1985—　）②；另有十二卷本《修辞

---

① *Historisches Wörterbuch der Philosophie*, 13 Bde, hrsg. von Joachim Ritter, Karlfried Gründer, Gottfried Gabriel, Basel/Stuttgart: Schwabe, 1971 - 2007.

② *Handbuch politisch-sozialer Grundbegriffe in Frankreich 1680 - 1820*, 21 Bde, hrsg. von Rolf Reichardt, Eberhardt Schmitt et al., München: De Gruyter Oldenbourg, 1985 - 　.

学历史辞典》（1992—2015）[1]，七卷本《美学基本概念》（1999—2005）[2]，六卷本《音乐术语辞典》（1971—2006）[3]，等等。体系理论家卢曼（Niklas Luhmann，1927—1998）也留下了四卷本著作《社会结构与语义学》（1980—1995）[4]。

历史语义学或概念史是一种研究问题的方法（如阐释学、话语分析等）。因为学科和派别的区别，这一方法在此类辞书或论著中的实际运用自然有别，哲学概念史因此才区别于史学概念史或音乐概念史，在《哲学历史辞典》《历史基本概念》或者《音乐术语辞典》的"序言"中便可见出，各方对概念史或历史语义学的理解大相径庭。由于各学科（哲学、政治、经济、法律、文学等）出于不同的研究目的和重点，对历史语义学/概念史的界定似乎可以是多种的，但它主要是语言的，又是历史的。只有用历史的目光（历史的横向比较和纵向追溯）才能把握哲学、社会、政治等人文社会学科的关键概念和主要用语。因此，这篇短文的标题亦可采用"历史语义学与语义的历史性"。

---

① *Historisches Wörterbuch der Rhetorik*, 12 Bde, hrsg. von Gert Ueding, Berlin: De Gruyter, 1992 - 2015.

② *Ästhetische Grundbegriffe*, 7 Bde, hrsg. von Karlheinz Barck et al., Stuttgart/Weimar: Metzler, 1999 - 2005.

③ *Handwörterbuch der musikalischen Terminologie*, 6 Bde, hrsg. von Hans Heinrich Eggebrecht, Albrecht Riethmüller, Markus Bandur, Stuttgart: Steiner, 1971 - 2006.

④ Niklas Luhmann, *Gesellschaftsstruktur und Semantik*, Frankfurt: Suhrkamp, 1980 - 1995.

"鞍型期"与概念史

——兼论东亚转型期概念研究[*]

科塞雷克的"鞍型期"之说，指称欧洲从早期近代走向 19 和 20 世纪，从前现代走向现代的"过渡时期"。他所倡导的概念史，试图从语言视角把握现代世界，以概念变迁给"鞍型期"之说提供依据。德国学派的概念史研究同社会史密切相关，注重社会事实和变迁、时代的实际经验以及历史语境。现代概念不仅是时代的表征，也是推动历史的因素，并具有时代化、政治化、民主化、可意识形态化的特征。19 世纪这一萌生"全球性"的时代，也是东亚的巨大转折期。西方影响和东亚"接轨"的一个明显特征是概念的传输。鉴于东亚过渡期之"不同时历史的同时性"或"同时历史的不同时性"，亦鉴于概念的含义见之于用法，发展一种东亚国家的"比较概念史"和一些关键概念的"运用史"是极为有益的。

一、 科塞雷克："鞍型期"与概念史

在过去二十年左右的时间里，西方"概念史"这一跨学科研究方向又一次重整旗鼓，并被运用于人文科学的不同领域。提倡概念

---

* 本文原载《东亚观念史集刊》第一期（2011），第 85—116 页。

史的一切尝试，都旨在为失去后劲的文化研究寻找出路。这些尝试的共同点是，寻求概念史在新的理论语境中的适用性和实用性。概念史在史学研究中的目的是，借助概念理解历史。概念史试图回答一系列直接关乎史学科学性的问题：为何有必要一再重写历史？如何将已被阐释、流传下来的历史想象引入今人意识的视野范围？西方概念史重点考察的术语史，其时间跨度为欧洲政治青春期，起始于中世纪晚期的少不更事，终结于一些共和国民主的诞生；而对语言根源的推究，常会追溯到古代理论家，其中首推亚里士多德。

历史哲学家和科学理论家科塞雷克（Reinhart Koselleck, 1923—2006）不仅叙述历史，而且知道为何叙述、如何叙述。他借用"鞍型山体"（Bergsattel）意象，即连接两座山峰之间的低落过渡地带，提出了西方史学中著名的"鞍型期"（德：Sattelzeit；英：saddle period）概念，指称过渡时期或时代界线，故而亦有"界线期"（Schwellenzeit）之说，即西方近代早期与现代之间的界线，时间约为启蒙运动晚期至法国大革命前后。[①]

法国大革命被看作欧洲"漫长的 19 世纪"的开始，"旧制度"（Ancien régime）被推翻，也在欧洲其他地区引发突变，1789 年至 1848/1849 年的欧洲历史亦被称作"革命时代"。就时人的时代意识

---

① 西方史学界一般将法国大革命前的 1770 年前后的社会发展视为早期近代的结束和走向现代的出发点。霍布斯鲍姆（Eric J. Hobsbawm）所说的"双重革命"，是指政治-社会革命和经济革命。英国工业革命和法国大革命，"不仅仅是'工业'本身的巨大胜利，而且是资本主义工业的巨大胜利；不仅仅是一般意义上的自由和平等的巨大胜利，而且是中产阶级或资产阶级自由社会的巨大胜利；不仅仅是'现代经济'或'现代国家'的胜利，而且是世界上某个特定地域（欧洲部分地区和北美少数地方）内的经济和国家的巨大胜利——其中心是大不列颠和法国这两个毗邻而又互为竞争对手的国家"（霍布斯鲍姆，《革命的年代》，王章辉等译，南京，江苏人民出版社，1999 年，第 2 页）。

和时代经验而言，完全也可以见出一种"时代革命"。当然，与"漫长的 19 世纪"相关的，还有 18 世纪后三十年开始的英国产业革命；新技术使机器代替了人力，生产力达到了前所未有的程度。工业化也带来了整个社会生活的转型。"双重革命"所带来的巨变，[①] 意味着欧洲向现代社会的历史转型，并发生于欧洲社会政治生活的各个方面。其实，早在 1789 年前的几十年，当欧洲传统农业社会起步走向现代工业社会之时，社会和政治中的许多机构已经改变了性质。同时，市民阶层的知识者开始质疑贵族的社会和政治主导地位。这一切都是科塞雷克"鞍型期"理论的历史基础，他的"鞍型期"概念的时间范围约为 1750 年至 1850 年。[②]

一种经典的欧洲历史分期是"古代—中世纪—近代"三分法，中世纪同近代的分水岭一般定于 1500 年前后，以印刷术的发明、殖民扩张的开始以及宗教改革为主要特征。科塞雷克引入"鞍型期"概念的意图是，丰富和深化欧洲历史分期，强调启蒙运动的精神启迪，以及各种革命给老欧洲带来的巨大震撼。在以 1800 年前后的历史发展为时代分界的过渡时期，对政治体系和概念结构来说都至关重要，欧洲社会、人的气质和日常生活向现代转向，一些现代价值观也是在那个时期首次提出，并作为典范流传后世。它在根

---

① 亦有学者将大西洋两岸的两场革命（法国大革命和 18 世纪下半叶的美国革命）以及英国产业革命视为"鞍型期"的主要事件和标记。

② 源于法国的话语史研究也将重点放在 18 世纪和 19 世纪之间的过渡期，福柯是这一研究方向的代表人物之一。他于 1960 和 1970 年代发表了一系列历史研究著作，其中最著名的是《临床医学的诞生：医学望诊的考古》《规训与惩罚：监狱的诞生》和《词与物：人文科学的考古》。这些著述的核心论点是，所谓发端于启蒙运动并一直延续至今的西方个性解放的进化之路并不存在。他将目光投向各种具有认识论意义的革命，其结论是：现代科学范式（即人是关键认识对象的范式）绝非西方发展之水到渠成的结果，而是来自 18 世纪末、19 世纪初的认识突变。

本上已经塑造了我们今天所认识的欧洲亦即西方。在那个时代，现代人和现代西方诞生了。①

"鞍型期"概念是科塞雷克在其主编的八卷本《历史基本概念——德国政治/社会语言历史辞典》（1972—1997）② 第一卷的"导论"中提出的。这一概念最能彰显他的学术思想视域，并且，他要以概念变迁给"鞍型期"之说提供依据：

历史编纂说到底也是视角问题。科塞雷克试图借助许多哲学和历史概念来探究时人的感受，这使他看清欧洲历史在早期近代之后的加速发展，发现"鞍型期"与过去之间深深的裂痕，以及这一重要过渡时期的语言变化和现代语言的形成。18 世纪中期以降，欧洲的许多概念危机四伏，传统语言中的词语和用法经历着重要转型。"鞍型期"开启了国民意识、民族国家和工业社会。变化了的社会和经济范式，亦导致概念的意义变化，如"民主""共和""革命"，以及后来的"阶级"。开始发生深刻变化的一个标识，便是公共领域中的许多概念也在变化。同时，其他一些往昔的重要概念（如"贵族"或"等级"），逐渐失去原有的意义。"名誉"或"尊严"等概念超越了个体或等级层面，被运用于民族国家或国族和人

---

① 关于这段历史，郭廷以亦有类似论述："十八世纪，再加上十九世纪前期，也就是雍正、乾隆两朝加上嘉庆朝和道光前期，是欧洲历史进步最速、变化最大的时期。产业革命，交通革命，美国、法国的革命，哲学、政治、经济、科学上的新理论、新思想、新发明，蜂拥而起，日新月异，西方世界的面目本质均与过去大大不同。我们试约略一览这个时期西方的重要成就及其发展，即可了然，这些成就均系对于人类的精神及物质生活具有伟大的支配力量。"（郭廷以，《中国近代化的延误——兼论早期中英关系的性质》[1950]，《近代中国的变局》，台北，联经出版事业公司，1987 年，第 [3—25] 7—8 页。）

② *Geschichtliche Grundbegriffe. Historisches Lexikon zur politisch-sozialen Sprache in Deutschland*, 8 Bde, hrsg. von Otto Brunner, Werner Conze, Reinhart Koselleck, Stuttgart: Klett-Cotta, 1972 - 1997.

民的现代语境，旧概念得到新解。旧词语和表达或退出历史舞台，或增添了新的含义，且保留至今。"现代人"已经熟知那些词语的含义，无须再像对待许多中世纪术语那样，唯有"转译"才能领悟。[1] 根据科塞雷克的"概念解剖"，那些进入现代门槛的"鞍型期"基本概念，脱离了往昔的经验空间，拓展出新的期待视野。不仅如此，"概念史"研究本身也在 1960 年代呈现出认识上的期待视野：谁懂得解读概念，谁就能够窥见现代社会之秘密的运动规律，并从语言视角把握现代世界。

当初，传统"观念史"的缺陷，导致德国、英美和法国的历史研究对语言和话语分析（"语言论转向"：linguistic turn）的浓厚兴趣。在科塞雷克从事概念史研究的同时，英美学术界，尤其是普考克（John Pocock）和斯金纳（Quentin Skinner）为代表的剑桥学派，亦日益重视语言与历史的关系。[2] 将不同的方法论探讨进行比

① 参见科塞雷克，《历史基本概念——德国政治/社会语言历史辞典·导论》卷一，第 XV 页（Reinhart Koselleck, "Einleitung", in: *Geschichtliche Grundbegriffe. Historisches Lexikon zur politisch-sozialen Sprache in Deutschland*, hrsg. von Otto Brunner, Werner Conze, Reinhart Koselleck, Stuttgart: Klett-Cotta, 1972, S. XIII - XXVII）。
② 参见斯金纳，《主旨、意向和文本阐释》，载《新文学史》（"论阐释" I），第 3 卷，1972 年第 2 期（冬季号），第 398—408 页（Quentin Skinner, "Motives, Intentions and the Interpretation of Texts," in: *New Literary History*, vol. 3, No. 2, On Interpretation: I［Winter, 1972］,398 - 408）；斯金纳，《语言与社会变迁》，载迈克尔斯、瑞克斯编《语言状况》，第 562—578 页（Quentin Skinner, "Language and Social Change," in: *The State of the Language*, ed. by L. Michaels/C. Ricks, Berkeley: University of California Press, 1980, pp. 562 - 578）；斯金纳，《语言与政治变迁》，载鲍尔、法尔、汉森《政治变革与概念变化》，第 6—23 页（Quentin Skinner, "Language and Political Change," in: *Political Innovation and Conceptional Change*, ed. by Terence Ball/James Farr/Russell L. Hanson, Cambridge: Cambridge University Press, 1989, pp. 6 - 23）；塔利、斯（转下页）

较，马上就能见出对话的困难。德国学派在不忽略共时考察的同时，更注重历时考察。普考克在同科塞雷克的一次直接交流中，推重共时研究模式，对话语分析的评价高于对概念史的评价，也就是政治话语史高于概念变迁史。另外，普考克反对科塞雷克在《历史基本概念》中对"鞍型期"之笼统的 1750 年至 1850 年的年代划分，认为英国政治和社会语汇的"鞍型期"为 1500 年至 1800 年。普考克的思考直接导致比较分析，他认为必须观照话语前提：不管是概念史还是依托于话语前提的研究模式，都是"历史的，文化的，民族国家各具特色的"[①]。当然，科塞雷克本人在总结其研究

（接上页）金纳主编，《含义与语境：斯金纳及其批评者》(*Meaning and Context: Quentin Skinner and His Critics*, ed. by James Tully/Quentin Skinner, Princeton: Princeton University Press, 1989)；斯金纳，《政治的视界》(Quentin Skinner, *Visions of Politics*, 3 vols., Cambridge: Cambridge University Press, 2002)；普考克，《18 世纪的德行和商业》，载《跨学科历史杂志》第 3 期（1973/1974），第 119—134 页(John Pocock, "Virtue and Commerce in the Eighteenth Century," in: *Journal of Interdisciplinary History* 3 [1973/1974], pp. 119 - 134)；普考克，《政治行为的语言表达：走向话语政治》，载夏皮罗编《语言与政治》，第 25—43 页(John Pocock, "Verbalizing a Political Act: Towards a Politics of Speech," in: *Language and Politics*, ed. by Michael J. Shapiro, Oxford: Blackwell, 1984, pp. 25 - 43)；普考克，《语言方案与历史学家的领地：关于实践的一些思考》，载帕登编《欧洲现代早期的政治理论语言》，第 19—38 页(John Pocock, "The Concept of a Language and the Métier d'historien: Some Considerations on Practice," in: *The Languages of Political Theory in Early Modern Europe*, ed. by Anthony Pagden, Cambridge: Cambridge University Press, 1987, pp. 19 - 38)。

① 普考克，《概念与话语：文化的差异？——论梅尔文·里希特的一篇论文》，载勒曼、里希特编《历史趋势和历史概念的含义——概念史新论》，第 58 页(John Pocock, "Concepts and Discourses: A Difference in Culture? Comment on a Paper by Melvin Richter," in: *The Meaning of Historical Tenors and Concepts. New Studies on Begriffsgeschichte*, ed. by Hartmut Lehmann/Melvin Richter, Ocasional Paper No. 15, German Historical Institute, Washington D. C., 1996, pp. 47 - 58)。

方案时，并没有无限抬高"鞍型期"的方法论功用，或视之为概念史研究之不可或缺的条件。在他看来，"鞍型期"的设定对概念史方法本身没有决定性影响。这不仅涉及德语区的研究方法，也涉及其他语区的话语分析。尤其是前现代因素的顽固性与新概念的碰撞，即传统和新近阐释因子的叠合，是一个长期的、复杂的过程，必须避免刻板的时代界限，共时比较的历时分析才是有意义的。①

科塞雷克和斯金纳几乎同时开始对历史上重要年代的概念梳理，他们的出发点也是对传统观念史所号称的观念独立性和延续性的批判。然而，二者的差异也是显而易见的，这来自他们不同的政治和历史背景以及不同的思想影响。帕洛嫩（Kari Palonen）认为，科塞雷克所代表的是一种"时代理论的语言方案"（zeittheoretische Sprachkonzeption），而斯金纳则倡导"修辞的时代方案"（rhetorische Zeitkonzeption）。②换言之：科塞雷克的"鞍型期"之说，更多地规定了概念变迁的宏观考察，而斯金纳则更喜于探讨较短时段中的概念含义变化。

无论如何，科塞雷克的许多概念，不管是"鞍型期"还是"经

---

① 参见科塞雷克，《对〈历史基本概念〉的各种评论的回应》（Reinhart Koselleck, "A Response to Comments on die Geschichtliche Grundbegriffe"），载勒曼、里希特编《历史趋势和历史概念的含义——概念史新论》，第 59—70 页；里希特，《华盛顿概念史研讨会：展开对话，领略成就》，载《概念史文库》第 39 期（1996），第 19—26 页（Melvin Richter, "Opening a Dialogue and Recognizing an Achievement. A Washington Conference on the Geschichtliche Grundbegriffe," in: *Archiv für Begriffsgeschichte* 39〔1996〕, pp. 19 - 26）。

② 参见帕洛嫩，《概念的祛魅：斯金纳和科塞雷克对政治概念的改写》，第 15 页（Kari Palonen: *Die Entzauberung der Begriffe. Das Umschreiben der politischen Begriffe bei Quentin Skinner und Reinhart Koselleck*, Münster: LIT, 2004）。

验空间""期待视野"① 等概念，几乎成了当今历史学家和相关参考书中不可或缺的语汇。本文的论述重点也是科塞雷克的理论，以及一些与之相关的学说。

二、社会，经验，语境

科塞雷克的"语言转向"，首先根植于特定的德国传统，尤其是德国精神史传统。由他主持编撰三十多年之久的《历史基本概念》，堪称严谨的概念考古丰碑。"历史基本概念"不仅呈现历史上的概念界定，而且竭力重构与之相关的经验场域。概念也有历史，概念史的考证客体、基础材料和探讨范围不再是观念，而是概念。②因此，概念史始终同具体作者和文本、学派和传统保持一定的距离。鉴于历史永远是呈现于语言、沉淀于概念的历史，概念史试图通过对语言表述之意义变化的分析，让人领悟过去时代的实际经验

① 科塞雷克认为，"经验空间"（Erfahrungsraum）是积淀着往事的今天，"期待视野"（Erwartungshorizont）则指向未知，只可推测不可体验；换言之，"经验空间"连接过去，"期待视野"面向未来。没有经验就没有期待，没有期待亦无经验可言，当代则是过去与未来的连接点。"经验空间"与"期待视野"的能动关系是延续历史意识的保证。在史料研究的基础上，科塞雷克断言，人们的"经验空间"和"期待视野"之间的差距在"鞍型期"之后越来越远，未来不断让基于经验的设想失望。可是，从伏尔泰、康德到黑格尔和马克思的历史哲学，却都有过美好的希望：不管是进化还是革命，一切都会向好的方向发展。——参见科塞雷克，《"经验空间"和"期待视野"：两个历史范畴》(1975)，《过去的未来：论历史时间的语义》，第349—375 页(Reinhart Koselleck, "'Erfahrungsraum' und 'Erwartungshorizont'-zwei historische Kategorien", in: ders., *Vergangene Zukunft. Zur Semantik geschichtlicher Zeiten*, Frankfurt: Suhrkamp, 1979, S. 349 - 375)。

② 参见科塞雷克，《历史基本概念——德国政治/社会语言历史辞典·导论》卷一，第 XIII—XXVII 页。

与社会形态及其变化的关系。

概念与事实的关系究竟是怎样的呢？这是科塞雷克一再探讨的问题。他早在《历史基本概念》第一卷"导论"中就已指出，概念史方法的指归"既不是词语史也不是事件史，既不是观念史也不是问题史。概念史自然会借助于这些研究方向，但它首先是历史的、批评的"。此时，词语史当然是"一个切入点，因为所有考察都得先从那些表述政治和社会重要事实的词语入手，或者，它们蕴含着相应的经验、思想或理论胚胎"①。此时，一方面要甄别原始材料并厘定语境，另一方面要区分语言史和概念史：语言史分析词语，概念史探讨概念。

科塞雷克的概念史方案对"词语"和"概念"做了区分，尽管这一区分对语言学、符号学和认识论来说都是成问题的。在他看来，虽然概念和词语相互关联，但是概念作为具有特定历史意义的词语，是区别于"一般词语"（"纯粹词语"）的"特殊词语"。②"一个词的含义总是指向意指之物，无论是一种思路还是一种情形，或者其他什么东西。尽管含义附着于词语，但是词义也来自口头或书面语境，同时源于它所指涉的情境。如果所用之词的意义关联全都融合进该词，它就变成概念。概念附着于词语，但它不只是词语。"如此看来，概念与一般词语不同，它是"（不同）历史现实之多种含义之聚合，并融入词语。［……］词义可以通过定义来准确

---

① 科塞雷克，《历史基本概念——德国政治/社会语言历史辞典·导论》卷一，第 X 页。
② 参见科塞雷克，《概念史与社会史》（1978），载科塞雷克编《历史语义学与概念史》，第 20 页(Reinhart Koselleck, "Begriffsgeschichte und Sozialgeschichte", in: *Historische Semantik und Begriffsgeschichte*, hrsg. von R. Koselleck, Stuttgart: Klett-Cotta, 1979, S. 19－36)。

界定，而概念只能被阐释"。① "多义性"是科塞雷克判定"概念"的标准，它可能与一些词语的多种义项有关，但它不认可约定俗成的定义，而是指向实际经验和经验关联。显然，科塞雷克的"概念"不属于语言学范畴，而是思想范畴和分析范畴，是阐释历史现实的方法。与语言语义学所设定的前提不同，概念史视"概念"为历史现实中的经验与期待、观点与阐释模式的联体。概念是相关概念群中的概念，不观照其他概念便无法理解单一概念。②

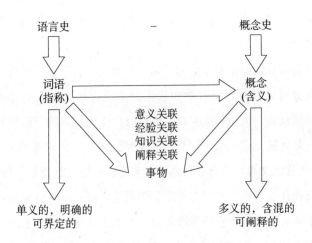

---

① 科塞雷克，《近代政治/社会概念辞典准则》，载《概念史文库》第 11 卷（1967），第 86 页（Reinhart Koselleck, "Richtlinien für das Lexikon politisch-sozialer Begriffe der Neuzeit", in: *Archiv für Begriffsgeschichte* 11[1967], S. 81 - 99）。

② 参见伯德克，《对作为方法的概念史的一些思考》，载伯德克编《概念史·话语史·隐喻史》，第 86、88—91 页（Hans Erich Bödeker, "Reflexionen über Begriffs-geschichte als Methode", in: *Begriffsgeschichte, Diskursgeschichte, Metaphern-geschichte*, hrsg. von Hans Erich Bödeker, Göttingen: Wallstein, 2002, S. 73 - 121）。

科塞雷克说:"考证概念及其语言史迹,是认识历史的最起码的条件;厘定概念与人类社会有关。"① 于是,他的概念史研究便向起始于启蒙运动的社会史靠拢。鉴于历史不可能脱离社会和语言而存在,概念史自视为广博的社会史的一部分,至少与社会史密切相关。语言分析是社会史考察之必不可少的部分,其研究对象是社会变迁和语言变迁的互动关系。② 作为一种方法,概念史同社会史的结合至关紧要。继《历史基本概念》之开创性的研究之后,又一部概念史巨制、已出二十一卷的《法国政治/社会基本概念工具书(1680—1820)》③,试图把握法国旧制度到复辟时期的政治和社会概念。该著将概念史方法运用于另一个欧洲国家的历史和社会研究,纲领性地联系法国"鞍型期"(约 1680—1820 年),拓宽了与社会史相结合的历史语义学。德国学派的研究表明,概念史和社会史之维,能够呈现经验范围:经验唯有在历史中才是可能的、可被描述的,也可能对社会现实产生影响。

一种行为的意义已经预设在其语言命名之中,并只有在其语言兑现中才能被理解。当然,概念必须先以陌生的面目出现,然后才能让人看到它是如何产生和被人认识的。科塞雷克的概念史方法,

---

① 科塞雷克,《概念史与社会史》(1986),《概念史:政治/社会用语的语义和语用研究》,第 9 页(Reinhart Koselleck, "Sozialgeschichte und Begriffsgeschichte" [1986], in ders., *Begriffsgeschichten. Studien zur Semantik und Pragmatik der politischen und sozialen Sprache*, mit zwei Beiträgen von Ulrike Spee und Willibald Steinmetz sowie einem Nachwort zu Einleitungsfragmenten Reinhart Kosellecks von Carsten Dutt, Frankfurt: Suhrkamp, 2006, S. 9-31)。

② 参见上书,第 9—31 页。

③ *Handbuch politisch-sozialer Grundbegriffe in Frankreich 1680 - 1820*, 21 Bde, hrsg. von Rolf Reichardt, Eberhardt Schmitt et al., München: De Gruyter Oldenbourg, 1985—   .

旨在从概念的意义（含义）变化入手，厘清过去的历史经验，"鞍型期"之说便是阐释过去经验的理论。那个时期巨大的政治风暴、经济发展和社会变迁，使现代政治思想中的关键概念（如"国家""公民""家庭""自由""共和""革命"等）发生了深刻的语义变化，一些新概念（如"帝国主义""共产主义""阶级"等）得以产生。这种概念含义的变迁或新概念，来自新的生活状况，新的人与环境、社会与时代的关系：新时代的新人需要新的语言。

概念史开辟了通向经验史的途径，概念的语义嬗变缘于变化了的历史和时代经验，新的认识首先将历史发展视为"变化"和"运动"。于是，政治主导概念的含义不再是以往那种静态的、超时代的概念，它们获得了面向未来的前瞻性内涵。概念时常走在事件的前头，预见或让人预感到后来的事件。这里说的是现代西方那些典型的"催生经验的概念"（Erfahrungsstiftungsbegriffe），它们不是对经验的回溯和记载，而是借助概念的语义来预设将来。我们在此可以看到事实在先、概念在后与概念在先、事实在后两种现象，它们分别体现"真实"历史同概念生成的不同时间顺序。也是在鞍型期，柏拉图和亚里士多德之后对贵族政体、君主政体、共和政体的通常划分，基本上已经萎缩成两种形态，前二者在民众眼里没有本质区别。在欧洲古代和中世纪时常涵盖各种国家形态的"共和"概念，后来同"民主"紧密相关。政治概念要在改变了的社会生活中发挥作用，就必须重新界定其含义。

过渡社会的一大特征，是人的经验以及与之相关的解释方法的惶惶急变。传统经验模式的变换，伴随着对新的经验模式的寻找，并有意义地把握经验变化。在这种经验解释中，语言解释形式具有关键意义。比如在法国大革命时期，语言在人们理解和把握急剧的经验变化时获得了新的能量。1789 年之后的经验，让时人感到许多传统概念越来越不合时宜，并逐渐意识到概念的时代性。科塞雷克在其丰硕的历史研究中（他的最大成就是个案研究），缜密地考察了时代意识如何在鞍型期发生了变化。以 1789 年为分水岭，不同时代经验的叠合和发酵，缘于传统概念的桥梁作用，它在某种程度上将概念之新旧含义的对接带入新的经验空间。阐释模式的变化，在于人们意识到深刻的社会和文化断裂，告别过去、面向未来的当代获得了新的品质。

其实，卢曼（Niklas Luhmann, 1927—1998）对历史语义学的理论思考也能让人看到，他对社会的"语义"分析也同福柯（Michel Foucault, 1926—1984）的话语分析一样，关注的并不是语义"表层"，而是生成表层的结构。[①] 一个较为典型的例子是"婚姻"概念，它的神学依据在 19 世纪初的欧洲被人类学认识所替代，并逐渐成为淡化法律拘囿、注重爱情和道德的行为。几百年来，"婚姻"概念的语言外壳并未变化，但是它的语义结构和与之相关的语言实践发生了变化。汉译西洋概念中的许多"旧词新义"亦即"旧形新义"也是很典型的，例如丁韪良（William Martin, 1826—1916）译《万国公法》（1864），用先秦时期已经使用的"权利"移译"right"，删略了原文中有关个人权利的内容，只注重国家的合法权力和利益，该词便以这一含义进入中国政治语汇。时至 1900年前后，个人权利才被看作不可或缺的内容进入"权利"概念。[②]

---

① 参见施特黑里，《语义学与/或话语：用福柯"更新"卢曼?》，载《文化革命》第 47期（2004）第 1 册，第 14—19 页（Urs Stäheli: "Semantik und/oder Diskurs: 'Updating' Luhmann mit Foucault?", in: kultuRRevolution, 47[2004]1, S. 14 - 19）。

② 参见金观涛、刘青峰，《近代中国权利观念的起源和演变》，《观念史研究——中国现代重要政治术语的形成》，香港，香港中文大学出版社，2008 年，第 99—145 页。

不管是卢曼还是科塞雷克，他们都竭力在历史文化研究中同传统的思想史保持距离，并努力开创一种思想社会史。① 从这个意义上说，概念史真正谋求的是"语境化"，以达到对政治和社会历史的新认识。

科塞雷克十分关注"语境"。他所倡导的概念史，旨在语境化，关注概念在历史语境中的社会意义之生成，探寻一些特定概念（"基本概念"）为何得以确立，维系着什么样的想象天地，排斥、遮蔽或揭示什么，谁以何种意图将之纳入政治话语，它们如何在公共领域走红，如何成为政治和社会术语，并包含何种未来设想。概念史从来不只是概念的历史，不只是概念的发展本身，不只拘囿于文本，不单单钩稽概念的演变，而是力图挖掘概念的语义结构，通过考察语境来确认特定概念的建构能量。任何新词或概念，都不可能不从当下或传承下来的语境中获取意义。它更多地关注政治和社会事实与其语言兑现之间复杂的互动关系，概念史当被理解为结构史。

科塞雷克晚期理论探讨中的概念史观点简要而鲜明：与所有史论一样，概念史也需要假设，没有假设就没有论点可言。纯粹的史料堆积绝非概念史，关键是把握概念网络中的大概念、下属概念、对立概念等各种概念之间的关系，以揭示概念的内在语义结构。唯其如此，才能彰显一些特定概念的建构能量，否则无法真正理解文

---

① 伯德克，《历史文化研究中的历史语义学之特色》，载伯德克编《概念史·话语史·隐喻史》，第 11 页（Hans Erich Bödeker, "Ausprägungen der historischen Semantik in den historischen Kulturwissenschaften", in: *Begriffsgeschichte, Diskursgeschichte, Metapherngeschichte*, hrsg. von Hans Erich Bödeker, Göttingen: Wallstein, 2002, S. 7 - 27）。

本或语境。[1] 正因为此，科塞雷克在其晚年也或多或少同"概念史"名称保持一定的距离，如伯德克（Hans Erich Bödeker）所描述的那样：科塞雷克的概念史是"通过语言生成意义的历史"，而不是概念的历史。[2]

三、"复合单数"与现代概念的"四化"

　　"鞍型期"的一个引人注目的现象是许多"核心概念"的诞生，即某些概念从其多样性（复数）向单一性（单数）的过渡，科塞雷克称之为"复合单数"（德：Kollektivsingular；英：collective singular）。"历史"概念便是一个很好的"单数化"例子：各种各样的事件、经历和发展过程，造就出自成一体的建构品——"历史"，这一复合单数是抽象化和意识形态化的结果。换言之：许多事件和历史被聚合、浓缩和抽象为"历史"，它将"不同时历史的同时性亦即同时历史的不同时性集于一个概念"[3]。科塞雷克的研究表明，"历史"这一充满意识形态的"复合单数"已经在 1780 年成型；此前的"历史"概念虽未消逝，但在 18 世纪获得了新的阐释空间。与"许

---

① 参见杜特，《后记：论科塞雷克的"导论"残稿》（Carsten Dutt, "Nachwort: Zu Einleitungsfragmenten Reinhart Kosellecks"），载科塞雷克《概念史：政治/社会用语的语义和语用研究》，第（529—540）531—532 页。

② 参见伯德克，《历史文化研究中的历史语义学之特色》，载伯德克编《概念史·话语史·隐喻史》，第 14 页。

③ 科塞雷克，《历史》，载《历史基本概念——德国政治/社会语言历史辞典》卷二，第 595 页（Reinhart Koselleck, "Geschichte", in: *Geschichtliche Grundbegriffe. Historisches Lexikon zur politisch-sozialen Sprache in Deutschland*, hrsg. von Otto Brunner, Werner Conze, Reinhart Koselleck, Stuttgart: Klett-Cotta, Bd. 2, 1975, S. 593 – 717）。

多"历史不同，"历史"是一个认识概念，它不仅涉及历史事件及其关联，而且总是伴随着阐释。于是，"历史"的语义发生了变化，并获得两种含义："历史总和"和"历史反思"。"历史"概念在被当作政治论据时，得到了彻底扩展。

《共产党宣言》开篇所说的"至今一切社会的历史都是阶级斗争的历史"，无疑也是"复合单数"的典型事例：如果人们还像前现代那样把"历史"看作一个复数概念，那么马克思和恩格斯的这种说法则是荒唐的，因为以往一切社会的历史并不都是阶级斗争史。然而，这一复合单数却是高度理论化、极具挑战性的概括，它连接经验和期待，与以往历史无多关联，却是社会关系如何变化的"表征"。这里也能见出复合单数这一语言现象在发展新的行动纲领时所具有的能量。"阶级"概念原先只是用于"划分"的中性表述，但在 19 世纪的马克思主义之社会模式的语境中获得了新的含义。此时，旧词获得新义，这会导致语言运用以及政治和社会之经验空间的改变。为新的社会分层而进行的斗争与"选词"之争联系在一起，这是一种为将来而进行的语义斗争。

在科塞雷克眼里，概念从来不只是供历史学家解读时代变迁的纯粹"表征"（Indikator），概念还是承载历史、推动历史的"因素"（Faktor）。换言之：这里所说的概念不是描摹，而是描述各种"世界"；概念是多义的，因而往往是有争议的。如同"进步""自由"等概念，甚至连"历史"概念本身，都是历史发展的"表征"和"因素"。科塞雷克坚信语言的形塑能量，事件或历史不但被融入概念，概念也直接塑造历史。同"历史"概念相仿，在今人眼里已经是理所当然的那些"复合单数"，如"自由""平等""解放""革命""进步""人类""社会"等，都是在欧洲 18 世纪中期之后的社会和政治强震期产生的，是世事变迁的"表征"和"因素"。对历史编纂学意义上的概念史来说，重要的是在历史"核心概念"的意义及其变化中找到某个时期之历史意识的佐证，尤其需要关注的是那些推动历史发展的语言之意义发生巨变的年代。"只有在对语言作为表征和因素的双重把握中，概念史方法才会生成其特有的研究领域。"①

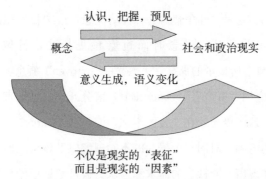

以上述几个概念为例："自由"曾指很具体的自由，后来被赋予最起码的平等，或曰人人自由的理念，"平等"在"自由"概念中有着决定性意义。"平等"曾是一个很具体的概念，后来成了一句口号。"解放"则变成一个历史哲学概念，与"进步"密切相关，且不只指具体的进步，还可用于历史的进步。这些概念在鞍型期之语义变迁后的含义，在前现代是无法理解、难以想象的。于是，人们会在不同语境中根据自己的理解来运用一些抽象概念，使其意识

① 舒尔茨，《概念史与论证史》，载科塞雷克编《历史语义学与概念史》，第 45 页（Heiner Schultz, "Begriffsgeschichte und Argumentationsgeschichte", in: *Historische Semantik und Begriffsgeschichte*, hrsg. von Reinhart Koselleck, Stuttgart: Klett-Cotta, 1979, S. 43 - 74）。

形态化，或者一再做出新的阐释。现代概念是很容易被沾染上意识形态的。

在政治话语中，人们在建构世界的同时，也在建构语言。17 和 18 世纪的"公民"概念，是市民社会谋求解放进程中的斗争概念。此时，政治概念不再只是描述性的，人民（而不只是"政治哲学家"）对政治概念的运用，使其获得了诉求的意蕴，成为目的明确的政治认同。这是"斗争概念""行动概念"或"目标概念"产生的土壤。如前所述，概念时而也会预见历史，就像"公民"（citoyen）概念所显示的那样：狄德罗将"citoyen"概念收入《百科全书》，把它同"资产者"（bourgeois）区分开来。可是直到法国大革命之时，这个概念才在"公民卡佩"（citoyen Capet）① 那里获得有血有肉的内涵。对同一个概念的不同理解以及该概念所具有的不同品质，体现出不同社会的需求和追求。通过考证原始材料，可以甄别概念的真正含义。例如：如果我们考察法国、德国或英国的"公民"（法：citoyen；德：Bürger；英：citizen）概念，考察它们各自在实际运用中包含何种附加意蕴和何种想象，便可发现极大的差异。

以上论述中可以见出，基本概念一般都走过由"前政治"含义经"政治化"到"意识形态化"的发展阶段。对科塞雷克来说，"现代性"及其语言表述，具有影响社会和自我意识的四大特征，或曰"四化"：（1）时代化（Verzeitlichung），即特定概念显示出"历史哲学"走向、时代特性和发展过程，并包含期待因素。（2）

---

① 1793 年，也就是在法国大革命的狂风暴雨中，被改名为路易·卡佩的前国王路易十六被送上断头台。

政治化 (Politisierung)，即社会的多元化，使概念和术语增加了语言操纵的可能性，口号式的概念时常包涵期待和目标。(3) 民主化 (Demokratisierung)，即政治制度的变迁，导致政治和社会重要概念之跨越阶层的广泛接受，导致概念之影响范围的扩大；等级制度的解体，淡化了概念内容的等级特色，使政治语言和术语从贵族走向广大民众，而不只是集中于少数知识阶层的人；另外，特定概念对不同社会成员的重要性发生偏移。(4) 可意识形态化 (Ideologisierbarkeit)，即概念的不断抽象化，使之成为各种意识形态的工具，并不断将一再扩展的政治和社会概念用于各种论战。在以上"四化"中，民主化和意识形态化在 19 世纪下半叶尤为突出。[1]

　　诚如科塞雷克的老师施米特 (Carl Schmitt, 1888—1985) 曾经指出的那样，所有政治概念、想象和词语都有论战性，总是针对其对立概念而存在的。[2] 在鞍型期各种对社会集团的称呼中，我们可以见到各种描述社会阵营的对立概念，比如"贵族"和"民主派"，还有更极端的称谓："革命派"和"反动派"。这些对立概念至今还在发挥作用。科塞雷克的最后一部著作《概念史》的副标题"政治/社会用语的语义和语用研究"[3]，最能体现词语含义和词语运用

---

① 参见科塞雷克，《近代政治/社会概念辞典准则》，载《概念史文库》第 11 卷 (1967)，第 81—99 页；科塞雷克，《历史基本概念——德国政治/社会语言历史辞典·导论》卷一，第 XIII—XXVII 页。

② 参见施米特，《政治的概念》，第 31 页 (Carl Schmitt, *Der Begriff des Politischen. Text von 1932 mit einem Vorwort und drei Corollarien*, Berlin: Duncker & Humblodt, [1932] 1963)。

③ Reinhart Koselleck, *Begriffsgeschichten. Studien zur Semantik und Pragmatik der politischen und sozialen Sprache*, mit zwei Beiträgen von Ulrike Spee und Willibald Steinmetz sowie einem Nachwort zu Einleitungsfragmenten Reinhart Kosellecks von Carsten Dutt, Frankfurt: Suhrkamp, 2006.

之间的关系，以及他对概念的"含义偏移"（Sinnverschiebungen）的深入探讨。以"人民"这个抽象概念为例：确定"人民"之属性有着完全不同的形式，谁属于人民或不属于人民，充分体现出一个事实，即对概念的争夺也是对话语权的争夺。

四、 全球视野中的东亚转型期及概念现代化

当代著名历史学家贝利（Christopher Alan Bayly, 1945—2015）和奥斯特哈梅尔（Jürgen Osterhammel）在他们的著述中，试图勾勒世界史中相当于科塞雷克"鞍型期"概念的"分水岭"。二者抛弃了以往的历史编撰范式，告别了前人的历史叙事传统，采用跨学科、多层次的洲际观察方法，从世界史的角度刻画和分析一个时代：一个在欧洲、亚洲、非洲和美洲发生巨变的时代，一个萌生"全球性"的时代。[①]

已故剑桥大学史学教授贝利在其《现代世界的诞生（1780—1914）：全球关联和比较》（2004）中，试图描绘一部近代晚期的世界史，把这"短短的"134 年看作世界的巨变期。他的追求是，探讨和阐释世界不同地区的历史之间的关联和相近之处。他分析了全球现代性的形成和蔓延，翔实地展示出 19 世纪欧洲的发展已经同地球上其他地方的宗教、经济、政治、社会紧密相连；现代世界的诞生是一个去中心化（多中心的），同时又是相互关联的过程。他描述了欧洲、美洲、亚洲和非洲之间的相互影响，非欧洲社会不只

---

① 参见方维规，《"全球化"始于何时？——"现代世界的诞生"和"世界之变"》，载《中国图书评论》2012 年第 3 期，第 45—54 页。

是现代性之被动的接受者或无声的证人，而是积极的参与者。[①]

德国康士坦茨大学史学教授奥斯特哈梅尔的《世界之变：一部
19世纪的历史》(2009)，以历史编撰学的慎重来描写和阐释全球发
展，令人信服地展现了19世纪这一全世界走向现代的决定性历史
时期，以及这个时代在不同地域和不同文化中的重要性和时人的感
受。尽管19世纪欧洲急剧的社会发展是奥氏考察的中心和起点，
但他不断观照世界其他地域，特别是欧洲在东亚、美洲、中东和东
南亚的影响，以及这些地区和国家的欧洲接受和"接轨"。中国、
日本、美国从边缘走到前台，尤其是1860年之后欧洲内和欧洲外
的发展进程被纳入共时考察的视野。[②]

显然，人们可以在世界语境中考察"鞍型期"这一欧洲时代变
迁概念，是否也适合于阐释世界其他地区的发展，这些地区或国家
是否也经历了相似的时代分界。的确，在新近的历史和文化研究
中，"鞍型期"概念时而也被转用于（欧洲之外）其他社会和文化
巨变时期。"鞍型期"的意思，不是给马匹上鞍、整装待发，而是
表示从前现代走向现代的分水岭。从这个意义上说，它也可以用来
解读19世纪和20世纪初的中国和整个东亚，尽管这里的历史发展
没有"鞍型山体"那样的意象可言，而且过渡期在时间上明显存在
滞后现象：科塞雷克所说的"鞍型期"(1750—1850)的结束，可被

---

① 参见贝利，《现代世界的诞生（1780—1914）：全球关联和比较》(Christopher
Alan Bayly, *The Birth of the Modern World, 1780–1914. Global Connections and
Comparisons*, Oxford: Wiley-Blackwell, 2004)。

② 参见奥斯特哈梅尔，《世界之变：一部19世纪的历史》(Jürgen Osterhammel, *Die
Verwandlung der Welt. Eine Geschichte des 19. Jahrhunderts*, München: Beck,
2009)。

视为东亚之伟大转折期的开始。

就中国而言，王尔敏指出："自 1840 至 1900 的六十年间，是酝酿近代思想一个重要的过渡时代，同时也是一种独特的思潮发展段落。这里包括全部新概念之吸收、融会、萌芽、蜕变的过程。思想的创发，有加速趋势，也就是说一直维持着扩张的动力。"[①] 时代和思想的觉醒，主要源于中西接触，源于"时势之日急，外力之压迫，新知之了解，对人之模仿"[②]。在这个过渡期，"求变求新"是广大知识者尤其是维新人士的共同心声。过渡期与转型期的交接，发生于 1890 年代。张灏在《中国近代思想史的转型时代》（1999）等文章中指出，1895 至 1925 年是中国近代思想史的转型时代，即思想文化由传统过渡到现代、承先启后的关键时代，思想知识的传播媒介及思想内容皆有突破性剧变。[③] 若说过渡期和转型期不能截然分开，中国的"鞍型期"约有八九十年时间，从过渡到剧变。对中国和其他亚非拉国家来说，现代化的一个重要特征是西化。当然，清末民初的知识者并没有提出"现代化"概念，而只是提倡洋务、自强、变法、维新、立宪、革命等。[④]

就像英法德等欧洲国家的转型期只是一个大概划分一样，东亚

① 王尔敏，《十九世纪中国士大夫对中西关系之理解及衍生之新观念》（1974），《中国近代思想史论》，台北，台湾商务印书馆，1995 年，第（1—94）1 页。——"过渡时代"是清季许多知识者的一个共识，如梁启超所言："今日之中国，过渡时代之中国也。"（梁启超，《过渡时代论》[1901]，林志钧编《饮冰室文集》之六，上海，中华书局，1936 年，第 27 页）

② 王尔敏，《清季知识分子的自觉》（1972），《中国近代思想史论》，台北，台湾商务印书馆，1995 年，第（95—164）150 页。

③ 参见王汎森编，《中国近代思想史的转型时代——张灏院士七秩祝寿论文集》，新北，联经出版事业股份有限公司，2007 年。

④ 参见王尔敏，《晚清政治思想史论》附录《"现代化"的时代意义及其精神基础》，台北，台湾商务印书馆，1995 年，第（277—282）277—278 页。

国家（中日韩）的现代转型也是如此。但是有一点是可以肯定的：贝利和奥斯特哈梅尔所论及的东亚社会走向现代的决定性时期，以及上文关于中国过渡期的论述，都或多或少适合 19 世纪下半叶至 20 世纪初的中日韩发展状况，尽管这三个国家的现代性体验有先后之分，且对"近代"和"现代"的时间划分也有出入。在这个数千年来的大变局亦即特殊的"现代性"历史过渡期或转型期，西方影响和东亚"接轨"的一个明显特征是概念的传输和接受，或曰"概念现代化"。汉语中的大量近代新词，本身就是"西学东渐"的产物。按照科塞雷克的概念史假设，不同时代的人正是通过概念来描述他们的经验、期待和行为的。此时，我们一方面可以发现 1861 年以后中国所创制的新概念，很能表达时人对时局的理解倾向，如"变局""夷务""洋务""利权""商战""富民""自强"等，这些中国"独有"的概念，既不同于中国古代，也不同于西方近代。①

　　另一方面，在千载未有之变局中，更有大量西方概念的移译，也就是 20 世纪初被称作"新名词""文明词"或"译词"的那些概念，日本则称之为"新汉语"。西方本土创制概念或者旧概念的新解，与翻译概念的情形是不同的，不同的经验、语境和想象会或多或少产生理解上的差异。同时，西方概念本身经历过前后变化，旧词新解或新造概念有其自己的历史，翻译概念不可能将其语义全盘移植，毫无差别，它是一种融会和同化。只要是翻译就会走样，译者只能追求最大近似值。移植的西方概念，常会成为我们自己思想的重要组成部分，从而提供了新的阐释空间。比如，不少重要汉译

---

① 参见王尔敏，《十九世纪中国士大夫对中西关系之理解及衍生之新观念》（1974），《中国近代思想史论》，第 14—22 页。

政治概念的形成，"几乎都经历了'选择性吸收''学习''创造性重构'三个阶段"。①

19世纪或20世纪初的东亚汉字文化圈的国家和地区翻译西方概念（术语和抽象词汇等），② 基本上是以汉字形式或以汉字为基本元素来实现的，这就产生了汉字文化圈的许多"同形词"，它们是"共创、共享的产物。中国和日本是主要的创造者，朝鲜半岛、越南等参与了共享"③。然而，"中日流向词"（中→日）、"日中流向词"（日→中）或"中日互动词"（中→日→中），④ 不一定具有同样的语义结构，体现同样的经验空间和期待视野。一个翻译概念从中国到日本，或从日本到中国，其含义在传输和理解过程中可能或必然发生变化。另外，翻译外来概念的两种常见方法，即"译"和"借"的方法（译者迻也，借者袭用其音），"对于中日的译词创造者们具有不同的内涵和心理重量"⑤。中日韩三种语言中之所以存在大量同形词，在于历史上某个时期发生过大规模的语言接触和词汇交流。"近代新词的形成并非一个国家、一种语言之间的事件，而是汉字文化圈的国家和地区如何用'汉字'这一超语言的书写符号来接受西方新概念的问题。"⑥ 东亚概念史的国际性是显而易见的，它是一种跨洲跨国的研究。尤其是汉字文化圈的同形词，增加了东

---

① 金观涛、刘青峰，《观念史研究——中国现代重要政治术语的形成》，第11页。
② "汉字文化圈"所包括的国家和地区是中国、日本、朝鲜半岛、台湾、香港、新加坡、马来西亚和越南。
③ 沈国威，《近代中日词汇交流研究：汉字新词的创制、容受与共享》，北京，中华书局，2010年，第22页。
④ 参见上书，第26—29页。
⑤ 参见上书，第29—37页。
⑥ 同上书，第22页。

亚概念史比较研究的独特性。当然，同形词概念同西方不少国家共有的、多少可以相互匹配的那些概念，在原理上有着相似之处。

时人对各种关键概念的阐释模式，体现出东亚各国过渡期的危机经验和社会结构之变化。无论见之于特定概念还是具体行动，这里也能见出不同的时代经验和未来期待。只有在回顾多样的现代性经验时，才能觉察一些历史现象和重要概念的思想连续性。对"同一个"概念在各国的运用之系统比较，亦可能发现一些迄今没有提出的问题，并认识一些新的问题。这种做法或许能够避免概念史中的唯名论，也就是不假思索地将某些（同形词）概念相提并论。"等量齐观"的前提，是东亚国家总体上相同的转型之路，而实际情形并非如此，且不仅表现于转型的不同时性。中日过渡期的发展状况，最能体现科塞雷克论述"历史"概念时所说的"不同时历史的同时性"或"同时历史的不同时性"，这种情形尤其见之于特殊过渡期。因此，对不同历史语境的忽视，可能混淆不同的过渡形式以及接受西方知识的模式，遮蔽同一个概念之间的区别，或者不对等概念之间的语义差别。

概念史钩稽过去的社会，考察那些储存于语言材料以及文化和社会之思维结构的东西，借助概念和话语来领会过去的历史，检视储存于概念的社会史经验。——这种看法可被视为科塞雷克式的概念史。将之运用于东亚概念史研究，自然要对其有效性甚至合法性有一个清醒的认识，并看到"移植"这一方法的价值和可能的局限。我对借鉴概念史方法及比较视野中的东亚概念史之总体看法是肯定的，且基于如下思考：

首先，我们应当承认（如前所述）世界范围的"现代化"之总体趋向是"西化"这一事实，19世纪和20世纪初的中国从器物到制度到思想对西方的接受，① 亦能见出"西化"脉络。中国近代化或现代化的延误是一个不争的事实；② 并且，同是东亚国家，日本和中国的西化不可同日而语。所谓西方影响和东亚"接轨"，本身就存在巨大落差。但这一切并不排除西化的事实存在。这不是在宣扬西方价值的普世性或西方现代性的本质化，这是实际历史发展。这也不是在抹杀各种文化的特殊性，世界各地有着不同的西化之路，各种本土特色和现代性体验的形态差异或变异是一个常数。无疑，这里也不否认保守文化意识亦即传统纲常名教在 20 世纪前的中国主流文化的统治地位，或者各种中西调和的理论思想，如"运会说""西学源出中国说""托古改制论""广贵因论""中体西用论"。③ 中国的西化是一个渐进过程。

其次，概念史之于欧洲"鞍型期"，东亚新概念之于东亚"转型期"，二者有着相通之处。与其说东亚概念史注重西化因素，毋宁说概念嬗变与转型期密切相关。在这个时期，"西学"的译介不仅使东亚的近现代知识剧增，也极大地丰富了近现代汉语学术词汇。现代汉语（尤其是科技和学术用语）的很多重要词汇与概念均产生于 19 世纪下半叶和 20 世纪初，还有许多词汇也是在这个时期发生了质变。此乃阿萨德（Talal Asad）分析阿拉伯语时所指出的

① 梁启超把中国学习西方分为三个时期：第一期是鸦片战争之后"先从器物上感觉不足"，因而有了洋务运动；第二期从甲午战败到民国初年，"是制度上感觉不足"，因而有了戊戌变法；第三期是"从文化根本上感觉不足"，因而有了新文化运动。——参见梁启超，《五十年中国进化概论》(1922)，林志钧编《饮冰室文集》之三十九，上海，中华书局，1936 年，第 43—45 页。
② 参见郭廷以，《中国近代化的延误——兼论早期中英关系的性质》(1950)，《近代中国的变局》，台北，联经出版事业公司，1987 年，第 3—25 页。
③ 此处各种调和理论，参见王尔敏，《张之洞与晚清中西调和之思想》，《晚清政治思想史论》，第 (72—100) 72—81 页。

一种现象：19世纪下半叶以来，大部分非欧洲语言，都在翻译欧洲语言文本的过程中改变了模样，并向欧洲语言靠拢。[①] 同欧洲许多基本概念一样，许多汉语重要概念在"转型期"获得了我们今天所理解的现代含义，而变化正是来自西方的影响。[②] 我们无须"翻译"便可知道 economy 或 économie 意义上的"经济"，而不再是"经世济民"。[③] 当然，概念史研究绝不意味着，以今天的知识预设和习惯概念理解来解读过去，而是挖掘特定概念的历史语境和历史语义，以此来认识历史；亦可在概念演变的层面上考察其同"当今"之可能的联系。另外，概念史是解读历史的一种方法，但不是唯一的方法。

再次，翻译（接受）西方概念，在很大程度上是在介绍和解读西方事物、价值观和理想，领略西方知识及知识形态。但是"同样的"概念，比如"civilisation - 文明"，或"science - 科学"，或"democracy - 民主"，或"republic - 共和"，由于不同甚至殊异的历史现实，它们在概念原产地和接受地的实际认知层面、认知程度、历史地位、作用和效果不可能完全相同。例如，这些概念在传入中国之时，并没有即刻成为（科塞雷克所说的）现实的"表征"和推

---

① 参见阿萨德，《文化间的翻译：论英国社会人类学的一种模式》，载贝格、福克斯编《文化，社会实践，文本：人种展现之危机》，第323—324页（Talal Asad, "Übersetzen zwischen den Kulturen. Ein Konzept der britischen Sozialanthropologie", in: *Kultur, soziale Praxis, Text. Die Krise der ethnographischen Repräsentation*, hrsg. von Eberhard Berg u. Martin Fuchs, Frankfurt: Suhrkamp, 1993, S. 300 - 334）。

② 参见金观涛、刘青峰，《观念史研究——中国现代重要政治术语的形成》附录二，第479—571页之"百个现代政治术语词意汇编"。

③ 关于"经济"译名，参见方维规，《"经济"译名溯源考——是"政治"还是"经济"》，载《中国社会科学》2003年第3期，第178—188页；方维规，《"经济"译名钩沉及相关概念之厘正》，载《学术月刊》2008年第6期，第136—146页。

动历史的"因素",中国有自己的社会现状和特定的话语体系。某个重要概念在某时引入中国,并非一定缘于实际需要,它甚至是偶然的。尽管"橘逾淮而为枳"①不可避免,但是,视之为一种追求也未尝不可。我们不能忽略这些概念的"蔓延效应" (spread effect) 和后发之力,即它们对东亚社会文化的冲击力和对社会舆论的影响力。以 democracy 和 republic 为例:二者在 19 世纪进入中国以后的很长一段历史时期内基本上是同义的,时人没有刻意用汉语明确区分这两个概念,更遑论洞达其真正含义;②可是"共和"概念到了辛亥革命时期,成了"表征"和"因素",获得了巨大的支配力,革命的成功被看作"共和主义" (republicanism) 的实现。③同样,"民主"和"科学"概念直到五四时期才成为战斗旗帜。另外还有一个有趣的现象:清末民初主张变革的中国士子所经历的一个重要范式转换,是向西方"文明"看齐,这个集"表征"和"因素"于一身的西方历史哲学概念,在中国成了一个理想概念。④

以上三点肯定不是从事东亚概念史研究的全部理由,但却可以让我们看到,以东亚国家各具特色的过渡期或转型期为背景,对一些关键翻译概念(比如"文明""民主""自由""权利""革命"

①　参见贺照田,《橘逾淮而为枳? ——警惕把概念史研究引入中国近代史》,载《中华读书报》2008 年 9 月 3 日。

②　参见方维规,《"议会"、"民主"、"共和"等概念在十九世纪的中译、嬗变与运用》,载《中华文史论丛》2001 年第 2 辑,第 59—86 页。

③　参见金观涛、刘青峰,《观念史研究——中国现代重要政治术语的形成》,第 260—268 页。

④　用梁启超的话说:"西人百年以来,民气大伸,遂尔勃兴。中国苟自昌明斯义,则数十年其强亦与西国同,在此百年内进于文明耳。""地球既入文明之运,则蒸蒸相逼,不得不变。"(梁启超,《与严幼陵先生书》[1896],林志钧编《饮冰室文集》之一,上海,中华书局,1936 年,第 109 页。)

"公民""义务""个人"等）的历史语义进行系统考察，并对特定
概念的引进时段及其理解进行比较研究，能够见出经验巨变的多元
性，并更好地认识东亚国家不同的过渡期，以及各自从传统走向现
代的不同过渡方式。政治和社会词汇在过渡期的演变，亦能折射出
以往经验阐释的多样性，以及人们如何通过概念来表述挑战，寻求
应对挑战的途径。社会史和概念史必然具有"共时性"和"历时
性"的维度。作为一种比较范式，共时性事件与历时性结构之间的
关联性，即共时的语义分析和历时的系统比较相结合，不仅可以呈
现东亚语境中概念移植和阐释及其引进和输出的路径，也可以确认
不同历史经验的时间范畴亦即先后关系。

　　我们需要一种比较视野，查考东亚过渡期以及相关概念之统一
中的多样性，即维特根斯坦（Ludwig Wittgenstein, 1889—1951）
在其《哲学研究》（1953）中所探讨的"含义即用法"或"用法中
的含义"。含义见之于运用亦即用法，只要概念、含义、用法之间
的关系还没被弄清，"概念史"试图借助语言探索历史经验和社会
知识的尝试，始终存在无法摆脱传统"观念史"的危险。传统观念
史常将"概念"和"含义"混为一谈。正是这种应当纠正的做法，
常会导致传统观念史的复兴。① 传统观念史误将观念视为"一成不
变"的东西，与之截然相反，"概念史［……］考证特定语言在特
定情境中的运用，以及特定话语运用者发展和运用了哪些概念"。②

---

① 参见伯德克，《对作为方法的概念史的一些思考》，载伯德克编《概念史·话语
　史·隐喻史》，第 98、102 页。
② 科塞雷克，《对〈历史基本概念〉的各种评论的回应》，载勒曼、里希特编《历史
　趋势和历史概念的含义——概念史新论》，第 62 页；另参见伯德克，《对作为方
　法的概念史的一些思考》，载伯德克编《概念史·话语史·隐喻史》，第 116 页。

"概念史对'纯粹词语'与含义丰富的'概念'的区分基于一个见解，即对一些概念之运用史的考察，理应多于考察其他概念。［……］在制定概念史方案时，也应在某种程度上把含义在交往互动中的实现过程看作考察原则。"因为"得知一个词语的运用，便知道其在交往中的效用，更确切地说，就能理解它的'含义'"。①从这个意义上说，发展一种东亚国家的"比较概念史"并考察一些关键概念之不同的"运用史"，虽然极为复杂、相当费力，却是极有意义的。

---

① 伯德克，《对作为方法的概念史的一些思考》，载伯德克编《概念史·话语史·隐喻史》，第102、106页。

概念史八论

——一门显学的理论与实践及其争议与影响*

德国概念史是当代较多受到国际学界推崇和借鉴的少数德国人文科学方法之一，尤其是科塞雷克（Reinhart Koselleck, 1923—2006）的概念史模式在国际上受到不少学者的关注。概念史的重要性在于其摆脱了 20 世纪诸多著名学派和理论的束缚，依托不同的历史材料来考察概念语义的知识结构及其变化轨迹。这一历史语义研究的著名范式在国际化过程中，不仅在方法上显示出其独特魅力，启发了不少概念史课题，也在不断适应不同的文化语境和研究取向。将德国概念史放在其产生和发展的具体语境中进行考察，较为系统地探讨其理论设想、具体实践、发展变化以及围绕概念史所发生的学术论争，自然有助于更好地认识概念史方法的可能性和局限性。概念史与社会史的关系，最能体现这一研究方法的特色。而话语史和隐喻学与它颉颃争衡的历史，不仅让人看到各种研究模式的学术旨趣和不同凡响之处，而且更能彰显概念史的学术潜力。随着概念史的逐渐国际化，方法争论中的许多疑难问题也越来越显示出其迫切性。

＊ 本文原载《东亚观念史集刊》第四期（2014），第 101—170 页。

一、绪论

不仅概念可成为历史的索引，还有对概念的历史研究。历史批评方法出现以来，分析语言材料是考证研究的基本前提之一。"历史语义学"（德：historische Semantik，英：historical semantics）探索文化表述尤其是语言表述的内涵和变化的历史性。作为历史研究的一个模式，它探究和阐释特定时期之词义生成和表达的文化、社会与政治的前提条件。这个大概念下的各种研究模式，尤其是其中的"概念史"（德：Begriffsgeschichte，英：history of concepts 亦即 conceptual history），视语言分析为理所当然的考察出发点，旨在钩稽原始资料中语言的历史性，及其在历史变迁中的作用和为历史变迁做出的贡献。概念史的着眼点，是具有关键意义的、浓缩的固定词语，并以此为依托来解读其在特定语境中的概念化过程。这里说的不是语言学中的历史语义考证所探讨的历史变化；与词源学不同，概念史主要不是词语和概念的语言分析，而是在语言和概念媒介中挖掘历史性。

作为历史语义研究的一个范式，概念史在德国的确立和深入探讨，领先于其他国家。① 赋予历史概念非同一般的意义，发轫于19

----

① 参见科塞雷克，《历史语义学与概念史·导论》，第 9—16 页（Reinhart Koselleck, "Einleitung" zu *Historische Semantik und Begriffsgeschichte*, hrsg. von R. Koselleck, Stuttgart: Klett-Cotta, 1979, S. 9 - 16)；科塞雷克，《概念史与社会史》，载科塞雷克编《历史语义学与概念史》，第 19—36 页（Reinhart Koselleck, " Begriffsgeschichte und Sozialgeschichte ", in: *Historische Semantik und Begriffsgeschichte*, hrsg. von R. Koselleck, Stuttgart: Klett-Cotta, 1979, S. 19 - 36)；京特，《寻求概念史理论》，载科塞雷克编《历史语义学与概念史》，（转下页）

（接上页）第102—120页（Horst Günther, "Auf der Suche nach einer Theorie der Begriffsgeschichte", in: *Historische Semantik und Begriffsgeschichte*, hrsg. von R. Koselleck, Stuttgart: Klett-Cotta, 1979, S. 102‑120）；奥尔特，《概念史的理论前提和方法论作用范围》，载科塞雷克编《历史语义学与概念史》，第136—153页（Ernst Wolfgang Orth, "Theoretische Bedingungen und methodische Reichweite der Begriffsgeschichte", in: *Historische Semantik und Begriffsges-chichte*, hrsg. von R. Koselleck, Stuttgart: Klett-Cotta, 1979, S. 136‑153）；霍伊费，《概念史·历史语义学》，载贝格曼等编《历史教学法手册》，第194—197页（Gerd van den Heuvel, "Begriffsgeschichte, Historische Semantik", in: *Handbuch der Geschichtsdidaktik*, hrsg. von Klaus Bergmann et al., 3. Auflage, Düsseldorf: Schwann, 1985, S. 194‑197）；科塞雷克，《社会史与概念史》，载席德尔、泽林编《德国社会史：国际视角中的发展和前景》卷一，《历史研究中的社会史》，第89—109页（Reinhart Koselleck, "Sozialgeschichte und Begriffsgeschichte", in: *Sozialgeschichte in Deutschland. Entwicklungen und Perspektiven im internationalen Zusammenhang*, Bd. I: *Die Sozialgeschichte innerhalb der Geschichtswissenschaft*, hrsg. von Wolfgang Schieder und Volker Sellin, Göttingen: Vandenhoeck & Ruprecht, 1986, S. 89‑109）；科塞雷克，《语言变化与事件史》，载《水星——欧洲思想德国月刊》第8卷（1989），第657—673页（Reinhart Koselleck, "Sprachwandel und Ereignisgeschichte", in: *Merkur. Deutsche Zeitschrift für europäisches Denken* 8[1989], Stuttgart: Ernst Klett, S. 657‑673）。

另参见里希特，《论政治语言史的重构：普考克、斯金纳与〈历史基本概念〉》，载伯德克、欣里希斯编《老欧洲：旧制度与近代早期——研究的问题和方法》，第134—174页（Melvin Richter, "Zur Rekonstruktion der Geschichte der Politischen Sprachen: Pocock, Skinner und die *Geschichtlichen Grundbegriffe*", in: *Alteuropa. Ancien Régime — Frühe Neuzeit: Probleme und Methoden der Forschung*, hrsg. von Hans Erich Bödeker und Ernst Hinrichs, Stuttgart-Bad Cannstatt: Frommann-Holzboog, 1991, S. 134‑174）；帕洛嫩，《政治学·修辞学·概念史：政治理论的现代语言研究》（Kari Palonen, *Politics, Rhethoric and Conceptional History. Studies on Modern Languages of Political Theory*, Jyväskylä: University of Jyväskylä, 1994）；赫尔舍，《"概念史"的理论基础》，载《文化——历史与思想杂志》第8卷（1995），第23—38页（Lucian Hölscher, "The theoretical Foundations of *Begriffsgeschichte* (History of Concepts)", in: *Cultura. Revista de História e Teoria das Ideias* 8[1995], pp. 23‑38）；里希特，《政治/社会概念史——综合述评》，第124—142页（Melvin Richter, *The History of Political and Social Concepts: A Critical Introduction*, New York: Oxford University Press, 1995）；里希特，《解读一个当代经典：〈历史基本概念〉（转下页）

世纪末的哲学史研究。这里涉及"思想能够创造历史"这一认识前提，它在形而上学和唯心主义哲学，尤其在黑格尔之后的德国哲学中获得了中心位置。这种思想也极为深刻地主导了德国历史主义及其长期影响，直至进入 1920 年代。[1] 在现代学科分类之前，许多"学科"都在哲学的统辖之下，哲学对史学的影响乃理所当然。然而，在所谓超越时代的思想中见出具有普遍意义的历史创造力，势必降低了考析不同时代概念变化的志趣。这就必然在方法上带来传统历史主义与概念史问题意识之间的区别。

德国的相关研究，主要是研究团队所从事的大型词语概念史，其研究成果名曰"辞典"，其实是专业"百科全书"，收录的"条目"是论文，且多半为长篇大论。科塞雷克领衔的八卷本《历史基本概念——德国政治/社会语言历史辞典》(1972—1997)[2]，是史学

（接上页）与未来的学术研究》，载勒曼、里希特编《历史术语和概念的意义：概念史新论》第 7—19 页（Melvin Richter, "Appreciating a Contemporary Classic: The Geschichtliche Grundbegriffe and Future Scholarship", in: *The Meaning of Historical Terms and Concepts. New Studies on Begriffsges-chichte*, ed. by Hartmut Lehmann and Melvin Richter, German Historical Institute Washington: Occasional paper 15, 1996, pp. 7 - 19）；汉普歇尔-蒙克等编，《比较视野中的概念史》(*History of Concepts. Comparative Perspectives*, ed. by Iain Hampsher-Monk, Karin Tilmans, Frank van Vree, Amsterdam: Amsterdam University Press, 1998)；狄佩，《历史基本概念：从概念史到历史时间理论》，载《历史杂志》，第 270 期（2000），第 281—308 页（Christof Dipper, "Die Geschichtlichen Grundbegriffe. Von der Begriffsgeschichte zur Theorie der historischen Zeiten", in: *Historische Zeitschrift* 270[2000], S. 281 - 308）。

[1] 参见迈内克的重要论著《新近历史中国家利益至上原则的思想》(Friedrich Mei-necke, *Die Idee der Staatsräson in der neueren Geschichte*, München: Oldenbourg, 1924)。

[2] *Geschichtliche Grundbegriffe. Historisches Lexikon zur politisch-sozialen Sprache in Deutschland*, 8 Bde, hrsg. von Otto Brunner, Werner Conze, Reinhart Koselleck, Stuttgart: Klett-Cotta, 1972 - 1997.

概念史的代表作。它贯彻了科塞雷克对于语言之特定现代反思的认识旨趣，并成为概念史的一个范式。《历史基本概念》是 1945 年之后德国史学研究中最引人注目的工程之一；并且，它在德国和国际上启发了一些在方法上有所变通的后继课题。而堪称不同人文学科之辞书典范的《哲学历史辞典》（1971—2007）①，虽然无出其右，但是它所发展的哲学概念史研究方向，因缺乏一般社会、政治和精神的历史观照，在德语区之外几乎未产生任何影响。这也同该著编撰期间在方法上的不断变换有关。《哲学历史辞典》之无可争辩的成就，或许正在于编者从实用思考出发，在很大程度上放弃了统一的理论和方法。因此，这一颇受青睐的工具书不像《历史基本概念》对史学研究所产生的影响那样，它没有在系统哲学上显示出创新意义。

历史语义学重构过去某个时代之思维和心态的历史背景，以及时人的时代认知和解释视域，这种追求与思想史相近。与之不同的是，历史语义学更悉心于重构过去的交往形态。然而，各种研究模式对这个研究目标的追求程度是不同的。科塞雷克式的经典概念史，关注新颖之说，即一个概念在历史上的显著性，从而可以用来作为历史变迁的表征。在科氏看来，概念史能够折射出社会史，同时也影响社会史的发展。宽泛的历史语义学视角，更偏重概念的争议程度和矛盾之处，在功能上辨析政治和社会交往语境中的设想、概念或论述，区别看待不同的言说者和政治环境，以及特定时代或

---

① *Historisches Wörterbuch der Philosophie*, 13 Bde, hrsg. von Joachim Ritter, Karlfried Gründer, Gottfried Gabriel, Basel/Stuttgart: Schwabe, 1971 - 2007.

时期的其他社会和历史条件。①

　　为了克服对概念的孤立考察，历史语义学竭力扩展研究的分析部分，从单个概念扩展至概念群、语义网络和含义论证。② 没有或不只是沉淀于概念的社会知识，则通过对语义关系网络、各种论证形式乃至惯常表达的话语史分析来呈现。③ 从含义史的意义上说，历史语义学不仅适合于词语、概念、语言和话语研究，它也可以在广义层面上用来探讨形象、礼俗、习惯、表现（如表情和姿势）等其他文化表达的含义嬗变。以语义为重点的历史分析，着重探测某个时代或时期之交往空间中可表达和"可说的"东西。④ 它在这一

---

① 参见里希特，《角逐之见的概念化："概念史"与政治概念》，载朔尔茨编《概念史的跨学科性》（Melvin Richter, "Conceptualizing the Contestable: 'Begriffsge-schichte' and Political Concepts", in: *Die Interdisziplinarität der Gegriffsge-schichte* (*Archiv für Begriffsgeschichte*, Sonderheft), hrsg. von Gunter Scholtz, Hamburg: Meiner, 2000, S. 135 – 143）。

② 早期提倡"论证史"的言说，参见舒尔茨，《概念史与论证史》，载科塞雷克编《历史语义学与概念史》，第 67－74 页。

③ 参见文格勒，《深层语义·论证模式·社会知识：概念史研究的拓展或背弃？》，载米勒编《变革中的概念史？》，第 131 页（Martin Wengeler, "Tiefensemantik — Argumentationsmuster — soziales Wissen: Erweiterung oder Abkehr von begriffsge-schichtlicher Forschung?", in: *Begriffsgeschichte im Umbruch?* [*Archiv für Begriffsgeschichte*, Sonderheft], hrsg. von Ernst Müller, Hamburg: Meiner, 2005, S. 131 – 146）。另参见布塞，《历史语义学——对一个纲领的分析》（Dietrich Busse, *Historische Semantik. Analyse eines Programms*, Stuttgart: Klett-Cotta, 1987）；布塞等编，《概念史与话语史：历史语义学的方法问题与研究成果》（*Begriffsgeschichte und Diskursgeschichte. Methodenfragen und Forschungs-ergebnisse der historischen Semantik*, hrsg. von Dietrich Busse/Fritz Hermanns/Wolfgang Teubert, Opladen: Westdeutscher Verlag, 1994）。

④ 参见施泰因梅茨，《可说的和可做的——论政治行为空间的变化：1780—1867 年间的英国》（Willibald Steinmetz, *Das Sagbare und das Machbare. Zum Wandel politischer Handlungsspielräume: England 1780 – 1867*, Stuttgart: Klett-Cotta, 1993）。

点上与话语史（history of discourse）有叠合之处，后者的分析方式尤其侧重于辨析一个时代的"可说"规范；然而，作为一种非阐释学的知识史，话语史对语言的理解有所不同。例如福柯（Michel Foucault, 1926—1984）的"话语"概念，不同于索绪尔（Ferdinand de Saussure, 1857—1913）的语言和言语，而是一种实践。他的话语构型，涵盖文化生活的所有形式和范畴，描述和分析特定时代的"知识"和"观念"，通过挖掘话语实践的规则来呈现特定话语或陈述系统，探讨现代社会中权力与话语之间的关系。

曾经长期受到思想史和术语史支配的德国概念史模式，承接狄尔泰（Wilhelm Dilthey, 1833—1911）的学生罗特哈克尔（Erich Rothacker, 1888—1965）以及伽达默尔（Hans-Georg Gadamer, 1900—2002）的思想，似乎很难摆脱其精神史源流。而法国的科学史研究，则较早关注共时话语及其断裂，关注其句法结构或符号关联。从巴什拉（Gaston Bachelard, 1884—1962）、冈吉雷姆（Georges Canguilhem, 1904—1995）到福柯的法式科学史方法，依托"概念谱系"来发展其认识论历史研究。福柯还强调概念对于认识形成的催化功能。并且，有些概念并没有成为科塞雷克概念史所说的基本概念，却在认识上同样具有催化功能，比如"传染""信息""前景""反映"等。探讨认识论之时进入视野的共时话语结构（话语史），常常忽略概念发展的历时特征。它能否与历史语义学的历时考察方法相结合呢？对于这个问题，学界还有争议。

无论如何，概念史研究当然不能把话语分析看作不足为训的东西，它确实也得到了新近概念史研究的高度重视。特别关注往昔时代的语言状况，将之变成自己的研究对象，着眼于历史语境的文化知识及其阐释，在这些方面，上述研究模式之间有着诸多关联。它们共同为 20 世纪最后三十年与 "语言论转向"（linguistic turn）密切相关的语言哲学和语言史的兴盛做出了贡献。

话语史而外，布卢门贝格（Hans Blumenberg, 1920—1996）的 "隐喻学" 在新近的概念史论辩中备受关注。需要解答的问题是：是否应当把隐喻史看作现有概念史的补充？或者，关注语言的隐喻性，是否在很大程度上改变甚至推翻了弃置隐喻的经典概念史？迄今的研究让人看到，在所谓界定明确的概念中，也许还带有原始隐喻的残迹；原始隐喻所包含或不包含的含义，能够预先确定概念的发展。布氏隐喻学之复杂的符号理论，对概念史来说确实是颇为棘手的问题。可是隐喻学思考是一种建设性挑战，为整个概念史增添了新的思路。[1] 本文的重点之一，是探究隐喻学所引发的争论，尤其是从隐喻学推演出的概念史已经退潮之说。

有人提出 "变革中的概念史？"[2] 这一命题，其中的问号已经很能说明问题：既不认为概念史已经过时，也不认为概念史一如既往。其实，十多年来的一些研究成果，不仅深究概念史的（史学）说服力，亦从不同的理论和学科角度探讨和评估相关问题。在伯德克（Hans Erich Bödeker）主编的《概念史·话语史·隐喻史》中，文章作者（如书名所示）一方面继续考察科塞雷克对概念史的理论认识，以及主要由布卢门贝格开辟的隐喻史；另一方面是话语史研究方法探讨，辨析以普考克（John Pocock）和斯金纳（Quentin

---

[1] 参见维勒，《隐喻与概念惊疑》（Stefan Willer, "Metapher und Begriffsstutzigkeit"），载米勒编《变革中的概念史？》，第 69—80 页。
[2] 米勒编，《变革中的概念史？》（*Begriffsgeschichte im Umbruch?* (*Archiv für Begriffsgeschichte*, Sonderheft), hrsg. von Ernst Müller, Hamburg: Meiner, 2005）。

Skinner）为代表的英美方法以及主要受福柯历史研究影响的法国模式。① 不同的学科和学术兴趣，乃至不同的概念史模式，必然带来多元方法和考察视角。

概念史不断得到国际认可，同时受到文化研究转向的影响。诸多研究表明，文化研究不仅对概念史感兴趣，它的研究对象和方法也能反作用于概念史。一种反目的论的意识日趋明显，认为一切知识形态都是历史的产物。有学者认为，文化研究视角在某种程度上挪移了概念史的整个考察层面：从科学转向知识，从审美转向艺术品，从理论转向实践和技艺，从词语转向其他媒介，从绝对隐喻转向隐喻性思维及其所指对象。概念史这个曾被看作人文科学和阐释学的基础研究，在十多年前开始转向，它可被理解为人文科学的文化研究改建。在这一过程中，文化研究视角所关注的一个中心问题是，究竟如何阐释语言与非语言、物质与含义、物与词之间的界线。② 这里需要提出的一个重要问题是，目前人文科学的文化研究改建，是否和如何对历史语义学或概念史的范畴和方法产生影响。这在很大程度上涉及概念史研究对象的跨学科性质，以及经典概念史与隐喻学、话语史、认识论和语用学的关系。

关于概念史的理论问题及其相关思考，笔者曾经写过几篇文章。本文在早先思考的基础上，进一步在具体历史语境中探讨概念

① 参见伯德克编，《概念史·话语史·隐喻史》（*Begriffsgeschichte, Diskursge-schichte, Metapherngeschichte*, hrsg. von Hans Erich Bödeker, Göttingen: Wallstein, 2002）。

② 参见米勒，《导论：关于文化研究视野中的概念史的几点看法》（Ernst Müller, "Einleitung: Bemerkungen zu einer Begriffsgeschichte aus kulturwissenschaftlicher Perspektive"），载米勒编《变革中的概念史?》，第（9—20）12—13 页。

史的基本理论及其前因后果。近年来，这一研究方法，尤其是德国概念史在东亚学界越来越受到相关学者的关注，而不少人对概念史的基本追求及其存在的问题似乎还未看透，对这一方法似乎还只停留于概念，停留于浅尝辄止的满足。一方面，实证研究固然是概念史的根本，对具体概念的考析确实取得了很大进展；另一方面，正是理论的贫困使有些实证研究要么没能看到可能的"陷阱"而得出想当然的"实证"结论，要么因为狭窄的目光而没能看到本来可以延伸挖掘的东西。鉴于此，本文试图较为系统地介绍和阐释概念史的理论设想、发展变化、相关语境、学术论争以及不断增长的跨学科意义。

笔者当然知道，即便"八论"也做不到面面俱到。作为影响深远、迄今还在引发各种建设性思考的经典之作，科塞雷克主持的《历史基本概念》及其概念史方案是这篇文章或明或暗的论述对象，也是讨论相关问题的必要"背景"和比较材料。在论述隐喻学宣导和有人以此质疑概念史的部分，较多涉及东亚学人迄今知之不多的《哲学历史辞典》。本文对相关争论和不同观点用笔较多，既为了让人在批评者的质疑声中见出概念史的可能性和局限性，也为了从反面进一步证明概念史的有效性。最后，本文还将简要论述概念史的最新发展及其国际化所带来的契机。

二、 德国概念史的理论、实践和特色

德国概念史既可承接哲学和史学方向的早期辞书，[1] 亦可借鉴

---

① 参见奥伊肯，《哲学术语历史》(Rudolf Eucken, *Geschichte der philosophischen Terminologie*, Leipzig: Veit & Comp, 1879)；奥伊肯，《当代基本概念（转下页）

1920、1930 年代德国不同学科的概念研究。科塞雷克及其弟子所发展的概念史，将 1930 年代施勒辛格尔（Walter Schlesinger, 1908—1984）的地域史和宪法史考察，尤其是历史学家布鲁纳（Otto Brunner, 1898—1982）的著述视为社会史与概念史相结合的起始及其在科学史中的运用。其他学科的一些学术探讨，也为后来的概念史研究提供了宝贵的经验，例如罗特哈克尔的哲学论著，耶格尔（Werner Jäger, 1888—1961）的古典语文学，屈恩（Johannes Kühn, 1887—1973）的精神史考察，施米特（Carl Schmitt, 1888—1985）的法学研究和宗教史，特里尔（Jost Trier, 1894—1970）的语言学著述。[①] 在法国史学界，年鉴学派创始人费夫尔（Lucien Febvre, 1878—1956）自 1930 年起，在《经济社会史年鉴》（*Annales d'histoire économique et sociale*）的"词汇专栏"中介绍新式关键词与事物的含义史。该专栏还专门援引德国海德堡的文化史和语言史

（接上页）的历史与评论》（Rudolf Eucken, *Geschichte und Kritik der Grundbegriffe der Gegenwart*, Leipzig: Veit & Comp, 1878），第二版更名为《当代基本概念——历史与评论（修订本）》（Rudolf Eucken, *Die Grundbegriffe der Gegenwart. Historisch und kritisch entwickelt*, Leipzig: Veit & Comp, 1893）。另参见艾斯勒编，《哲学概念与表述辞典》（Rudolf Eisler, *Wörterbuch der philosophischen Begriffe und Ausdrücke*, Berlin: Mittler und Sohn, 1899），三卷本更名为《哲学概念辞典——历史考证修订本》（Rudolf Eisler, *Wörterbuch der philosophischen Begriffe. Historisch quellenmäßig bearbeitet*, 3 Bde., Berlin: Mittler und Sohn, 1910）。

① 参见科塞雷克，《历史语义学与概念史·导论》，第 9 页；科塞雷克，《社会史与概念史》（1986），《概念史：政治社会用语的语义和语用研究》，第 11 页（Reinhart Koselleck, "Sozialgeschichte und Begriffsgeschichte", in ders., *Begriffsgeschichten. Studien zur Semantik und Pragmatik der politischen und sozialen Sprache*, mit zwei Beiträgen von Ulrike Spee und Willibald Steinmetz sowie einem Nachwort zu Einleitungsfragmenten Reinhart Kosellecks von Carsten Dutt, Frankfurt: Suhrkamp, 2006, S. 9 - 31）。

杂志《词与物》(*Wörter und Sachen*) 中的相关论说。① 而科塞雷克的概念史研究，明确地将概念史与传统的词语史、思想史和事物史 (Sachgeschichte) 区分开来。

与早先的概念研究相比，后来的概念史研究首先见于两个学科。体现于十三卷本《哲学历史辞典》的哲学史研究方向，意旨在于"'诊断式地'检视术语乱象的产生与'治疗式地'指导当今的准确运用"②。史学研究中的两部名著，即八卷本《历史基本概念——德国政治/社会语言历史辞典》和已出二十一卷的《法国政治/社会基本概念工具书（1680—1820）》(1985—　)③，则拓展了史学概念史方法。《历史基本概念》不只根植于德国对于哲学概念和关键词的早期研究，亦把关键词视为"社会心理和精神史现象"④；它更多或主要关注的是概念史的社会史维度，并已明显见于

① 参见费夫尔，《经济史中的词与物》，载《经济社会史年鉴》第 2 卷（1930）第 6 辑，第 231—234 页(Lucien Febvre, "Les mots et les choses en histoire économique", in: *Annales d'histoire économique et sociale* 2[1930]6, pp. 231 - 234)。福柯 1966 年引起极大反响的著作，书名亦借鉴了前人的说法，《词与物：人类科学之考古》(*Les Mots et les choses: une archeologie des sciences humaines*)。

② 博伦贝克，《养成与文化：一个德国阐释模式的光彩和贫困》，第 313 页(Georg Bollenbeck, *Bildung und Kultur. Glanz und Elend eines deutschen Deutungsmusters*, Frankfurt: Insel, 1994)。

③ *Handbuch politisch-sozialer Grundbegriffe in Frankreich 1680 - 1820*, 21 Bde, hrsg. von Rolf Reichardt, Eberhardt Schmitt et al., München: De Gruyter Oldenbourg, 1985 -

④ 参见鲍尔，《作为社会心理和精神史现象的关键词》，载《历史杂志》第 122 期（1920），第 189—240 页(Wilhelm Bauer, "Das Schlagwort als sozialpsychologische und geistesgeschichtliche Erscheinung", in: *Historische Zeitschrift* 122 [1920], S. 189 - 240)。关于 1945 年之后的关键词研究，参见巴纳，《论语言和社会中关键词的性质》，载《罗曼语言文学研究》第 2 期（1963），第 139—149 页(Werner Bahner, "Zum Charakter des Schlagwortes in Sprache und Gesellschaft", in: *Beiträge zur romanischen Philologie* 2[1963], S. 139 - 149)。

《历史基本概念》的合作主编布鲁纳 1939 年的专著《疆域与统治》。他对政治基本概念之语义嬗变的兴趣，来自考索中发现的问题，即字形相同的概念，比如"Freiheit"（"自由"）、"Nation"（"国家""民族""国族"）等概念，在中世纪和近现代文本中的含义是完全不同的。这是理解历史时无法回避的基本问题，因而需要根究历史语义的变化。①

《历史基本概念》研究方案的出发点是，在科塞雷克称之为"鞍型期"的那个时代（约 1750—1850 年），即欧洲从前现代（近代早期）走向现代的过渡时期，许多重要政治和社会概念发生了语义结构从旧到新的根本性变化。这个语义转变时期有着诸多特有现象和变化：一些概念从其多样性（复数）向单一性（单数）过渡，或曰"复合单数"，例如"历史"概念从先前的"许多"历史转变为包括"历史总和"和"历史反思"的总括性概念。科塞雷克在探讨作为社会运动之"因素"的概念时，最初想到的是未来历史的先行思想，也就是启蒙运动以降许多概念的政治化，即与社会多元化相应的针对性词语运用；民主化，即许多概念之社会运用范围的扩展；时代化，即浓缩于概念的特定期待和理想；另有概念的可意识形态化。"四化"使概念获得了决定人的观念和行为的潜能。②

---

① 参见布鲁纳，《疆域与统治：中世纪东南德意志地域的疆域制宪史中的基本问题》，第 132—143 页（Otto Brunner, *Land und Herrschaft. Grundfragen der territorialen Verfassungsgeschichte Südostdeutschlands im Mittelalter*, Baden bei Wien: Rohrer, 1939）。布鲁纳对欧洲中世纪研究的杰出贡献是，尽可能不用现代概念，而是用中世纪特有的术语来把握和描述那个时代的政治社会结构；这么做的原因是，现代概念及其联想会在阐释中世纪社会状况时引发误解。

② 参见科塞雷克，《近代政治/社会概念辞典准则》，载《概念史文库》第 11 卷 (1967)，第 81—99 页（Reinhart Koselleck, "Richtlinien für das Lexikon politisch-sozialer Begriffe der Neuzeit", in: *Archiv für Begriffsgeschichte* 11[1967]，（转下页）

除了对研究方法的扬弃和发展、对历史言说的准确钩稽、在概念阐释中挖掘其内在意向，科塞雷克式的概念史所呈现的问题意识，还拒绝所谓历史观念永恒不变的观点，即脱离政治和社会语境的"永恒观念"（洛夫乔伊：immutable ideas）。因此，这一方法论视角通过分析概念所依托的可变"经验空间"（Erfahrungsraum）和"期待视野"（Erwartungshorizont），取代了传统思想史对语义所采取的唯名论立场，即不假思索地将特定语境影响下的术语甚至当代术语嫁接于某种历史状况。查考"词义的延续、变化或出新"，可以呈现"衍续的、重叠的、沉积的、新增的含义之深层结构"，以此展示社会史发展的表征。[①] 正是解读 19 世纪德国史的时候常被引用的"不同时的同时性"阐释模式，让人看到概念的重叠语义中聚合着不同时的经验和期待，[②] 即科塞雷克所说"不同时历史的同时性亦即同时历史的不同时性集于一个概念"[③]。

（接上页）S. 81 - 99）；科塞雷克，《历史基本概念——德国政治/社会语言历史辞典·导论》卷一，第 XIII—XXVII 页；科塞雷克，《概念史与社会史》，载科塞雷克编《历史语义学与概念史》，第 19—36 页。

① 参见科塞雷克，《概念史与社会史》，同上书，第 25—28 页。

② 参见哈德维希，《德国走向现代之路：不同时的同时性是 1789—1871 年间德国史的基本问题》，载哈德维希、勃兰特编《德国走向现代之路：19 世纪的政治、社会和文化》，第 9—31 页（Wolfgang Hardtwig, "Der deutsche Weg in die Moderne. Die Gleichzeitigkeit des Ungleichzeitigen als Grundproblem der deutschen Geschichte 1789 - 1871", in: *Deutschlands Weg in die Moderne. Politik, Gesellschaft und Kultur im 19. Jahrhundert*, hrsg. von Wolfgang Hardtwig und Harm-Hinrich Brandt, München: Beck, 1993, S. 9 - 31）。

③ 科塞雷克，《历史》，载《历史基本概念——德国政治/社会语言历史辞典》卷二，第 595 页（Reinhart Koselleck, "Geschichte", in: *Geschichtliche Grundbegriffe. Historisches Lexikon zur politisch-sozialen Sprache in Deutschland*, Bd. 2, hrsg. von Otto Brunner, Werner Conze, Reinhart Koselleck, Stuttgart: Klett-Cotta, Bd. 2, 1975, S. 593 - 717）。

　　尽管《历史基本概念》在国际学界受到广泛关注和赞誉，可是它究竟在多大程度上证明了"概念史方法是社会史之不可或缺的条件"[1]，也成了批评讨论的对象，并在理论和方法层面上引发新的思考。一种批评声音是，这部巨著中的不少文章从古到今的铺陈框架，以及名曰综览各种史料却主要顾及经典思想家的论述，在很大程度上忽略了普通原始材料，忽略了政治日常用语。按照该辞书原定规划，原始资料的选择包括三个层面：学者和知识界的辞书；向上观照重要的经典文本；向下涉及接近日常生活的文本类型。[2] 可是最终结果是，原定规划中的"深入日常生活"[3]，只见于个别论述。[4]

----

[1] 科塞雷克，《概念史与社会史》，载科塞雷克编《历史语义学与概念史》，第33页。

[2] 参见科塞雷克，《近代政治/社会概念辞典准则》，载《概念史文库》第11卷（1967），第97页。

[3] 科塞雷克，《历史基本概念——德国政治/社会语言历史辞典·导论》卷一，第XXIV页。

[4] 对《历史基本概念》的批评，参见迪普隆，《历史语义学与历史》，载《词汇学通讯》第14卷（1969），第15—25页（Alphonse Dupront, "Semantique historique et histoire", in: *Cahiers de lexicologie* 14[1969], pp.15 - 25）；特列纳尔德，《历史与语义学》，载《东南欧研究评论》第10卷（1972），第423—448页（Louis Trenard, "Histoire et sémantique", in: *Revue des etudes sud-est europeennes* 10 [1972], pp.423 - 448）；梅塞克，《倡导历史语义学》，载《献给费尔南德·布罗代尔的文集：历史与人文研究的方法》（Josef Macek, "Pour une sémantique historique", in: *Melanges en l'honneur de Fernand Braudel. Methodologie de l'histoire et des sciences humaines*, Toulouse: Privat, 1973, pp.343 - 352）；舒尔茨，《概念史的几个方法论问题》，载《概念史文库》第17卷（1973），第221—231页（Heiner Schultz, "Einige methodische Fragen der Begriffsgeschichte", in: *Archiv für Begriffsgeschichte* 17[1973], S. 221 - 231）；施蒂维尔，《语言研究与历史研究》，载《跨学科历史学刊》第4卷（1974），第401—415页（Nancy Struever, "The Study of Language and the Study of History," in: *Journal of Interdisciplinary History* 4[1974], pp.401 - 415）；贝尔丁，《概念史与社会史》，载《历史杂志》第233号（1976），第98—110页（Helmut Berding, "Begriffs-geschichte und Sozialgeschichte", in: *Historische Zeitschrift* 233[1976], （转下页）

　　1985 年开始编写的《法国政治/社会基本概念工具书（1680—1820）》，则试图把握法国"鞍型期"（约 1680—1820 年）亦即法国旧制度到复辟时期的政治和社会概念，主要关注发生于法国大革命之前、对之产生影响并加速其发展的语言及语义变化，努力在方法上拓展概念史与社会史相结合的历史语义学。[1] 与《历史基本概念》注重社会历史事实相比，科塞雷克的学生赖夏特（Rolf

---

（接上页）S. 98 - 110）；希恩，《"概念史"：理论与实践》，载《近代史学刊》第 50 卷 (1978)，第 312—319 页（James Sheehan, "'Begriffsgeschichte'. Theory and Practice", in: *Journal of Modern History* 50[1978], pp. 312 - 319）；舒尔茨，《概念史与论证史》，载科塞雷克编《历史语义学与概念史》，第 43—74 页；卢曼，《社会结构与语义学：现代社会的知识社会学研究》卷一，第 13—21 页 (Niklas Luhmann, *Gesellschaftsstruktur und Semantik. Studien zur Wissenssoziologie der modernen Gesellschaft*, Bd. I, Frankfurt: Suhrkamp, 1980)；施密特-维甘德，《"词与物"领域的新动向：任务与新模式》，载维格尔曼编《日常文化的历史》，第 87—102 页（Ruth Schmidt-Wiegand, "Neue Ansätze im Bereich 'Wörter und Sachen'", in: *Geschichte der Alltagskultur. Aufgaben und neue Ansätze*, hrsg. von Günter Wiegelmann, Münster: Coppenrath, 1980, S. 87 - 102）；法伊特-布劳泽《关于概念史的一个评注》，载《历史与理论》，第 20 号 (1981)，第 61—67 页（Irmlinde Veit-Brause, "A Note on Begriffsgeschichte", in: *History and Theory* 20[1981], pp. 61 - 67）；格利波迪，《论语言学与历史》，载《历史杂论》，第 46 号 (1981)，第 236—266 页（Maurizio Gribaudi, "A proposito di linguistica e storia", in: *Quaderni storici* 46[1981], pp. 236 - 266）。

[1] 参见赖夏特，《论法国极权主义时期到复辟时期的政治/社会概念的历史》，载《文学研究与语言学杂志》第 47 卷 (1982)，第 49—74 页（Rolf Reichardt, "Zur Geschichte politisch-sozialer Begriffe in Frankreich zwischen Absolutismus und Restauration", in: *Zeitschrift für Literaturwissenschaft und Linguistik*, 47 [1982], S. 49 - 74）；赖夏特，《法国政治/社会基本概念工具书（1680—1820）·导论》第 1、2 卷合集，第 64—66 页（Rolf Reichardt, "Einleitung" zu *Handbuch politisch-sozialer Grundbegriffe in Frankreich 1680 - 1820*, hrsg. von Rolf Reichardt, Eberhardt Schmitt, Heft 1/2, München: Oldenbourg, 1985, S. 39 - 148）；赖夏特，《语汇群·图片·语义网——历史语义学的跨学科资料来源和方法范例》（Rolf Reichardt, "Wortfelder — Bilder — Semantische Netze. Beispiele inter-diziplinärer Quellen und Methoden in der Hinstorischen Semantik"），载朔尔茨编《概念史的跨学科性》，第 111—133 页。

Reichardt）等《工具书》的编写者强调，不只是辨析，还要通过状写社会现实来揭示语言的普遍社会性，视语言为整合时代之社会知识的一个环节，且能指导人的行为。这种缘于知识社会学的立场，更为明确地显示出社会历史语义的研究方案。《工具书》的纲领性设想，不是把查考概念的初次出现和确立以及核心概念的准确定义放在首位，而是主要探索概念的社会传播及其特定社会意义，即明晰勾勒语义要点的社会历史轮廓。① 因此，《工具书》的概念史模式更为注重研究材料的来源，喜于把代表性系列书刊作为原始资料纳入考察范围，特别是辞书、百科全书、杂志、报纸、年鉴、宗教手册以及文学作品等，也就是直接指向概念的"现实基础"，以展示群体语言运用的历史。从某种程度上说，这种方法也是对斯金纳及其信奉者所建立的语言惯例和语言行为理论的补充。

概念史最初的认识目的是，阐明特定词语运用和词语所代表的概念，旨在见出它们所呈现的政治和社会关系之间的时间断层，查考"实际"历史与时人所理解的历史之间的"相符"或不符。② 德国概念史以德语区的概念生成（间或涉及拉丁语、法语、英语等语言中的对应概念）为考索对象，钩稽和确认特定词语最早获得或吸

① 参见霍伊费，《法国大革命的自由概念：论革命之意识形态》，第 22 页（Gerd van den Heuvel, *Der Freiheitsbegriff der Französischen Revolution. Studien zur Revolutionsideologie*, Göttingen: Vandenhoeck & Ruprecht, 1988）；贡布莱希特，《倡导社会历史概念史的现象学基础》（Hans-Ulrich Gumbrecht, "Für eine phänomenologische Fundierung der sozialhistorischen Begriffsgeschichte"），载科塞雷克编《历史语义学与概念史》，第 75—101 页。
② 参见科塞雷克，《历史基本概念——德国政治/社会语言历史辞典·导论》卷一，第 XIII—XXVII 页。

收"鞍型期"以来特定含义的时机。在陈述一个概念的最初例证及其相关问题的最早说法的同时，尤其关注"创新之转折点和连接点"①。《历史基本概念》试图揭示旧的词义何时开始令人费解或者被人忘却，现代的、我们熟知的词义何时得以确立，以及这些语义变化当时或后来是否与"实际"历史切合，或者是否成为后来"实际"历史的先声。这些现象与语义和社会之不同的变化速度有关，因此才有科塞雷克那时常被人引用的观点，即概念嬗变既是社会和历史发展的"表征"，也是推动变化和发展的"因素"。

三、 科塞雷克的思考： 概念史与社会史

自 20 世纪 60 年代和 70 年代起，概念史试图与社会史平分秋色，雄心勃勃地想同社会史一起统摄其他史学门类，即把社会史和概念史看作历史研究的必要出发点，并以此规划其他史学方向。换言之，若不把科技社会史和科技概念史作为科技史的基础，便不能真正把握科技史；从事医学史、外交史、管理史等诸多史学研究同样如此。社会史在那个时期还有着绝对优势；历史哲学家和科学理论家科塞雷克的概念史理论反思和实践所达到的高度，才使得概念史能与社会史平起平坐。这正是科塞雷克的志向所在，他曾强调指出：

① 科塞雷克，《历史基本概念——德国政治/社会语言历史辞典·序言》卷七，第VI页（Reinhart Koselleck, "Vorwort", in: *Geschichtliche Grundbegriffe. Historisches Lexikon zur politisch-sozialen Sprache in Deutschland*, Bd. 7, hrsg. von Otto Brunner, Werner Conze, Reinhart Koselleck, Stuttgart: Klett-Cotta, 1992, S. V-VIII）。

〔社会史和概念史〕的理论依据有着普遍意义，可以延伸和运用于所有领域的社会史。哪种历史不是必然与人际关系有关、与无论什么样的交往形式或者社会分层有关？于是，赋予历史以社会史特征及其不可辩驳的（近乎人类学的）永久效用，隐藏于一切历史形态背后。哪种历史在其凝结为历史之前，不是先在概念中见出历史？考察概念及其语言历史，是认识历史以及它同人类社会有关这一定义的最起码条件。①

这些文字出自科氏重要论文《社会史与概念史》（1986）。1980年代中期，科塞雷克这位史学概念史的首席代表所见到的理论文献和概念史状况，自然有别于后来的情形。那正是"'语言论转向'的时代"。"语言论转向"之说，并不见之于《社会史与概念史》的最初版本，它是修订版本中的新添文字，出现在作者去世以后出版的文集之中。② 作者在该文末尾援引自己主编的《历史语义学与概念史》（1978）"导论"中的说法，特别强调他的研究方法与编写《历史基本概念》的关系；他把这一方法归结为"带着社会史意图的概念史考察"③。显然，这与当时的问题意识有关。《历史基本概念》最初几卷出版以后，他要在跨学科的层面上审视自己的概念史方法。因此，我们在《历史语义学与概念史》中可以看到，他自己

---

① 科塞雷克，《社会史与概念史》（1986），《概念史：政治社会用语的语义和语用研究》，第 9 页。
② 同上书，第 31 页。
③ 科塞雷克，《历史语义学与概念史·导论》，第 9 页（Reinhart Koselleck, "Einleitung" zu *Historische Semantik und Begriffsgeschichte*, Stuttgart: Klett-Cotta, 1979, S. 9–16）。

的文章和舒尔茨（Heiner Schultz）的《概念史与论证史》[1] 而外，还有不少历史学家、社会学家、语言学家和哲学家的论文，共同探讨政治和社会概念史的可能性和局限性、机遇和陷阱。因此，我们应当在特定语境中考察科塞雷克的有些观点。何为影响科氏经验和思想的因素？他的研究方法主要缘于哪些理论传承？如何总结他的概念史成就以及可能的缺陷？对于这些问题的回答，有助于理解科氏概念史接受状况的基本特色，尤其是后来出现的新视角。

　　科塞雷克早在其教授资格论文中强调概念史的社会史功能。"语言中聚合着历史经验，或通过语言表达希望"，概念史自然也带着这种语言特性。这一认识前提完全可被看作概念史研究之社会史取向的主导思想："从这个意义上说，超越行动之人的概念史是社会史的一个变体。"[2] 他的出发点是：成就概念的语言整体，渗透着社会思想并见之于所有知识领域；这就需要钩稽概念的社会和历史作用，以及它表现事实、改变事实的能量。科塞雷克的著名信条是，历史和社会基本概念不仅是社会和历史发展的"表征"（Indikator），而且是能够直接影响历史变化的"因素"（Faktor），概念本身就是历史发展的动力之一。[3] 换言之，概念变革和创新，体现出新变因

---

[1] 舒尔茨，《概念史与论证史》，载科塞雷克编《历史语义学与概念史》，第 43—74 页。

[2] 科塞雷克，《处于改革和革命之间的普鲁士：1791 年至 1848 年的通用法律、行政管理和社会运动》(1967)，教授资格论文，第 17 页（Reinhart Koselleck, *Preußen zwischen Reform und Revolution. Allgemeines Landrecht, Verwaltung und soziale Bewegung von 1791 bis 1848*，Habil-Schrift, München: Klett-Cotta/dtv, 1989）。

[3] 参见科塞雷克，《历史基本概念——德国政治/社会语言历史辞典·导论》卷一，第 XIII—XXVII 页；科塞雷克，《概念史与社会史》，载科塞雷克编《历史语义学与概念史》，第 19—36 页。

素："新概念呈现新事物。"① 并且，概念生成和用词变化，被理解为特定历史挑战在语言形式上的体现。"表征"和"因素"相辅相成，不存在谁高谁低的问题。或者说，科氏观点呈现出一种二元论，二者之上没有统辖范畴。词语概念史在社会发展之表征和因素的层面上考证概念及其语义生成过程，不仅有着社会史，而且有着理论史之维。

词语概念史意义上的概念，可被理解和阐释为话语的结晶，同时也是习惯化思想的符码或记号。在具体语言运用中，它既是思想的前提，又会引发思想，概念词语担当催生意义的重要角色。科塞雷克因此把概念的启发价值视为反思问题的钥匙。诚如阿多诺（Theodor W. Adorno, 1903—1969）所说，概念是"问题的纪念碑"②，赋予社会论争以特定结构。科氏则把概念视为思想的出口，因而也是分析历史情状的关键工具。分析特定历史社会知识的产生、形成条件和运用形式，是词语概念史的重要内容。它所探索的概念和概念网络，体现为传统与现实的思维方式、阐释模式之间的复杂互动过程。这种认识旨趣见之于科塞雷克着意探究特定概念运用"背后的意图"，概念运用的社会、政治和理论内涵，以及"社会影响范围"等相关问题。③ 概念史在方法上用历史批评的目光来进行文本分析和语境分析，确认某个时代特有的词义内容，探究作

---

① 科塞雷克，《处于改革和革命之间的普鲁士：1791 年至 1848 年的通用法律、行政管理和社会运动》，第 68 页。
② 阿多诺，《哲学术语》第 1 卷，第 13 页（Theodor W. Adorno, *Philosophische Terminologie*, 2 Bde, Frankfurt: Suhrkamp, 1974）。
③ 参见科塞雷克，《历史基本概念——德国政治/社会语言历史辞典·导论》卷一，第 XX 页。

者、受众、意图、包含和摒除等。它借鉴语言学中的语义分析（从词语推断词义）和名称学（从词义推断运用）来探讨事物史和思想史命题，努力在政治和社会语言中把握转型时代。根据不同的论述语境，科塞雷克常会新造术语来描述概念（德语的造词功能是很有名的），并赋予其在特定历史进程中的个性特征，例如"储存经验的概念"（Erfahrungsregistraturbegriffe）、"催生经验的概念"（Erfahrungsstiftungsbegriffe）、"期待概念"（Erwartungsbegriffe）、"运动概念"（Bewegungsbegriffe）、"演替概念"（Sukzessionsbegriffe）、"关联概念"（Korrelationsbegriffe）等。

科塞雷克认为，在概念中，尤其在"民族""国家""历史"或"社会"等核心概念中，历史的积淀极为深厚，很能体现往事。社会史和概念史相互关联，却不存在因果关系。换句话说，科塞雷克拒绝接受社会变迁与概念迁衍之间的因果关系：

> 社会及其历史上发生的事情，总是同语言上的把握和表达有所区别。[……]语言变化和社会变化相互沟通，但不是一方来自另一方、一方为另一方的成因。更应是一方指涉另一方，却不能充分说明甚至代替另一方。尤其是语言或社会发生变化的时间差，它们的性质是不同的。①

他又说："一段发生的历史总是不同于它的语言表达，没有一种话语行为是历史行动本身，是它筹划、引发和完成的。"科氏承

---

① 科塞雷克，《旧制度末期的语言变化和社会变化》（Reinhart Koselleck, "Sprachwandel und sozialer Wandel im ausgehenden Ancien régime", 1980），《概念史：政治社会用语的语义和语用研究》，第（287—308）305 页。

认历史上确实有过这种话语行为，且引发不可挽回的后果，比如希特勒下令攻占波兰。然而，正是这一史实能够显示二者的关系："历史的发生离不开话语，但从来不与话语等同，不能化约为话语。"[1] 社会的变化导致概念反馈，这又重新引发社会的变化；变化和反馈都将先前的发展纳入自己的视野。因此，历史不能叙写为摆动于社会和概念这两极之间的钟摆。

如何阐释特定的历史发展，必须具体情况具体分析。关于社会现实与概念之间的关系和制约，不存在普遍规律。因此，科塞雷克坚持其"社会/概念"二元论，在理论上显然没有更多发展空间。同样很强势的话语分析方法让人看到，科塞雷克没能充分说明作为社会行为的说话如何发挥作用。"语言论转向"之后的一些研究模式，超越了科氏二元论。尽管如此，科氏的倡导无疑属于开风气之先的重要实践。他的概念史方向，可在概念史和社会史的二元结构所确定的考察框架中，呈现和描述历史经验，并揭示其对社会现实的影响。

科塞雷克的早期概念史阐释，既指向概念史，又指向社会史，但是二者的关系颇为松散，几乎没有涉及社会状况与语言语用之间的互动是如何和为何促使语义变化这个问题，"含义"主要被理解为语言之外的指涉或关联，极少论及交流渠道中的具体运用。后来，科塞雷克及其同仁也将兴趣转向语言构建的"如何"和"为何"，不断意识到所有形式的社会"结构"（团体、阶级、社群、机构，乃至民族、人民和国家），总是在交流过程亦即语言行为或象

---

[1] 科塞雷克，《社会史与概念史》（1986），《概念史：政治社会用语的语义和语用研究》，第15页。

征行为中变化和变样的。① 这种观点在当今历史学界已经得到许多人的认可，但在当时却是对传统史学观念的一个巨大挑战。

科塞雷克自己选编，却由于他的突然去世而由杜特（Carsten Dutt）最终定稿的文集《概念史：政治社会用语的语义和语用研究》②，辑录了作者 1976—2005 年的论文。熟悉科氏研究方向的读者，可在该著的作者"导论"残稿中看到其观点发生了变化，明显区别于他早先的著述。较为典型的是，他在时隔三四十年之后，说自己不再喜欢"概念史"这一名称；而他依然接受这个名称的重要原因，是"概念史"早就成为他所倡导的研究方向的招牌。他在"导论"残稿中明确表示，他的追求首先在于"探寻由分析得出的、概念和语言之外事物的关系类型"③。显而易见，他这时完全或主要是以历史学家的身份在说话，而很少像其他学科的人那样时常喜于

① 参见科塞雷克，《语言变化与事件史》，载《水星——欧洲思想德国月刊》第 8 卷（1989），第 657—673 页；科塞雷克（与施普雷、施泰因梅茨合著），《三个市民世界？德国、英国和法国市民社会的语义比较》，载普勒编《近代社会的市民：经济，政治，文化》，第 14—58 页（Reinhart Koselleck, "Drei bürgerliche Welten? Zur vergleichenden Semantik der bürgerlichen Gesellschaft in Deutschland, England und Frankreich", in Zusammenarbeit mit Ulrike Spree und Willibald Steinmetz, in: *Bürger in der Gesellschaft der Neuzeit. Wirtschaft, Politik, Kultur*, hrsg. von Hans-Jürgen Puhle, Göttingen: Vandenhoeck & Ruprecht, 1991, S. 14‑58）。布塞的概念史反思，对该领域的转向具有重要意义，参见布塞，《历史语义学——对一个纲领的分析》。

② Reinhart Koselleck, *Begriffsgeschichten. Studien zur Semantik und Pragmatik der politischen und sozialen Sprache*, mit zwei Beiträgen von Ulrike Spee und Willibald Steinmetz sowie einem Nachwort zu Einleitungsfragmenten Reinhart Kosellecks von Carsten Dutt, Frankfurt: Suhrkamp, 2006.

③ 杜特，《后记：论科塞雷克的"导论"残稿》（Carsten Dutt, "Nachwort: Zu Einleitungsfragmenten Reinhart Kosellecks"），载科塞雷克《概念史：政治社会用语的语义和语用研究》，第（529—540）529 页。

视其为语义学家。① 科氏为这部文集所写导论的主要内容是：（1）
"再次强调政治、社会概念史的研究方法所要达到的认识目的，不
同于抽象的社会考察之老式思想史的研究目的。"（2）"阐释概念史
与社会史在理论和方法上的互补性。"（3）"讨论科塞雷克式的概念
史与在'话语史'名下所从事的历史语义学研究之间的异同。"② 他
一再论及概念史与事物史的关系，并强调二者之间的差别：

> 概念与事实，二者各自有其历史；尽管它们相互关联，却
> 以可见的方式变化着。尤其是概念变化与现实变化的速度不
> 一，以至有时概念先于事实，有时事实先于概念。③

在为《历史学辞典：100个基本概念》（2002）撰写的词条"概
念史"中，科塞雷克如此描述其概念史模式的任务：

> ［概念史］既追溯哪些经验和事实被提炼成相应概念，亦
> 根究这些经验和事实是如何被理解的。概念史因此而在语言史
> 和事物史之间斡旋。它的任务之一，便是分析历史进程中出现

---

① 参见布塞，《评科塞雷克〈概念史：政治社会用语的语义和语用研究〉》，载《日耳
曼语言研究书评杂志》第2卷第1辑（2010），第81页（Dietrich Busse, "Rezension
zu Reinhart Kosellecks *Begriffsgeschichten. Studien zur Semantik und Pragmatik der
politischen und sozialen Sprache*", in: *Zeitschrift für Rezensionen zur germanistischen
Sprachwissenschaft* [ZRS], Band 2, Heft 1[2010], S. 79 – 85）。
② 杜特，《后记：论科塞雷克的"导论"残稿》，载科塞雷克《概念史：政治社会用
语的语义和语用研究》，第（529—540）529页。
③ 科塞雷克，《概念的历史与历史的概念》（Reinhart Koselleck, "Die Geschichte der
Begriffe und Begriffe der Geschichte", 2003），《概念史：政治社会用语的语义和语
用研究》，第（56—76）67页。

的概念与事实的吻合、偏移或抵忤。①

　　科塞雷克如何历史地思考"概念",并在很大程度上赋予其在历史进程中的个性特征,见于他的一个走得很远的观点,即否认历史核心概念本身的历史可变性:在他眼里,"历史概念"是特定时代、特定思想和事物发展之语境中生成的概念,永远只对产生特定概念的时代有效,永远带着产生时代的语境,从而不再可能发生变化,因为催生概念的时代语境总是独一无二的。概念一经生成,与词语联系在一起的现象便不再变更。用他的话说:

　　　　一个概念所表达的意思一旦确立,这一概念便脱离历史变化。亚里士多德的"城邦"(polis)概念或西塞罗的"共和"(res publica)概念,依然是独一无二的,即便它们是持久的或可以重复的概念。这样一个作为词语或许早已存在,但经过专门深思熟虑而获得的概念,不会再有变更。被概念所把握的事物以后可能发生变化,从而引发后来与之相应的概念形成,以及随之而变的事实状况。然而,一旦形成的、具有特定含义的概念,本身不再变化。②

　　科塞雷克对于这些特定概念的历史单一性所做的思考,当对语言具有普遍意义:

────────

① 科塞雷克,《关键词:概念史》(Reinhart Koselleck, "Stichwort: Begriffsgeschichte", 2002),《概念史:政治社会用语的语义和语用研究》,第(99—102)99 页。
② 科塞雷克,《宪法史纂中的诸多概念史问题》(Reinhart Koselleck, "Begriffsgeschichtliche Probleme der Verfassungsgeschichtsschreibung", 1981),《概念史:政治社会用语的语义和语用研究》,第(365—387)373—374 页。

　　独一无二却可转让，这不只是亚里士多德式概念的特性。
这一双重视角已在每种语言之中：既可表达绝无仅有亦即此时
此地（hic et nunc）的意思并将其概念化，同时也可不断汲取
它的可重复性，否则就根本没有理解可言，或曰"没有概念"。
特别需要指出的是，一切语义都是双面的，一面是语言表述可
以重复，一面是直接的、具体的运用形式。可重复性注定了语
言的巨大语义能量，历史单一性则见之于运用。①

　　科塞雷克以其概念史表明，他的理论和方法旨在借助被理解的
历史来呈现更为清晰的历史。他说："对于历史认识的追求，超出
史料所能提供的内容。一份材料可能是现成的，或者可被发现，但
也可能无法找到。而我却不得不冒险说出我的观点。"② 这种冒险或
许是必需的，人们可以通过"可能的历史"为其辩护。
　　如前文所示，科塞雷克的概念史思考是在改变中发展的。他自
己也在 2002 年说：

　　　　我的概念史研究与《历史基本概念——德国政治/社会语

---

① 科塞雷克，《宪法史纂中的诸多概念史问题》（Reinhart Koselleck, "Begriffsge-
　schichtliche Probleme der Verfassungsgeschichtsschreibung", 1981），《概念史：政
　治社会用语的语义和语用研究》，第 399 页。着重号系笔者所加。
② 科塞雷克，《地点限定与时间性：论历史世界的历史编纂学开发》，《过去的未来：
　论历史时代的语义》，第 204 页（Reinhart Koselleck, "Standortbindung und
　Zeitlichkeit. Ein Beitrag zur historiographischen Erschließung der geschichtlichen
　Welt", in: ders., *Vergangene Zukunft. Zur Semantik geschichtlicher Zeiten*,
　Frankfurt: Suhrkamp, 1979, S. 176 - 207）。

言历史辞典》这一庞大研究课题紧密相关。这部辞典三十年前
（1972）开始出版，而其理论和方法论思考是我四十年前就已
阐释的，这至少对我来说成了理论上的束缚。一方面，为了推
动《历史基本概念》这一共同课题，严格遵守理论设定是必需
的；另一方面，我自己的概念史理论却在不断变化。①

从词语入手考察概念，并从历史沉淀于特定概念、储存其中的
历史经验之可描述性的理论预设出发，专注于经过历史考验而传流
下来概念，显露出两个系统上的盲点：它既排除了那些不以相关概
念（或对立概念）为依托的知识，又舍弃了其他语言表述所传达的
知识。这在理论上导致对概念史的原则性批评。② 极力倡导“隐喻
史”或以隐喻史代替概念史的学者，尤为突出这类批评（本文第五
节和第六节将具体论述这个问题）。另有人批评指出，概念史把存
留于概念的含义看作历史变迁的表征，这是对概念的过高评价。③

① 科塞雷克，《简论概念史方法变迁的时态结构》（Reinhart Koselleck, "Hinweise
auf die temporalen Strukturen begriffsgeschichtlichen Wandels"），载伯德克编《概
念史·话语史·隐喻史》，第（29—47）31 页。这篇论文的第一稿是作者于 1991
年用英文在阿姆斯特丹做的一个讲演，后来刊载于梅策恩、维勒玛主编的《文化
史中的主要思潮》，第 7—16 页(Main Trends in Cultural History, ed. by Willem
Melchung and Wyger Velema, Amsterdam/Atlanta: Rodopi, 1994)。关于“理论
上的束缚”之说，另参见科塞雷克既叙不足又是申辩的说辞：科塞雷克，《历史基
本概念——德国政治/社会语言历史辞典·序言》卷七，第 V—VIII 页。
② 参见克诺布劳赫，《从语言和交往研究的视角对概念史理论的思考》，载《概念史
文库》第 35 卷（1992），第 7—24 页（Clemens Knobloch, "Überlegungen zur
Theorie der Begriffsgeschichte aus sprach- und kommunikationswissenschaftlicher
Sicht", in: Archiv für Begriffsgeschichte 35[1992], S. 7 - 24)。
③ 参见布塞，《概念史或话语史？论一个历史语义学认识论的理论基础和方法问
题》，载杜特编《概念史的挑战》，第 22 页（Dietrich Busse, "Begriffsgeschichte
oder Diskursgeschichte? Zu theoretischen Grundlagen und Methodenfragen　（转下页）

同历史话语分析一样，它所运用的工具本身带着局限性，因而只对语义变化过程的描述做出了贡献。《历史基本概念》的研究模式，依然是它所要克服的传统思想史形式，它对语言理论关注不够。[1]

转向话语史研究的语言学家布塞（Dietrich Busse）主张与基本概念研究保持距离。他认为现在更能看清科塞雷克设计概念史方案时的主导动机，科氏方法当时还处于起始阶段。他的概念史设想，纯属历史研究，或曰史学方法。在布塞看来，《历史基本概念》中的大部分文章，只是部分实现了科氏动机。科塞雷克的追求是，展示为历史进程之重要动力的概念系列和类型，也就是把概念当作历史进程中的实体和推动力量来剖解。从这个意义上说，概念对科塞雷克来说具有认识论之维。概念需要借助关键词语来称呼和识别，且时常通过其渲染性和鼓动性标记而获得推动历史的功能。[2]

四、 概念史与剑桥学派的"语言"和"话语"

1970 和 1980 年代对概念史研究方法的接受，很快导致德国历史语义学领域的一个新的取向，即对"话语史"的青睐。[3] 布塞和一些语言学家所理解的"历史语义学"，狭义指称词语史和词汇的历史语义研究，广义则包括概念史、思想史、心态史、政治语言分

（接上页）einer historisch-semantischen Epistemologie", in: *Herausforderungen der Begriffsgeschichte*, hrsg. von Carsten Dutt, Heidelberg: Winter, 2003, S. 17–38）。

[1] 参见布塞，《历史语义学——对一个纲领的分析》，第 50—60、71—76 页。

[2] 参见布塞，《评科塞雷克〈概念史：政治社会用语的语义和语用研究〉》，载《日耳曼语言研究书评杂志》第 2 卷第 1 辑（2010），第（79—85）80 页。

[3] 参见布塞，《历史语义学——对一个纲领的分析》；布塞，《概念史或话语史？论一个历史语义学认识论的理论基础和方法问题》。

析、话语史等不同形式。① 科塞雷克对"话语史"的概念研究一直心怀不满，否则他也不会在其最后一部文集（《概念史：政治社会用语的语义和语用研究》）的"导论"中反驳这一研究方向。

英美长期推崇的"政治思想"（political thought）和"观念史"（history of ideal）研究，在语言与历史的关系问题上有其独特的研究取向。② 对这一发展具有重要意义的是洛夫乔伊（Arthur O. Lovejoy,

---

① 参见布塞，《概念史或话语史？论一个历史语义学认识论的理论基础和方法问题》，载杜特编《概念史的挑战》，第（17—38）20 页。——所谓"心态史"，是指历史学家试图描述和阐释某个时代的人的观念和情感。

② 普考克和斯金纳的名著外，相关重要著述还有：曼德鲍姆，《观念史，思想史，哲学史》，载《历史与理论》第 5 期（1965），第 33—66 页（Maurice Mandelbaum, "The History of Ideas, Intellectual History, and the History of Philosophy," in: *History and Theory* 5[1965], pp.33‑66）；吉尔贝特，《思想史：目的与方法》，载美国艺术与科学院院刊《代达罗斯》第 100 期（1971），第 8—97 页（Felix Gilbert, "Intellectual History: Its Aims and Methods," in: *Daedalus* 100[1971], pp.80‑97）；普考克、斯金纳，《什么是思想史》，载《当代史学》第 35 期（1985），第 46—54 页（John Pocock and Quentin Skinner, "What is Intellectual History," in: *History Today* 35[1985], pp.46‑54）。另参见鲍斯玛，《1980 年代的思想史：从观念史到含义史》，载《跨学科历史学刊》第 12 期（1981），第 279—291 页（William J. Bouswma, "Intellectual History in the 1980s: From History of Ideas to History of Meaning," in: *Journal of Interdisciplinary History* 12[1981], pp.279‑291）；贝克，《启蒙运动与法国大革命》，载《近代史学刊》第 53 期（1981），第 281—303 页（Keith Michael Baker, "Enlightenment and Revolution in France," in: *Journal of Modern History* 53[1981], pp.281‑303）；夏蒂埃，《思想史还是社会文化史？论法国轨迹》，载拉卡普拉、卡普兰《现代欧洲思想史：重新审视与新的前景》（Roger Chartier, "Intellectual History or Sociocultural History? The French Trajectories," in: *Modern European Intellectual History. Reappraisals and New Perspectives*, ed. by Dominick LaCapra/Steven L. Kaplan, Ithaca: Cornell University Press, 1982, pp.13‑46）；厄尔马斯，《不忘之事》，载《近代史学刊》第 57 期（1985），第 506—527 页（Michael Ermath, "Mindful Matters," in: *Journal of Modern History* 57[1985], pp.506‑527）；哈伦，《思想史与文学的回归》，载《美国历史评论》第 94 期（1989），第 581—609 页（David Harlan, "Intellectual History and the Return of the Literature," in: *American Historical* （转下页）

1873—1962）在美国开创的思想史研究，他于 1936 年发表专著《存在巨链——对一个观念的历史的研究》①，并于 1940 年创刊《观念史杂志》（*Journal of the History of Ideas*）。② 此外，普考克领衔的剑桥学派的政治思想研究，主要以英国史为研究对象，试图重构特定政治理论所依托的"语言"（languages）。具有典型意义的是普考克对哈林顿（James Harrington, 1611—1677）等英国革命时期政治思想家之经典共和主义思想的语言重构。③ 与德国概念史模

（接上页）*Review* 94［1989］, pp. 581 - 609）；施皮格尔，《历史、历史主义与中世纪文本的社会逻辑》，载《宝鉴》第 65 期（1990），第 59—86 页（Gabrielle M. Spiegel, "History, Historicism, and the Social Logic of the Text in the Middle Ages," in: *Speculum* 65［1990］, pp. 59 - 86）。

① Arthur O. Lovejoy: *The Great Chain of Being: A Study of the History of an Idea*, Cambridge/Mass.: Harvard University Press, 1936.

② 参见施佩尔贝、特里特舒，《美国政治术语历史辞典》（Hans Sperber/Travis Trittschuh, *American Political Terms. A Historical Dictionary*, Detroit: Wayne State University Press, 1962）；维纳主编，《观念史辞典》（*Dictionary of the History of Ideas*, ed. by Philip Wiener, 5 vols., New York: Charles Scribner's Sons, 1973 - 1974）。

③ 参见普考克，《18 世纪的德行和商业》，载《跨学科历史学刊》第 3 期（1973/74），第 119—134 页（John Pocock, "Virtue and Commerce in the Eighteenth Century," in: *Journal of Interdisciplinary History* 3［1973/1974］, pp. 119 - 134）；普考克，《政治行为的语言表达：走向话语政治》，载夏皮罗编《语言与政治》，第 25—43 页（John Pocock, "Verbalizing a Political Act: Towards a Politics of Speech," in: *Language and Politics*, ed. by Michael J. Shapiro, Oxford: Blackwell, 1984, pp. 25 - 43）；普考克，《语言方案与历史学家的领地：关于实践的一些思考》，载帕登编《欧洲现代早期的政治理论语言》，第 19—38 页（John Pocock, "The Concept of a Language and the Métier d'historien: Some Considerations on Practice," in: *The Languages of Political Theory in Early Modern Europe*, ed. by Anthony Pagden, Cambridge: Cambridge University Press, 1987, pp. 19 - 38）。关于剑桥学派理论的具体运用，参见普考克，《古代宪法与封建法律：17 世纪英国历史思想研究》（John Pocock, *The Ancient Constitution and the Feudal Law: A Study of English Historical Thought in the Seventeenth Century*, New York: Norton, 1957）；普考克，《德行·商业·历史：政（转下页）

式不同，剑桥学派的"语言"研究模式不从概念出发，而是纵观政治理论的所有语言因素，结合语言行为理论来查考近代政治语言，在思想史的框架内考察问题。普考克本人对这种"政治话语的语言"（language of political discourse）的类型界定是："话语之语言[……]是由时代中的词语、语法、修辞以及一系列语言用法、推测和关联组成的整体结构，可被特定共同体用来为其感兴趣的政治目的服务，有时亦可用于表达世界观或意识形态。"①

（接上页）治思想和历史论文集（以 18 世纪为中心）》（John Pocock, *Virtue, Commerce, and History. Essays on Political Thought and History, chiefly in the Eighteenth Century*, New York: Cambridge University Press, 1985）。关于普考克思想的评论，参见汉普歇尔-蒙克，《评论——时代的政治语言：论普考克著作》，载《英国政治学学刊》第 4 期（1984），第 89—116 页（Iain Hampsher-Monk, "Review Article: Political Languages in Time-The Work of John G. A. Pocock," in: *British Journal of Political Science* 4[1984], pp. 89-116）。关于普考克、斯金纳学术圈的论著，参见孔德荣，《经典文本的状况和评价：论政治理论及其传承与观念史》（Conal Condren, *The Status and Appraisal of Classic Texts: An Essay on Political Theory, its Inheritance and on The History of Ideas*, Princeton: Princeton University Press, 1985）；鲍尔，《政治话语的转型：政治理论与批判性概念史》（Terence Ball, *Transforming Political Discourse: Political Theory and Critical Conceptional History*, Oxford: Blackwell, 1988）；贝克，《发明法国大革命：18 世纪法国政治文化论集》（Keith Michael Baker, *Inventing the French Revolution: Essays on French Political Culture in the Eighteenth Century*, Cambridge: Cambridge University Press, 1990）。

① 普考克，《概念与话语：文化的差异？——论梅尔文·里希特的一篇论文》，载勒曼、里希特编《历史趋势和历史概念的含义——概念史新论》，第 58 页（John Pocock, "Concepts and Discourses: A Difference in Culture? Comment on a Paper by Melvin Richter," in: *The Meaning of Historical Tenors and Concepts. New Studies on Begriffsgeschichte*, ed. by Hartmut Lehmann/Melvin Richter, Ocasional Paper No. 15, German Historical Institute, Washington D. C., 1996, pp. 47-58）；另参见科塞雷克，《对〈历史基本概念〉的各种评论的回应》（Reinhart Koselleck, "A Response to Comments on die Geschichtliche Grundbegriffe"），载勒曼、里希特编《历史趋势和历史概念的含义——概念史新论》，第 59—70 页；里希特，《华盛顿概念史研讨会：展开对话，领略成（转下页）

与这种解析政治理论的共时语言不同，斯金纳重视语义的历时变化。① 普考克和斯金纳的"话语"概念，与福柯的话语理论没有多大关联，而是指言说者与听说者之间那种普遍的交流关系。另外，亦有史学家试图将"话语"模式用于社会的阶级状况分析，比如琼斯（Gareth Stedman Jones）的一些著述。他对英国宪章运动的考察，展示出语言分析的功用，通过特定的阶级语言来讲述阶级

（接上页）就》，载《概念史文库》第 39 期（1996），第 19—26 页（Melvin Richter, "Opening a Dialogue and Recognizing an Achievement. A Washington Conference on the Geschichtliche Grundbegriffe," in: *Archiv für Begriffsgeschichte* 39[1996], S. 19‑26）；莱昂哈特，《基本概念与鞍型期，语言与话语：欧洲与英美对语言和历史之关系的阐释》，载哈贝马斯、马林克罗特编《跨文化传输与国家的固执：欧洲与英美的文化研究立场》，第 71—86 页（Jörn Leonhard, "Grundbegriffe und Sattelzeiten-Languages and Discourses: Europäische und anglo-amerikanische Deutungen des Verhältnisses von Sprache und Ges-chichte", in: *Interkultureller Transfer und nationaler Eigensinn: Europäische und anglo-amerikanische Positionen der Kulturwissenschaften*, hrsg. von Rebekka Habermas und Rebekka v. Mallinckrodt, Göttingen: Wallstein, 2004, S. 71‑86）。

① 参见斯金纳，《主旨、意向和文本阐释》，载《新文学史》（"论阐释"：I），第 3 卷，1972 年第 2 期（冬季号），第 398—408 页（Quentin Skinner, "Motives, Intentions and the Interpretation of Texts," in: *New Literary History*, vol. 3, No. 2, On Interpretation: I[Winter, 1972], pp. 398‑408）；斯金纳，《语言与社会变迁》，载迈克尔斯、瑞克斯编《语言状况》，第 562—578 页（Quentin Skinner, "Language and Social Change," in: *The State of the Language*, ed. by L. Michaels/C. Ricks, Berkeley: University of California Press, 1980, pp. 562‑578）；斯金纳，《语言与政治变迁》，载鲍尔、法尔、汉森编《政治变革与概念变化》，第 6—23 页（Quentin Skinner, "Language and Political Change," in: *Political Innovation and Conceptional Change*, ed. by Terence Ball/James Farr/Russell L. Hanson, Cambridge: Cambridge University Press, 1989, pp. 6‑23）；斯金纳，《国家》（Quentin Skinner, "The state"），载鲍尔、法尔、汉森《政治变革与概念变化》，第 90—131 页；塔利、斯金纳主编，《含义与语境：斯金纳及其批评者》（*Meaning and Context: Quentin Skinner and His Critics*, ed. by James Tully/Quentin Skinner, Princeton: Princeton University Press, 1989）；斯金纳相关著述的修订本，见斯金纳，《政治的视界》（Quentin Skinner, *Visions of Politics*, 3 vol., Cambridge: Cambridge University Press, 2002）。

的历史。①

　　不同方法的比较可以让人清楚地看到，普考克和斯金纳完全与法国的话语分析家之或多或少的反解释学方法背道而驰，并在原则上坚持对文本的分析性解释；而二者的方法与德国概念史传统相比，尽管存在诸多差异，但还是有着不少共同点。② 这些研究模式之间是否存在对话可能性呢？下面我们就简要勾勒一下不同视角之不同的理论前提。

---

① 参见琼斯，《重新思考宪章运动》，《阶级语言：英国工人阶级历史考察（1832—1982）》，第 90—178 页（Gareth Stedman Jones, "Rethinking Chartism," in: G. S. Jones, *Languages of Class: Studies in English Working Class History, 1832 - 1982*, Cambridge: Cambridge University Press, 1983）；科菲尔德主编，《语言、历史与阶级》（*Language, History and Class*, ed. by Penelope J. Corfield, Oxford: Blackwell, 1991）。

② 参见里希特，《概念史与政治理论》，载《政治理论》第 14 期（1986），第 604—637 页（Melvin Richter, "Conceptional History (Begriffsgeschichte) and Political Theory," in: *Political Theory* 14[1986], pp. 604 - 637）；里希特，《概念史与观念史》，载《观念史杂志》第 48 期（1987），第 247—263 页（Melvin Richter, "Begriffsgeschichte and the History of Ideas," in: *Journal of the History of Ideas* 48[1987], pp. 247 - 263）；里希特，《重构政治语言的历史：普考克、斯金纳与历史基本概念》，载《历史与理论》第 19 期（1990），第 38—70 页（Melvin Richter, "Reconstructing the History of Political Languages: Pocock, Skinner, and the Geschichtliche Grundbegriffe," in: *History and Theory* 19[1990], pp. 38 - 70）；里希特，《概念史的理论与实践：重构政治概念和语言的历史》，载梅策恩、维勒玛编《文化史中的主要思潮》，第 121—149 页（Melvin Richter, "Begriffsgeschichte in Theory and Practice: Reconstructing the History of Political Concepts and Language," in: *Main Trends in Cultural History*, ed. by Willem Melching/Wyger Velema, Amsterdam/Atlanta: Rodopi, 1994, pp. 121 - 149）；里希特，《政治/社会概念史——综合述评》（Melvin Richter, *The History of Political and Social Concepts. A Critical Introduction*, New York: Oxford University Press, 1995）；里希特，《当今概念史综述》，载《政治思想芬兰年刊》卷三（1999），第 11—27 页（Melvin Richter, "Begriffsgeschichte Today: An Overview," in: *Finnish Yearbook of Political Thought*, 1999, vol. 3, pp. 11 - 27）。

　　普考克在与科塞雷克的一次直接对话中，首先指出话语分析优于对特定概念的研究，尤其强调了考察"政治话语的语言"的共时视角：既然语言或话语作为整体结构同时存在于时代之中，通常也就同时存在许多相互对峙、相互竞争或者相互作用的语言。研究这些语言或话语就必须高度重视共时性特征。语言的话语是一个活生生的有机整体。"没有一部概念史辞典，无论它有多么广博和深刻，能够把握［……］这样的体系或有机整体，以获得语言整体的历史。［……］它或许就是维特根斯坦用'生活形式'这一术语所要说的意思。"从这一视角出发，普考克强调指出，概念史作为单个概念的含义史只不过是对"许多话语的历史以及人的话语和被人运用的话语的辅助研究"。①

　　莱昂哈特（Jörn Leonhard）认为，面对普考克的这一立场，应当在"经验空间"和"期待视野"的层面上强调指出基本概念的功用。所有政治和社会话语，尤其是相互对立的话语，建立在共同的阐释模式基础上，否则不可能发生语言纷争。亦可反过来说明这个问题：正是不同时代在界定政治和社会基本概念时的争辩所反映出的对于经验和期待的阐释模式，以及因此而引发出的相关话语，才可能让历史学家重构往昔的语义。不可替代的政治和社会概念绝不可能与各种话语相分离，这已经根植于概念的生成和演变。基本概念在话语中生成并发挥作用，没有基本概念的话语是不可想象的。因此，话语与基本概念的关系是互动关系，在方法论上排除了谁高

---

① 普考克，《概念与话语：文化的差异？——论梅尔文·里希特的一篇论文》，载勒曼、里希特编《历史趋势和历史概念的含义——概念史新论》，第（47—58）47—51 页。

谁低的问题。①

科塞雷克认为，普考克之原则上的共时分析方法存在很大问题。放弃研究长期的历时语义变化，亦即概念的"长时段"（布罗代尔：longue durée）状况，便会不顾同时代人面对各种传流的语义成分、把握或选用语义时的选择标准。单纯的话语共时分析视角容易陷入一种危险，即把语言置入一个仿佛没有历史的空间，或仅仅呈现为历史语录。应当看到的是，所有话语正是在与传流概念的碰撞中展开的，并一再重新界说经验与期待之间的活跃关系。②

斯金纳则认为，一个概念的历史其实是不存在的。作为维特根斯坦（Ludwig Wittgenstein, 1889—1951）语言哲学的信奉者，他援恃唯有在"语言游戏"（Sprachspiel）中才能把握概念的假设："概念不可能有历史，只可能有论说时运用概念的历史。"③ 不过，他的论证和批判锋芒更多指向英美以往那些主要建立在理论史基础上的"观念史"，④ 很少针对德国概念史的"历史基本概念"研究。他重点批驳了洛夫乔伊著名的"观念单元"（unit ideas，又译"单元观念"）与威廉斯（Raymond Williams, 1921—1988）的"关键

---

① 参见莱昂哈特，《基本概念与鞍型期，语言与话语：欧洲与英美对语言和历史之关系的阐释》，载哈贝马斯、封·马林克罗特编《跨文化传输与国家的固执：欧洲与英美的文化研究立场》，第（71—86）82—83 页。
② 参见科塞雷克，《对〈历史基本概念〉的各种评论的回应》，载勒曼、里希特编《历史趋势和历史概念的含义——概念史新论》，第（59—70）63—65 页。
③ 斯金纳，《对我的批评者的回应》，载塔利、斯金纳主编《含义与语境：斯金纳及其批评者》，第 283 页（Quentin Skinner, "Reply to my Critics," in: *Meaning and Context: Quentin Skinner and His Critics*, ed. by James Tully/Quentin Skinner, Princeton: Princeton University Press, 1989, pp. 231 - 288）。
④ 剑桥学派历史学家对英语世界中的非历史性观念的抨击，与科塞雷克等学者对德国传统思想史和精神史的批判极为相似。

词"（keywords）模式。斯金纳批评二者在方法上忽视了"区分用以表达概念的术语与概念可能的作为"①。斯金纳所理解的历史语义学，主要见于普考克借用的斯氏说法，即强调概念内涵之各不相同的具体语言表达：被书写的概念史只是"语言现象、词语及其运用的一个方面"②。这让人想起福柯《知识考古》中的说法：概念史在"跳上知识的舞台"之前，或曰从幕后走到台前之前是引人入胜的。如果一个概念已在学术上定型，它的话语功能多半已经消失，甚至带着话语含义的缺失；然后，其变化过程才会出现在辞书之中。

科塞雷克式的概念史有别于英美观念史所体现出的普世观点或者传统德国思想史和精神史。科氏反对超越时代之思想的假设，不接受洛夫乔伊的"观念单元"或者迈内克（Friedrich Meinecke，1862—1954）所言"思想之压倒所有概念的强大力量"③。概念史正是迈内克的史学思想史研究与罗特哈克尔所发展的精神史模式的对立面。迈氏考察了国家利益至上原则的思想，其出发点是漫长历史时期中不变的思想。④ 如前所述，概念史讲究独一无二的历史，见诸特定的政治和社会语词的产生史和影响史，呈现基本概念如何作

---

① 里希特，《华盛顿概念史研讨会：展开对话，领略成就》，载《概念史文库》第 39 期（1996），第（19—26）21 页；另参见斯金纳，《文化辞典之观念》，载《评论文集》第 29 期（1980），第 205—224 页（Quentin Skinner，"The Idea of a Cultural Lexicon," in: *Essays in Criticism* 29[1980]，pp. 205 - 224）。

② 普考克，《概念与话语：文化的差异？——论梅尔文·里希特的一篇论文》，载勒曼、里希特编《历史趋势和历史概念的含义——概念史新论》，第（47—58）52 页。

③ 迈内克，《论早期德意志政党事业之历史》，载《历史杂志》第 118 期（1918），第 62 页（Friedrich Meinecke，" Zur Geschichte des älteren deutschen Parteiwesens", in: *Historische Zeitschrift* 118[1918]，S. 46 - 62）。

④ 参见迈内克，《新近历史中国家利益至上原则的思想》；罗特哈克尔，《历史哲学》（Erich Rothacker，*Geschichtsphilosophie*，München: Oldenbourg, 1934）。

为特定事物的阐释模式而得到发展的历史状况。①

　　剑桥学派还反对科塞雷克主编《历史基本概念》时发展的著名"鞍型期"模式，即历史基本概念约在 1750 年至 1850 年体现出的时代化、政治化、民主化、可意识形态化等特征。普考克认为英国政治和社会词语之完全不同的鞍型期，当设定于 1500 年至 1800 年。② 不过，这倒让人看到比较分析的必要性：不只是概念史研究，还有其他类似的研究模式，都有其"历史、文化和国家特殊性"。③ 就英国而言，早期近代以来有着相对集中的政治话语，约从 1640 年起逐渐导致其特有的政治文化，并在日益发展的工业社会中显示出其稳定性，欧洲大陆找不到相同的发展状况。德意志版图上过渡时期（从分裂的等级社会向大革命后社会的发展）的政治和社会词语之现代化标准，显然不能套用于英国过渡时期的发展状况，它的旧制度有其自身的结构条件和时代划分。④

---

① 参见里希特，《华盛顿概念史研讨会：展开对话，领略成就》，载《概念史文库》第 39 期（1996），第（19—26）24—25 页。

② 参见普考克编，《英国政治思想的种类（1500—1800）》（*The Varieties of British Political Thought, 1500 - 1800*, ed. by John Pocock, New York: Cambridge University Press, 1994）；普考克，《辉格党教义的种类》（John Pocock, "Varieties of Whiggism"），《德行·商业·历史：政治思想和历史论文集（以 18 世纪为中心）》，第 215—310 页。

③ 普考克，《概念与话语：文化的差异？——论梅尔文·里希特的一篇论文》，载勒曼、里希特编《历史趋势和历史概念的含义——概念史新论》，第（47—58）58 页。德国亦有学者提出疑问："'鞍型期'命题在何种程度上是对不同国家之思维传统的化约？"参见约阿斯、福格特编，《理解了的历史：论科塞雷克的著作·导论》，第 12 页（Hans Joas/Peter Vogt, "Einleitung" zu *Begriffene Geschichte. Beiträge zum Werk Reinhart Kosellecks*, hrsg. von Hans Joas und Peter Vogt, Berlin: Suhrkamp, 2011, S. 9 - 56）。

④ 参见莱昂哈特，《自由主义：论一个欧洲阐释模式的历史语义》（Jörn Leonhard, *Liberalismus — Zur historischen Semantik eines europäischen Deutungsmusters*, （转下页）

就研究对象的历史时期而言，"鞍型期"理论无法重视 20 世纪的发展。虽然，对于个别概念在较短时期的历史语义研究也时有建树。[①] 其实，科塞雷克本人后来在总结其"鞍型期"理论时，完全带着审视的目光。他认为，无论是对德语区的概念史分析，还是对其他地方的话语研究来说，"鞍型期"之说绝不是到处适用的；较为恰切的是更为开放的"界线期"（Schwellenzeit）概念。[②] 尽管如此，在从事比较研究时，"鞍型期"模式作为研究的出发点或假设，显然有其参考价值，对重构情形各异的语义转变期有着重要的方法论启示。[③] 例如《法国政治/社会基本概念工具书（1680—1820）》，便把另一时段视为法国"鞍型期"。

科塞雷克式概念史的起源，与先前德国的哲学核心概念研究模

（接上页）München: Oldenbourg, 2001）；莱昂哈特，《失当和轻蔑的语义：从欧洲比较视野看 1850 年之后关于"自由"和"自由主义"的德意志阐释形态》，载《历史与社会》第 29 期（2003），第 5—39 页（Jörn Leonhard, "Semantische Deplazierung und Entwertung — Deutsche Deutungen von 'liberal' und 'Liberalismus' nach 1850 im europäischen Vergleich", in: *Geschichte und Gesellschaft* 29[2003], S. 5 - 39）。

① 以"政治"概念为例，参见马夸特，《城邦对抗战争："政治"作为魏玛共和国时期的战斗概念》（Sabine Marquardt, *Polis contra Polemos. Politik als Kampfbegriff der Weimarer Republik*, Köln: Böhlau, 1997）；帕洛嫩，《政治作为行动概念：德国政治概念的视野变迁（1890—1933）》（Kari Palonen, *Politik als Handlungsbegriff. Horizontwandel des Politikbegriffs in Deutschland 1890 - 1933*, Helsinki: Societas Scientiarum Fennica, 1985）；帕洛嫩，《与时共战："政治"行动的概念史》（Kari Palonen, *The Struggle with Time. A Conceptual History of "Politics" as an Activity*, Hamburg: LIT, 2006）。另参见施泰因梅茨编，《"政治"在近代欧洲的语用状况》（*"Politik". Situationen eines Wortge-brauchs im Europa der Neuzeit*, hrsg. von Willibald Steinmetz, Frankfurt/New York: Campus, 2007）。

② 参见科塞雷克，《对〈历史基本概念〉的各种评论的回应》，载勒曼、里希特编《历史趋势和历史概念的含义——概念史新论》，1996 年，第（59—70）69 页。

③ 以上论述参见莱昂哈特，《基本概念与鞍型期，语言与话语：欧洲与英美对语言和历史之关系的阐释》，载哈贝马斯、马林克罗特编《跨文化传输与国家的固执：欧洲与英美的文化研究立场》，第（71—86）82—85 页。

式有着某种关联，但是背弃了倚重历史取向的传统思想史和精神史。而同德国传统思想史有着某种可比性的英美"政治话语的语言"研究模式，则更多排摒了往昔的"政治观念史"（history of political ideal），强调历史语境变化中的思想连贯性。德国概念史及其社会史语义研究，关注不同概念之历时语义变迁，而普考克的研究重心是在共时层面上重构政治理论的总体语言及其所有组成部分。在"基本概念"和"鞍型期"（即研究概念的语义嬗变）与"语言"和"话语"（即研究政治话语之语言的历史变化）的区别背后，其实隐藏着一个原则性争辩：何为分析语言与历史之关系的正确切入点？[1]

毫无疑问，语言能够生成意义、揭示传统，否则便不可能领会历史状况。语言是最重要的媒介，使社会积淀而成的传统得以传承。语言展示一个语言共同体的共同经验，同时又是集体知识的基础和工具。语言也是描述新的经验的手段，并将其纳入已有知识库。一个远未解答的问题是，不同的科学文化和研究风格所发展的模式是否能够形成对话和对接。科塞雷克、普考克和斯金纳在探讨语言与历史的关系时，他们谈论的确实是同样的事物吗？或者是历史理解方式中的深层区别，最终体现为对话的障碍？无论如何，作为他们的理论的接受者，"取长补短"一定是可取的。

五、 一篇争相传阅的"绪论"："精神金字塔"

概念史的现实状况和未来前景究竟如何？它因为产生于特殊的

---

[1] 以上论述参见莱昂哈特，《基本概念与鞍型期，语言与话语：欧洲与英美对语言和历史之关系的阐释》，载哈贝马斯、马林克罗特编《跨文化传输与国家的固执：欧洲与英美的文化研究立场》，第 85—86 页。

知识语境而不合时宜了吗？或者，概念史的明天依然充满希望？讨论这些问题不仅在于其理论穿透力，而且是多年前的一个激辩焦点。对于当代概念史实践及其需要回答的问题，似乎只有看到这一研究方向具有发展前景，评述才是意义的。十多年前，任教于美国斯坦福大学的德国著名文学理论家、概念史研究的重要前辈人物之一贡布莱希特（Hans-Ulrich Gumbrecht），出人意料地否定了概念史的前景。他于 2006 年出版自己的概念史文集《概念史的维度和局限》，对遴选的六篇重要旧作（1978—2001）未做任何修改。购买该著的读者，首先是要买他的长篇"绪论"，一篇非同凡响、不胫而走的绪论：科塞雷克的学生贡布莱希特在与概念史告别！该文很能说明问题的标题为"精神金字塔"，论述"概念史运动的迅速高涨、看不见的维度和突然退潮"。作者不仅试图诊断概念史的当代水平，同时也在审视和诊断整个当代思想。这是他讨论问题的重要目的。其他领域的学者提出一些值得进一步探讨的疑虑和问题，与概念史研究阵营内部发出的根本性质疑相比，似乎显得无伤大体。

　　贡氏对概念史研究的回顾，带着感伤的目光，眼前是书房里的《哲学历史辞典》《历史基本概念》《法国政治/社会基本概念工具书（1680—1820）》《美学基本概念》[①]等一系列多卷本概念史巨著。

---

① *Ästhetische Grundbegriffe*, 7 Bde, hrsg. von Karlheinz Barck et al., Stuttgart: Metzler, 2000 - 2005.——七卷本《美学基本概念》吸收了不少针对概念史研究方法的批评意见。尽管它具有专业百科全书的性质，但是编者依然强调该著知识的开放性和未完成性，认为所有概念史都是"当代概念运用的前史"。另外，编者还指出科塞雷克式的概念史所设计的历时发展路径，较少关注与特定时代相关的动机。因此，探讨"关注差异性甚于同一性的审美现代性条件"，亦当为历史研究做出贡献（编者，《美学基本概念·序言》卷一，第 VIII 页）。

在他眼里，这些卷帙已经成为金字塔；曾经充满希望的将来，随着课题的竣稿和出版而变成过去的将来，1960—1980 年代的将来已经死去。直到不久前，他才发现概念史之时兴，"经历也很丰富，而且几乎是突然发生的，就像活跃的概念史研究在 20 世纪落下帷幕之时已在以往的大型纪念碑的石块中僵化一样"，金字塔已很遥远。① 这种诊断似乎恰逢时机，几个大的概念史工程几乎完竣，《哲学历史辞典》的索引卷也将在该年问世，人们正在等着九卷本《修辞学历史辞典》② 卒底于成。

　　"死亡讣告"极易引起误解。所有大型学术项目都会将其雄心勃勃的计划转变为书册，即便结构上无法完结的项目，总有收场之时，尤其是按照字母顺序编写的多卷本参考书。若是无人运用汇聚于这些书籍的知识，才有死亡可言。贡布莱希特当然知道，这些书卷都很有用，他是另有所指："石化"来自内部，精神金字塔中不再有生命；在西西弗斯的苦役中③，推石人的心脏已经石化。在贡氏看来，概念史鸿篇巨制没有掩藏着能够让人在运用中获取思想认识的宝物，没有得以通过对话来开发的往昔世界的精神，更多的只是埃及"宏伟的墓碑"（黑格尔），它的内部埋葬着从前的幻想和激

---

① 贡布莱希特，《精神金字塔：论概念史运动的迅速高涨、看不见的维度和突然退潮》，《概念史的维度和局限》，第 7、9、35 页（Hans-Ulrich Gumbrecht, "Pyramiden des Geistes. Über den schnellen Aufstieg, die unsichtbaren Dimensionen und das plötzliche Abebben der begriffsgeschichtlichen Bewegung", in: H.-U. Gumbrecht, *Dimensionen und Grenzen der Begriffsgeschichte*, München: Wilhelm Fink, 2006, S. 7 - 36）。

② *Historisches Wörterbuch der Rhetorik*, hrsg. von Gert Ueding, 9 Bde., Tübingen, Max Niemeyer, 1992 - 2009.

③ 希腊神话中的西西弗斯被宙斯处罚，在地狱里推一块岩石上山；当岩石被推至山顶，他刚一喘息，岩石重又滚落下来，于是重新再推，如此循环反复。西西弗斯的苦役是指徒劳无益、白费力气。

情。概念史巨著的成果，实为"人文科学中一个业已告终的时代的证人。对于我们来说，它虽然在时间上并不比昨天久长多少，但在思想上仿佛同文艺复兴或者巴洛克时代一样遥远，也就是［……］我们的记忆无法完全唤回的东西"。①

德国 1950 年代以降的概念史生涯，或许能为解读"金字塔"之说提供一些启示：贡布莱希特对于概念史发展前景的疑虑，多少与概念史理论探讨中出现的停滞不前的现象有关。德国的几个大型概念史辞书工程启动之后，概念史方法争论中提出的许多问题，并未得到令人满意的解答，该说的似乎也都说了。《哲学历史辞典》的开创主编里特尔（Joachim Ritter, 1903—1974）和科塞雷克等开创性人物的纲领性规划，仿佛与当今人文科学领域的主导思想形成明显对比；后来者似乎已经失去了对概念史所培育的阐释学雄心的兴趣。

贡布莱希特在这种背景下的当代诊断，带着不少后现代的通常看法。这一倾向可以概括为：早先那种与自我和集体解放理想不可分离的现代历史意识，被当代之宽广的多元意识所替代，浓重的多元意识正在执着地向着开放的、未知的将来蔓延。这就很能让人理解，贡氏为何见出概念史之星在后现代的"认识论环境"中陨落，"后现代计时器的出现"改变了概念史的期待和假设。② 若是不再能从过去获得指向将来的东西，那么概念史对于流传之事的孜孜求索，也就失去了说服力和迫切性。

贡布莱希特的论证对《历史基本概念》没有多少原则性批评，

---

① 贡布莱希特，《精神金字塔：论概念史运动的迅速高涨、看不见的维度和突然退潮》，《概念史的维度和局限》，第 7—8 页。
② 同上书，第 32—33 页。

而是更多地限定于当今读者都能分辨的质量上存在问题的个别辞书篇什，或者相关作者后来的有些文章。贡氏说其未能贯彻《历史基本概念》的方法论设想，只是采用了各自擅长的写法。平心而论，一部"众人"参与的巨作，存在这样的问题虽不理想，但是完全可以理解，主持过重大集体课题的人都有这种感受。其实，贡氏对概念史的"总清算"及其中心观点，较少针对《历史基本概念》，而是在对《哲学历史辞典》发作；特别是后者在原则上排除"隐喻学"的做法，被贡氏看作方法上的短浅之见。他从布卢门贝格那里得到启示，认为"隐喻和不可言传的东西，拒绝一切标准化阐释方法"①。

　　概念史之星在所谓"认识论环境"中不再闪耀之后，贡氏见到了"隐喻学"的冉冉升起。面对各种现实主义和结构主义，后现代应当是对世界关系问题做出抉择的时候了。在他眼里，曾使概念史取得成就的东西，正是其今天令人失望的原因。现在看来，概念史实为一种糟糕的思想史。不过，概念史理论中的一些缺陷，已经变得无关紧要，一个"新的认识论形态"已经出现：隐喻学是一个极有发展前景的研究，它能够"取代或至少补充"概念史。贡氏接过布卢门贝格的思想，阐释了如何接近前概念与非概念现象，并把查考口语表达和视觉印象也看作钩稽前概念与非概念的入口。隐喻学有可能探索"存在于语言，却不能成为概念"的真实状况。他认为哲学概念史的代表人物其实并未忽视隐喻的作用，而概念史研究将布卢门贝格的隐喻学彻底排除在外是一个很大的错误。②

---

① 贡布莱希特，《精神金字塔：论概念史运动的迅速高涨、看不见的维度和突然退潮》，《概念史的维度和局限》，第 17 页。

② 同上书，第 15—16、32、35—36 页。

六、 隐喻拒绝概念： 概念史与隐喻学

布卢门贝格曾为 1951 年创刊、旨在筹备"哲学历史辞典的基石"的《概念史文库》撰稿，"Metaphorologie"（隐喻学）当为布卢门贝格发明的一个概念。① 《哲学历史辞典》主编里特尔曾请求布氏参与哲学概念史课题研究，并就后者的重点研究方向提出一些隐喻关键词建议。他在《哲学历史辞典》卷一"序言"中带着赞同的口吻援引了布卢门贝格的观点，认为"正是拒绝把自己消解为概念的隐喻，有着'较为极端意义上的、不是概念那样的历史'，并指向'思想的下层结构'（Substruktur des Denkens），这是'系统化提炼的温床'"②。然而，布氏研究成果最后未被收入《哲学历史辞典》（卷一出版于 1971 年）。里特尔对《哲学历史辞典》主编组放弃把隐喻系统和隐喻词组收录该著条目做了原则性解释："就研究现状而言，该辞典收录隐喻会是一种奢望；较好的办法是，舍弃人们无法胜任的一个部类，而不是满足于不尽人意的即兴考察。"③ 里特尔对于舍弃隐喻的解释，似乎不是出于理论思考，而是缘于实用原因。

---

① 布卢门贝格本人对于隐喻学的许多问题没有做充分阐释，或者在有些问题上还犹豫不决，以致读者有时很难断定，他在讨论某个隐喻时究竟指的是哪种形式的隐喻。参见布卢门贝格，《世界的可读性》（Hans Blumenberg, *Die Lesbarkeit der Welt*, Frankfurt: Suhrkamp, 1979）中关于遗传符码的章节。

② 里特尔，《哲学历史辞典·序言》，第 IX 页（Joachim Ritter, "Vorwort" zu *Historisches Wörterbuch der Philosophie*, Bd. 1, hrsg. von Joachim Ritter/Karlfried Gründer, Basel/Stuttgart: Schwabe, 1971, S. V-XI）。

③ 同上书，第 IX 页。

　　概念史与隐喻学的关系，本身就是一段隐含深意的往事——
《哲学历史辞典》第二任主编格林德尔（Karlfried Gründer, 1928—
2011）开始强调隐喻学对于概念史的"中心意义"；[①] 第三任主编加
布里尔（Gottfried Gabriel）在《哲学历史辞典》竣工之后，又一次
趑回概念史与隐喻学的老话题，且提出两个值得重视的观点：一方
面，"概念与隐喻之间并不存在显明界线"[②]；另一方面，他又指出
《哲学历史辞典》"从第一卷到最后一卷都能见出［……］布卢门贝
格的隐喻学课题"[③]。概念史的任务是，在"确认和辨析概念的历
史"之时，为系统的话语"提供足够而可靠的阐释依据"。此时，
隐喻主要是在"概念生成过程"中发挥作用，并且只见于其发现或
"解释性语言"之中。加布里尔因而界定"隐喻学的天然角色只是

① 格林德尔：《关于〈概念史文库〉》，载《美因茨科学与文学科学院年刊》（1967），
　　第 76 页（Karlfried Gründer, "Über das *Archiv für Begriffsgeschichte*", in:
　　Jahrbuch der Akademie der Wissenschaften und Literatur Mainz, [1967], S. 74-
　　79）。
② 加布里尔，《绝对区别与"绝对隐喻"：论概念史与隐喻学的系统意义》，载哈韦尔
　　坎普、蒙德编《隐喻学：理论的实践》，第 66 页（Gottfried Gabriel, "Kategoriale
　　Unterscheidungen und 'absolute Metaphern'. Zur systematischen Bedeutung von
　　Begriffsgeschichte und Metaphorologie", in: *Metaphorologie. Zur Praxis von
　　Theorie*, hrsg. von Anselm Haverkamp/Dirk Mende, Frankfurt: Suhrkamp,
　　2009, S. 65-84）。
③ 加布里尔，《概念·隐喻·比喻不当：论〈哲学历史辞典〉之告成》，载丹内贝格
　　等编《哲学与科学史中的概念、隐喻和想象》，第 12 页（Gottfried Gabriel,
　　"Begriff — Metapher — Katachrese. Zum Abschluß des *Historischen Wörterbuchs
　　der Philosophie*", in: *Begriffe, Metaphern und Imaginationen in Philosophie
　　und Wissenschaftsgeschichte*, hrsg. von Lutz Danneberg/Carlos Spoerhase/Dirk Werle,
　　Wiesbaden: Harrassowitz, 2009, S. 11-22）。另参见加布里尔，《"隐喻学 vs. 概
　　念史"? ——关于哈韦尔坎普对布卢门贝格的解构性收编》，载《思想史杂志》
　　2008 年第 2 卷第 2 辑，第 121—124 页（Gottfried Gabriel, "'Metaphorologie vs.
　　Begriffsgeschichte'? Zu Anselm Haverkamps dekonstruktiver Vereinnahmung
　　Blumenbergs", in: *Zeitschrift für Ideengeschichte* II/2[2008], S. 121-124）。

概念史之有用的丫鬟"。① 这一说法显然源于布卢门贝格曾经说过的
"隐喻学与概念史的关系［……］是服务关系"②。无论如何，贡布
莱希特认为《哲学历史辞典》主编组的决定造成了不可预见的哲学
损失，这一说法是不准确的，更不能说是概念史的终结。他在说这
番话时，《哲学历史辞典》的索引卷还未问世。仔细查阅《哲学历
史辞典》各卷内容，便能发现不同篇什对六十多个隐喻和隐喻词组
的历史描述。③

　　贡布莱希特的终极预测是：倘若概念史还想拥有未来（贡氏显
然不想把这排除在外），那只有重视以布氏研究为基础的隐喻史才
行；并且，他与伽达默尔背道而驰，以一种存在为依据："这种存
在不会完全转化为语言，因为它始终无法被完全理解。当今重又闪
耀的隐喻学是分析这一存在之维的哲学可能性。在这个思想潜能
中，概念史运动的传统可以同时存在，但却走到头了。"④ 此言之后
出版的《哲学隐喻辞典》（2007），可以让人检视这类期待。科内斯
曼（Ralph Konersmann）在《哲学隐喻辞典》"序言"中明确指出，
该辞典不是旨在用隐喻对付概念。⑤ 从某种意义上说，这部辞典成

---

① 参见加布里尔，《绝对区别与"绝对隐喻"：论概念史与隐喻学的系统意义》，载哈
　韦尔坎普、蒙德编《隐喻学：理论的实践》，第 73、75、76、81 页。
② 布卢门贝格，《论隐喻学的几个范式》（1960），第 13 页（Hans Blumenberg,
　Paradigmen zu einer Metaphorologie, Frankfurt: Suhrkamp, 1999）。
③ 参见《哲学历史辞典》卷十三，《索引》，第 125—126 页："惯用语与隐喻"
　（*Historisches Wörterbuch der Philosophie*, Bd. 13: *Register*, hrsg. von Margarita
　Kranz in Verbindung mit Gottfried Gabriel und Helmut Hühn, Basel/Stuttgart:
　Schwabe, 2007, S. 125 - 126: "Topoi und Metaphern"）。贡布莱希特《精神金字
　塔》一文发表之时，《哲学历史辞典》的索引卷尚未出版。
④ 贡布莱希特，《精神金字塔：论概念史运动的迅速高涨、看不见的维度和突然退
　潮》，《概念史的维度和局限》，第 36 页。
⑤ 参见科内斯曼，《哲学隐喻辞典·序言：形象的知识》，第 13 页（Ralph （转下页）

功地解决了以往那些看上去不可调和、多少有些教条的争辩，真正
让概念史知识增添了隐喻学维度："一句话，隐喻是知识的形象。"①
换言之：隐喻是形象的知识（figuratives Wissen）。

　　在布卢门贝格的隐喻研究中，概念史与隐喻学是紧密相关的，
那是一种效应史知识考古。他阐释了传流的、未定型的概念以及隐
喻如何演变为有条理的语言形式。这一发展所遵循的是效应史的内
在"承先逻辑"（Logik der Folgen）②，新的形式是对旧形式的应答
式承接和改造，一切历史言说都是对传承的语言形式的接续，并且
不是有意识地领会先前语言所引发的意义生成。③ 依他之见，概念
史、隐喻性和"非概念性"（Unbegrifflichkeit），三者无法割裂开来

　　（接上页）Konersmann, "Vorwort: Figuratives Wissen", in: *Wörterbuch der philosophischen Metaphern*, hrsg. von R. Konersmann, Darmstadt: Wissenschaftliche Buchgesellschaft, 2007, S. 7 - 21）。《哲学隐喻辞典》共收录四十篇论文，全面阐释了从柏拉图到海德格尔的四十个重要哲学隐喻。尽管编者视该著为布卢门贝格的"个人网页"，但是它同概念史不无关系，一些论文更像词语史和概念史文章。

① 科内斯曼编，《哲学隐喻辞典·序言：形象的知识》，第（7—21）8 页。另参见科内斯曼，《隐喻之知识》，载科内斯曼、内威、楚姆托尔等著，《形象与现实之间》，第 10—37 页（Ralf Konersmann, "Metaphorisches Wissen", in: Ralf Konersmann/Peter Noever/Peter Zumthor et al., *Zwischen Bild und Realität*, Zürich: ETH, 2006, S. 10 - 37）；科内斯曼，《形象的知识：论〈哲学隐喻辞典〉的编写方案》，载《新评论》第 116 期（2005），第 2 辑，第 19—35 页（Ralph Konersmann, "Figuratives Wissen. Zur Konzeption des Wörterbuchs der philoso-phischen Metaphern", in: *Neue Rundschau* 116[2005], H. 2, S. 19 - 35）。

② 布卢门贝格，《关于〈概念史文库〉报道的几点补充说明》，载《美因茨科学与文学科学院年刊》（1967），第 79—80 页（Hans Blumenberg, "Nachbemerkungen zum Bericht über das *Archiv für Begriffsgeschichte*", in: *Jahrbuch der Akademie der Wissenschaften und Literatur Mainz*, [1967], S. 79 - 80）。

③ 参见蒙德，《技艺化历史：论概念史与隐喻学在布卢门贝格学术中的关系》（Dirk Mende, "Technisierungsgeschichten. Zum Verhältnis von Begriffsgeschichte und Metaphorologie bei Hans Blumenberg"），载哈韦尔坎普、蒙德编《隐喻学：理论的实践》，第 85—107 页。

进行考察：布氏早期研究把隐喻看作概念及其历史的"准备阶段"
（Vorfeld），或曰"基础"（Untergrund）。晚期的非概念性模式，则
考察隐喻本身的构成条件。① 早期阶段的第一篇论文《光是真理的
隐喻》（1957）和第二篇发表于《概念史文库》的《论隐喻学的几
个范式》（1960），探索的正是切合概念史的命题②：在第一篇论文
中，他考察了隐喻作为"非理解和前理解的表述手段"以及"概念
准备阶段"的前术语问题；③ 在第二篇著述中，他依托该文的核心
概念"绝对隐喻"（absolute Metapher），进一步发展了既是前术语，
也是元术语的语言形式——绝对隐喻不只是"准备阶段"，几乎就
是所有概念的坚实"基础"或宽广的"视域"。④

　　布卢门贝格在《论隐喻学的几个范式》中启用的"绝对隐喻"
概念，是他参与《哲学历史辞典》概念史工程时所发展的一个概

---

① 若将布卢门贝格的隐喻学研究分为两个阶段，第一阶段以《光是真理的隐喻：哲
　　学概念生成的准备阶段》和《论隐喻学的几个范式》为标识；第二阶段开始于
　　《对隐喻的一些观察》（Hans Blumenberg, "Beobachtungen an Metaphern", in:
　　Archiv für Begriffsgeschichte, H. 15[1971], S. 161 - 214），理论定型于《非概
　　念性理论的前景》（1983）；全面论述则见之于他的遗作《非概念性之理论》
　　（2007）。参见哈韦尔坎普，《降一级的隐喻学：金钱还是生命——简说一个老生常
　　谈的复杂化》（2005），第4—5页。
② 关于布卢门贝格隐喻学思想的起始，参见施特尔格，《论隐喻学的局限：评布卢门
　　贝格的隐喻学及其续写前景》（Philipp Stoellger, "Über die Grenzen der Meta-
　　phorologie. Zur Kritik der Metaphorologie Hans Blumenbergs und den Perspektiven
　　ihrer Fortschreibung"），载哈韦尔坎普、蒙德编《隐喻学：理论的实践》，第
　　（203—234）204页。
③ 布卢门贝格，《光是真理的隐喻：哲学概念生成的准备阶段》（1957），《美学和隐
　　喻学文集》，第139页（Hans Blumenberg, "Licht als Metapher der Wahrheit. Im
　　Vorfeld der philosophischen Begriffsbildung", in: ders., *Ästhetische und
　　metaphorologische Schriften*, Auswahl und Nachwort von Anselm Haverkamp,
　　Frankfurt: Suhrkamp, 2001, S. 139 - 171）。
④ 布卢门贝格，《论隐喻学的几个范式》，第13页。

念，表示隐喻的一种特殊形态。所谓"绝对"，即指隐喻本身具有拒绝概念化的能量，却是概念生成的基础，不会被概念消解。[①]"绝对隐喻"是修辞学中的隐喻的对立模式，后者只把隐喻看作修饰话语的手段。按照亚里士多德的观点，隐喻以相似性为基础，它是词的转化形式，是对字面意义的"偏离"；好的隐喻意味着看到相似性。布卢门贝格则认为，将隐喻视为通过一种语言形式来理解另一种语言形式，或曰某种认知的转换形式是令人生疑的；绝对隐喻就是认知本身，理所当然地说明所要描述的事物，有些"整体视域"（Totalhorizont）唯有隐喻才能表达。[②] 可见，他所说之隐喻，不再是亚里士多德以降的传统形式，绝对隐喻是一种后亚里士多德的隐喻概念。

绝对隐喻见于概念无法把握、只有隐喻才能体现的"事物"；尤其对科学和抽象事物来说，隐喻的解释性陈述是必不可少的。换言之：隐喻"多于陈述功能"，而这"确实是隐喻的固有特性"。特定隐喻亦即绝对隐喻是"哲学语言的基本成分"[③]。例如，布卢门贝格试图以"光"之隐喻来说明一般隐喻与绝对隐喻的区别。自古以来，欧洲的"光"之隐喻对于诸多"真理"思考具有典型意义：既在朴素的、形而上的存在（光）与不存在（无光）之对立中，又在隐喻层面上探索真理的条件和可能性时，西方"光"的隐喻总能见出抽象概念与可见自然之间的关系。而绝对隐喻主要藏身于那些不

---

① 布卢门贝格，《论隐喻学的几个范式》，第 11 页。
② 参见布卢门贝格，《非概念性理论的前景》（1983），《美学和隐喻学文集》，第 196 页（Hans Blumenberg, "Ausblick auf eine Theorie der Unbegrifflichkeit", in: ders., *Ästhetische und metaphorologische Schriften*, Auswahl und Nachwort von Anselm Haverkamp, Frankfurt: Suhrkamp, 2001, S. 193 – 209）。
③ 布卢门贝格，《论隐喻学的几个范式》，第 9、10 页。

是直接可见的、感官不能体验的概念之语义场，诸如"真理""自由""国家""历史"等。承接康德的观点，布氏称这些概念为思想。他是在说"整体视域"，指称历史、生活、人、存在、自由、上帝、（作为整体的）世界等"现象"。① 这些需要绝对隐喻来发现的现象，多半为西方形而上学和神学的关键命题。布卢门贝格的出发点是，关于世界关系和自我关系的一切理论或实际问题，都需要整体视域认识，而这种认识唯有借助绝对隐喻才能达到："它的内涵给人的行为提供方向，赋予某种世界以结构，展示现实之始终无法得知、无法洞悉的整体。"②

　　绝对隐喻实际上是一种悖论形式和矛盾体，即描述不可描述之物。布氏明确地将康德观点视为其隐喻学的出发点，他说康德的"象征"（Symbol）之说（《判断力批判》），"相当贴切"地与自己的"隐喻"用法相吻合。③ 如此看来，绝对隐喻或象征是"形象却非写照"，或曰图像而非映象。它们指的不是单个事物，因而无法摹写。换句话说，最典型的绝对隐喻当为事物的鲜明写照，而这一事物却不具备鲜明形象。它与"可能的经验整体"有关，正因为此而不单指特定"经验之事"。④ 说到底，绝对隐喻乃艰涩或无法解答的哲学命题，其特征在于它对我们的实际功用，"不是自在而是为

---

① 参见布卢门贝格，《非概念性理论的前景》，《美学和隐喻学文集》，第（193—209）196 页。

② 布卢门贝格，《论隐喻学的几个范式》，第 25 页。

③ 参见布卢门贝格，《论隐喻学的几个范式》，第 11—12 页；详见布卢门贝格，《非概念性之理论》（遗作），第 53—60 页（Hans Blumenberg, *Theorie der Unbe-griff lichkeit*, aus dem Nachlaß hrsg. von Anselm Haverkamp, Frankfurt: Suhrkamp, 2007）。

④ 参见布卢门贝格，《非概念性之理论》，第 72 页。

我们而在"，也就是古希腊思想中的 $\alpha\pi o\rho\eta\tau\iota\kappa\eta$：对于无法解答或不可解答之难题的思索。①

绝对隐喻被用来表达人的行为中关于世界、自我、上帝等基本视角，只是表达而不是叙写，因为我们没法经验绝对隐喻的表达之物。因此，绝对隐喻不可能完全归结入概念，而是对非概念性的补偿，常会超出比喻对象而对被描写之物的整个理论的形成产生影响。在布氏眼里，隐喻不是通过概念获得的认识，而是一种认识过程和形态。他将西方本体论与概念史考古结合起来：见之于绝对隐喻的传统形而上学和神学中的非物体性，被视为概念形式和概念话语的考古深层结构。② 概念落脚于绝对隐喻设定的认识视域。

贡布莱希特当然明白，布卢门贝格的《论隐喻学的几个范式》是专门作为概念史的辅助考察而撰写的；并且，布氏后来又转向"非概念性"研究，隐喻在这一研究中只是很狭窄的特例。对贡布莱希特来说，这是一个较为棘手的问题。因此，他援恃文学理论家、概念史的批判者哈韦尔坎普（Anselm Haverkamp）的极端观点，哈氏极力倡导布卢门贝格隐喻理论，对隐喻做过深入研究。他认为，概念史在总体上只是"一个颇受局限的史学折中模式"。隐喻学这一"布卢门贝格工程"，不是"推翻"了概念史巨著《哲学历史辞典》，

---

① 参见伦奇，《哲学隐喻学论纲》（Thomas Rentsch, "Thesen zur philosophischen Metaphorologie"），载哈韦尔坎普、蒙德编《隐喻学：理论的实践》，第（137—152）139、140 页。

② 参见蒙德，《导言：概念史·隐喻学·非概念性》（Dirk Mende, "Vorwort: Begriffsgeschichte, Metaphorologie, Unbegrifflichkeit"），载哈韦尔坎普、蒙德编《隐喻学：理论的实践》，第（7—32）7—10 页。

而是"毁灭"了它。① 哈韦尔坎普强调布氏绝对隐喻，或曰隐喻的绝对性亦即绝对运用。显然，这里的关注点不再是隐喻在获取知识时的启发作用，或者它在传播知识时的价值；假如只看到隐喻的这个功能，那它要么在找到正确概念之后便成了多余的东西，要么只有工具价值。重要的是隐喻在概念性认识中不可摒除的构造作用，尤其是晚年布卢门贝格将隐喻学发展成一种"非概念性"理论。

　　贡布莱希特的"绪论"是否真的击中了问题的要害？这位后现代造势理论家显然很有嗅觉，而其方法极为"时兴"，即已经见之于早期现代和现代盛期的那种"时兴-过时"之二元模式。无论如何，他的"金字塔"是一个挑战。除了后现代话语之外，贡布莱希特还"发现"了概念史的一些特殊之处，它们与概念史的几个"隐藏的维度"或曰"若明若暗的维度""难以捉摸的维度""看不见的维度"有关，② 并且很可能是概念史很长时期之非凡能量的根源。在他看来，概念史说到底只有补偿功能，这是他的论述基调。他

---

① 参见哈韦尔坎普，《降一级的隐喻学：金钱还是生命——简说一个老生常谈的复杂化》（2005），第 3 页（Anselm Haverkamp, "Metaphorologie zweiten Grades: Geld oder Leben — Kurze Einführung in die Verkomplizierung eines Gemeinplatzes" [2005], http://www. kuwi. europa-uni. de/de/lehrstuhl/lw/westeuropa/ Haverkamp/publikationen/Neues/Metaphorologie _ zweiten _ Grades _ 2005. pdf, 读取时间：2013 年 3 月 24 日）。文章标题中的"金钱还是生命"，源于布卢门贝格 1976 年的论文《金钱还是生命：齐美尔哲学严密性中的隐喻性研究》，布氏认为自己在齐美尔《货币哲学》（1900）中发现了一种新的隐喻范式（Hans Blumenberg, "Geld oder Leben: Eine metaphorologische Studie zur Konsistenz der Philosophie Georg Simmels" [1976], in: ders., *Ästhetische und metaphoro-logische Schriften*, Auswahl und Nachwort von Anselm Haverkamp, Frankfurt: Suhrkamp, 2001, S. 177 - 192）。
② 参见贡布莱希特，《精神金字塔：论概念史运动的迅速高涨、看不见的维度和突然退潮》，《概念史的维度和局限》，第 10 页。

说，那些隐藏的"特殊维度"① 是自己回顾和总结之时才看到的：
首先，理论的不明晰曾是概念史很长时期取得成就的前提；而未能
明确厘定语言与世界的关系，缘于不够坚定的意愿。他诘难说，科
塞雷克式概念史的一个明显特征，是"在语言的世界所指这个问题
上犹豫不决"②。其次，同样不够坚定的是对语言与事物的关系亦即
概念史的认识论追求。概念史试图借助概念看到语义之外的现实，
而这一希望早已落空。它把唤醒流传之事看作人文科学研究之不可
避免的前提；可是，这并不是理所当然的，因而不会被人重新拾
起。最后，概念史依托伽达默尔"能够被理解的存在是语言"之信
条，倚重可用语言表述的东西，从而屏蔽了那些不可言传的存在。③

　　对贡布莱希特"绪论"的反响情形各异，真正的论战并未发
生。④ 人们自然弄不明白，既然概念史早就被"推翻"甚至"毁

----

① 参见贡布莱希特，《精神金字塔：论概念史运动的迅速高涨、看不见的维度和突然
退潮》，《概念史的维度和局限》，第 28 页。
② 同上书，第 27 页。
③ 同上书，第 7—36 页。
④ 有人见出这篇文章充满了伤感，却很能反映出"当今学术界的基本情状"，即对
自我存在感的渴望。参见施拉克，《伤感之音》，载《南德意志报》，2007 年 1 月
2 日(Stephan Schlak, "Der Sound der Sentimentalität", in: *Süddeutsche Zeitung*,
2.1.2007)。有人对贡布莱希特接受哈韦尔坎普的观点持怀疑态度，但是更关心
贡氏诊断的后果：后现代确实会让概念史之星陨落吗？作者对此未做回答，参见
迈尔，《概念史之星》，载《法兰克福汇报》，2007 年 3 月 26 日(Helmut Mayer,
"Der Stern der Begriffsgeschichte", in: *Frankfurter Allgemeine Zeitung*, 26. 3.
2007)。也有人建议读者跳过"金字塔"绪论，把阅读时间用在该书的概念史篇
章，参见许恩，《"狮子吼得好？"——贡布莱希特告别概念史》，载《IASL 在
线》，2007 年 12 月 18 日(Helmut Hühn, " 'Gut gebrüllt, Löwe?' Hans Ulrich
Gumbrecht lässt von der Begriffsgeschichte ab", in: *IASLonline*, 18. 12. 2007)。
《思想史杂志》上发生过一场"争吵"：杜特批评贡布莱希特关于时代的论证并提
出质问：后现代确实是让概念史变得多余的计时器吗？贡布莱希特针锋相对地说，
人们确实必须在 1970 年代和 1980 年代参与其中，才能懂得他所说的东（转下页）

灭",贡氏有何必要再版自己早就发表于重要参考文献、轻易可得的旧作呢?例如他的名文《现代的,现代性,现代》刊载于《历史基本概念》,与赖夏特合著的名文《哲学》,刊载于《法国政治/社会基本概念工具书(1680—1820)》。其实,他退避三舍的做法,本身未必与概念史方法、概念词语或概念场域有关。如前所述,"绝对隐喻"是布卢门贝格参与《哲学历史辞典》工程时所发展的一个概念,而哈韦尔坎普和贡布莱希特多年以后对概念史的诘难,亦同《哲学历史辞典》没有收入布氏研究成果这一"故事"有关。因此,他们的论辩主要涉及哲学概念史。

　　哲学概念史从未否认概念无法表达不能完全斥诸语言的存在。可是,存在之抽象思维也需要语言才能完成,这一认识是概念史和隐喻学共有的。隐喻和概念各自能做什么、做不到什么,正可以通过考察它们丰富的"互动"显现出来。隐喻研究不是人文科学中的新范式,如果它观照、开拓和发展概念史,当然也能取得可喜成果。贡氏自然有理由像布卢门贝格那样揭示"前概念"现象,挖掘不见于文本或词义的东西,也就是阐释学阐释不了的东西。虽然,他迟早也要与自己曾经深有研究的概念史这一阐释学课题碰撞。依

（接上页）西。杜特针对辈分问题回应说,这或许与不同学者的代际脾气有关。参见杜特,《后现代的未来厌倦:贡布莱希特与概念史作别》,载《思想史杂志》2007 年第 1 卷第 1 辑,第 118—122 页(Carsten Dutt, "Postmoderne Zukunftsmüdigkeit. Hans Ulrich Gumbrecht verabschiedet die Begriffsgeschichte", in: *Zeitschrift für Ideengeschichte* [ZIG] I/1[2007], S. 118 - 122);贡布莱希特,《(不知)感激的各代人——答杜特》,载《思想史杂志》2007 年第 1 卷第 3 辑,第 122—124 页(Hans Ulrich Gumbrecht, "(Un) dankbare Generationen. Eine Replik auf Carsten Dutt", in: *ZIG* I/3[2007], S. 122 - 124);杜特,《不是年龄问题——一个回应》,载《思想史杂志》2007 年第 1 卷第 3 辑,第 125—127 页(Carsten Dutt, "Keine Frage des Alters. Eine Duplik", in: *ZIG* I/3[2007], S. 125 - 127)。

托于概念的理解和交流，不会在概念之外进行，就在概念交往之中。人们或许应当看到，正因为隐喻是概念的基础，或曰概念由隐喻发展而来，所以概念在很大程度上也是一种形式的隐喻，这不否认绝对隐喻、隐喻和概念之间存在差别。语言运用的形式（隐喻或概念）各有其不同的功能。至于当从隐喻出发思考概念，或从概念出发思考隐喻，这取决于不同的具体情况。

哈韦尔坎普认为，概念史与隐喻学不是互补的，而是完全对立的。这样，他连同贡布莱希特便落后于隐喻学的权威人物布卢门贝格，后者认为理想的隐喻学方法总是与其他方法形成互补，它"必须达到一种思想或一个时代的概念与隐喻、界定与情景相结合的整体表达之境界"，从而不再是单纯的隐喻学。[①] 显然，概念的深层结构以及前概念或非概念，未必能够使概念史遭遇如哈韦尔坎普所说的灭顶之灾。

七、 概念史的新近发展与国际影响

人们不应只停留于环视"金字塔"，还必须打开其入口，端详其内部构造，穿行于复杂的通道，旨在断定各种功能或没有的功能，以及还可能有的功能，或者需要扬弃的东西。尽管德国概念史研究还存在理论上的不确定性，但它依然具有典范意义。可惜的只是迄今还未出现真正的全面总结。

毋庸置疑，被誉为德国人文科学之范式的概念史研究，并没有

---

① 参见丹内贝格，《隐喻史的意义与荒唐》（Lutz Danneberg, "Sinn und Unsinn einer Metapherngeschichte"），载伯德克编《概念史·话语史·隐喻史》，第（259—421）421 页。文中语录出自布卢门贝格论著《论隐喻学的几个范式》。

死去，也没有消失。恰当的说法应当是，科塞雷克及其同人的早期研究计划及其发展，在《历史基本概念》等概念史研究竣工之时已经实现，而科塞雷克本人或许是最后承认这一点的人。如前所述，辞典工程越是漫长，他越对自己的理论设想的实施感到不满。他完全明白辞书表现形式的固有缺陷，可是早先的理论设定，因该著的连贯性而必须遵守，他只能顺从"理论上的束缚"，而他自己的理论却没有停止脚步。对他来说，《历史基本概念》只是他走向亦顾及语言实用维度之历史语义学的第一步。诚然，该著主要依托辞书类文献、政治理论文本以及其他一些参考资料，将重点集中于词语之历时语义变迁中的连接点，而缺乏对交往状况和行为过程的观照。尽管如此，这种模式依然有其借鉴价值，它的方法能够让人相当快地看到有凭有据的结果。①

　　概念史研究确实已经过时？它确实在 1990 年代"突然退潮"？贡布莱希特无条件地沉湎于自己的想法、经验和兴趣（或者无兴趣），清理着自己"青年时期的思想沉淀"②。他的《精神金字塔》的一个问题，是他没有真正看清自己所说的话语环境或曰"认识论环境"。他没有发现 1990 年代之后概念史领域的一个变化：大部分

---

① 对传统概念史与历史话语分析的各种模式的概览，参见赖夏特，《"词语统计学"与"新文化史"之间的"历史语义学"——现状述评》，载赖夏特编《启蒙运动与历史语义学：西欧文化史的跨学科研究》，第 7—28 页（Rolf Reichardt, "*Historische Semantik* zwischen *lexicométrie* und *New Cultural History*. Einführende Bemerkungen zur Standortbestimmung", in: *Aufklärung und Historische Semantik. Interdisziplinäre Beiträge zur westeuropäischen Kulturgeschichte* [*Zeitschrift für Historische Forschung*, Beiheft 21], hrsg. von R. Reichardt, Berlin: Duncker & Humblot, 1998, S. 7 - 28）。

② 贡布莱希特，《精神金字塔：论概念史运动的迅速高涨、看不见的维度和突然退潮》，《概念史的维度和局限》，第 8—9 页。

从事概念史重大研究课题的学者，其学术成长环境早就离开了贡布莱希特所说的受到里特尔、伽达默尔或布卢门贝格影响的理路，隐喻学学者也多半如此。他们的思路受到卢曼（Niklas Luhmann, 1927—1998）的影响，或者信奉福柯的话语分析理论。而就科塞雷克式的概念史而言，贡布莱希特的看法还停留于 1990 年代的认识。①

　　在德语区，概念史还在不断开拓新的研究领域，关注经典概念史未曾开发的历史时期，借鉴新的研究方法。例如，新近备受历史学界关注的一个重大课题，是宗教概念史研究，考察欧洲近代早期以降宗教团体化的语言表达形式。② 考察范围从宗教概念史本身到宗教群体之间的自我认同和他者形象，再到宗教机构及其运作的称谓等。在宗教冲突不断增长的今天，该课题也在逐渐显示出其政治上的启蒙维度。另一个概念史研究重点，见之于跨学科知识及科学史考察，偏重知识体系的话语分析，其中包括自然科学的概念史研究。③

---

① 参见约尔丹，《贡布莱希特:〈概念史的维度和局限〉》"书评"，载《历史研究杂志》第 55 期（2007），第 457—458 页（Stefan Jordan, Rezension "Hans Ulrich Gumbrecht: *Dimensionen und Grenzen der Begriffsgeschichte*", in: *Zeitschrift für Geschichtswissenschaft* 55[2007], S. 457 - 458）。

② 参见赫尔舍，《可见教会的建造计划：欧洲宗教团体化的各种语言方案》（*Baupläne der sichtbaren Kirche. Sprachliche Konzepte religiöser Vergemeinschaftung in Europa*, hrsg. von Lucian Hölscher, Göttingen: Wallstein, 2007）。

③ 参见《摆渡——文学研究与文化研究中心杂志》第 12 卷（2012）第 24 辑（专辑），《跨学科概念史》（*Trajekte. Zeitschrift des Zentrums für Literatur- und Kulturforschung* 12[2012], Nr. 24: Themenheft *Interdisziplinäre Begriffsgeschichten*）。另参见丹内贝格等编，《哲学与科学史中的概念，隐喻和想象》，（*Begriffe, Metaphern und Imaginationen in Philosophie und Wissenschaftsgeschichte*, hrsg. von Lutz Danneberg/Carlos Spoerhase/Dirk Werle, Wiesbaden: Harrassowitz, 2009）；埃格斯、罗特编，《科学史作为概念史：现代科学（转下页）

　　分析自然科学之范畴和概念的文化特色、政治语境及其相关知识的语义，亦有助于对研究对象的客观历史评价。里特尔的老师卡西尔（Ernst Cassirer, 1874—1945）曾设想过周全的历史语义学方法，如今向文化研究开放的概念史一再援引卡西尔《人论》（An Essay on Man）中的说法："不是自然法则而是语义学准则，给历史思维提供普遍原则。"① 然而，正是这一说法中的二分法，可能遮蔽一个事实，即自然法则同样有其历史语义，如同诸多文化话语时常借用自然科学的语义一样。事实与阐释的区分，或多或少忽略了一个现象，即事实之描述需要在话语场中进行。②

　　传统的语义研究，专注于"鞍型期"这一现代之形成期，对于现代盛期以及整个 20 世纪的考证极为薄弱。19 世纪的许多经验材料，已经不在《历史基本概念》的考察范围之内，20 世纪更不是其探究对象，即便一些科学假设与 20 世纪有着诸多关联并能促进相

（接上页）诞生过程中的术语变革》（Wissenschaftsgeschichte als Begriffsge-schichte. Terminologische Umbrüche im Entstehungsprozess der modernen Wissenschaften, hrsg. von Michael Eggers/Matthias Rothe, Bielefeld: Transcript, 2009）；米勒、施米德尔编，《自然科学的概念史：论自然科学研究方案的历史和文化之维》（Begriffsgeschichte der Naturwissenschaften: Zur historischen und kulturellen Dimension naturwissenschaftlicher Konzepte, hrsg. von Ernst Müller/Falko Schmieder, Berlin/New York: Walter de Gruyter, 2008）；费尔德尔，《语义之争：科学中的权力与语言》（Semantische Kämpfe. Macht und Sprache in den Wissenschaften, hrsg. von Ekkehard Felder, Berlin/New York: Walter de Gruyter, 2006）。

① 卡西尔，《人论：人类文化哲学导论》，第 297 页（Ernst Cassirer, Versuch über den Menschen. Einführung in eine Philosophie der Kultur, aus dem Englisch übers. von Reinhard Kaiser, Hamburg: Meiner, 1996; Original: Ernst Cassirer, An Essay on Man: An Introduction to a Philosophy of Human Culture, New Haven: Yale University Press, 1944）。

② 参见米勒，《导论：关于文化研究视野中概念史的几点看法》，载米勒编《变革中的概念史?》，第（9—20）11 页。

关问题的"续写"。戈伊伦（Christian Geulen）提出继承《历史基本概念》的研究模式，考察"20 世纪基本概念的历史"，围绕大的时代命题对相关概念做系统的历史钩稽和研究，也就是以那些作为时代历史的组成部分、具有构建意义的核心概念为依托，推究 20 世纪的社会和政治语言运用以及经验阐释。戈伊伦从 20 世纪社会的语义结构变化所带来的新的经验和期待出发，效仿科塞雷克的做法，提出了新的、具有支配性特征的语义"四化"："科学化"（Verwissenschaftlichung）、"大众化"（Popularisierung）、"聚合化"（Verräumlichung）和"混合化"（Verflüssigung）亦即语义的开放性。① 以上是对德国概念史新近发展的简要论述。

贡布莱希特所说的"精神金字塔"，虽然展示出一座宏伟建筑，却只是一个墓地而已。这当然遭到许多学者的反驳。有学者指出，贡布莱希特对形势的评估，完全与当时德国活跃的概念史研究之真实状况不符，视而不见各种学术研讨会，以及概念史专著和论文的不断问世；他的指责或许指向概念史理论的停滞不前。② 施泰因梅茨（Willibald Steinmetz）则倡导继承概念史遗产，同时赋予这一传统以新的方向。他竭力证明概念史具有旺盛的生命力，用德国和世

---

① 参见戈伊伦，《为 20 世纪基本概念的历史所做的申辩》，载《当代历史研究》第 7 卷（2010）第 1 辑，第 79—97 页（Christian Geulen, "Plädoyer für eine Geschichte der Grundbegriffe des 20. Jahrhunderts", in: *Zeithistorische Forschungen / Studies in Contemporary History* 7[2010], H. 1, S. 79‑97）。

② 参见埃格斯、罗特尔，《概念史已死，概念史永存——导论》，载埃格斯、罗特尔主编《作为概念史的科技史：现代科学诞生过程中的术语裂变》，第 7—8 页（Michael Eggers/Matthias Rothe, "Die Begriffsgeschichte ist tot, es lebe die Begriffsgeschichte! — Einleitung", in: *Wissenschaftsgeschichte als Begriffsgeschichte: Terminologische Umbrüche im Entstehungsprozess der modernen Wissenschaften*, hrsg. von M. Eggers u. M. Rothe, Bielefeld: transcript, 2009, S. 7‑16）。

界范围之丰富多彩的概念史研究事例来驳斥贡氏的"安息吧"悼词。① 或许是德国著名的概念史巨著遮住了贡氏视线，使他没有看到其视野之外的发展。这个善于造势的诊断者之竭力退避的目光，未能看到或提及概念史正是在进入 1990 年代之后开始走向世界，并产生很大反响。他的评估完全与活跃的"概念史运动"之实际状况相左。

概念史研究正在强劲发展着，尤其在德国之外。正是 20 世纪末以来，概念史不再是一个"德国特有的追求和研究纲领"②。其实，贡布莱希特关注和援引的，只是概念史的早先设想。概念史"运动"并没被束缚，新思维正在不断渗入这一研究方法，概念史依然在不断适应新的形势。注重实证的概念史范式，并不需要激情洋溢的纲领，而是需要扎实的考证。它至少不必把自己打扮成历史隐喻研究的对立模式。相反，对于隐喻的乐趣也在概念史研究中呈

① 关于概念史研究在德国倡导之后的德国和国际发展状况以及大量研究实例，参见施泰因梅茨提纲挈领的论述：《概念史研究四十年：这一学问的状况》，载肯佩尔、艾辛格编《语言·认知·文化：精神结构与文化特色之间的语言》，第 174—197 页（Willibald Steinmetz, "Vierzig Jahre Begriffsgeschichte — The State of the Art", in: *Sprache — Kognition — Kultur. Sprache zwischen mentaler Struktur und kultureller Prägung*, hrsg. von Heidrun Kämper und Ludwig M. Eichinger, Berlin/New York: Walter de Gruyter, 2008, S. 174‑197）。不过，施泰因梅茨在其论著《可说的和可做的》的"导论"中，并不把自己的方法看作概念史研究，而是视之为"在基本语句的层面上根究政治行为之活动空间的语言构造"。于是，他既同传统思想史又同以概念为中心的概念史保持距离。参见施泰因梅茨，《可说的和可做的——论政治行为空间的变化：1780—1867 年间的英国》，第 30—44 页（Willibald Steinmetz, *Das Sagbare und das Machbare. Zum Wandel politischer Handlungsspielräume: England 1780‑1867*, Stuttgart: Klett-Cotta, S. 1993）。

② 贡布莱希特，《精神金字塔：论概念史运动的迅速高涨、看不见的维度和突然退潮》，《概念史的维度和局限》，第 9 页。

现出勃然生机。①

　　里希特（Melvin Richter）早在 1980 年代后期就在英美发表文章介绍德国概念史，并于 1995 年发表评述专著《政治/社会概念史——综合述评》，② 引起科塞雷克的概念史模式在英美的讨论，该著是科氏概念史在英美的最早评述之一。作者不但讨论了《历史基本概念》，还介绍了赖夏特等人主编的《法国政治/社会基本概念工具书（1680—1820）》。他也是最早探讨两部概念史辞书与剑桥学派普考克和斯金纳的著述以及思考之理论关系的英美学者之一。

　　汉尼嫩（Sakari Hänninen）和帕洛嫩（Kari Palonen）主编的《文本·语境·概念：语言中的政治和权力研究》（1990），主要收录了芬兰政治学家和社会学家的著述，主题为"语言论转向"对不同学科所产生的影响。各篇论文主要依托的方法论如编者"导言"所述，赞同科塞雷克起始于他的成名作、博士论文《批评与危机》③，尤其是其论文《非对称的对立概念的历史政治语义》（1975）④ 之研

---

① 参见朔尔茨编，《概念史的跨学科性》；伯德克编，《概念史·话语史·隐喻史》；米勒编，《变革中的概念史？》。

② 里希特，《概念史与政治理论》，载《政治理论》第 14 期（1986），第 604—637 页；里希特，《概念史与观念史》，载《观念史杂志》第 48 期（1987），第 247—263 页；里希特，《重构政治语言的历史：普考克、斯金纳与历史基本概念》，载《历史与理论》第 19 期（1990），第 38—70 页；里希特，《政治/社会概念史——综合述评》（1995）。

③ 科氏在海德堡大学撰写的博士论文《批评与危机》（1954），主要受到他原先的导师施米特（Carl Schmitt）思想的影响，1959 年成书时加上副标题"市民社会的病理起源研究"。作者根据施米特的国家学思想，全面评述了启蒙运动及其历史哲学。至 2010 年，这部很有影响的著作已有十多版问世，并被译成多种语言。参见原文：Reinhart Koselleck, *Kritik und Krise. Eine Studie zur Pathogenese der bürgerlichen Welt*, Frankfurt: Suhrkamp, 1973。

④ Reinhart Koselleck, "Zur historisch-politischen Semantik asymmetrischer Gegenbegriffe", in: ders., *Vergangene Zukunft. Zur Semantik geschichtlicher*　（转下页）

究方法和特色：概念史所查考的概念之语义，并不是一成不变地传流下来的，它们在政治上始终充满争议；并且，它们正是在语义争辩和冲突中塑形的："概念不是在讲政治［……］而始终是政治的对象。"①

汉普歇尔-蒙克等人主编的《比较视野中的概念史》②，编辑和出版主要由荷兰学者和机构担当。该著探讨的一个重要问题是德国概念史与剑桥学派思想史输入其他文化和语区的可能性，比如在荷兰的运用。因此，书中一再论及比较可能性亦即概念史的比较潜能。该著的突出之处是其艺术史研究及其对语言与艺术、概念与图像的观照所展示的跨学科方向。这一路径也让人想起概念史不可忽视的艺术史家潘诺夫斯基（Erwin Panofsky, 1892—1968）的图像解释学传统，以及赫伊津哈（Johan Huizinga, 1872—1945）文化史的艺术史之维给荷兰留下的思想遗产。

经典概念史早已国际化，在芬兰、荷兰和西班牙等国均有出色的研究中心，主要依照科塞雷克设计、赖夏特等概念史专家进一步发展的研究模式探讨概念史问题。国际"政治/社会概念史学会"1998 年以来已经举办了十多次学术研讨会；"概念史与政治思想国际讲习班"于 2006 年创建（这也是《精神金字塔》发表之年）。③

（接上页）*Zeiten*, Frankfurt: Suhrkamp, 1979, 211 - 259.

① 汉尼嫩、帕洛嫩，《导论：阅读、政治和权力》，载汉尼嫩、帕洛嫩编《文本·语境·概念：语言中的政治和权力研究》，第 10 页（Sakari Hänninen/Kari Palonen, "Introduction: Reading, Politics and Power?," in: *Texts, Contexts, Concepts. Studies on Politics and Power in Language*, ed. by Sakari Hänninen/Kari Palonen, Helsinki: Finnish Political Science Association, 1990）。

② *History of Concepts. Comparative Perspectives*, ed. by Iain Hampsher-Monk, Karin Tilmans, Frank van Vree, Amsterdam University Press, 1998.

③ 关于"政治/社会概念史学会"（History of Political and Social Concepts （转下页）

很有特色的"伊比利亚概念史网络"①，主要从事大西洋两岸西班牙语和葡萄牙语语区的概念史研究：以西班牙 19、20 世纪社会/政治辞典（二卷本）为依托，② 十二个国家的一百多位研究人员参与该网络项目，从不同的地方、国家和国际视角出发，共同探讨跨大西洋文化之概念史关键时期（18 世纪中叶至 19 世纪中叶）的相关问题。

老牌概念史年刊《概念史文库》（*Archiv für Begriffsgeschichte*）（1955—　）和注重词汇史研究的《词汇学通讯》（*Cahiers de lexi-cologie*）（1959—　）而外，另有一些新的国际学术刊物问世，比

（接上页）Group，HPSCG）举办的国际会议与其他学术活动，见网页：http://www. jyu. fi/yhtfil/hpscg/；"概念史与政治思想国际研究讲习班"（Concepta. International Research School in Conceptual History and Political Thought)的网页为：http://www. concepta-net. org/。

① 关于"伊比利亚概念史网络"（Iberconceptos. Proyecto y Red de Investigación en Historia Conceptual Comparada del Mundo Iberoamericano）的状况，见网页：http://www. iberconceptos. net/。关于该项目的概念史研究方案，参见戈尔德曼，《一部辞书的跨国研究模式："伊比利亚概念史项目"》，载《赫耳墨斯》，第 49 卷（2007），第 77—82 页（Noemí Goldman， "Un dictionnaire de concepts transnationaux: Le projet *Iberconceptos*"，in: *Hermès* 49[2007]，pp. 77 - 82）；塞巴斯蒂安、福恩德斯，《从精神史到政治词汇的历史语义学：概念史的一个西班牙探讨模式》，载《概念史文库》第 46 卷（2004），第 225—239 页（Javier Fernández Sebastián/Juan Francisco Fuentes， "Von der Geistesgeschichte zur historischen Semantik des politischen Wortschatzes. Ein spanischer Versuch in der Begriffsgeschichte"，in: *Archiv für Begriffsgeschichte* 46[2004]，S. 225 - 239）。

② 塞巴斯蒂安、福恩德斯编，《19 世纪西班牙社会/政治辞典》（Javier Fernández Sebastián/Juan Francisco Fuentes (Dirs.)，*Diccionario político y social del siglo XIX español*，Madrid: Alianza, 2002）；塞巴斯蒂安、福恩德斯编，《20 世纪西班牙社会/政治辞典》（Javier Fernández Sebastián/Juan Francisco Fuentes (Dirs.)，*Diccionario político y social del siglo XX español*，Madrid: Alianza, 2008）。另参见塞巴斯蒂安、洛萨达编，《拉丁美洲国际政治/社会辞典》（Javier Fernández Sebastián/Crisóbal Aljovín de Losada (Dirs.)，*Diccionario político y social del mundo iberoamericano*，Madrid: CEPC, 2009）。

如在芬兰出版的英语杂志《重写——政治思想与概念史年刊》
(1997—)①，由巴西学者协调的英语杂志《概念史文稿》(*Contributions to the History of Concepts*)（2005— ）。这些刊物都很明确地研究概念史理论和方法以及具体实践。另外，概念史在世界范围的影响，亦体现于各种概念史专著和论文不断刊行。

　　中国的历史语义学或概念史研究，主要起始于译介西方尤其是德国的概念史方法；方维规的论文《论近现代中国"文明"、"文化"观的嬗变》(1999)②，是借鉴德国概念史进行实证研究的较早尝试。近年来，概念史研究在东亚给人"异军突起"之感。中国学者的相关研究在方法探讨和实证研究方面都取得了可喜成就，逐渐形成了东亚近代知识考古、数据库研究方法、历史文化研究方法、中国近代新名词研究、近代知识与制度体系转型研究等不同研究路径。③ 金观涛、刘青峰、冯天瑜、黄兴涛、孙江、章清、方维规等学者（日本亦有沈国威、陈力卫、刘建辉等学者参与相关课题），对不少概念和术语在中西日文化互动中的生成和发展做了深入探讨。方兴未艾的近现代西学东渐之汉语历史语义学，已显示出强劲的学术潜力和独特魅力。例如，金观涛、刘青峰从 1997 年开始着手创建"中国近现代思想史专业数据库"(1830—1930)，所收资料

①　该刊前七期刊名为《政治思想芬兰年刊》 (*Finnish Yearbook of Political Thought*)，2003 年更名为《重写——政治思想与概念史年刊》(*Redescriptions. Yearbook of Political Thought and Conceptual History*)，2008 年再次更名为《重写——政治思想、概念史与女性主义理论年刊》(*Redescriptions. Yearbook of Political Thought, Conceptual History and Feminist Theory*)。
②　方维规，《论近现代中国"文明"、"文化"观的嬗变》，载《史林》1999 年第 4 期，第 69—83 页。
③　关于概念史研究在中国大陆的发展状况，参见李里峰，《概念史研究在中国：回顾与展望》，载《福建论坛（人文社会科学版）》2012 年第 5 期，第 92—100 页。

涵括清末民初近代期刊、晚清档案数据、清季经世文编、清末民初士大夫著述、晚清来华外人中文著译、西学教科书等六大类文献，并以此为依据来研究中国现代重要政治术语的形成。《观念史研究：中国现代重要政治术语的形成》①是二者依托"数据库"研究中国近代若干重要政治概念之形成与演变的专著，作者将自己的研究方法概括为"以关键词例句为中心的数据库方法"。近年来，他们继续在"数据库"的基础上，持续开展数字人文学探索，即追求人文研究与数字方法（词汇检索和分布统计）的结合。冯天瑜主持、以武汉大学中国传统文化研究中心为平台的"近代汉字术语的生成演变与中西日文化互动研究"，一方面就近代汉字术语生成载体中的术语情况做系统考索，主要分早期汉文西书、晚期汉文西书、期刊、教科书、辞书等载体类型；另一方面围绕各学科门类的术语群做历时性考析，探究其古今演绎、中外对接的情形。

引人瞩目的《新史学》同人，亦对概念史研究表现出极大兴趣：孙江主编的《新史学》第二卷《概念·文本·方法》（2008），收录多篇探讨近代概念问题的论文；黄兴涛主编的《新史学》第三卷《文化史研究的再出发》（2009），亦与概念史密切相关。具有标志性意义的是由台湾政治大学、韩国的翰林大学和日本的关西大学合作出版的《东亚观念史集刊》于2011年创刊。这一国际刊物的宗旨是"展现新兴研究课题与重要学术成果"，通过"跨语言、跨文化、跨地域、跨领域的研究合作与资源整合"，推动不同学术社

---

① 金观涛、刘青峰，《观念史研究——中国现代重要政治术语的形成》，香港，香港中文大学出版社，2008年。

群的学术对话，"交流风气"①。该刊虽以"观念史"名之，但其中的许多论文实为概念史研究。南京大学人文社会科学高级研究院资助的《亚洲概念史研究》丛刊也于 2013 年问世。这一国际丛刊所要达到的目标是："首先梳理中国现代知识体系的生成与流变，继而在东亚范围内进行比较研究，最后在全球史视野下，从中国和东亚的视角与欧美学界进行理论对话。"② 纵观东亚的汉语历史语义学发展现状，各种学术会议、论著、刊物风格各异、各具风采，但是它们有一个共同特点：考察西方概念如何在近代东亚被翻译为汉字概念及其古今演变、中外涵化的语用实践，以及汉字文化圈内不同国家和地区之间的概念互动，由此揭示东亚现代性的异同。③

从概念史研究的国际发展状况来看，不多的一些说明和事例，已经能够反驳贡布莱希特关于概念史已经死去的说法。值得做的事情，或许不是诊断或预见概念史的终结，而是寻找概念史为何依然如此顽强的原因；它虽然理论不够明晰，却依然如此多产并富有魅力。不只仅此而已，概念史基础理论没能解决的问题，可在具体研究中继续探索。换言之：每个研究者可以根据具体材料，尽量贴切地阐释具体语境中的语言与世界的关系。这也涉及贡布莱希特提出的一个问题，即历史的认识价值问题。④ 在他看来，尽管概念史竭

---

① 郑文惠，《发刊词》，郑文惠主编《东亚观念史集刊》第一期（2011），第（XI—XX）XVI 页。
② 孙江、刘建辉主编，《亚洲概念史研究》第一辑（2013），"发刊缘起与意旨"。
③ 东亚的概念史研究，近期还有其他许多成果。本文因篇幅所限，只能择其要端。
④ 参见贡布莱希特，《精神金字塔：论概念史运动的迅速高涨、看不见的维度和突然退潮》，《概念史的维度和局限》，第（7—36）28 页。

力追求历史认识，但它从未明确说明往事究竟有何认识价值。①他
没能看到的是，确认历史的认识价值，当然也可以成为具体研究所
要完成的任务，甚至是从事相关研究的重要动机。或许正是放弃寻
找通用的理论，放弃具体研究的概念史理论依据，才使研究显示出
生机。人们得以悉心辨析材料、推究事源，各自发现和解决问题。
谁也不用偏要将具体研究与哪个宏伟理论结合起来，更没有必要服
从后现代理论。何况，不用等多久，后现代便是明日黄花。

八、 问题与展望

　　世界上各种新的研究，不只满足于将德国的概念史范式移植到
其他国家和语言，而是带着审视的目光借鉴德国方法，并根据不同
考察视角提出新的问题。正是贡布莱希特注意到的有些概念史问题
或局限，随着概念史的逐渐国际化而越来越显示出其迫切性。比
如，概念史的一些关键要素始终没有得到明晰而充分的阐释：究竟

---

① 这一指责其实并无说服力。科塞雷克曾多次明确说过他的研究用意：他在历史研
究中分析词汇，正是要揭示词汇如何融入历史，避免用今天的自我认识解释历
史。我们也可以借助科塞雷克如何理解过去与现在、现在与未来的区别来解释这
个问题：他认为近现代"历史意识"的显著特征，是往昔（"经验空间"）与未来
（"期待视野"）之间的非对称性。——参见科塞雷克，《"经验空间"和"期待视
野"：两个历史范畴》(1975)，《过去的未来：论历史时间的语义》，第349—375
页(Reinhart Koselleck, "'Erfahrungsraum' und 'Erwartungshorizont' — zwei
historische Kategorien", in: ders., *Vergangene Zukunft. Zur Semantik geschicht-
licher Zeiten*, Frankfurt: Suhrkamp, 1979, S. 349 - 375)。在《历史基本概念》
课题范围内，经验空间与期待视野的矛盾所产生的非对称性，既对"考察旧世界
的解体与现代世界的诞生如何体现于概念的历史"，也对"鞍型期"的理论假设
有着关键意义。——参见科塞雷克，《历史基本概念——德国政治/社会语言历史
辞典·导论》卷一，第XIV—XV页。

何为词语与概念的关系？（这个问题或许比我们想象的要复杂得多。）为了确立某些概念及其对立概念、相近概念、平行概念等，只要抓住主要词语就已足够？[①] 究竟何为"概念"或"基本概念"（仿佛不是问题的问题）？如何确认这些概念？[②] 至关紧要的还有：在这些问题域中，何为建立语言与事物之关系的前提条件？语言在多大程度上参与了事物的塑形？面对所有这些问题，有一点似乎毫无疑问，即德国特色的概念史摆脱了传统思想史的束缚：人们以结构史为基础，根究具体历史和社会语境中的语言运用，研究对象不只局限于世界史中"伟大思想家"的观念之变化和命运。

16 世纪以降，欧洲殖民者的语言在殖民地或半殖民地（如印

[①] 科塞雷克针对这个问题谈论"语义学"时，也强调了概念与词语的紧密关系，这样才能在方法上驾驭研究材料和范围（参见科塞雷克，《简论概念史方法变迁的时态结构》，载伯德克编《概念史·话语史·隐喻史》，第40—41页）。同时，他以此回应了布塞的批评，后者指责概念史过于依托主要词语，忽略了概念的生成过程。布塞建议淡化概念史，注重"话语基本形态"的研究。——参见布塞，《历史话语语义：社会知识的语言学研究》，载施图肯布洛克、莎尔洛特编《语言学话语史——学术与教学中的语言和文学》第 31 卷第 86 辑（2000），第 39—53 页（Dietrich Busse, "Historische Diskurssemantik. Ein linguistischer Beitrag zur Analyse gesellschaftlichen Wissens", in: *Linguistische Diskursgeschichte. Sprache und Literatur in Wissenschaft und Unterricht* 31, hrsg. von Anja Stukenbrock/Joachim Scharloth, Heft 86[2000], S. 39 - 53）。

[②] 对此，科塞雷克自己给出了不少相互竞争的界定建议。他说："在我们的方法中，政治/社会语义的关联成分大量汇聚于一个词语，悉数融入这一词语并被用以表达语义关联，它便成为一个概念。"（科塞雷克：《历史基本概念——德国政治/社会语言历史辞典·序言》卷一，第 XII 页。）这种说法让人猜测，科塞雷克的概念定义无外乎维特根斯坦在其《哲学研究》（1953）中所探讨的"含义即用法"。而所有相关政治和社会知识是真正理解特定词语亦即词语运用的必要前提，这就使其成为基本概念。在后来的著述中，他又在话语功能中理解概念：概念乃论说之中心和要点，所有论证都围绕其展开。（参见科塞雷克，《对〈历史基本概念〉的各种评论的回应》，载勒曼、里希特编《历史趋势和历史概念的含义——概念史新论》，第 65 页）

度、中国、日本)对当地语言形成了巨大的改变压力,随之出现了
翻译西方语言概念或者本土概念的转义等现象。如阿萨德(Talal
Asad)以阿拉伯语为例所说:19世纪下半叶以来,大部分非欧洲语
言都在翻译欧洲语言文本的过程中改变了模样,并向欧洲语言
靠拢。[1]

　　随着概念史的国际化,亦即跨国或全球视野的增长,一种现象
日显突出:在思想和概念的国际传输中,不少概念在被译入其他语
言时,时常没有完全对应的概念词语;汉译西文是一个极为典型的
事例,即便新造词语也未必能够真正解决问题。为了说明这个问
题,我想避开中西截然不同的传统知识文化体系与相去甚远的语言
结构之间的翻译问题,选择一个较易理解的事例,即发生在同一文
化圈中的翻译问题:

　　直至进入19世纪,存在于欧洲不同疆域的多语种现象是很正
常的。这就常会出现一种现象,即源于一种外语(如拉丁语、法
语)的"外来词",起初常以模糊的词义进入本土(口语和书面语)
语言,近代早期的许多文献资料都能证明这一点。这种词汇进口和
出口是通过什么传输渠道和媒介、由谁的努力才发生的,本身就是
一个历史语义学研究课题。诚然,除了个别历史翻译研究之外,这
个方向的研究在历史语义学中还不多见。[2] 实际情况是,从外语中

---

① 参见阿萨德,《文化间的翻译:论英国社会人类学的一种模式》,载贝格、福克斯
　　编《文化,社会实践,文本:人种展现之危机》,第323—324页(Talal Asad,
　　"Übersetzen zwischen den Kulturen. Ein Konzept der britischen Sozialanthro-
　　pologie", in: *Kultur, soziale Praxis, Text. Die Krise der ethnographischen
　　Repräsentation*, hrsg. von Eberhard Berg u. Martin Fuchs, Frankfurt: Suhrkamp,
　　1993, S. 300 - 334)。
② 康特勒的考察对这个问题做了精到的综览,参见康特勒,《翻译与比较,(转下页)

吸纳语词，很可能发生语义的偏移，或者一知半解的现象。外来词起初言之不详的含义，常会出现多种用法。比如一个外来词的特定贬义内涵，可能改变本土语言中某个相近词语的意思，从而引发原先没有的语义分辨。一个典型例子是德语中的法语词 bourgeois（资产者，富有市侩）最晚在马克思使用之后的贬义内涵，使德语词 Bürger（市民，公民，中产者）获得了不带主观或客观色彩的褒义蕴涵。另外如马丁·路德（Martin Luther, 1483—1546）用德语词 Bund（同盟）翻译《圣经·旧约》词语 berith，使原先的世俗概念 Bund 获得了宗教色彩，这一隐含意义直至进入 19 世纪还相当明显。[①]

　欧洲疆域的语言互译况且如此，世界范围的翻译难度可想而

（接上页）翻译是比较：观念史中的接受视角》，载《中部东欧》第 36 卷第 2 期（2009），第 171—199 页（László Kontler, "Translation and Comparison, Translation as Comparison: Aspects of Reception in the History of Ideas," in: *East Central Europe* 36, no.2[2009], pp.171-199）。另参见康特勒，《翻译与比较：近代早期与当代观点》，载《概念史文献》第 3 卷第 1 期（2007），第 71—102 页（László Kontler, "Translation and Comparison: Early-Modern and Current Perspectives," in: *Contributions to the History of Concepts*, no.3/1[2007], pp.71-102）；康特勒，《翻译与比较（二）：近代早期与当代观点》，载《概念史文献》第 4 卷第 1 期（2008），第 27—56 页（László Kontler, "Translation and Comparison II: Early-Modern and Current Perspectives," in: *Contributions to the History of Concepts*, no.4/1[2008], pp.27-56）；巴赫曼-梅迪克编，《体现陌生文化的翻译·导论》，柏林，Erich Schmidt, 1997 年，第 1—18 页（Doris Bachmann-Medick, "Einleitung: Übersetzung als Repräsentation fremder Kulturen", in: *Übersetzung als Repräsentation fremder Kulturen*, hrsg. von Doris Bachmann-Medick, Berlin: Erich Schmidt, 1997, S. 1-18）；霍兰德，《文化中的观念困境：翻译与史学》，载《历史与理论》42（2003），第 45—60 页（Douglas Howland, "The Predicament of Ideas in Culture: Translation and Historiography," in: *History and Theory* 42[2003], pp.45-60）。

① 参见科塞雷克，《简论概念史方法变迁的时态结构》，载伯德克编《概念史·话语史·隐喻史》，第（29—47）43—44 页。

知。全球视野的历史语义学是复杂的、跨地域的探索，要求优异的语言、文化和历史感受力与判别力。跨文化语义史的认识潜能，尤其见于对欧洲（西方）与欧洲之外的思想概念之异同的明辨，这同时也是在叙写体现于文化层面的政治权力关系所发挥的作用。这样的研究将焦距对准交往过程、知识传输和翻译时，亦能关注和分析各种关系与交流中微妙的、不易发现的等级关系和先入之见。

从这个意义上说，贡布莱希特提出的另一个问题不是完全没有道理的：通过什么途径才能寻找隐喻的、包括口语描述和视觉印象所表达的那些未被或不能用概念把握的世界认识？[①] 同样，如果对不同的语言共同体进行比较，探讨它们之间的翻译过程，那么，语言运用、概念形成和"事物史"之间的制约条件和关系就变得更为复杂了。此时，与其预设对应概念的相似性并对之进行比较，不如考察对应的历史经验以及不同语言是如何将这些经验转变为概念的。[②] 而在概念史之国际化过程中出现的挑战，无疑是史学研究中最有意义的研究课题之一。[③]

---

① 参见贡布莱希特，《精神金字塔：论概念史运动的迅速高涨、看不见的维度和突然退潮》，《概念史的维度和局限》，第 36 页。

② 参见佩尔瑙，《存在一个 19 世纪的印度市民社会吗？对于全球史与历史语义学之关系的思考》，载《横梁》第 3 卷（2007），第 51—66 页（Margrit Pernau, "Gab es eine indische Zivilgesellschaft im 19. Jahrhundert? Überlegungen zum Verhältnis von Globalgeschichte und historischer Semantik", in: *Traverse* 3[2007], S. 51-66）。

③ 参见施泰因梅茨，《概念史研究四十年：这一学问的状况》，载肯佩尔、艾辛格编《语言·认知·文化：精神结构与文化特色之间的语言》，第 177—178 页。

第二编

东西洋考"自主之理"

——"议会""民主""共和""自由"等西方
概念在 19 世纪的汉译、嬗变和使用[*]

引言

晚清民主思想的转变，以戊戌、庚子为界标，此前主要限于概念介绍，此后转变为政治运动。"甲辰以后，则因日俄战争，使民主宪政的鼓吹提倡，变为普遍的政治要求，立宪之论，盈于朝野。"① 无疑，民主思想是提倡议会制度的理论基础，民主政治的崇高追求亦离不开议会政治。19、20 世纪之交中国士大夫之政治认识与思想言论，尤其是民主观念之飞跃，经历了很长的准备阶段，肇始于西方民主思想在中国的传播，而"议会""民主""共和""自由"等概念之译介与阐释，正是畅论民主、取法西洋之滥觞。因此，本文所讨论的既是历史语义学（概念史）的问题，也是思想史问题。

语言概念是人类思维的基本要素，然而，概念本身并不只是悬空的哲学探讨之组成部分，它有其社会、历史和地域渊源，也只有在这种实际观照中才能对之做出准确的诠释。鉴于此，本文在讨论"民主"

---

* 本文原载《中外法学》2000 年第 3 期，第 257—276 页。

① 王尔敏，《晚清士大夫对于近代民主政治的认识》，《晚清政治思想史论》，台北，台湾商务印书馆，1995 年，第 270—271 页。

等概念在中国的译释、嬗变及其运用时,一方面将推究这些概念之西方源流和时代认识,以考证它们在中国的沿革,查考中国人在西学东渐过程中对这些新概念的认识以及曾经有过的局限;不管是正确的认识还是认识之拘囿,都或多或少受之于西方。另一方面,本文涉及的是几个西方概念的早期汉语表达。翻译不只是言语形式间的相互转换或曰符号转换,而是理解,是一种阐释;尤其是文化、社会、政治概念之翻译,在很大程度上意味着思想之传导。由是以观,这里不仅存在对出发语言(本源语:source language)之概念及其思想的领会,而且还牵涉到归宿语言(译体语:target language)的传会。①

西方文化作为一个大的整体,在语言交流中存在许多便利:Parliament 或 democracy,从一国到另一国,从一个语区到另一个语区,时常无须多大变化就能进入另一种语言,而且常有一目了然之便。换言之,人们不需要为如何翻译而费心烦神,可以使注意力更多地集中于一个概念的内涵与外延及其可能的时代和历史背景。汉译外来概念常常没有这种近便之途;不仅如此,正因为汉语的特殊结构亦即构词和组合的机动性,一个外来概念的汉语译词或对应概念还没有确立和被众人接受之前,往往有多种译法,本文探讨的"议会""民主""共和""自由"等概念便是如此:它们在 19 世纪中叶或更早一些时候被介绍到中国,但是,直到 19 世纪快要落下帷幕之时才大概有了眉目,现代汉语中的这几个重要概念,这时才基本定型。(这里还不排除当时依然与其共处的一些译词与表达。)应该说,这几个概念走出士大夫阶层而真正为大众所知,是在进入 20 世

---

① 关于"出发语言"和"归宿语言",亦有"主方语言"(host language)和"客方语言"(guest language)之说。

纪以后。在这之前，仁者见仁、智者见智，大有各抒己"译"之势。有时是一词多指，有时是多词同义；到头来，每每很难把握"民主"是指 democracy 还是 republic，或者兼而有之。当然，对"议会"的理解没有这么复杂，只是译词各异而已。这些就是本文的议题。研究对象限于 19 世纪，必要时亦顾及 20 世纪初期，并不断追溯这些概念的西方本源；笔者试图理清这些概念的来龙去脉并钩稽它们的相互关系。

一、 巴厘满衙门

19 世纪中国士大夫中，当推林则徐为最早关注西方议会制度的名人之一。魏源在其《海国图志》（1843）之《英吉利国总记》（欧罗巴人原撰、侯官林则徐译、邵阳魏源重辑）中援引了林译《四洲志》（1841）[①] 中的有关记载，述及英国政事：

> ［……］各由各部落议举殷实老成者充之，遇国中有事，即传集部民至国都巴厘满会议。嗣因各部民不能俱至，故每部落各举一二绅耆至国会议事毕各回，后复议定公举之人，常往甘文好司衙门办事，国家亦给以薪水。[②]
>
> 国中有大事，王及官民俱至巴厘满衙门，公议乃行。民即甘文好司供职之人。大事则三年始一会议。设有用兵和战之事，虽国王裁夺，亦必由巴厘满议允。国王行事有失，将承行

---

① 原著：Hugh Murray（慕瑞），*Cyclopaedia of Geography*（1834）。译者：林则徐、亚猛、袁德辉、亚林、梁进德。
② 魏源，《海国图志》（中）卷五十，陈华等校点注释，长沙，岳麓书社，1998 年，第 1380 页。（巴厘满：Parliament；甘文好司：House of Commons）

之人交巴厘满议罚。凡新改条例、新设职官、增减税饷及行楮币，皆王颁巴厘满转行甘文好司而分布之。惟除授大臣及刑官，则权在国王。各官承行之事，得失勤怠，每岁终会核于巴厘满，而行其黜陟。[1]

梁廷枏《海国四说》（1846）中对英国议会的介绍，从内容到行文都明显得益于林氏译介，[2] 他还指出："英吉利自开国时，已有五等之爵职。最尊与王共治国事，统称之曰国政公会。兵役、税饷必集民议之，而以五爵为首，由来已久，例自宋代始。民俗安之。"[3] 中国官绅对议会制度的早期介绍，主要在于申论议会在国家政治中的重大意义，而其论述中心，基本上只限于说明议会之功能。[4] 徐继畬的《瀛寰志略》（1848）亦对英国议会有所介绍：

都城有公会所，内分两所，一曰爵房，一曰乡绅房。爵房者，有爵位贵人及西教师处之；乡绅房者，由庶民推择有才识学术者处之。国有大事，王谕相，相告爵房聚众公议，参以条

---

① 魏源，《海国图志》（中）卷五十，第 1382 页。
② 梁廷枏，《海国四说·兰伦偶说》（1846），骆驿、刘骁校点，北京，中华书局，1993 年，第 136 页："其会同议国事署曰巴厘满。凡王新立，先集官民于署，议其可否。大事则王与官民同入署议。会议必三年为期，［……］一切创例，置官及增减税饷，行用楮币，皆由本署转行甘文司分布王处断，或谬误，例责奉行者，由署议所罚。职官则于岁终会核，别其功过而黜陟之。［……］有事则甘文好司官与各部民咸集此会议焉。"甘文好司"皆由各部举其殷实老成者充之，有事则传集部民至巴厘满署会议。部民不能俱至，许部举一、二人，议毕各回。其后定以所举人议之人常往在本署，给以薪水费。"（甘文司：House of Commons）
③ 梁廷枏，《海国四说·兰伦偶说》，第 158 页。（国政公会：Parliament）
④ 参见王尔敏，《十九世纪中国士大夫对中西关系之理解及衍生之新观念》（1974），《中国近代思想史论》，台北，台湾商务印书馆，1995 年，第 34 页。

例，决其可否，复转告乡绅房，必乡绅大众允诺而后行，否则寝其事勿论。其民间有利病欲兴除者，先陈说于乡绅房，乡绅酌核，上之爵房，爵房酌议，可行则上之相而闻于王，否则报罢。[①]

魏源的《海国图志》作为旁征博引的集大成之作，[②] 曾被同时代的陈澧评为奇书，后来张之洞视之为中国知西政之始。此书无疑对中国人了解西方议会制度起了极大作用。同时，我们也可以在《海国图志》中看到西人有关议会的论述，如郭实猎（Karl Gützlaff, 1803—1851）《万国地理全图集》（1838）中所说的荷兰"国王不得专制其国，惟听绅士会议施行"[③]；或马礼逊《外国史略》[④] 谈论美国"［……］议事之公会，有事则调遣其丁壮，日久其民益操自主，敢作敢为"[⑤]，以及英国"乡绅之会"[⑥]。可见，魏氏

① 徐继畬，《瀛寰志略》（1848）卷七，上海，上海书店出版社，2001 年，第 235 页。（公会所：Parliament；爵房：House of Lords［贵族院］；乡绅房：House of Commons［平民院］）

② 参见熊月之，《西学东渐与晚清社会》，上海，上海人民出版社，1994 年，第 257—266 页；熊月之，《〈海国图志〉征引西书考释》，载《中华文史论丛》第五十五期（1996），第 235—258 页。

③ 《海国图志》（中）卷四十《荷兰及弥尔尼壬两国总记》，第 1172 页。

④ 此书版年不详，作者亦不十分明确。魏源称此书为马礼逊所著。熊月之《〈海国图志〉征引西书考释》一文（第 253—255 页）认为，从生卒年月及《外国史略》部分内容考查，此书肯定不是那个第一个来华的传教士马礼逊（Robert Morrison, 1782—1834）所作，很可能出自马礼逊之子马理生（Martin C. Morrison, 1826—1870）之手。

⑤ 《海国图志》（下）卷六十一《弥利坚国总记下》，第 1679 页。

⑥ 《海国图志》（中）卷五十一《英吉利国广述上》，第 1422 页："其乡绅之会，则各邑士民所推迁者，议国大小事，每年征赋若干、大臣贤否、筹画藩属国事宜、斟酌邻国和战、变置律例，舌辩之士尽可详悉妥议奏闻。其五爵之会亦如之。遇国有大臣擅权，其乡绅即禁止纳饷。［……］英国之人自立，悉赖此乡绅。苟或加害，则众皆协力抗拒。"

记载受启于洋人；另外，它还说明西方议会制度在中国的介绍，早在鸦片战争之前。在论及议会时，魏源还着重称述了中国人几乎从未听说，至少是不甚了解的民主体制之选举规制与少数服从多数的原则，早在《海国图志》原版本《弥利坚国即育奈士迭国总记》中，魏氏就有如下论述：

> 政事：自千七百八十九年乾隆五十四年。议立育奈士迭国，以戈揽弥阿之洼申顿为首区，因无国王，遂设勃列西领一人，综理全国兵刑赋税，官吏黜陟。然军国重事，关系外邦和战者，必与西业会议而后行。设所见不同，则三占从二。升调文武大吏，更定律例，必询谋佥同。定例，勃列西领以四年为一任，期满更代，如综理允协，通国悦服，亦有再留一任者，总无世袭终身之事。至公举之例，先由各部落人民公举，曰依力多，经各部落官府详定，送衮额里士衙门核定人数，与西业之西那多、里勃里先特底甫官额相若。各自保举一人，暗书弥封，存贮公所，俟齐发阅，以推荐最多者为入选。如有官举无民举，有民举无官举，彼此争执，即由里勃里先特底甫于众人所举中拣选推荐最多者三人，仍由各依力多就三择一，膺斯重任。其所举之人，首重生于育奈士迭国中，尤必居首区历十四年之久；而年逾三十五岁方为合例，否则亦不入选。①

---

① 《海国图志》（下）卷六十，第1652—1653页。（育奈士迭国：The United States ［合众国］；勃列西领：President ［总统］；西业［会议］：Senate ［参议院，上院］；依力多：Elector ［选举团成员］；衮额里士衙门：Congress ［国会］；西那多：Senator ［参议员，上议员］；里勃里先特底甫：Representative ［众议员］）

最令人耳目一新的，也许是魏源对美国式政治制度的赞美：

> ［美国］种类各别，品性自殊，因地制宜，教随人便，故能联合众志，自成一国，且各处其乡，气类尤易亲睦也。传闻大吕宋开垦南弥利坚之初，野则荒芜，弥望无人；山则深林，莫知旷处；壤则启辟，始破天荒。数百年来，育奈士迭遂成富强之国，足见国家之勃起，全由部民之勤奋。故虽不立国王，仅设总领，而国政操之舆论，所言必施行，有害必上闻，事简政速，令行禁止，与贤辟所治无异。此又变封建郡县官家之局，而自成世界者。①

1852 年的《海国图志》百卷本中，魏氏又补录了高理文（裨治文，Elijah Bridgman, 1801—1861）《美理哥国志略》（1838）和袆理哲（Richard Way, 1819—1895）《地球图说》（1848）中的有关记述。②

18 世纪的一些西方大辞典所收入的"议会"概念，一般所指的

---

① 《海国图志》（下）卷六十，第 1662 页。（大吕宋：葡萄牙）
② 《海国图志》（下）卷五十九，《外大西洋墨利加洲总叙·墨利加洲沿革总说》，第 1632 页（《美理哥国志略》）："美理哥国有都城之官，有各部落之官，各部落内一首领、一副领。议拟人员无定数，公选议事者或十余人，或数十人无定。各省设一公堂，为首领、副领及土人议事之所。事无大小，必须各官合议然后准行；即不咸允，亦须十人中有六人合意然后可行。本省之官由本省之民选择公举。都城内有一统领为主，一副领为佐；正副统领亦由各人选择。每省择二人至都城，合为议事阁，又选几人合为议事处。［……］"第 1635 页："所有条例，统领必先自遵行，如例所禁，统领亦断不敢犯之，无异于庶民，而后能为庶民所服。"卷六十二，"外大西洋北墨利加洲·弥利坚国东路二十部沿革"，第 1699 页（《美理哥国志略》）："设立正总领一人，副总领一人，均由人民公举。"《海国图志》（下）卷六十一《外大西洋·弥利坚国总记下》，第 1676 页（《地球图说》）："［美国］部分三十。每部各立一贤士以为总统，各总领公举一极正至公之贤士总摄三十部之全政，名伯理师天德。又各部总统，或一年或二年为一任，惟总摄国政者四年为一任，按期退职，公举迭更［……］"

是大不列颠和法国之议会；直至 19 世纪中叶，英国以及 1804 年的
《法国民法典》被视为立宪理论的"典范"。西人以为国家权力之分
权制度的原则在这两个"典范国家"的自由政治中得以充分体现，
堪称楷模。其理论依据或多或少来自孟德斯鸠（Baron de
Montesquieu, 1689—1755）的三权分立说（见《论法的精神》）。[①]
也就是说，直到 19 世纪，"议会"在西方的大多数国家并不是一个
理所当然、众所周知的概念。但也就在 19 世纪，"立宪"理论在西
方得到广泛传播，不少国家开始追求立宪政治。中国士大夫在 19
世纪中叶刚得知"议会"时，正是"议会"概念在西方不少国家开
始走红之时。人们谈论议会，一方面是谈论国家政治生活中的一种
新的规制和统治方式，如"议会政府""议会形态""议会原则"
"议会多数""议会制度"等，或者是这种制度的一些表现形态，如
"议会斗争""议会策略"等，也有人谈论"议会观念"和"议会风
格"之类的问题；另一方面，议题则直接显示权力的占有，如"议
会优势""议会全权""议会之民治"。[②]

　　从时间上说，中国知识界发现和了解西方议会政治并不算晚，
不少西方国家（如上所述）也只是在 19 世纪中叶才开始探讨和实

---

① 分权思想在古希腊时代就已萌芽。亚里士多德在《政治学》中提出，一切政体都
　包含议事、行政、审判三个职能组织的思想。古罗马历史学家、政治思想家波利
　比奥斯也提出过执政官、元老院、公民大会三个职能部门相互分立和牵制的思
　想。其后，古罗马思想家西塞罗强调恢复元老院尊严和执政官权力，内含立法与
　行政分立的思想。

② 参见博尔特，《议会：议会政府，议会制》，载《历史基本概念——德国政治/社会
　语言历史辞典》卷四，第 651—652 页（Hans Boldt, "Parlament: parlamentari-
　sche Regierung, Parlamentarismus", in: *Geschichtliche Grundbegriffe. Historisches
　Lexikon zur politisch-sozialen Sprache in Deutschland*, hrsg. von Otto Brunner,
　Werner Conze, Reinhart Koselleck, Stuttgart: Klett-Cotta, 1997, Bd. 4, S. 649 -
　676）。

行议会制。然而，西方对议会制中的一些基本思想的探索并不只始于 19 世纪，尤其是英法两国的议会实践给人以明确的感性认识，大大有利于以后的理性提炼。由是以观，19 世纪欧洲对议会制的义理论说已达到很高的程度。而自鸦片战争以迄 1890 年代，中国官绅对西方议会的介绍几乎只局限于对一种"机构"和政治形式的粗浅勾画，往往简略得不能再简。当然，不少人已经认识到议会制度广开言路、下情上达的重大意义，至于从理论上根究议会制的来龙去脉及其思想基础却极为罕见。①

就语言而言，欧洲在探讨议会制时，本身就有便利之处：古法语中的 parlement 已见于 1100 年，英国亦在 13 世纪就有 parliament 概念。② 虽然它们并不等同于在词义上有了很大扩展的现代"议会"概念，但作为近现代"议会"概念的词源，其古老的"商谈""谈判""集会"等含义或多或少还包含在现代概念中。也就是说，英法以外的西方国家在接受"议会"概念时，可以直接使用或基本"借用"英法概念，如德语中的 Parlament。毋庸置疑，明确的概念之优点首先在于所指明确。而中国人在接受"议会"概念的初期乃至很长时期内，却存在着如何移译 parliament 的问题；上文引用的

---

① 另参见王尔敏，《十九世纪中国士大夫对中西关系之理解及衍生之新观念》(1974)，《中国近代思想史论》，第 34—35 页："中国自一八四〇年代之介绍西方议会，以致一八八〇年代之建议采行。虽然观察讨论者日益增多，建议之理由亦十分坚强。但对西方制度的真实了解，却仍有距离。中国所观察西方议会，在形式规制上，比较容易认识，无论介绍上院、下院、选举、政党、议事、表决、执行等等方式，大致均能一一讲述清楚。至于议会制度形成之理论与意义，中国官绅也颇乐于分析探讨。而实际的了解，却表现出重大隔膜。[……]西方议会形成之理论与历史，大半不同于中国官绅所论说，重点发自于基本人权的要求。中国这种觉悟，当在一八九二年才开始萌芽，一八九五年以后，才形成正确认识。"
② 参见博尔特，《议会：议会政府，议会制》，载《历史基本概念——德国政治/社会语言历史辞典》卷四，第 649 页。

一些论说中的"议会"概念之翻译，只能给人"各取所好"的印象。如果我们通览 1830 年代至 1890 年（将近 60 年！）对"议会"的不同称呼，便更能增强这种印象。换言之，Parliament 至 1890 年还没有基本统一的译法。现胪列如下（其中包括西人编撰之双语辞书、译作及其著述；除"巴里满"之外，此处未收录众议院、参议院，上院、下院等无数译法）：

公会①，国家公会，国公会②，国会③，国政公会④，办国

---

① 《东西洋考每月统记传》（*Eastern Western Monthly Magazine*，1833—1838），爱汉者（郭实猎，Karl Gützlaff）等编纂，黄时鉴整理，北京，中华书局，1997 年，第 92、140、176 等页；徐继畬，《瀛寰志略》卷六，第 191 页；郭嵩焘，《伦敦与巴黎日记》（走向世界丛书），钟叔河，修订本，长沙，岳麓书社，2008 年，第 346 页。

② 《东西洋考每月统记传》，第 231、377 页。

③ 同上书，第 241、377 页；裨治文（Elijah Coleman Bridgman），《联邦志略·建国立政》（1846），载王西清、卢梯青编《西学大成·史学二》，上海，醉六堂，1895 年，第 4 页；贝克尔著、理雅各译，《智环启蒙塾课初步》，第 37 页（George Baker, *Graduated Reading: Comprising a Circle of Knowledge in 200 Lessons*, transleted by James Legge, Hongkong: London Missionary Society's Press, 1856）；惠顿，《万国公法》（1864）卷一，丁韪良（William Martin）译（Henry Wheaton, *Elements of International Law*），上海，上海书店出版社，2002 年，第 27 页；卢公明编，《英华萃林韵府》，卷二，第 196 页（*A Vocabulary and Hand-Book of the Chinese Language*, in two volumes comprised in three parts, by Justus Doolittle, Foochow/Shanghai: Rosario, Marcal & Co. 1872/73）；《中西闻见录（影印本）》，丁韪良（Milliam Martin）、艾约瑟（Joseph Edkins）编，《美国近事》，南京，南京古旧书店，1992 年，1873 年 11 月；刘锡鸿，《英轺私记》（1876）（走向世界丛书），钟叔河编，修订本，长沙，岳麓书社，2008 年，第 83 页；张德彝，《随使英俄记》（1878）（走向世界丛书），钟叔河编，修订本，长沙，岳麓书社，2008 年，第 555 页；井上哲次郎、有贺长雄编，《哲学字汇》，东京东洋馆，明治十四年（1881）；井上哲次郎、有贺长雄等编，《哲学字汇（改订增补）》，东京大学三学部御原版，明治十七年再版（1884）；黄遵宪，《日本国志》（1895），上海，上海古籍出版社，2001 年，第 25 页。

④ 《东西洋考每月统记传》，第 353、365 页；梁廷枏，《海国四说·兰伦偶说》，第 158 页。

政会①，色特底司仁尼腊尔衙门，巴厘满衙门，巴厘满②，巴里满，会议③，公会所④，总会⑤，议事厅⑥，公议厅⑦，议会⑧，议政院⑨，集议院⑩，议士会，民委员会，国大公会⑪，

① 《东西洋考每月统记传》，第389页。
② 《海国图志》（中）卷四十，第1163页（色特底司仁尼腊尔衙门：State-General），卷五十，第1380页，《海国图志》（下）卷六十五，第1752页；梁廷枏，《海国四说·兰伦偶说》，第136页。
③ 梁廷枏，《海国四说·兰伦偶说》，第136页。
④ 徐继畬，《瀛寰志略》卷七，第235页。
⑤ 惠顿，《万国公法》卷一，第25页。
⑥ 张德彝，《航海述奇》（1866）（走向世界丛书），钟叔河编，修订本，长沙，岳麓书社，2008年，第521页；张德彝，《欧美环游记》（1868）（走向世界丛书），钟叔河编，修订本，长沙，岳麓书社，2008年，第659页。
⑦ 斌椿，《乘槎笔记》（1867）（走向世界丛书），钟叔河编，修订本，长沙，岳麓书社，2008年，第114页。
⑧ 托马斯米尔纳（Thomas Milner），《大英国志》，慕维廉（William Muirhead）译，上海，益智书会，1856年（载王西清、卢梯青编《西学大成·史学一》，上海，醉六堂，1895年），卷七，第9页；卷八，第10页；王韬，《漫游随录》（1868）（走向世界丛书），钟叔河编，修订本，长沙，岳麓书社，2008年，第76页。
⑨ 王韬，《漫游随录》，第109页；《中西闻见录（影印本）》第五号（第一册），第300页；李圭，《环游地球新录》（1876）（走向世界丛书），钟叔河编，修订本，长沙，岳麓书社，2008年，第279页；黎庶昌，《西洋杂志》（1876）（走向世界丛书），钟叔河编，修订本，长沙，岳麓书社，2008年，第425页；刘锡鸿，《英轺私记》，第79页；郭嵩焘，《伦敦与巴黎日记》，第77页；张德彝，《随使英俄记》，第320页；曾纪泽，《出使英法俄国日记》（1878）（走向世界丛书），钟叔河编，修订本，长沙，岳麓书社，2008年，第230页；徐建寅，《欧游杂录》（走向世界丛书），钟叔河编，修订本，长沙，岳麓书社，2008年，第20页；郑观应，三十六篇本《易言·论商务》（1880），《郑观应集·救时揭要（外八种）》（上），夏东元编，北京，中华书局，2013年，第74页。
⑩ 王韬，《漫游随录》，第111页；黄遵宪，《日本国志》，第44页。
⑪ 罗存德编，《英华字典》，第1281页（*English and Chinese Dictionary, with the Punti and Mandarin Pronunciation*, by the REV. Wilhelm Lobscheid, Hongkong: Daily Press Office, 1866/1869）。

议院①，会堂②，开会堂③，议事院④，议堂，巴力门会，巴力
门⑤，拍拉蛮⑥，聚谋国事之大会，议事亭⑦，公议院⑧，民撰
议院，全国民会⑨。

---

① 郑观应，《续澳门猪仔论》(1873)，《郑观应集·救时揭要（外八种）》(上)，第
8 页；麦丁富得力编纂，《列国岁计政要》(Frederick Martin, *The Statesman's
Year Book; statistical and historical annual of the states of the world*, 1874)，林
乐知 (Young Allen) 口译，郑昌棪笔述，1874 年，载王西清、卢梯青编《西学
大成·史学三》，上海，醉六堂，1895 年，"列国政事"中均有"议院"介绍；黎
庶昌，《西洋杂志》，第 395 页；刘锡鸿，《英轺私记》，第 92 页；郭嵩焘，《伦敦
与巴黎日记》，第 62 页；曾纪泽，《出使英法俄国日记》，第 220 页；郑观应，二
十篇本《易言·贩奴》(1881)，《郑观应集·救时揭要（外八种）》(上)，第 185
页；邝其照编，《英华字典集成》，第 206 页(Kwong Ki-chiu, *English and Chinese
Dictionary*, Hong Kong: The Chinese Printing Bureau [中华印务总局], [1882]
1923)；梁启超，《古议院考》(1896)，《饮冰室文集》之一，林志钧编，上海，
中华书局，1936 年，第 96 页。
② 志刚，《初使泰西记》，第 270 页；李梅、日意格编，《汉法语汇便览》，第 207 页
(Gabriel Lemaire/Prosper Giquel, *Dictionnaire de poche Francais-Chinois suivi
d'un dictionnaire technique des mots usites a l'arsenal de Foutcheou*, Shanghai:
The American Presbyterian Mission Press [美华书馆]，1874)；黎庶昌，《西洋杂
志》，第 540 页。
③ 黎庶昌，《西洋杂志》，第 395 页；刘锡鸿，《英轺私记》，第 83 页；张德彝，《随
使英俄记》，第 320 页。
④ 黎庶昌，《西洋杂志》，第 513 页；郭嵩焘，《伦敦与巴黎日记》，第 599 页；徐建
寅，《欧游杂录》，第 22 页。
⑤ 郭嵩焘，《伦敦与巴黎日记》，第 135、213、404 页；井上哲次郎、有贺长雄等
编，《哲学字汇（改订增补）》(1884)，第 87 页。
⑥ 张德彝，《随使英俄记》，第 374 页。
⑦ 邝其照，《英华字典集成》，第 206 页。
⑧《佐治刍言》(1885)，傅兰雅 (John Fryer) 口译、应祖锡笔述(*Homely Words to
Aid Governance*, ed. by W. Chambers/R. Chambers, Edinburgh: W. & R.
Chambers, 1836-1894)，上海，上海书店出版社，2002 年，第十章"论国政分
类"，第 33—34 页；第十一章"论律法并国内各种章程"，第 39—40 页。
⑨ 黄遵宪，《日本国志》，第 46 页。

二、"多人乱管、小民弄权"及西方"民主"概念的发展

虽然在华洋人或中国士大夫在译释西方"议会"概念的最初六十年中，对 parliament 的称呼五花八门，但它们基本只是翻译上的问题，读者不会有理解上的困难。换言之，读者知道这是一个权力机关，是公共议政的地方，西洋人大约称之为"巴里满"之类。与之相比，Democracy 这个与"议会"密切相关的"民主"概念传入中国时，其难度要大得多。后来，梁启超曾将"议会"托为中土本有，号称中国自古就有"自治之议会"，[①] 假如历史确实如此的话，至多只能说 19 世纪的中国人，也许可以借助"古已有之"之托，[②] 较能理会西方"议会"为何物。但梁氏所说的议会毕竟不是近现代意义上的议会，更不是近现代意义上的民主制度。对千年专制制度下的中国人来说，Democracy 也许太不现实、太抽象了。虽然 democracy 一词进入中国并不晚于"巴厘满"，但当"议院""议会"

---

① 梁启超，《古议院考》(1896)，《饮冰室文集》之一，第 94—95 页："又曰民之所好好之，民之所恶恶之，此之谓民父母；好民之所恶，恶民之所好，是谓拂民之性，灾必逮夫身。其在孟子曰：国人皆曰贤然后察；国人皆曰不可然后察之；国人皆曰可杀，然后杀之。洪范之卿士，孟子之诸大夫，上议院也；洪范之庶人，孟子之国人，下议院也。[……] 故虽无议院之名，有其实也。"

又，《论中国人种之将来》(1899)，《饮冰室文集》之三，第 49 页："吾中国则数千年来，有自治之特质。其在村落也，一族有一族之自治，一乡有一乡之自治，一堡有一堡之自治；其在市集也，一市有一市之自治，一坊有一坊之自治，一行有一行之自治。乡之中有所谓绅士耆老者焉，有事则聚而议之，即自治之议会也。[……]"

② 王尔敏指出，晚清的"古已有之"论，视西洋的学术政教皆为中国固有，见诸两种说法："一是说西学得中国古意，一是说西学原出中国。"（王尔敏：《清季维新人物的托古改制论》，《晚清政治思想史论》，第 33 页）

"国会"等概念已经逐渐确立的时候,"民主"还是一个相当模糊的概念,或者说,它并不专指 democracy。①

我们先以较早的几部西洋人编撰的双语辞书为例,考察 democracy 始初之译释:马礼逊《华英字典》(1822)将 democracy 诠释为"既不可无人统率亦不可多人乱管"②。麦都思《英汉字典》(1847)将 democracy 译为"众人的国统,众人的治理,多人乱管,小民弄权"③。罗存德《英华字典》(1866)中的 democracy 为"民政,众人管辖,百姓弄权"④。

很明显,上述诠释都直接来自西方历史上对"民主"概念的理解或曰某种说法,甚至可以追溯到其发端时代。希腊语中的"民主"一词 δημοκρατία(它既有"全民",尤其是"民会",又有民会中的合法"多数"之含义,亦即"权力"和"统治")约产生于 5 世纪中叶;在这之前,一般都用 δήμος 来称呼"民治"(δήμος 一词常见于亚里士多德的"民主"政治论说)。δήμος 本义"民会",慢

---

① 参见 Xiong Yuezhi(熊月之),"'Liberty','Democracy','President': The Translation and Usage of some Political Terms in Late Qing China", in: *New Terms for New Ideas: Western Knowledge & Lexical Change in Late Imperial China*, ed. by Michael Lackner et al, Brill, Leiden 2001, pp. 69 – 93。

② 马礼逊编,《华英字典・(第三部分)英汉词典》(1822),第 113 页(Robert Morrison, *A Dictionary of the Chinese Language*, in Three Parts, part first, containing Chinese and English, arranged according to the radicals [第一部分:字典],part second, Chinese and English arranged alphabetically [第二部分:五车韵府], part the third, English and Chinese [第三部分:英汉词典], Macao: Honorable East India Company's Press, 1815/1822)。

③ 麦都思编,《英汉字典》(Walter Henry Medhurst, *English and Chinese Dictionary*, in two volumes, Shanghai: London Missionary Society Mission Press [墨海书馆], 1847/1848)。

④ 罗存德编,《英华字典》(1866),第 589 页。

慢发展为"人民当政"。*πολιτεία*（"公民""民权"）则被视为政治秩序中的决定性因素，并一直包含于以后的"民主"概念中。柏拉图（Plato，前 427—前 347）在他最重要的对话《国家篇》（又译《理想国》或《共和国》）中第一个提出了"民主"的好坏之分；[①]亚里士多德（Aristotle，前 384—前 322）在其重要论著《政治学》中，则以为*πολιτεία*是正常情况下最好的体制，同时也指出了"民主"的变种及其坏事之处。[②] 对罗马共和国（前 510—前 30）深表赞赏的古希腊历史学家、政治思想家波利比奥斯（Polybius，约前 200—约前 118）第一个从概念上划分民主的正反两面，他只把理想的民主称为"民主"，而坏"民主"则是"群氓统治"和"拳头之治"。[③] 5 世纪中叶以后（*δημοχρατία*概念已经确立，*δήμος*一词仍很常见），不管是民主的鼓吹者还是反对者，他们对"民主"的一般特征所见略同：贫富平等，亦即所有（或曰大多数）属于市民阶层的男子都享有充分的政治权力，都是公民。这也是民主最原始的

---

① 柏拉图将当时现实的政治制度分为四类：以斯巴达为代表的"权力政治"（贵族政治）；由少数富人统治的"寡头政治"；以雅典为代表的"民主政治"；由暴君独裁的"僭主政治"。他试图说明这四种制度各自的优劣点，以及它们依次演变的过程。他认为民主政治如果将自由、平等发展到极端，就会为某些野心家利用，变为极端专制的僭主政治。

② 亚里士多德认为政体之优劣不在体制本身，而在于统治者是以谋取私利为目的，还是以谋取公共福利为目的。如果是前者，即便是多数人统治（共和制、民主制），亦为坏的政体。

③ 参见迈埃尔等，《民主》，载《历史基本概念——德国政治/社会语言历史辞典》卷一，第 821—835 页（Christian Meier/Hans Leo Reimann/Hans Maier/Reinhart Koselleck/Werrner Conze, "Demokratie", in: *Geschichtliche Grundbegriffe. Historisches Lexikon zur politisch-sozialen Sprache in Deutschland*, hrsg. von Otto Brunner, Werner Conze, Reinhart Koselleck, Stuttgart: Klett-Cotta, 1997, Bd. 1, S. 821–899）。

重要法则。人民参政之自由体现于他们自己推选的代表的政治决策中，民主能够恰当体现全民意愿，至少是一些重要决策必须由人民代表大会通过，少数服从多数。民主之友和民主之敌的分歧则在于如何看待δῆμος，也就是怎样评价个人和团体在这种体制中的作用。在反对者看来，δῆμος里无非只是贱民和乌合之众，都是些没有教养、肆无忌惮的人，因此，民主只是蛊惑人心者不负责任的统治。也因为此，后人在谈论民主，或给"民主"下定义时，似乎总也少不了所谓"多人乱管、小民弄权"的成分。了解了这些以后，我们不但能够领会麦都思或罗存德的 democracy 词条，而且还能看到，那正是西方历史上对"民主"概念的两种不同见解。另外，我们也能更好地理解马礼逊"既不可无人统率亦不可多人乱管"的说法，它既顾及"民主"不太名誉的一面，又直截了当地把它定义为褒义概念。

其实，"民主"一词在欧洲中世纪并不属于描绘政治和社会状况的概念，也就是说，在中世纪文献、档案和律法汇编中并不能见到δημοκρατία亦即 democracy。只是在中世纪学者开始接受亚里士多德理论之时，"民主"才以法哲学或学术用语出现在他们的语汇中；亚里士多德所描述的体制形态及其腐败蜕变，也从根本上影响了中世纪"民主"的词义。另外，中世纪知道"民主"概念的人寥寥无几，而且只视之为一种特定的古代政体。[①] 近代历史几百年中，"民主"总的说来一直属于学者用语，而且指的依然是亚里士多德绘制的国家形态，并基本上因袭了亚氏观点，怀疑"纯民主"或曰

---

① 参见迈埃尔等，《民主》，载《历史基本概念——德国政治/社会语言历史辞典》卷一，第835—839页。

"绝对民主"的可行性。不仅如此，英国哲学家和政治思想家霍布斯（Thomas Hobbes, 1588—1679）著名的社会契约说，其特色就在于用这种学说论证专制主义的合理性，具有明显的反民主性质。[①]荷兰哲学家、政治思想家斯宾诺莎（Benedict de Spinoza, 1632—1677）也考察了三种类型的国家，即民主制、贵族制和君主制，但与霍布斯不同，他不主张君主制，而是民主政体的拥护者。[②] 大约从 18 世纪 30 年代起，荷兰和瑞士越来越多地被视为"民主"国家，然而主要还是用"共和国"（republic）概念来状写荷、瑞体制，直至 18 世纪末。1780 年至 1800 年是现代民主思想崛起的关键年代，从根本上说，现今"民主"概念的词义，产生和发展于法国大革命前后并得到广泛传播。一方面，"民主"彻底从学者用语转变为习见的（尽管还是颇多争议的）政治概念，用于某些党派的自我界定或者描述政体特色，亦偶尔见之于政府文献。另一方面，随着"民主"概念的广泛使用，其词义获得了很大扩展，以至"民主"不再局限于原始的体制含义和国家形态之标记，增加了一般社会和历史哲学内涵。[③]

　　康德（Immanuel Kant, 1724—1804）在 1795 年的重要著作《论永久和平》中谈论政府形态以及国家如何使用政权时指出，一

---

① 霍布斯的名著《利维坦》（1651），系统阐述了关于专制主义的国家学说，认为统治者并非缔约的一方，因此不受契约的限制，亦无所谓违约。人民一旦交出了权力，便永远不得收回；统治权一经契约建立，便永远不可转让。权分则国分，国分则内乱必起。

② 斯宾诺莎著有《神学政治论》（1679）等，《遗著集》中还包括未完成的《政治论》。

③ 参见迈埃尔等，《民主》，载《历史基本概念——德国政治/社会语言历史辞典》卷一，第 839—848 页。

个国家非共和即为专制。他用非此即彼的两种体制取代了传统的
（亚里士多德式的）三种形态：君主制、贵族制、民主制（其变态
政体则相应为僭主政体、寡头政体、平民政体）；也避开了孟德斯
鸠《论法的精神》中所划分的君主制、共和制和独裁制。[1] 正是孟
德斯鸠的反专制挑战被康德两极化了；康德认为，君主制同样能够
在变革的道路上达到共和的革命目的。"共和"在康德那里不但成
了民主思想的大概念，而且获得了历史哲学之价值取向概念的高
度，他为一个标志着运动和期望的概念提供了依据。在他看来，重
要的是精神力量，是应该如何统治；说到底，即便"代议制的共和
国"只是将来的事物，但只有它才是可取的体制，"所有其他非代
议制政府形态都是畸形的怪物"。[2] 康德的共和主义（Republi-
kanismus）推动了"民主"思想的进一步开拓。[3] 无疑，康德的观
点来自时代的启迪。"兄弟式民主"（Démoratie fraternelle）和"基督
教民主"（Démocratie chrétienne）是法国大革命时期的"民主"概
念，然而这种高昂的民主概念在革命早年并无直接的政治意义，直
到雅各宾专政和国民公会时代才真正登上政治舞台，1793 年通过
的《雅各宾宪法》宣称主权属于人民，人民有起义的权力。应该
说，法国大革命实际上并没有打消传统的、对纯民主的怀疑，恰恰
相反，雅各宾政府制定的极端民主的宪法更加深和助长了这种疑
忌。早在 1790 年，伯克（Edmund Burke, 1729—1797）就在其

---

[1] 孟德斯鸠主张"按照英国样式"在法国建立君主制，通过制定宪法来限制君主的
　权力。
[2] 康德，《论永久和平》，转引自迈埃尔等，《民主》，载《历史基本概念——德国政
　治/社会语言历史辞典》卷一，第851页。
[3] 参见迈埃尔等，《民主》，载《历史基本概念——德国政治/社会语言历史辞典》
　卷一，第851页。

《法国大革命沉思录》中说："完全的民主是世界上最可耻的事情。"[1] 这种观点在当时是颇为盛行的，"民主"被看作一种无法控制的群众力量。因此，在革命以后的复辟时代，欧洲语言中的"民主"和"民主主义"，多半是带有防范意味的责骂用语。[2] 威廉斯（Raymond Williams, 1921—1988）也指出，18 世纪末开始大量使用的"民主"一词，"大部分例子都显示了这个词的用法与人们深恶痛绝的'雅各宾主义'（Jacobinism）一词或大家熟悉的'恐怖统治'（mob-rule）一词密切相关，并无褒义。[……] 18 世纪末到 19 世纪初，民主人士（Democrats）一般被视为危险而具有颠覆性的暴民煽动者"。[3] 这也正是"民主"概念开始传入中国之时，可见，"多人乱管，小民弄权"之诠释亦有其时代背景，且直接来自欧洲。其实，自亚里士多德始，直到 19 世纪上半叶，"民主"在西方一直有着贬义蕴含，与暴民政治密切相关。19 世纪中叶以降，民主才逐渐成为或被看作政治生活中的建设性因素。[4]

　　不管怎么说，从法国大革命时代起，"民主"概念不再囿于体制和国家形态，获得了历史性和思想上的扩展，而"民主化"（法：démocratiser，英：democratize，德：demokratisieren）这一表达的产生正与这一词义扩展相关联。"民主"成了一个社会和精神概念，

---

① 伯克，《法国大革命沉思录》，转引自威廉斯，《关键词：文化与社会的词汇》，刘建基译，北京，生活·读书·新知三联书店，2005 年，第 114 页。

② 参见迈埃尔等，《民主》，载《历史基本概念——德国政治/社会语言历史辞典》卷一，第 861 页。

③ 威廉斯，《文化与社会［1780—1950］·导论》，吴松江、张文定译，北京，北京大学出版社，1991 年，第 16—17 页。

④ 参见萨托利（Giovanni Sartori），《民主新论》，冯克利、阎克文译，北京，东方出版社，1998 年，第 323—326 页。

成了一种有关民主原则的学说。它并不完全依赖于政体，即便是君主立宪制，同样可以实现民主政治，其依据是一种原始的社会契约，是众人意志为基础的法治思想。这就摆脱了亚里士多德以国家形态为依据的民主制，而使"民主"成了一个发展趋势之概念和历史运动之概念。从前文提到的马氏《华英字典》、麦氏《英汉字典》和罗氏《英华字典》中，人们很难领略到这种概念的嬗变，也看不到19世纪西方对民主的思考所带来的结果：古典民主和现代民主、传统概念和民主政体之现实之间已经产生了巨大的鸿沟。就此而论，上述三套很有影响的辞书对"民主"概念的译释已经过时，从某种意义上说是古而又古的，是中世纪的。当然，赶不上时代的还远不止此，童保禄（Paul Perny, 1818—1907）的《西语译汉入门》（1869）竟别出心裁，将 Démocratie 译为"无王国"。[①] 卢公明（Justus Doolittle, 1824—1880）《英华萃林韵府》（1872）照抄了麦都思词条的前半部分——Democracy：众人的国统，众人的治理。[②] 不过，卢氏对"民主主义者"的译释似乎与时代的差距并不很大——Democrat：推民自主者。[③] 在他之前的罗存德亦不逊色——Democrat：从民政者，从民政之理者。罗氏还将 democratic (democratical)译为"民政的"。[④] 与现代通用 democracy 汉语译词最贴近者，当推邝其照《英华字典集成》（1882）中的"奉民主之国政"。[⑤]

---

① 童保禄，《西语译汉入门》，第 128 页（*Dictionnaire Français-Latin-Chinois, De la Langue Mandarine Parlée*, par Paul Perny, Paris: Firmin Didot, Frère et Fils, 1869）。
② 卢公明编，《英华萃林韵府》（1872/1873），卷一。
③ 同上。
④ 罗存德编，《英华字典》（1866），第 589 页。
⑤ 邝其照编，《英华字典集成》（1882），第 85 页。

如何译释一个外来概念、或曰用哪一个词（组）来与之相对应固然重要，但更重要的是如何理解这一概念的内涵和外延。一般而言，"民主"概念早期传入中国之时，中国士大夫几乎不了解这一概念究竟有多大容量和它的"词外之义"，不了解因历史的积淀蕴涵于概念表层形式中的概念深层要旨，这才会有如同对待"议会"那样的西学中源说，如梁启超所云："顾以为中国历古无民主，而西国有之，启超颇不谓然。西史谓民主之局，起于希腊罗马；启超以为彼之世非民主也。若以彼为民主也，则吾中国古时亦可谓有民主也。"[①] 出现这种论说，主要因为译介者和接受者几乎没有从理论上对之加以探讨，人们往往只是了解了一些海外的新鲜事。当然，人们也会因此有感而发，进行中外对比，比如冯桂芬在其著名的"四不如夷"中所提出的"君民不隔不如夷"[②] 之说。换言之，"民主"概念传入中国之时，主要不是民主思想或曰作为一种政治信仰的理念，而只是其体制形态和操作方式。并且，这种体制形态和操作方式，主要是通过对议会的介绍传入中国的。

纵观19世纪中叶《海国图志》等介绍世界概况的重要著作，我们不难发现，时人主要介绍的是美国和英国议会，这与西方这个时候民主探讨的主要倾向极为有关——这就是贬低（古代雅典或依然存在于瑞士有些州的）直接民主，倡导间接的代议制民主，其决定性因素则是来自美国的典范，美国成了理论探讨民主政体的中心议题。德语大百科全书《布洛克豪思》（*Brockhaus*）1838年版中指出，美国是实现民主、确实施行人民政权的地方；民主必将在那里

---

① 梁启超，《与严幼陵先生书》，《饮冰室文集》之一，第108页。
② 冯桂芬，《校邠庐抗议·制洋器议》（1861），上海，上海书店出版社，2002年，第49页。

维持很长时期。而且，它不会孤立发展，随着越来越多的欧洲语言在那里扎根，美国式民主定然会反馈于古老的欧洲。① 确实，法国大革命失败以后，美国（其次是英国）成了理论界关注的代议制民主的样板。②

在中国，西方民主制度的介绍一般总是与不同政体的介绍，尤其与议会和选举联在一起，如裨治文撰《联邦志略》（1846，又名《大美联邦志略》）所言：

> 夫宇内之国政，大要不同者有三：一曰权由上出，惟君自专，如中华、安南、土耳其等国是也。一曰君民同权，相商而治，如英法等国是也。一曰君非世及，惟民所选，权在庶民，君供其职，如我联邦国是也。夫我联邦之政法，皆民立，权不上操。其法之已立者，则著为定例，上下同遵；未立者则虽事关国计，君人者亦不得妄断焉。盖其庶务，以众议为公，凡政以无私为贵，故立法于民，义有取也。［……］凡立法权柄，总由各会中元老绅董，两院司掌，外职不得逾分辩理。其元老之数，归各邦会中公同选举，按每邦两员，一任六载；绅董之数，由各邦民众公举，视民数为准，一任两年。［……］所有两院办公，自应各有本院规例，毋得互相搀越；该院员之俸金，例由国会定数给发。国中诸税，有应充正用，及一切政务

---

① 参见《布洛克豪思》（*Brockhaus*, 1838），第一卷，第 914 页。
② 参见迈埃尔等，《民主》，载《历史基本概念——德国政治/社会语言历史辞典》卷一，第 863—864 页。

章程，皆当先由绅董草议，然后与元老会商，始归国君详察施行。①

　　向来喜欢在翻译西文时标新（或在古籍翻找）的严复，在《孟德斯鸠法意》中将 democracy 译为"庶建"②。梁启超 1897 年的《论君政民政相嬗之理》亦谈论"欧洲政制，向分三种：曰满那弃（monarchy）者，一君治民之制也；曰巫理斯托格拉时（aristocracy）者，世族贵人共和之制也；曰德谟格拉时（democracy）者，国民为政之制也"。③ 这里需要说明的是，Democracy 一开始有许多译法，究竟是何时开始用"民主"与其对应，还有待进一步考证，并且，这肯定是极难考证的。这不仅涉及史料的进一步发掘，更不可忽视的是，当我们见到史料中"民主"二字时，并不一定马上就能确定它就是西洋某个概念的译词；即便我们有时觉得很有把握，也许依然只是论者的管见，并非不刊之论。但有一点是可以肯定的：当"民主"已被用来翻译 democracy 的时候，这个词组的原有

① 裨治文，《联邦志略·建国立政》，第 4 页。（元老：参议员；绅董：众议员；国君：总统）

② 严复所译《孟德斯鸠法意》（现译《论法的精神》）解释说："庶建乃真民主，以通国全体之民，操其无上主权者。"《法意》中西译名表："庶建 Democracy，本书中又作民主。"见严复，《法意》，《严复全集》（第四卷），福州，福建教育出版社，2014 年，第 13 页。

③ 梁启超，《论君政民政相嬗之理》（1897），《饮冰室文集》之二，第 10 页。梁氏后来对三种政体亦有其他表达："亚氏最有功于政治学者在其区别政体。彼先以主权所归在一人或在寡人或在多人，分为三种政体：一曰君主政体 Monarchy；二曰贵族政体 Aristocracy；三曰民主政体 Polity of Democracy。此实数千年来言政体者所莫能外也。"（梁启超，《亚里士多德之政治学说》[1902]，《饮冰室文集》之十二，第 70 页）

词义"民之主宰者"或"民之主"① 还未退出历史舞台，如《万国公报》1874 年 12 月 19 日的一篇文章中所说"美国民主曰伯理玺天德，自华盛顿为始"②；又如该刊 1879 年 5 月 31 日的一篇文章中说："篇中所称伯理玺天德者，译之为民主，称之国皇者。"③ 甚至在"民主"作为 democracy 的译词基本确立之后，我们还可以看到这种用法，如蔡尔康在 1890 年代还多次以"民主"称 president④；

---

① 见《尚书·多方》："天惟时求民主，乃大降显休命于成汤。"（蔡邕注："言天惟是为民求主耳。桀既不能为民之主，天乃大降休命于成汤，使为民主。"）《尚书·洛诰》："天命文王，使为民主。"《左传·文公十七年》："齐君之语偷。臧文仲有言曰：'民主偷必死'。"《文选·班固〈典引〉》："肇命民主，五德始初。"（蔡邕注："民主，天子也。"）《资治通鉴·晋惠帝太安二年》："昌遂据江夏，造妖言云：'当有圣人出为民主'。"

    ——有学者认为，晚清"民主"一词约有四种含义：一为中国传统的"民之主"；二为人民做主的"民主之"；三为"民主之国"，即与世袭君主制相对立的政治制度；四为外国的民选最高国家首脑（参见金观涛、刘青峰《从"共和"到"民主"——中国对西方政治概念的选择性吸收和重构》，《观念史研究——中国现代重要政治术语的形成》，第 252 页）。其实在晚清语境中，就词语运用及其实际含义而言，或许没有必要做这样的细分，比如上面的第二和第三义项本属一类，而第一和第四义项只是中外古今之分，词语本身（"民主"）的含义基本未变。

② 《选举民主》，载《万国公报》卷三一六（1874 年 12 月 19 日）。（伯理玺天德：president，已见之于 1844 年的中美《望厦条约》）

③ 《纪两次在位美皇来沪盛典》，载《万国公报》卷五四一（1879 年 5 月 31 日）。——当时另有"伯勒格斯""伯理喜顿"等音译。1870 年代之前，中国士人对美国式民主制度所知甚微，对 president 的译法五花八门，其中的头人、酋、酋长、大酋、邦长或皇帝、国君之译，充分说明美国的总统制对中国人来说极为陌生。（参见熊月之：《自由、民主、总统等政治词汇在晚清的翻译与使用》，载郎宓榭等编《新思想，新概念：晚清西学与汉语词汇嬗变》，第 76—86 页）

④ 参见林乐知著、蔡尔康译，《中美关系略论》（1895），载《万国公报文选》，李天纲编校，香港，三联书店，1998 年，第 290 页："美国民主批准议员机利草创之苛例。"另见蔡尔康等，《李鸿章历聘欧美记》（走向世界丛书），钟叔河编，修订本，长沙，岳麓书社，2008 年第 81 页："民主福尔传命延人。［……］中堂旋呈国书，操华语致词毕，法大臣叠佛礼精于华文，以法语译告民主。"第 198 页："民主克利兰率其外部大臣驶抵纽约。"

或如 1896 年 9 月《时务报》所云："美国将届选举民主之期，昔日共和合众二党又分为主金主银二党。"① 康有为亦谈论"众民所归，乃举为民主，如美、法之总统然。"② 王仁俊赞叹"华盛顿拿破仑，民主中之杰出者也"；尤其是王仁俊的一段文字中的两个"民主"，很能见出这个概念的不同含义："西人之言曰，彼国行民主法，则人人有自主之权。自主之权者，各尽其所当为之事，各守其所应有之义，一国之政，悉归上下议院，民情无不上达，民主退位与齐民无异，则君权不为过重。噫此说也，是言其利也。然不敌其弊之多也。[……]"③ 当我们看到《英华成语合璧字集》（1922）中依然还有"民主：President of a Republic"④ 这样的释义时，也许能够更好地理解"五四"前后"地母克纳西"⑤ 或"德谟克拉西"⑥ 之类的表达，正是为了重新定义，旨在表明全新的思想，比如陈启修的"庶民主义"⑦，毛泽东的"平民主义"⑧，

① 古城贞吉译，《论金银涨落之由》，载《时务报》第六册（1896 年 9 月 27 日），见《强学报·时务报（影印本）》，北京，中华书局，1991 年，第 379 页。

② 康有为，《孟子微》（1901），《康有为全集》（第五集），北京，中国人民大学出版社，2007 年，第 421 页。

③ 王仁俊，《实学平议——民主驳义》，载苏舆辑《翼教丛编》（1898）卷三，台北，文海出版社，1970 年，第 145 页。

④ 季理斐编，《英华成语合璧字集》(Donald MacGillivray, *A Mandarin-Romanized dictionary of Chinese. Including New Terms and Phrases*, Shanghai: The American Presbyterian Mission Press [美华书馆], 1922)。

⑤ 周佐彪译，《世界地理·总论》，北京，中国大学，1919 年，第 14 页。

⑥ 唐敬杲等编，《新文化辞书》上海，商务印书馆，1923 年。

⑦ 陈启修，《庶民主义之研究》，载《北京大学月刊》第一卷第一期（1919 年 1 月），第 28—32 页。

⑧ 毛泽东，《湘江评论创刊宣言》，载《湘江评论》第一期（1919 年 1 月 4 日）："各种对抗强权的根本主义，为'平民主义'（兑莫克拉西，一作民本主义，民主主义，庶民主义）。宗教的强权，文学的强权，政治的强权，社会的强权，（转下页）

胡适和陈独秀的"民治主义"①，或李大钊的"民主主义"或"平民主义"②。

（表一） Democracy: 民主

年代	汉语译词	出处
1822	既不可无人统率亦不可多人乱管	马礼逊（Robert Morrison）：《华英字典·（第三部分）英汉词典》，第 113 页
1835	自主之理	《东西洋考每月统记传》，第 186 页
1837	民自主	《东西洋考每月统记传》，第 297、320 页
1838	自主，自主之理	郭实猎（Karl Gützlaff）：《万国地理全图集》，见《海国图志》（中）卷四十三《大西洋欧罗巴洲·意大里国沿革》，第 1246、1248 页
1847	众人的国统，众人的治理，多人乱管，小民弄权	麦都思（Walter Medhurst）：《英汉字典》

（接上页）教育的强权，经济的强权，思想的强权，国际的强权，丝毫没有存在的余地。都要借平民主义的高呼，将他打倒。"

① 胡适，《新思潮的意义》，载《新青年》第七卷第一号（1919 年 12 月 1 日），见《胡适文集》（第 2 册），欧阳哲生编，北京，北京大学出版社，2013 年，第 498—504 页；陈独秀，《实行民治的基础》，《陈独秀文集》（第一卷），北京，人民出版社，2013 年，第 494—505 页。

② 李大钊，《由经济上解释中国近代思想变动的原因》，载《新青年》第七卷第二号（1920 年 1 月 1 日），见《新青年》（影印本合编）（7），上海，上海书店出版社，2011 年，第 212 页："政治上民主主义 Democracy 的运动，乃是推翻父权的君主专制政治之运动，也就是推翻孔子的忠君主义之运动。"（《李大钊文集》（下），北京，人民出版社，1984 年，第 182 页。）另见李守常［李大钊］：《由平民政治到工人政治》，载《晨报副刊》（1921 年 12 月 15—17 日）李大钊在这一演讲中指出，Democracy 不只是一种制度，它是表现于社会生活各方面的近代趋势和现代世界潮流，意涵广泛而不限于政治，故宜译为"平民主义"，或可音译为"德谟克拉西"（《李大钊文集》［下］，第 501 页）。

年代	汉语译词	出处
1861	联邦之政法	裨治文（Elijah Bridgman）:《联邦志略》（《大美联邦志略》）
1869	民政，众人管辖，百姓弄权	罗存德（Wilhelm Lobscheid）:《英华字典》，第589页
1869	无王国	童保禄（Paul Perny）:《西语译汉入门》，第128页
1872	众人的国统，众人的治理	卢公明（Justus Doolittle）:《英华萃林韵府》
1875	宽政，民主	林乐知（Young Allen）:《译民主国与各国章程及公议堂解》，载《万国公报文选》，第438—439页
1877	民主	马建忠:《适可斋记言》，第28—29页
1877	民主政权	吴尔玺（Theodore Woolsey）著、丁韪良（Milliam Martin）译:《公法便览》
1878	民政	张德彝:《随使英俄记》，第554页
1879	民主	曾纪泽:《出使英法义比四国日记》，第538页
1881	民政	井上哲次郎、有贺长雄:《哲学字汇》，第589页
1881	民主	郑观应:二十篇本《易言·公法》，《郑观应集·盛世危言》（上），第178页
1882	奉民主者，从民政者，奉民主之国政	邝其照:《英华字典集成》
1885	民主	傅兰雅（John Fryer）:《佐治刍言》第十章"论国政分类"，第30页
1892	民主	薛福成:《薛福成日记》，第712页
1895	民政	郑观应:《议院下》附录《今古泰西诸国设立议院源流》，《郑观应集·盛世危言》（上），第96页

续　表

年代	汉语译词	出处
1895	民主	严复:《原强（修订稿）》,《严复集》（第一册）,第23页
1896	民主	梁启超:《与严幼陵先生书》,《饮冰室文集》之一,第106—111页
1897	民政,德谟格拉时,国民为政之制	梁启超:《论君政民政相嬗之理》,《饮冰室文集》之二,第10页
1899	民主	谭嗣同:《仁学》,《谭嗣同全集》,第334、342—343、351—352页
1902	民政,百姓操权,民主之国政	《商务书馆华英音韵字典集成》
1903	民主	汪荣宝、叶澜:《新尔雅》,第11页
1903	民主政	无名氏译:《立宪政体论》,第 IV:11页
1903	民主	穆勒（John Stuart Mill）著、严复译:《群己权界论》
1904	德谟括拉寺	甄克思（Edward Jenks）著、严复译:《社会通诠》
1905	民主国	载泽:《考察政治日记》,第580页
1908	民主	戴鸿慈、端方:《列国政要》,第 IV:11页
1908	平民政治,地母克纳西	周佐鹏译:《世界地理》,第14、19页
1909	庶建,民主	孟德斯鸠（Baron de Montesquieu）著、严复译:《孟德斯鸠法意》
1911	民政,民主政体	卫礼贤（Richard Wilhelm）:《德英华文科学字典》
1912	民政,平民政治	井上哲次郎、元郎勇次郎:《（英独佛和）哲学字汇》,第35页
1913	合众	田边庆弥:《汉译日本法律经济辞典》

续 表

年代	汉语译词	出处
1913	民主政	李提摩太（Timothy Richard）、季理斐（Donald MacGillivray）:《哲学字汇》，第 18 页
1913	民主立宪	Evan Morgan（莫安仁），*Chinese New Terms and Expressions*，p. 288
1916	民主立宪，平民政治，民政	赫美玲（Karl Hemeling）:《官话》
1919	庶民主义	陈启修:《庶民主义之研究》，载《北京大学月刊》第一卷第一期，第 28—32 页
1919	平民主义	毛泽东:《湘江评论创刊宣言》
1919	民治主义，民治	杜威（John Dewey）讲演、胡适等译:《美国之民治的发展》
1919	民治主义，民治	陈独秀:《实行民治的基础》，《陈独秀文集》（第一卷），第 494—505 页
1920	民主主义	李大钊:《由经济上解释中国近代思想变动的原因》，《李大钊文集》（下），第 182 页
1921	平民主义，德谟克拉西	李大钊:《由平民政治到工人政治》，《李大钊文集》（下），第 501 页
1921	民政体，共和政治	陆伯鸿、宋善良:《法华新字典》
1923	德谟克拉西，民主主义	唐敬杲:《新文化辞书》，第 242 页
1927	民主主义，民治主义，平民主义，民本主义	迈达氏（Jules Médard）:《法汉专门词典》，第 388 页

三、"民主"与"共和"

对于西方的 republic 国体，魏源那代士子已多少有所听闻，

《海国图志》中已见大量译介。梁廷枏《海国四说》中便有《合省国说》：

> [……] 自是，合诸省为国，其自称曰合省国。[……] 通国设一统领，又设一副统领为之佐，使总理各省之事。过四年则别举以代之，是为一次。正、副同。其为众所悦服，不欲别议者，得再留四年。①

对于美国这样一个"总统领治国，传贤不传子"② 的 United States，单在《东西洋考每月统记传》（1833—1838）中，便有让人眼花缭乱的称呼：兼郡，兼合国，兼合邦，兼合列邦，兼摄列邦，合邦，列邦，总郡，统邦，总郡兼合邦，等等。"郡"和"邦"这些中国固有的地方行政制度中的原有概念，多少会妨碍时人对一个新兴合众国的理解。然而，至迟于鸦片战争之后，中国人已经了解了美国的浩瀚气派亦即"共和"和"民主"特色，如徐继畬《瀛寰志略》盛赞华盛顿：

> 不僭位号，不传子孙，而创为推举之法，几于天下为公，[……] 米利坚合众国以为国，幅员万里，不设王侯之号，不循世及之规，公器付之公论，创古今未有之局，一何奇也。③

正是因为"民主"在传入中国的时候，主要反映的是体制概念

① 梁廷枏，《海国四说·合省国说》，第 71—72 页。
② 冯桂芬，《公黜陟议》，《校邠庐抗议》，第 2 页。
③ 徐继畬，《瀛寰志略》卷九，"北亚墨利加米利坚合众国"，第 277、291 页。

而不是思想性，是概念的静态表层描写而不是动态深层阐释，所以在 19 世纪很长一段时期内，西方的"民主"（democracy）和"共和（国）"（republic）这两个概念在汉语译释中并没有严格的区分。换言之，20 世纪之前，汉语中还没有一个相对稳定的、或曰公认的概念（如我们今天所用的"共和"或"共和国"）来指称美、法那样的政治体制。对彼时许多译介者和接受者来说，"共和国"自然是"民主国"；因此，"邦""国"等字之前加上"民主"或"民政"便可移译 republic，如"民主之国"①、"民主之邦"②、"民政之国"③、"民主国"④ 等，大意为 democratic country 或 republican

① 惠顿，《万国公法》卷二，第 37 页："若民主之国，则公举首领官长，均由自主，一循国法，他国亦不得行权势于其间也。"卢公明，《英华萃林韵府》卷二。黎庶昌，《西洋杂志》，第 424—425 页、第 478 页："至一千八百七十年，布［普鲁士］法交攻，［……］拿破伦求成，法人闻之，逐太子出城，而立为民主之国。［……］时总统国政者，名地爱尔，意在民主之国。""当是时，法人颇思革为民主之国，不喜拿破伦。"郭嵩焘，《伦敦与巴黎日记》，第 562 页：法国"近年改为民主之国，教士权力亦减。"傅兰雅，《佐治刍言》第十章"论国政分类"，第 30 页："民主之国，其原意欲令众人若干时，公举若干人，为众人代立律法，［……］"黄遵宪，《日本国志》，第 97 页："［……］君主之国盖称皇帝，民主之国称统领。"

② 曾纪泽，《出使英法俄国日记》，第 168—169 页："自法国改为民主之邦，国之事权，皆归于上下议院。"

③ 李梅、日意格编，《汉法语汇便览》，第 225 页；黎庶昌，《西洋杂志》，第 513 页："西洋民政之国，其置伯理玺天德本属画诺，然尚拥虚名。"

④ 郭嵩焘，《伦敦与巴黎日记》，第 103 页："其多米尼喀［多米尼加］民主国，欢都拉斯［洪都拉斯］国，向有公使驻扎，［……］"刘锡鸿，《英轺私记》，第 82 页："又现在德蓝司瓦拉［今南非德蓝士瓦省］民主国，在南阿非利加政失道，［……］"邝其照，《英华字典集成》，第 255 页。戴集(J. W. Davis)，《地理略说》，上海，美华书馆，1888 年，第 2 页："大美国如何？ 答：是民主国。民主国内何人顶大？ 答：总统顶大。"《政治学》，汇报馆（上海徐家汇），1893 年，第 2 页："受辖于总统者曰民主国。"狄考文(Calvin W. Mateer) 编，*Technical Terms. English and Chinese*，prepared by the committee of the Educational Association of China（中国教育会筹备），Shanghai: The American Presbyterian Mission Press（美华书馆），(1902) 1904 年，第 370 页。唐才常，《各国政教公理总论》，载《新（转下页）

government。（与"民主"一样，"民政"既可用以译释 democracy[1]，又可指 republic[2]。）

　　所谓"共和国"，即为人民或代议制选举执政者、实施共和政体的国家；并且，权力执掌者有任期限制。[3]《英华字典》用"众政之邦""众政之国""公共之政"[4]，《英华字典集成》用"合众出治之国""公同之政"（以及"民主国"）[5]，或如《哲学字汇》用"共和政治"[6] 来译释 republic，我们很容易理解它们便是现代汉语中的"共和国"；[7] 即便像《英华韵府历阶》（1844）将 republic 译释为"合省国"，[8] 我们或许也不难断定它的共和政体之性质。而当

（接上页）学大丛书》卷三，上海，积山乔记书局，1903/1904 年，第 5 页。翟理斯编，《华英辞典》（*A Chinese English Dictionary*, by Herbert A. Giles, Shanghai: Kelly & Walsh Ltd. ［别发印字房］，［1892］1912），no.7908。李提摩太、季理斐编，《哲学字汇》，第 55 页（*A Dictionary of Philosophical Terms. Chiefly from the Japanese*, by Dr. Timothy Richard and Dr. Donald MacGillivray, Shanghai: Christian Literature Society for China ［广学会］，1913）。

[1] 参见罗存德编，《英华字典》，第 589 页；井上哲次郎、有贺长雄编，《哲学字汇》（1881）。

[2] 张德彝，《随使英俄记》，第 554 页："法国前于西历一千七百九十三年（即乾隆五十九年）由君政改为民政之国，为第一次。至一千八百四年（即嘉庆九年）那波伦第一及位，又由民政改为君政。"郑观应，《议院下》（1895）附录《今古泰西诸国设立议院源流》，《郑观应集·盛世危言》（上），夏东元编，北京，中华书局，2013 年，第 96 页："考希腊国史，其政分有四类：［……］一国听于民，是谓民政。"

[3] 按内阁组成形式而言，共和制又可分为议会共和政体和总统共和政体。

[4] 罗存德编，《英华字典》，第 1474 页。

[5] 邝其照编，《英华字典集成》，第 255 页。

[6] 井上哲次郎、有贺长雄编，《哲学字汇》（1881）。

[7] "共和"概念，汉语中古已有之，指帝王缺位、上层贵族共同摄理国家大事，如《史记·周本纪》所说："召公、周公二相行政，号曰共和。"韦昭《国语注》："厉之乱，公卿相与而修政事，号曰共和。"可见，"共和"的古今词义相去甚远。

[8] 卫三畏编，《英华韵府历阶》，第 236 页（*An English and Chinese Vocabulary, In the court dialect*, by Samuel W. Williams, Macao: Office of the Chinese Repository ［香山书院］，1844）。

republic 的中文概念中出现"民主"等词的时候，便会产生一个问题："民主之国"或"民政之国"等，究竟是一个词，还是"民主""民政"只是"国"的定语，以表明 republic 是 democracy？这在许多情况下是很难辨认和确定的，试举例如下：

> 一千七百九十七年间，荷兰七省有变；法国征之，而其王家黜焉，于是易其国法，而改作民主之国。①

> 美国乃公天下民主之国也，传贤不传子，每四年公举一人为统领，称"伯理玺天德"。②

> 独美利坚使臣，服其常服，无他饰，盖民主之国，上下不异以等威也，免冠则同。③

> 各国吏治异同，或为君主，或为民主，或为君民共主之国，其定法、执法、审法之权，分而任之，不责于一身，权不相侵，故其政事纲举目张，粲然可观。④

> 地球所有国政，约分三种：一为君主国之法，一为贤主禅位之法，一为民主国之法。⑤

> 一千八百三十年（道光十年），法国正为君主。其民不服君之约束，巴黎都中人猝焉起事，与君党大战三日，卒逐其君，声言君不以民为本，安能治国？遂再改法兰西为民主

---

① 惠顿，《万国公法》卷一，第 15 页。
② 张德彝，《航海述奇》，第 556 页。
③ 刘锡鸿，《英轺私记》，第 80—81 页。——张德彝《随使英俄记》中亦有几乎相同的说法（第 374 页）："中惟合众公使着常服，无他饰。盖民主之国，上下不异以等威也，免冠则众同。"
④ 马建忠，《适可斋记言》（1877），北京，中华书局，1960 年，第 28—29 页。
⑤ 傅兰雅，《佐治刍言》第十章"论国政分类"，第 30 页。

之国。①

  民主国以平等为主义，大统领退职后，与齐民无异。
[······] 法兰西为欧洲民主之国，其建国规模，非徒与东亚各
国宜有异同，即比之英、德诸邦，亦不无差别。[······] 而后
知其立国之体，虽有民主之称，统治之权实与帝国相似。②

即便"民主"之后不出现"国"字，亦很难断定其为 democracy 还
是 republic：

  西洋立国，有君主、民主之分，而其事权一操之议院，是
以民气为强，等威无辨，刑罚尤轻。③

  夫各国之权利，无论为君主，为民主，为君民共主，皆其
所自有，而他人不得夺之，以性法中决无可以夺人与甘夺于人
之理也。④

  从前欧洲之国，有改君主为民主者，设立公议院，[······]⑤

  有一人专制称为君主者，有庶人议政称为民主者 [······]⑥

————————

① 麦肯齐著、李提摩太译、蔡尔康述，《泰西新史揽要》（1895，原作：Robert
Mackenzie, *The Nineteenth Century: A History*, 1880），上海，上海书店出版社，
2002 年，第 77 页。
② 载泽，《考察政治日记》（走向世界丛书），钟叔河编，修订本，长沙，岳麓书社，
2008 年，第 580、657 页。
③ 郭嵩焘，《伦敦与巴黎日记》，第 611 页。
④ 郑观应，二十篇本《易言·公法》，《郑观应集·救时揭要（外八种）》（上），第
178 页。
⑤ 傅兰雅，《佐治刍言》第十章"论国政分类"，第 32 页。
⑥ 黄遵宪，《日本国志》，第 25 页。

首先需要说明的是，辞书中的译释（本文所举辞书基本上均出自洋人之手）与时人实际运用中的选词并不是一回事。中国人谈论西方民主制度或思想的时候，并不总以双语辞书中的一些概念为依据。大多数人不懂西文或根本不知道西方 democracy 和 republic 在实际运用中的区别，也就没有寻找中文对应的必要。其次，当"民主"单独出现以表述政体亦即西方概念中的 republic 时，它只是"民主之国"的简略用法，郑观应从《易言·论公法》（1880）中的"泰西有君主之国，有民主之国，有君民共主之国"①，到《南游日记》（1883）中的"考欧洲各国有君主、民主、君民共主之别"② 即是一例。当然，我们绝不能说，它只指 republic，从上述引文中我们不难发现许多 democracy 的含义。也就是说，在整个 19 世纪，当人们在新的意义上运用"民主"时，常常是 republic 和 democracy 兼而有之。然而，不管是用"民主"还是其他什么称谓，当这个词出现在"君主、民主、君民共主"的上下文里时，"民主"的 Republic 含义便毋庸置疑了："泰西立国有三类：曰蔼姆派牙（Empire），译言王国，主政者或王或皇帝；曰恺痕特姆（Kingdom），译言侯国，主政者或侯或侯妃；二者皆世及。曰而立泼勃立克（Republic），译言民主国，主政者曰伯理玺天德，俗称总统，民间公举，或七岁或四岁而一易。"③ 第三，我们很难确定地说，19 世纪的不少论者在使用"民主"二字时，究竟视之为一个新的固定概念，或者只是一

---

① 郑观应，三十六篇本《易言·论公法》，《郑观应集·救时揭要（外八种）》（上），第 65 页。
② 郑观应，《南游日记》，《郑观应集·救时揭要（外八种）》（上），第 250 页。
③ 薛福成，《出使英法义比四国日记》（走向世界丛书），钟叔河编，修订本，长沙，岳麓书社，2008 年，第 554 页。

个较为固定的主谓结构亦即"民做主"的意思,丁韪良(William
Martin, 1826—1916)译《万国公法》(1864)中的一段文字很能体
现这一主谓结构:"然此二字[公法]之通用,不拘于法度;盖无
论其国,系君主之,系民主之[……]"① 尤为明显的是张德彝
《航海述奇》(1866)中所言,美国"困于英之苛政,遂叛英自立,
民主是邦,称为合众国"。② 刘锡鸿《英轺私记》(1876)中亦有类
似之处:"英国之政,君主之,实民主之。每举一事,百姓议其失,
则君若臣改弦而更张。"③ 何启、胡礼垣《新政真诠》(1901)之语
也可作如是观:"横览天下,自古至今,治国者惟有君主民主以及
君民共主而已。质而言之,虽君主仍是民主。"④

　　纵观 19 世纪"民主"概念的衍生、演变和运用,我们暂且可
以做出如下结论:鉴于 democracy 一直存在不同的译法而且极不固
定,加之它在传入中国的时候多半和政体有关,这就和 republic 结
下了不解之缘;又因为 republic 在 19 世纪还没有较为固定的中文对
应概念,似乎在 19、20 世纪之交后才较多地以"共和国"译之
(见表二,Republic:共和[国]),因此,"民主"常常身兼二职:
既有西方 democracy 的本来含义,又指 republic。甚而进入 20 世纪
以后,用"民主(之)国"对应 republic 亦不属罕见。⑤ 然而,《万
国公法》(1864)中多处出现的"民主"已基本上可视为 democracy

① 惠顿,《万国公法》,第 12 页。
② 张德彝,《航海述奇》,第 570 页。
③ 刘锡鸿,《英轺私记》,第 70 页。
④ 何启、胡礼垣,《新政真诠》(1901)第二编,沈阳,辽宁人民出版社,1994 年,
　第 127 页。
⑤ 参见翟理斯编,《华英辞典》;李提摩太、季理斐编,《哲学字汇》;季理斐编,
　《英华成语合璧字集》。

的汉语对应词①,《佐治刍言》中亦有类似之处②。在此,有必要指出一种可能的误解,即以为中国古老的"民主"(民之主)概念在19 世纪脱胎换骨,先用以移译"共和国"(republic),后发展为现代意义上的"民主"(democracy)。应该说,Democracy 和 republic这两个西方概念在进入中国之后的很长一段历史时期内基本上是同义的,竟至进入 20 世纪以后,还有"[……]英国人之发明代议制民主政,即美国人所谓共和政者"③之说。换言之,时人并没有刻意用汉语明确区分这两个概念,给人的印象只是遣词造句或修辞上的区别而不是两个概念的界定和阐释,林乐知《译民主国与各国章程及公议堂解》(1875)一文中的一段文字便可见一斑:

　　旷观泰西各国,以何国为宽政之国耶?夫所谓宽政之国者,即是使公议堂人员掌握大权,使士农工商皆得有公举人员之位分也。近来泰西各国渐欲效法宽政之国之所行也。观于法国与日斯巴尼亚国欲立民主之国可知矣。④

19 世纪"民主"二字既解 democracy 又释 republic,也许会给

---

① 惠顿,《万国公法》卷一,第 27 页:"美国保护诸邦各存民主之法。""一千八百三十年而后,[美国]各邦之内治,有所变;而其民主之权,有增焉。"卷二,第37 页:"美国合邦之大法,保各邦永归民主。"

② 傅兰雅,《佐治刍言》第十章"论国政分类",第 31 页:"一千八百四十八年,法兰西改为民主国,民间受累无穷,因其时百姓持民主之议者极少,[……]"

③ 无名氏译,《立宪政体论》(新学大丛书)卷四,上海,积山乔记书局,1903 年,第 9 页。

④ 林乐知,《译民主国与各国章程及公议堂解》(1875),载《万国公报文选》,李天纲编校,香港,三联书店,1998 年,第 438—439 页。(宽政之国:Republic [可视为"寡政之国"的对立概念];日斯巴尼亚国:西班牙)

人无知之感，然而，这"合二为一"并不是毫无道理的，更不是可笑的。[1] 一个主要原因正是来自这两个概念的发源地欧洲：从词源上说，"民主"概念首先是指国家的政治制度。在很长的历史时期内（包括 19 世纪），欧洲人时常将"民主""共和"相提并论，甚或视为同义词。在此，我们有必要对此做一简要论述。

启蒙运动以后，"民主"概念走出了学者书斋，逐渐用来描述欧洲国家的现实政治生活，并不时用以取代已有的"共和国"概念而作为政体标记。在理论探讨中，人们常常将"民主"与"共和（国）"等而观之。康德（如前所述）在"共和主义"的旗帜下阐述了民主政治。费西特（Johann Fichte, 1762—1814）基本上接受了康德的模式，但又对之做了新的解释，在他看来，（绝对）民主不仅是非政治的，而且是非法的：那只能是贱民当政，既立党派又做法官。因此，只有代议制亦即共和制才是民主的合法形态。[2] 这样，费西特或多或少地消除了"民主"和"共和"的严格界线。施勒格尔（Friedrich Schlegel, 1772—1829）在《论共和主义概念》（1796）一文中则强调指出，共和制即民主制，因此，他在这篇文

---

[1] 有学者指出，丁韪良译《万国公法》存在用"民主"误译 republic 的地方，原因是"民主"指涉的是 democracy。——参见马西尼（Federico Masini），《现代汉语词汇形成——十九世纪汉语外来词研究》，黄河清译，上海，汉语大辞典出版社，1997 年，第 54 页。对照《万国公法》中译本和英文文本可以发现，"民主"一词在书中共出现了 17 次，并不全是 republic 的误译。它有时同时包含 republic 和 democracy 两种意义。（参见金观涛、刘青峰，《中国近现代观念起源研究和数据库方法》，载《史学月刊》2005 年第 5 期，第 89—101 页）

[2] 参见费西特，《从知识学之原理论天赋人权的基础》（1796），第 440—441 页（J. G. Fichte, *Grundlage des Naturrechts nach Prinzipien der Wissenschaftslehre*, Gesamtausgabe, Stuttgart: Frommann, 1966, Bd. 1/3）。

章中用"民主主义"概念取代了"共和主义"概念。[①] 雅各宾政府首脑罗伯斯庇尔（Maximilien de Robespierre, 1758—1794）1794 年 1 月 5 日讲演中所用的"民主"概念，其实是"共和（国）"的同义词；他认为关键不在于政权形式，而在于民主之精神和民主之"魂"，这是很有时代特色的说法。[②] 尤其到了 19 世纪，当人们越来越多地谈论代议制民主，或曰区分直接（纯）民主和代议制民主时，"民主"与"共和（国）"概念常常融合在一起，或者干脆画上等号。德语大百科全书《布洛克豪思》1840 年版中称"民主"（Demokratie）"就是新时代所说的共和国（Republik）"。[③] 马克思在《克罗茨纳赫手稿》（即《黑格尔法哲学批判》，1843）中赞同黑格尔（G. W. F. Hegel, 1770—1831）否定法国大革命共和时期所谓的民主。马克思视民主为人在政治上的自我实现。在他看来，民主意味着人的社会化，它是根本不同于其他国家形态的一种特殊政体，它能真正体现人的生存。因此，民主只能是共和（国），却又不只限于政体：使完整的、未异化之人能够真正享受自由的民主，将在未来之共和国实现。[④]

　　正因为当初 democracy 和 republic 在内容上有许多相交之处，甚至在 19 世纪还时常互换，所以，这两个概念在进入中国时，以及以后很长的一段历史时期内，很少见到一目了然的区分。尤其在

---

① 参见迈埃尔等，《民主》，载《历史基本概念——德国政治/社会语言历史辞典》卷一，第 852 页。

② 同上书，第 859 页。

③ 参见德语大百科全书《布洛克豪思》（*Brockhaus*, 1840），第三卷，第 372 页。

④ 参见马克思，《黑格尔法哲学批判》，《马克思恩格斯恩全集》第 1 卷，第 229—231 页（Karl Marx, *Zur Kritik der Hegelschen Rechts-Philosophie* (1844), MEW, Bd. 1, Berlin: Dietz, 1964)。

实际运用中，人们只是就现象论现象，全然不顾概念的界定。不管 democracy 和 republic 在西方曾经多么相似，它们毕竟是两个词和两个概念。而它们在中国传播的时候却译词各异，更多是用"民主"译释两个概念，或者干脆"民主共和"联用。① 相比之下，日本明确地以"共和"译 republic 要比中国早得多。② 中国人以"共和"译 republic 或 republicanism，明显受到日本影响，黄遵宪在《日本杂事诗》和《日本国志》中，使用了"共和党"和"共和"概念。③ 而在严复那里，我们已经可以看到"共和"（他称之为"数贤监国"）与"民主"的明确区分："夫所谓主治者，或独具全权之君主；或数贤监国，如古之共和；或合通国民权，如今日之民主。"④ 也就是说，"民主"和"共和"已被明确看作两种有着很大区别的政治制度。20 世纪初年，当 republic 意义上的"共和"或"共和国"概念开始确立并逐渐普及之时，时人对"共和"的理解，已经可从汪荣宝、叶澜编撰的《新尔雅》中略见一斑，文中称 republic 为"公和"："立宪政体又别之为民主立宪，君主立宪。由人民之愿望，建立公和国家，举大统领以为代表，而主权全属人民

---

① 参见郑观应，《盛世危言后编·致潘兰史、何阆樵两君论共和书》，《郑观应集·盛世危言后编》（二），夏东元编，北京，中华书局，2013 年，第 403 页；周佐彭译，《世界地理·总论》，第 12 页。

② 1845 年，箕作省吾已经在其《坤舆图识》中用"共和"译 republic。此后，借用中国古典的"共同协和行政"之义的"共和"一词移译西方 republic 或 republicanism 概念，陆续见于日本书籍。（参见斋藤毅，《明治のことば：東から西への架け橋》，东京，讲谈社，1977 年，第 114—116 页）

③ 参见金观涛、刘青峰，《从"共和"到"民主"——中国对西方政治概念的选择性吸收和重构》，《观念史研究——中国现代重要政治术语的形成》，第 261—262 页。

④ 严复译《天演论·导言十六》，王栻编《严复集》（第五册），北京，中华书局，1986 年，第 1353 页。

者，谓之民主立宪政体。"①

（表二） Republic: 共和（国）

年代	汉语译词	出处
1838	合省国	裨治文（Elijah Bridgman）：《美理哥合省国志略》
1844	合省国	卫三畏（Samuel Williams）：《英华韵府历阶》，第 236 页
1846	合众国	裨治文（Elijah Bridgman）：《亚美理驾合众国志略》
1846	合省国	梁廷枏：《海国四说·合省国说》
1861	联邦，联邦国	裨治文（Elijah Bridgman）：《联邦志略》（《大美联邦志略》）
1864	民主，民主之国	惠顿（Henry Wheaton）著、丁韪良（William Martin）译：《万国公法》卷一，第 15、27 页；卷二，第 37 页
1866	民主，民主之国，合众国	张德彝：《航海述奇》，第 540、556、570 页
1869	众政之邦，众政之国，公共之政	罗存德（Wilhelm Lobscheid）：《英华字典》，第 1474 页
1872	民主之国	卢公明（Justus Doolittle）：《英华萃林韵府》卷二，第 195 页
1874	民政之国，国家	李梅（Gabriel Lemaire）、日意格（Prosper Giquel）：《汉法语汇便览》，第 255 页
1875	民主国，宽政之国，民主之国	林乐知（Young Allen）：《译民主国与各国章程及公议堂解》，载《万国公报文选》，第 438—439 页

---

① 汪荣宝、叶澜编，《新尔雅》（1903），台北，文海出版社，1974 年，第 9 页。

续　表

年代	汉语译词	出处
1876	民主之国，民主，民政之国	黎庶昌：《西洋杂志》，第 424、478、513 页
1876	民主之国，民主国	刘锡鸿：《英轺私记》，第 81—82 页
1877	民主	马建忠：《适可斋记言》，第 28—29 页
1877/ 1878	民主国，民主之国，民主	郭嵩焘：《伦敦与巴黎日记》，第 103、321、434、562 页
1877	民主之国	张德彝：《随使英俄记》，第 554 页
1877	民主之国，民主	张自牧：《蠡测卮言》，载《小方壶斋舆地丛钞》第十一帙，第 3—4 页
1877	民政之国，民政国	吴尔玺（Theodore Woolsey）著、丁韪良（Milliam Martin）：《公法便览》
1878	民政，民政之国	张德彝：《随使英俄记》，第 554 页
1879	民主之邦	曾纪泽：《出使英法俄国日记》，第 168—169 页
1880	民主之国	郑观应：三十六篇本《易言·论公法》，《郑观应集·救时揭要（外八种）》（上），第 65 页
1880	民政之国，民政国	步伦（Johann Bluntschli）著、丁韪良（William Martin）译：《公法会通》
1881	共和政治	井上哲次郎、有贺长雄：《哲学字汇》，第 78 页
1882	合众出治之国，公同之政，民主国	邝其照：《英华字典集成》，第 255 页
1885	民主国	傅兰雅（John Fryer）：《佐治刍言》第十章"论国政分类"，第 31 页
1886	不立王之国，兆民自主擅权之国，举众政治之国	薛力赫（Gustave Schlegel）：《荷华文语类参》

年代	汉语译词	出处
1890	民主，共和，民主之国	黄遵宪：《日本国志》，第 25、49—50、97 页
1894	民主，民主之国，民政	郑观应：《盛世危言》，《郑观应集·盛世危言》（上），第 89、91、96 页
1894	民主之国	罗伯村（Edmund Robertson）著，傅兰雅（John Fryer）、汪振声译：《公法总论》
1895	民政	郑观应：《盛世危言·议院下》附录《今古泰西诸国设立议院源流》，《郑观应集·盛世危言》（上），第 96 页
1898	民主国	丁祖荫编译：《万国公法释例》（常熟丁氏丛书）
1899	民主	谭嗣同：《仁学》，《谭嗣同全集》，第 334、342—343、351—352 页
1890	立泼勃立克，民主国，民主，合众民国，民主之国	薛福成：《出使英法义比四国日记》，第 104、160、286 页
1902	民主国	Calvin Mateer（狄考文），*Technical Terms. English and Chinese*, p. 370
1903	公和，公和国家，民主立宪政体	汪荣宝、叶澜：《新尔雅》
1903	民主国，民主	唐才常：《各国政教公理总论》（新学大丛书），第 III: 5、15 页
1903	共和政，民政	无名氏译：《立宪政体论》（新学大丛书），第 IV: 9—10 页
1903	共和国	无名氏译：《宪法通义》（新学大丛书），第 VI: 3 页
1903	共和政体	池本清吉：《宪法论》（新学大丛书），第 VI: 4 页

年代	汉语译词	出处
1903	民主	霍珥（William Hall）著、丁韪良（William Martin）译：《公法新编》
1903	共和国	雷士特（Franz von Liszt）：《国际公法大纲》（政学丛书）
1903	共和国	北条元笃、熊谷直太编，范迪吉等译：《国际公法》
1903	民主，民主国	劳鳞赐（T. J. Lawrence）著，林乐知（Young Allen）、蔡尔康译：《万国公法要略》
1905	共和之国	载泽：《考察政治日记》，第580页
1905	庐拔布力	穆勒（John Stuart Mill）著、严复译：《穆勒名学》
1906	民主之国	戴鸿慈：《出使九国日记》，第296页
1907	共和国体	清水澄：《汉译法律经济辞典》，第122页
1908	共和国	戴鸿慈、端方：《列国政要》第 I：2页
1908	共和，民主共和	周佐彲译：《世界地理》，第11—12页
1909	共和，共和国，共和制，共和政府，民主共和	郑观应：《盛世危言后编·致潘兰史、何阆樵两君论共和书》，《郑观应集·盛世危言后编》（二），第402—404页
1911	共和政体	黄摩西：《普通百科新大辞典》卷三，第48页
1912	民主之国，民主国	翟理斯（Herbert Giles）：《华英辞典》，No. 2526，7908
1912	共和政治，共和国	井上哲次郎、元郎勇次郎：《（英独佛和）哲学字汇》，第131页
1913	共和	田边庆弥：《汉译日本法律经济辞典》，第27页
1913	共和政治，民主国	李提摩太（Timothy Richard）、季理斐（Donald MacGillivray）：《哲学字汇》，第55页

续　表

年代	汉语译词	出处
1916	共和政体，民主国，民主政体，共治国，共和国，民国，公治，	赫美玲（Karl Hemeling）：《官话》
1922	民主国	季理斐（Donald MacGillivray）：《英华成语合璧字集》
1923	共和国	唐敬杲：《新文化辞书》，第 745 页
1927	共和国	迈达氏（Jules Médard）：《法汉专门词典》，第 219 页

四、"民主"与"自由"

无论是古希腊的直接民主还是现代代议制民主，都是为了获得"自由"以及与之相连的"平等"权利。柏拉图曾幻想建立一个奴隶制的自由王国——理想国。亚里士多德则将自由与政体联系起来，认为平民政体可以享受自由。现代意义上的自由观念之最初代表人物弥尔顿、卢梭、洛克、斯宾诺莎、孟德斯鸠则继承了亚氏观点，提出了"三权分立"学说，企图以民主制度保证人的自由权利。斯宾诺莎是欧洲提倡平等和自由的先行者，最早提出"政治目的是自由"的政治学说；他认为，民主制可以使人人平等，人们可以享受宗教信仰、思想和言论的自由。斯氏把自由看得比任何东西都珍贵；在他看来，没有自由，社会治安就不会巩固，科学和艺术就不会创新。①

---

① 参见斯宾诺莎《神学政治论》《政治论》等著作。

严复对三者的关系亦有精当之论，然而他的侧重点是先自由平等而后民主："自由者，各尽其天赋之能事，而自承之功过者也。虽然，彼设等差而以隶相尊者，其自由必不全，故言自由则不可以不明平等。平等而后有自主之权，合自主之权，于以治一群之事者，谓之民主。"① 他又言："西之教平等，故以公治众而贵自由。"② 梁启超说："谓国家之所以成立，乃由人民合群结约，以众力而自保其生命财产者也。各从其意之自由，自定约而自守之，自立法而自遵之，故一切平等。"③ 可见，西方民主思想传入中国时，也或多或少与平等自由思想联在一起。正是因为 democracy 在很长时期内还没有一个相对稳定的、众所周知的中文译词，所以时人还不时用"自主"甚或"自由"之类的词来陈述民主思想。1887 年10 月 2 日《申报》发表一篇题为《论西国自由之理相爱之情》的文章，其中的一段文字，与其说是在介绍"自由"，毋宁说是论述"民主"（democracy）：

> 西国之所谓自由者，谓君与民近，其势不相悬殊，上与下通，其情不相隔阂，国中有大事，必集官绅而讨论，而庶民亦得参清议焉。君曰可而民尽曰否，不得行也。民尽曰可，而君独曰否，亦不得行也。盖所谓国事者，君与庶民共之者也。虽有暴君在上，毋得私虐一民。民有罪，君不得曲法以宥之。盖法者，天之所定，人心之公义，非君一人所能予夺其间，故亦毋得私庇一民。维彼庶民，苟能奉公守法，兢兢自爱，怀刑而

---

① 严复，《主客平议》（1902），《严复集》（第一册），第 118 页。
② 严复，《原强》，《严复集》（第一册），第 31 页。
③ 梁启超，《论学术之势力左右世界》，《饮冰室合集》文集之六，第 110—116 页。

畏刑，虽至老死，不涉讼庭，不见官长，以优游于牖下，晚饭以当肉，安步以当车，无罪以当富贵，清静贞正以自娱，即贫且贱，何害焉。此之谓自由。①

要理解这种以"自由"论"民主"或"自由""民主"两个概念相互替换的现象，我们有必要考察一下"自由"（liberty, freedom）在中国的初期译介。

马礼逊的《华英字典》（1822）将 liberty 释为"自主之理"②；麦都思的《英汉字典》（1847）译之为"自主，自主之权，任意擅专，自由得意"③。这些便是汉译 liberty 的起始。嗣后，罗存德《英华字典》（1866）中的 liberty 译为"自主，自由，治己之权，自操之权，自主之理"④；邝其照《英华字典集成》（1882）译 liberty 为"自可作主，无别人拘束，任意脱身"⑤。西方"自由"概念的另一表达 freedom 的早期汉译，基本上与 liberty 的译词大同小异：马礼逊《华英字典》译之为"自主之理"；罗存德《英华字典》译词是"自主者，治己之权，任意行之权"；邝其照《英华字典集成》译为"自己作主，无拘束，直白"；《荷华文语类参》（1886）译 vrijheid（freedom）为"自主之理，自主之情，自主之事"。⑥

---

① 《论西国自由之理相爱之情》，载《申报》1887 年 10 月 2 日。
② 马礼逊编，《华英字典·（第三部分）英汉词典》（1822），第 254 页。
③ 麦都思编，《英汉字典》。
④ 罗存德编，《英华字典》，第 1107 页。
⑤ 邝其照编，《英华字典集成》，第 206 页。
⑥ 薛力赫编，《荷华文语类参》（Gustave Schlegel, *Nederlandsch-Chineesch Woordenboek met de Trascriptie der Chineesche Karakters in het Tsiang-Tsiu Dialekt*, Leiden: E. J. Brill, 1886）。

　　郭嵩焘在《伦敦与巴黎日记》（1878）中说"类百尔底［liberty］，言自在无拘束也"①。另据何启、胡礼垣的记述，当时还有人将 liberty 译为"民权"："'里勃而特'［liberty］译为自由者，自日本始。虽未能尽西语之意，然以二字包括之，亦可谓能举其大由。自由二字而译为民权者，此必中国学士大夫读日本所译书者为之，其以民权二字译'里勃而特'一语，吾无间然，独惜译之者于中外之理未能参究其同，阅之者或至误猜其意。"② "民权"之译，更使 liberty 和 democracy 难解难分，因为在 19 世纪末 20 世纪初，"民权"也常常是 democracy 的译词。"民权"概念在戊戌前后甚为流行，严复则尤其强调民权的"自由"内核："民有权而自为君者，谓之民主。"③ 梁启超则在 1901 年 6 月 7 日《清议报》上撰文曰：

　　　　吾侪之倡言民权，十年于兹矣；当道者忧之、嫉之、畏之，如洪水猛兽然。此无怪其然也，盖由不知民权与民主之别，而谓言民权者，必与彼所戴之君主为仇，则其忧之、嫉之、畏之也固宜。不知有君主之立宪，有民主之立宪，两者同为民权，而所训致之途，亦有由焉。凡国之变民主也，必有迫之使不得已者也。④

　　何启、胡礼垣的文字告诉我们，日本人先于中国人用"自由"

---

① 郭嵩焘，《伦敦与巴黎日记》，第 715 页。
② 何启、胡礼垣，《劝学篇书后·正权篇辨》，《新政真诠》，第 415—416 页。
③ 严复，《孟德斯鸠法意》卷五按语，上海，商务印书馆，（1931）1981 年，第 96 页。
④ 梁启超，《立宪法议》，《饮冰室文集》之五，第 4 页。

译 liberty。Freedom 和 liberty 的汉语对应词还处于"各取所好"之时①,"自由"译词已在日本完全确立②。的确,日本 1881 年出版、1884 年再版的《哲学字汇》③,以"自由,自主,自在"译 freedom,"自由"译 liberty。早在江户时期的日本,古汉语"自由"已被用作对译西方相关概念,幕末、明治期间日渐成熟,几部有影响的辞书均以"自由"对译西方概念。尤其是福泽谕吉等重要思想家对"自主之理""自由之理"的阐述,更使自由思想得以广泛传播。④ 汉籍中较早使用现代意义的"自由"一词,见之于谢卫楼(Devello Sheffield, 1841—1913)的《万国通鉴》(1882),该书述及法国"百姓多有自由之心,欲更变历代尊爵之承袭,俾有才德者得获官爵,并欲禁止为道逼迫之事,使人各凭己心拜主"⑤。

古汉语"自由"多含"自由自在""自恣自专"之义。⑥ 因此,戊戌变法之前,中国知识界公开主张"自由"的人为数不多。其中

① 例如张之洞在其《劝学篇》(1898)中说:"至外国今有自由党,西语实曰'里勃而特',犹言事事公道,于众有益,译为'公论党'可也,译为'自由'非也。"(张之洞,《劝学篇上·正权第六》,《张之洞全集》十二,武汉,武汉出版社,2008 年,第 167 页)
② 《日本国语大辞典》(东京,小学馆,1975)中作为英语译词的"自由"有两个来源:freedom 与 liberty,前者主要指精神范围的自由,后者主要指政治领域的自由。
③ 井上哲次郎、有贺长雄编,《哲学字汇》(1881);井上哲次郎、有贺长雄等编,《哲学字汇(改订增补)》(1884)。
④ 关于 freedom 和 liberty 两词在日本的翻译以及自由思想在日本的传播,参见冯天瑜,《新语探源——中西日文化互动与近代汉字术语生成》,北京,中华书局,2004 年,第 554—556 页。
⑤ 谢卫楼(Devello Sheffield),《万国通鉴》,转引自金观涛、刘青峰,《从"共和"到"民主"——中国对西方政治概念的选择性吸收和重构》,《观念史研究——中国现代重要政治术语的形成》,第 568 页。
⑥ 《后汉书·阎皇后纪》:"吾兄弟权要,威福自由。"《三国志·吴·朱桓传》:"节度不得自由。"

最为有名的当数严复。他在《论世变之亟》（1895）一文中，探索西洋富强之真谛和清帝国日暮途穷之惨象，究其原委在于两点："于学术则黜伪而崇真，于刑政则屈私以为公而已。斯二者，与中国理道初无异也。顾彼行之而常通，吾行之而常病者，则自由不自由异耳！"[①]

> 夫自由一言，真中国历古圣贤之所深畏，而从未尝立以为教者也。彼西人之言曰：唯天生民，各具赋畀，得自由者乃为全受。故人人各得自由，国国各得自由，第务令毋相侵损而已。侵人自由者，斯为逆天理，贼人道。其杀人、伤人及盗蚀人财物，皆侵人自由之极致也。故侵人自由，虽国君不能，而其刑禁章条，要皆为此设耳。[②]

很明显，正是出于这类思考，严复将他 1903 年翻译出版的约翰·穆勒（John Stuart Mill, 1806—1873）的 *On Liberty*（1859）定名为《群己权界论》，取代原译名《自繇论》。严复在译叙中试图为古汉语"自由"正名，认为其本义当为"不为外物拘牵而已"，非世俗所理解的放荡不羁。因此，译本中凡需译自由之处，均用"自繇"二字（"繇"为"由"的通假词）。[③] 不过，彼时知识界已经流

---

① 严复，《论世变之亟》，《严复集》（第一册），第 2 页。
② 同上书，第 3 页。
③ 严复说："或谓旧翻自繇之西文 Liberty 里勃而特，当翻公道，犹云事事公道而已，此其说误也。谨案：里勃而特原古文作 Libertas。里勃而特乃自由之神号，其字与常用之 Freedom 伏利同义。伏利当者，无罣碍也，又与 Slavery 奴隶、Subjection 臣服、Bondage 约束、Necessity 必须等字为对义。中文自繇，常含放诞、恣睢、无忌惮诸劣义，然此自是后起附属诸诂，与初义无涉。初义（转下页）

行"自由"译法，严氏标新"自繇"，还是没能得到推广。[①] 然而，在19世纪接近尾声之时，西方"自由"概念在中国的译词已经确立，彻底摆脱了"治己之权，任意擅专"之类的译法。自由被看作人的应有之权："自由者，权利之表征也。凡人所以为人者有二大要件：一曰生命，二曰权利。二者缺一，时乃非人。故自由者乃精神界之生命也。"[②]

1900年《万国公报》从第136册起，连载斯宾塞尔（Herbert Spencer, 1820—1903）《自由篇》（On Liberty）。严复译作《群己权界论》发表的同年，马君武于1903年将穆勒著作以译名《自由原理》出版，西方自由思想终于比较完整地介绍到了中国。梁启超宣称："自由者，天下之公理，人生之要具，无往而不适用者也。"[③] 邹容1902年所作的《革命军》，被誉为中国近代的"人权宣言"。该著开篇便宣扬西洋"言论自由、思想自由、出版自由"，嗟叹"中国人，奴隶也。奴隶无自由，无思想"，并在全书最后响亮地高呼："中华共和国万岁！中华共和国四万万同胞的自由万岁！"[④] "自由"不仅成为革命风暴中的响亮口号，也成了新文化运动关注的焦点之一。当20世纪前期中国影响最大的现代报纸《申报》（1872年4月创刊）于1911年7月24日创办日后最负盛名的报纸副刊《自

（接上页）但云不为外物拘牵而已，无胜义亦无劣义也。［……］由、繇二字，古相通假。今此译遇自繇字，皆作自繇，不作自由者，非以为古也。视其字依西文规则，本一玄名，非虚乃实，写为自繇，欲略示区别而已。"（严复，《〈群己权界论〉译凡例》，《严复集》［第一册］，第132—133页）

① 参见熊月之，《西学东渐与晚清社会》，第692—693页；冯天瑜，《新语探源——中西日文化互动与近代汉字术语生成》，第556—558页。

② 梁启超，《十种德性相反相成义》，《饮冰室文集》之五，第45页。

③ 梁启超，《新民说·论自由》，《饮冰室专集》之四，第40页。

④ 邹容，《革命军》，《邹容集》，北京，人民文学出版社，2011年，第5、52—53页。

由谈》之时，"自由"已经变成家喻户晓的概念。

近代自由主义在中国的第一代传人严复对西学的界定是："以自由为体，以民主为用。"他所说的"身贵自由，国贵自主"[1]，也许最能表明时人对"自由"和"民主"二者关系的理解。梁启超亦言："今世之识者，以为欲保护一国中人人之自由，不可不先保护一国之自由。苟国家之自由失，则国民之自由亦无所附。"[2] 当然，并不是所有人都像严复和梁启超那样认识民主和自由的，张之洞《劝学篇》曰："考外洋民权之说所由来，其意不过曰国有议院，民间可以发公论，达众情而已，但欲民伸其情，非欲民揽其权。译者变其文曰'民权'，误矣。[……]近日撷拾西说者，甚至谓人人有自主之权，益为怪妄。此语出于彼教之书，其意言上帝予人以性灵，人人各有智虑聪明，皆可有为耳，译者竟释为人人有自主之权，尤大误矣。泰西诸国，无论君主、民主、君民共主，国必有政，政必有法，官有官律，兵有兵律，工有工律，商有商律，律师习之，法官掌之，君民皆不得违其法。政府所令，议员得而驳之。议院所定，朝廷得而散之。谓之人人无自主之权则可，安得曰人人自主哉？"[3]

其实，中国早期双语辞书对 liberty 或 freedom 的诠释，已经包含大量"民主"含义；虽说"自主"常与"自由"同理，[4] 但它更

---

① 严复，《原强（修订稿）》，《严复集》（第一册），第 17、23 页。

② 梁启超，《答某君问法国禁止民权自由之说》，《饮冰室文集》之十四，第 30 页。

③ 张之洞，《劝学篇上·正权第六》，《张之洞全集》（十二），第 167 页。

④ 参见林乐知，《中东战纪本末》卷八，上海，广学会，1896 年，第 31 页："天之生人无不付以自主之理，人之待人独不应略予以自主之权乎？[……]人固皆有自主之理者，今削其自主使不能全乎，其为人直较诸阉割人势而又过之。盖阉人之苦不过体相不具，华人之苦甚至心力不全也，心力不全，断不能成一事创一物。"

多地涉及西方的民主概念。正是马礼逊用以译释 liberty 和 freedom 的"自主之理"（或以后的"自主之权""自主"，尤其是"民自主"）作为概念，在西方近现代民主思想（概念）在中国的早期传播中起了举足轻重的作用。

（表三） Liberty：自由

年代	汉语译词	出处
1822	自主之理	马礼逊（Robert Morrison）：《华英字典·（第三部分）英汉词典》，第 113 页
1847	自主，自主之权，自主之理，任意擅专，自由得意，由得自己，自主之事	麦都思（Walter Medhurst）：《英汉字典》
1869	自主，自由，治己之权，自操之权，自主之理	罗存德（Wilhelm Lobscheid）：《英华字典》，第 1107 页
1877	自由	吴尔玺（Theodore Woolsey）著、丁韪良（Milliam Martin）译：《公法便览》
1878	类百尔底	郭嵩焘：《伦敦与巴黎日记》，第 715 页
1881	自由	井上哲次郎、有贺长雄：《哲学字汇》，第 36、51 页
1882	自可作主，无别人拘束，任意脱身	邝其照：《英华字典集成》，第 171 页
1884	自主之权	顾赛芬（Séraphim Couvreur）：《法汉常谈》
1885	自主之权	傅兰雅（John Fryer）：《佐治刍言》第十一章"论律法并国内各种章程"，第 37 页
1894	自主之益	罗伯村（Edmund Robertson）著，傅兰雅（John Fryer）、汪振声译：《公法总论》
1895	自由	严复：《原强（修订稿）》，《严复集》（第一册），第 23 页

年代	汉语译词	出处
1896	自由	蔡尔康等：《李鸿章历聘欧美记》，第 223 页
1896	自主之权	梁启超：《论中国积弱由于防弊》，《饮冰室文集》之一，第 99 页
1896	自主之理，自主之权	林乐知（Young Allen）：《中东战纪本末》卷八，第 31 页
1896	自主之权	《日本名士论经济学》，载《时务报》第十四册，见《强学报·时务报（影印本）》，第 948 页
1902	自由	梁启超：《新民说·论自由》，《饮冰室专集》之四，第 40 页
1902	自主，自由，自操之理，自主之理，无别人拘束	《商务书馆华英音韵字典集成》
1902	自由	Calvin Mateer（狄考文），*Technical Terms. English and Chinese*，p. 248
1903	自由	无名氏译：《立宪政体论》，第 IV：12 页
1903	自繇，自由，放任	穆勒（John Stuart Mill）著、严复译：《群己权界论》
1903	自由	北条元笃、熊谷直太编，范迪吉等译：《国际公法》
1905	自由	戴鸿慈：《出使九国日记》，第 386 页
1905	自由	载泽：《考察政治日记》，第 576 页
1907	自由	清水澄：《汉译法律经济辞典》，第 131 页
1908	自由	周佐朏译：《世界地理》，第 18 页
1913	自由	Evan Morgan（莫安仁），*Chinese New Terms and Expressions*，p.149
1916	自由，自繇，自由之能	赫美玲（Karl Hemeling）：《官话》

年代	汉语译词	出处
1921	自由，不羁，亲狎	陆伯鸿、宋善良：《法华新字典》
1922	自由	季理斐（Donald MacGillivray）：《英华成语合璧字集》
1923	自由	唐敬杲：《新文化辞书》，第 1036 页

五、"自主之理"——Democracy 之早期汉译概念

本文已经介绍了马礼逊、麦都思和罗存德编修的三套辞书对 democracy 的诠释，无论是"既不可无人统率亦不可多人乱管"，还是"众人的国统，众人的治理，多人乱管，小民弄权"之类的译介，都基本上没有摆脱"民主"只作为政体的陈旧概念和用法，忽略了对"民主"的新的认识和时代意义。而"自主之理"或"民自主"或多或少地赶上了时代的步伐，它不但状写西方民主国家的政治现实，更展示了 democracy 的历史哲学内涵，体现了"民主"的社会和精神因素，它是一种有关民主原则的学说，是一个发展趋势之概念和历史运动之概念。

《海国图志》曾有一处援引郭实猎《万国地理全图集》（1838）论及"自主之理"。① 正是郭实猎等人编辑出版的《东西洋考每月统

---

① 郭实猎（Karl Gützlaff），《万国地理全图集》（1838），见《海国图志》（中）卷四十三《大西洋欧罗巴洲·意大里国沿革》，第 1246 页："其列国皆服专主，并不知自主之名。"第 1248 页："波罗峨那古城恒执其义，并不悦服其教皇，而固执其自主之理。"（波罗峨那［波洛尼亚，或：波伦亚］：Bologna）

记传》（以下简称《东西洋考》），不断阐扬"自主之理"（这一表达在《东西洋考》中出现 36 次）。下面，笔者列举《东西洋考》中有关"自主之理"或"民自主"的论说，说明这两种表达，尤其是"自主之理"与 democracy 的直接联系，同时强调《东西洋考》对 democracy 概念在中国的传播所做出的贡献，而"自主之理"或"民自主"也许可以视为现代汉语"民主"概念的胚胎。这里需要特别指出的是，马礼逊《华英字典》也将 liberty 和 freedom 亦即"自由"译为"自主之理"，后来的《荷华文语类参》也是如此译释。鉴于具体运用上的模糊性，又因"自主之理"和"自主之理"时常混用，很难断定有些论述中的"自主之理"是"自由"还是"民主"，或者二者兼而有之。

首先，《东西洋考》介绍的"自主之理"意味着大开言路、各随所见；说的是自由和平等之理，是"天下之正道，天下之定理"。《东西洋考》刊载的《自主之理》一文，假托旅英八年的华人之书信，大谈"自主之理"：

> 我中国人慕英吉利国名，而未知其国家之政体如何。余要解其意，又解不详晰；欲说其治，又说不畅达。故引人信启之言，申明大略。［……］英民说道：我国基为自主之理。愚问其义。曰：自主之理者，按例任意而行也。所设之律例千条万绪，皆以彰副宪体；自帝君至庶人，各品必凛遵国之律例。［……］上自国主公侯，下而士民凡庶，不论何人，犯之者一齐治罪。［……］欲守此自主之理，大开言路，任言无碍各语其意，各著其志。至于国政之法度，可以议论慷慨。若官员错了，抑官行苛政，酷于猛虎，明然谏责，致申训诫警；如此露

皮漏肉，破衣露体，不可逞志妄行焉。且崇上帝，各有各意见，国民若操自主之理，不敢禁神道，而容诸凡各随所见焉。〔……〕如是可知真理，又真理将释尔，可为自主也。此是天下之正道，天下之定理矣。①

《东西洋考》主要是在介绍西方政治体制的时候谈论"自主之理"或"民自主"的，其中涉及不少国家。然而，谈论政体时，主要还是强调作为"国基"的自主之理：

　　此民自主治国，每三年一次选首领主，以统摄政事。〔此乃〕"自主之理"。（《北亚米利加合郡》）②

　　自此以后，美理哥民自主操权，掌治国也。（《华盛顿言行最略》）③

　　时势如此，城邑兴隆，间阎丰裕，至国公之权渐衰，由是民尚公论自主之理也。〔……〕上古南与北省合一统治政，后七省逐西班雅之兵，操自主之理兼摄国政，无王无君，而择总督，治理国政。（《荷兰国志略》）④

民主制度的一个重要特征是议会制度。《东西洋考》是最早把"国会"或曰"公会""国政公会"介绍到中国来的刊物之一："英吉利国之公会，甚推自主之理〔……〕倘国要旺相，必有自主之

---

① 《东西洋考每月统记传》，第339—340页。
② 同上书，第297页。（北亚米利加合郡：美利坚合众国）
③ 同上书，第320页。（美理哥：美利坚）
④ 同上书，第328、330页。

理。不然，民人无力，百工废，而士农商工，未知尽力竭力矣。"①
又曰："然则自主之理，如影随形，及国政公会摄权理民。"②《英
吉利国政公会》一文通过对议会亦即上下两院的详细介绍阐明
"自主之权"，同时，它也是中国人了解西方议会制度的最早文献
之一：

> 国政之公会，为两间房，一曰爵房，一曰乡绅房。在爵房
> 独有公侯等世爵，并国之主教；在乡绅房，有良民之优者，被
> 庶民选择者。设使王定政事，必须核实办理，遂谕宰相转告爵
> 房。金公然计议停当，决论微言，出意见，献其计，详拟定
> 例。遂令乡绅房，各位酌核妥议。恐庶众不合意，又必察其大
> 众允诺否。不允，则弃之，再不提论。国主，愿征收钱粮，遂
> 讨乡绅房胥，详悉妥议，可否拨发。倘百姓或愿立法，抑想改
> 正拟处之本，遂请本乡绅，以此事陈明公会 [……]③

民主的另一大特征是司法的独立。对此，《东西洋考》亦有详
论。《批判士》一文则介绍了北美的陪审员制度：

> 英吉利亚墨理加北，合邦各国操自主之理，亦选等批判士
> 致定案。由是观之，宪不定罪而民定拟之；倘数位酌核妥议，
> 不可厚于此而薄于彼。虽各有其意见，然公平审判乃宜矣。况

---

① 《东西洋考每月统记传》，第186页。
② 同上书，第353页。
③ 同上书，第365页。

十目所见、十手所指其严乎。批判士不俸禄，并无供职，亦不趋炎附势、指望做官，是以不畏人，而宜恭敬上帝。暗室屋漏，周览天下矣。如此民畏法，而悦然服矣。①

从以上引文可以看出，"自主之理"或"民自主"就是西方democracy概念的早期中文对应词；"民自主"最后被"民主"所取代，"自主之理"却自行消失。不过，与"自主之理"甚为相近的"自主之权"却延续了很长时间，时常也被用来表达 liberty 的意思。② 就像 19 世纪介绍西方概念时汉语中习见的多词同义或一词多义一样，"自主"二字以后又以许多不同组合和不同含义来移译西方概念，如"自主政权"（autonomy：自治，自主等）、"自主权"（personal right：个人权利）③ 等。

最后需要指出的是，"自主"或"自主之理"并不都是西方"民主"概念的移译。恰恰相反，它有时表达的是"独裁"，如"自主之权"（autocracy：独裁；专制制度）、"自主之君"（despot：专制君主，暴君）。④ 这里可见汉语中的一些词在不同语境中的差异。然而，"自主"等词最常用于国家之"主权"和"独立"（independence和 sovereignty）。⑤ "自主"是丁韪良译《万国公法》的中心概念

---

① 《东西洋考每月统记传》，第 406—407 页。
② 如梁启超 1896 年在《论中国积弱由于防弊》一文中所言："西方之言曰：人人有自主之权。何谓自主之权，各尽其所当为之事，各得其所应有之利，公莫大焉。"（《饮冰室文集》之一，第 99 页）
③ 井上哲次郎、有贺长雄编，《哲学字汇》（1881），第 9、79 页。
④ 罗存德编，《英华字典》，第 118、603 页。
⑤ 卢公明编，《英华萃林韵府》卷二，第 194 页："自主之国"（independent）；李梅、日意格编，《汉法语汇便览》，第 144 页："自主"（indépendance）。

（译词）之一，其中还有专章《论其自护自主之权》。①

六、 尾声，又是新的开始

"议会""民主"等重要思想和政治概念输入中国，首先应该归功于西方传教士和学者，但真正使其广泛传播的，则是林则徐、魏源等面向世界的中国士大夫。然而，像《海国图志》那样甚赞美国民主制度使"国家之勃起［……］而自成世界者"，在当时毕竟是少数。19世纪90年代之前，中国知识界对"民主"等概念多半囿于介绍而缺乏认同感。② 即便像中国首任驻外公使郭嵩焘那样的开

---

① 参见《万国公法》卷二。——另见《东西洋考每月统记传》，第343页："嘉庆元年［1796/1797，拿破仑一世之时］，法兰西三军，大获胜捷，甚恨异端，放纵无道，驱逐教皇，后夺其地矣。嘉庆十八年［1813/1814］，复登位，仍旧仗势倚情，自大矜夸，横行霸道。但列西国，今知自主之理，藐视其吓呼，而自主行为。"《东西洋考每月统记传》，第361页："法兰西国王，道光十年［1830/1831］，千百姓之誉，庶民举首望之，欲为君焉。逐驱古王，而立之矣。既是如此，不期其心志与日俱更，因欲操自主之理，且摄总权，相争辩驳，而民安焉。国王秉公，施仁发政，抱济世安民之才绥靖国也，故此国保泰降福。"《东西洋考每月统记传》，第373页："葡萄牙国民未安，甚恨五爵弄权，自主办政。［……］西班牙国，尊贵皆好自主之理，自觉弹遏国民难矣。故立志募庶民，不论老幼攅甲持戈，力逐乱徒，兼摄总政。"刘锡鸿，《英轺私记》，第63页："此我之内政也。自主之国，他人不得预其内政，尔万国公法固云然。"张德彝，《随使英俄记》，第322页："［……］非欲冒犯土国［土耳其］自主体制。"傅兰雅，《佐治刍言》第七章"论人类分国"，第21页："至一千七百有七年，苏格兰亦立国自主。"第22页："［……］立为自主之国，亦如美国之于英国矣。"郑观应，三十六篇本《易言·论税务》，《郑观应集·救时揭要（外八种）》（上），第69页："洋人遂执洋货免厘之说，以为要挟，显违条约，欲挠我中国自主之权。"郑观应，《条约》，《郑观应集·盛世危言》（上），第213页："厘捐一事，中国既为自主之国，其如何征收应听自便，如他国前来干预阻碍，实不能谓之公允。"

② 直到戊戌前后，中国知识界对"民主"的认知依然颇多歧义，理解不一。（参见谢放，《戊戌前后国人对"民权"、"民主"的认知》，载《二十一世纪》2001年6月号，第42—51页）

明人士，在归国途中议论法国政局与民主制度时也说："［……］泰
西政教风俗可云美善，而民气太嚣，为弊甚大。去年德国、意大
利、西班牙屡有戕君谋逆之案，俄罗斯亦数伤毙大臣，亦是太西巨
患。"① 这种对民主的怀疑态度和反感，在当时是很普遍的，著名政
论家王韬亦有"民为主，则法治多纷更，心志难专一，究其极，不
无流弊"② 之说。这些观点在西方亦有同调，我们也可视之为西方
民主怀疑论在中国的一种折射，英国钱伯斯兄弟所编教育丛书之一
《佐治刍言》中的一段文字便是明证。③ 另一方面，中国知识界在关
注民主制度时，基本上还缺乏推翻君主专制的胆略和想象，或曰其
对帝室还寄予厚望，因此，不少人即便以为民主制度有其可取之
处，而在提倡效法的时候，却多半避开美法式民主，推崇英德或日
本式民主，这就是所谓"君民共主"之说（君主立宪）在 19 世纪
盛行的原因（美法体制在五四时期才更被称颂）。在这方面，刘锡
鸿的观点是很有代表性的："西洋所以享国长久，君民兼主国政故
也。"④ 薛福成则从"西学中源"的立场赞扬君民共主"最为斟酌得
中"⑤。力主实行议会制度的郑观应在其《盛世危言·议院》一文中
说得更为明白：

---

① 郭嵩焘，《伦敦与巴黎日记》，第 910 页。
② 王韬，《重民下》，《弢园文录外编》，陈恒、方银儿评注，郑州，中州古籍出版
　社，1998 年，第 65 页。
③ 傅兰雅，《佐治刍言》第十章"论国政分类"，第 31 页："法国［……］改为民主
　之国，人民权柄过大，国中异常骚扰，其凶暴残刻，较之前朝，犹有甚焉。"
④ 引自郭嵩焘，《伦敦与巴黎日记》，第 156 页。
⑤ 薛福成，《出使英法义比四国日记》，第 538 页："中国唐虞以前，皆民主也。
　［……］若夫夏商周之世，虽君位皆世及，而孟子'民为贵、社稷次之，君为轻'
　之说，犹行于其间，其犹今之英、义诸国君民共主政乎？夫君民共主，无君主、
　民主偏重之弊，最为斟酌得中，所以三代之隆，几及三千年之久，为旷古所未
　有也。"

　　或谓："议政院宜西不宜中，宜古不宜今。"此不识大局，不深知中外利病者之言耳。余尝阅万国史鉴，考究各国得失盛衰，而深思其故。盖五大洲有君主之国，有民主之国，有君民共主之国。君主者权偏于上，民主者权偏于下，君民共主者权得其平。凡事虽有上、下院议定，仍奏其君裁夺：君谓然，即签名准行；君谓否，则发下再议。其立法之善，思虑之密，无逾于此。此制既立，实合亿万人为一心矣。试观英国弹丸之地，女主当国，用人行政皆恃上、下院议员经理，比年得人土地已二十倍其本国。议院之明效大验有如此者。所以君民共主之国，普天之下十居其六，君主之国十居一、二，民主之国十居二、三耳。今日本行之亦勃然兴起，步趋西国，凌侮中朝。而犹谓议院不可行哉？噫！俱矣！[①]

　　虽然陈炽在《盛世危言》序言中依然视"民主之制"为"犯上作乱之滥觞"[②]，但更有《翼教丛编》（1898），反民主论调比比皆是[③]，"犯上作乱"是反民主者给"民主"贴上的主要标签。[④] 这才

----

① 郑观应，《议院上》，《郑观应集·盛世危言》（上），第91—92页。
② 陈炽，《盛世危言》陈序，《郑观应集·盛世危言》（上），第9页。
③ 参见苏舆辑，《翼教丛编》。——如叶德辉《叶吏部〈輶轩今语〉评》（《翼教丛编》卷四，第80页）所云："西人有君主，有民主，君有君之史，民有民之史。中国自尧舜禅让以来，已成家天下之局，亦以地大物博，奸宄丛生，以君主之，犹且治少乱日多，以民主之，则政出多门，割据纷起，伤哉斯民，不日在疮痍水火之中哉！"
④ 另参见王尔敏，《晚清士大夫对于近代民主政治的认识》，《晚清政治思想史论》，第261—262页："当时人之反对民主，首先在肯定君父之义，在心目中，以君为五伦之首，神圣而不可侵犯，议之非之，俱为大逆。同时肯定上下之义，以君后为上，为长，为尊；庶民为下，为末，为卑。自然之秩序，不容紊乱。［……］同时更确定国政之本在君而非民，权利之始由君而非民，反此则颠倒上下，是为乱政。"

会有康有为提出的"虚君共和"主张，这个概念在民国初年甚至成了君主立宪的同义词。然而，早在19世纪进入尾声之时，尤其是进入20世纪之后，民主思想已在中国显示出它的巨大威力。为了推翻清王朝、建立民国，"共和"思想（共和主义）盛极一时。① 然而，由于民初政治亦即共和政治的失败，共和主义遭到否定，人们终于在五四时期打出了"德谟克拉西"的大旗。19世纪你中有我、我中有你的"民主共和"，也被拆分为泾浊渭清的两个概念。

1919年5月，杜威（John Deway, 1859—1952）应邀来华讲学，6月在北京做题为《美国之民治的发展》的演讲，刊发于当月的《每周评论》。这篇阐扬杜威新自由主义政治思想的讲演对五四民主思潮的演变产生了广泛的影响。担任翻译的胡适遂将杜威的democracy概念改译为"民治主义"或"民治"。陈独秀于11月发表了《实行民治的基础》一文（《新青年》7卷1号，1919年12月1日），亦采用了杜氏的"民治"概念。就在这个时期，《新青年》杂志上的民主观念经历了由"民主"而"民治"的演变。② 然而，杜威式的"民治"毕竟只是他以及他的追随者对democracy的理解，③ 因此，时髦不久又得让位于"正宗的"德谟克拉西。《新青年》杂志刊行三周年之际，陈独秀在该刊发表《本志罪案之答辩书》，称"民主"和"科学"为"德先生"和"赛先生"："我们现

① 参见金观涛、刘青峰，《从"共和"到"民主"——中国对西方政治概念的选择性吸收和重构》，《观念史研究——中国现代重要政治术语的形成》，第260—268页。
② 参见金观涛、刘青峰，《〈新青年〉民主观念的演变》，载《二十一世纪》1999年12月号，第29—41页。
③ 杜威关于"民主"的阐释，超越了自由主义之民主政治的传统观念，将其扩展至社会经济领域，并将民治主义分为政治的民治主义、民权的民治主义、社会的民治主义和经济的民治主义。

在认定只有这两位先生，可以救治中国政治上、道德上、学术上、思想上一切的黑暗。"[①] 胡适在讨论新思潮的意义时说："比较最简单的解释要算我的朋友陈独秀先生所举出的《新青年》两大罪案——其实就是新思潮的两罪大案—— 一是拥护德莫克拉四先生（民治主义），一是拥护赛因斯先生（科学）。"[②]

① 陈独秀，《本志罪案之答辩书》，载《新青年》第六卷第一号（1919 年 1 月 15 日），见《新青年（影印本合编）》(6)，第 17—18 页，另见《陈独秀文集》（第一卷），第 361—363 页。
② 胡适，《新思潮的意义》，载《新青年》第七卷第一号（1919 年 12 月 1 日），见《胡适文集》（第 2 册），第 498 页。

"Intellectual" 的中国版本 *

　　中国学界对"知识分子"概念的兴趣和探讨，是在改革开放与思想解放运动以后，在 1980 年代"知识分子"以启蒙与批判的姿态重返社会以后，在了解了西方 intellectual 概念以后。"文化热"之后，"知识分子热"多次以不同的形式出现，关于知识分子问题的讨论似乎没有停过。而且，西方对 intellectual 概念的重要论述，也已受到中国学界的关注，该提到的似乎都提到了；对于 intellectual 的重要人物，也或多或少地做了译介。就总体而言，中国知识界，包括世界华人学界几十年来对 intellectual 概念之定义的讨论，其大概框架大同小异，方法是西方的，基本观点也是西方的。原因很简单："知识分子"早被公认为 intellectual 或 intelligentsia 的汉语译词；因此，用西方视角与外来的现代性话语谈论中国"知识分子"便成了理所当然的事。许多学者对知识分子问题做过专门论述，但他们所阐述的观点，多半也是西洋观点或框架的翻版。

　　本文试图从概念本身出发，（一）反思西方概念给我们的启发，（二）阐述中国"知识阶级"（"知识分子"）概念的起源及其内涵，

---

* 本文简本原载《中国社会科学》2006 年第 5 期，第 191—204 页。

（三）探讨中国"知识分子"概念的发展、运用和特色。笔者的基本观点是："知识阶级"（"知识分子"）概念虽然是一个舶来品，但是它在中国产生亦即确立之时，几乎完全中国化了，并很快发展成为一个自成一体的概念。中国从未有过一个公认的、真正能够匹配西方那种具有文化职能和社会职能的 intellectual 概念；不是中国"知识分子"概念的定义有问题，问题出在人们至今还在用它移译 intellectual 或 intelligentsia。本文的基本立论是：知识分子 ≠ intellectual。

对于 intellectual 概念，在西方不同时代有不同的指认，不同的人有不同的说法，不同辞书有不同的诠释，至今没有一个公认的严格定义，分歧随处可见；并且，富有创意的"旧瓶装新酒"之现象还会不断出现。因此，用非此即彼的方法谈论 intellectual 是草率的，视一个定义为正宗更是不可取的。我们稍加观察便可发现，对 intellectual 概念的讨论，只是见仁见智、各取所需而已。

1980 年代之后中国学界对"知识分子"概念的探讨，在很大程度上是重新定位的问题，也可以说是一种形式的"正名"，但并未动摇这个概念在中国的基本含义亦即它的中国特色。本文也无力改变一个"根深蒂固"的概念。然而，（出于行文的考虑）为了避免文章中过多出现英语 intellectual 一词，更为了强调 intellectual 与"知识分子"的区别，本文将 intellectual 暂且译为"智识者"，取义鲁迅的一种说法："由历史所示，凡有改革，最初，总是觉悟的智识者的任务。但这些智识者，却必须有研究，能思索，有决断，而且有毅力。他也用权，却不骗人；他利导，却并非迎合。"[1] 不管鲁

---

[1] 鲁迅，《门外文谈》，《鲁迅全集》（第六卷），北京，人民文学出版社，（转下页）

迅在运用"智识者"概念时是否想到外文词语，它同 intellectual 确实有切合和共通之处。① 另外，智慧＋卓识＋学者的"智识者"，比较符合西方对 intellectual 的一般理解，因为这个西方概念除了它的基本含义及不同理解外，或多或少地含有"精英"的意味。② 鲁迅与他的同时代人在谈论"智识者"，尤其是"知识阶级"时，涉及和援引的基本上是俄语 интеллигенция 概念（英文译之为 intelligentsia），汉语较为贴切的翻译是"知识群体"（"知识阶层"），也就是当初文化界偶尔用音译方法移译的"印贴利更追亚"。本文的论述范围只限于"知识阶级"概念产生之后的前一二十年，最晚追溯到 1949 年之前。在这之后，"知识群体"的自我认识以及社会对"知识群体"的认识，几乎都已见之于前期发展。

一、 对"智识者"定义的思考

中国知识界以西方观念论述"知识分子"（本文中的"智识者"）概念的时候，这个概念的指称一般不是民间俗称的"受过教育的人"，也不是《现代汉语词典》所列意义上的"具有较高文化

（接上页）1993 年，第 102 页。——鲁迅在另外两文中所用的"智识者"概念，词义略有差别，见鲁迅，《〈总退却〉序》，《鲁迅全集》（第四卷），第 621—622 页："'五四'以后的短篇里却大抵是新的智识者登了场，因为他们是首先觉到了在'欧风美雨'中的飘摇的，然而总还不脱古之英雄和才子气。"另见鲁迅，《"硬译"与"文学的阶级性"》，《鲁迅全集》（第四卷），第 207 页：当时文艺领域内"并无刚刚放下锄斧柄子的人，大多数都是进过学校的智识者，有些还是早已有名的文人"。

① 鲁迅一生中发表过不少关于"知识阶级"的言论，且颇多微词。这里只是借用鲁迅用过的一个概念，本文的论述将超出鲁迅所说的范围。

② 马克斯·韦伯甚至认为"智识者"仅限于那些成就卓然而被誉为"文化瑰宝"的人，他们是社会群体的精神领袖。

水平、从事脑力劳动的人。如科学家、教师、医生、记者、工程师",而是从事脑力劳动者中关心文化价值的那部分人。具体来说,就是人文学科(例如哲学、历史、艺术、文学、语言学等)的参与者以及一部分中国所称的"社会科学"工作者,但不包括法律、经济等社会实际运行的参与者,更不包括科技工作者。① 不少学者认为中国的"知识分子"概念越用越滥。于是,鉴于《现代汉语词典》毕竟代表了绝大多数中国人的语言实践,有人提出"一部更负责任的词典应当列出国际通用的 intellectuals 的意义,作为第二定义供参考"②。毫无疑问,从概念上说,中国的"知识分子"与西方的"智识者"是不能画等号的。在论述 intellectual 的文章中运用与之相去甚远的"知识分子"概念,只是不得已而为之。换言之,再精湛的论述,似乎也改变不了几乎百分之百的中国人已有的"知识分子"概念,也就是《现代汉语词典》中的定义。这不仅因为语言实践有自己的规律,约定俗成的东西是不容易改变的;更因为"知识分子"概念有自己的产生原因和发展史,有它自己的含义。一个词的确切意义只能在具体的语境里才能呈现出来(维特根斯坦)。

知识分子≠intellectual。对一个初学英语或其他西洋语言的中学生而言,这个论点肯定有些突兀,双语词典中可是把二者画了等号的。对一个生活在西方或在西方生活过的华人而言,也许多少能够领略这两个概念在中国与西方学术和日常生活中的差别。而一个对这两个概念稍有研究的人,也许会说这种说法毫无新意,早有文章谈过它们的差别。本文所要论述的也正是差别。然而,知识分

---

① 参见赵毅衡,《走向边缘》,载《读书》1994 年第 1 期,第 (36—41) 36 页。
② 同上。

子≠intellectual，说的不是翻译的准确与否，也不是当代中国人对
"智识者"在理解和观念上的深浅问题，以及"知识分子"概念的
实际运用与观念之间的差距问题。如果真正摸透了汉语"知识分
子"和"国际通用的 intellectual 的意义"，我们也许能发现，其实
这两个概念原先就是各说各的，本来就不是一回事，是不相等和无
法互译的。

　　我们先对西方的"智识者"概念做一个大概考察。罗宾斯
(Bruce Robbins) 认为，智识者"具有政治和职业两层色彩"①，这
种界定似乎符合"智识者"这个现代概念产生以来的大概状况：智
识者既有自己的职业，也有超乎职业的社会影响。余英时的定义基
本上也在这个框架之内：

　　　　在现代社会中，一个知识分子必须靠他的知识技能而生
　　活，因此他同时必须是一个知识从业员。相反地，一个知识从
　　业员（无论他是教授、编辑、律师或其他知识专业）却不必然
　　是一个知识分子，如果他的兴趣始终不出乎职业范围以外
　　的话。②

　　笔者赞同一个智识者可以是大学教授、大学教授未必是一个智
识者的说法，这也是不少西方学者所认同的一个观点。关键是衡量
的尺度，比如，席尔斯 (Edward Shils, 1910—1995) 认为智识者的

---

① 罗宾斯，《知识分子的根基》，载罗宾斯编《知识分子：美学、政治与学术》，王文
　斌等译，南京，江苏人民出版社，2002年，第8页。
② 余英时，《历史与思想·自序》，台北，联经出版事业公司，1985年，第3页。

基本特征是"对世界本质和社会规律的不平常的反思"[①]。另外，笔者以为"职业内职业外"之说言之有理，但不能绝对化。在"智识者"这个现代概念产生以来的一百多年里，没有职业却不愧为智识者的人大有人在，一个原先有职业的智识者由于种种原因（如坐牢、流放或者失去劳动能力等）而失业者亦不乏其人，社会不会因为其无业而剥夺其智识者地位。同样，由于种种原因而只能阶段性从业的智识者，人们也不会称之为"阶段性（间断型）智识者"。如此看来，"两层色彩"恐怕并不是关键性因素。

虽然西方对"智识者"概念的定义不尽相同，各自都有自己的侧重面，但这个概念基本上指的是一种类型的人（群），这些人因为他们的"才智"（intellect）亦即他们的"理性"（reason）而产生影响，常常获得超出一般人的社会荣誉。或者说，在判断一个人是否属于智识者的时候，主要不是看他的受教育程度（虽然必要的、全面的或比较高的教育程度往往是一个不可忽略的尺度），而是取决于他的脑力劳动和精神活动的性质。他具有（不是内行或专家意义上的，而是博学或哲学意义上的）超越现实、给人启迪的开创精神；不管他是积极的参与者还是冷眼旁观者，他总带着评判的目光；或者，他也可以是一个与社会通行的行为方式或观念保持很大距离的人。这种说法是德国《迈尔百科全书》[②]对智识者的定义，是一种强调智识者主导精神潮流的"精英"观念。在整个定义中，当今那种在论述智识者的时候几乎必然提及的批判精神、对公共领

---

① 席尔斯，《智识者与权力以及其他论文》，第 3 页（Edward Shils, *The Intellectuals and the Power and Other Essays*, Chicago: University of Chicago Press, 1972）。

② *Meyers Enzyklopädisches Lexikon*, 9. Auflage, Mannheim/Wien/Zürich: Lexikonverlag, 1971/1981.

域的关怀和对政治事务的介入显得相当淡薄。这大概是辞书定义的特点：就事论事，就词论词。

这里需要强调指出的是，中国学界在接受西方智识者观念时，似乎过分看重诸如萨义德（Edward Said, 1935—2003）所主张的智识者"是社会中具有特定公共角色的个人"，"是具有能力'向'公众以及'为'公众来代表、具现、表明信息、观点、态度、哲学或意见的个人"。[①] 笔者以为，探讨"智识者"问题的一些名家论说，不仅包括智识者是什么，还常常包含智识者应该是什么；说的是一种理想类型。因此，我们应该分清概念与理念或理想的区别。其实，西方在就概念论概念的辞书中或一般人对智识者的理解，很少把那种在一个（人文）学科具有真知灼见、以生产观念和思想为职业的一流学者排除在智识者之外，不管他是否具有公共关怀和政治介入。以《迈尔百科全书》中的"他也可以是一个与社会通行的行为方式或观念保持很大距离的人"为例，我们是很难把陈寅恪那样的大学者排除在智识者之外的，他那种自由之思想、独立之精神无疑是智识者的典范。还有王国维所说的"夫优美与壮美，皆使吾人离生活之欲而入于纯粹之知识者"[②]，或如"最富于为学问而学问的趣味者"顾颉刚[③]。这里所突出的是智识者的学术性和独立性：有出众的才智，有开阔的视野，有怀疑的能力，有批判性的思考，有主见、智慧和造诣。需要指出的是，能做到其中的一两点已经是难

---

① 萨义德，《知识分子论》，单德兴译，北京，生活·读书·新知三联书店，2002年，第16—17页。
② 王国维，《〈红楼梦〉评论》第一章《人生及美术之概观》，见《静庵文集》，沈阳，辽宁教育出版社，1997年，第68页。
③ 参见顾颉刚，《致李石岑（五）》（1924年1月29日），《顾颉刚全集·顾颉刚书信集》（第二卷），北京，中华书局，2010年，第（89—93）89页。

能可贵的了，因为智识者毕竟也是血肉之躯。

福柯（Michel Foucault, 1926—1984）用"特殊智识者"（specific intellectual）概念与"普遍智识者"（universal intellectual）概念相对应，视后者为对观念和理想等大问题感兴趣的文人、作家，前者则是一些专家和学者，他们的立足点是自己的具体领域。福柯认为现实生活中只有具体的智识者，比如写小说的作家、绘画的画家、作曲的音乐家、教书的教授等，专业知识和真知灼见赋予他们质疑和批判的可能性。应该说，福柯只提出了"特殊智识者"的概念而已，而他的解释或曰他所谈的现象，早就存在于西方对智识者的认识之中：自律的、沉思的、独立的智识者，也就是那些创造"有思想的学术和有学术的思想"①的人，福柯本人的实践也说明了这一点。从这个意义上说，法国后现代思想家利奥塔（Jean-François Lyotard, 1924—1998）所说的"智识者已经死亡"②，雅各比（Russell Jacoby）关于"最后的智识者"③的悲壮警告，说到底，指的只能是一种类型的智识者，或曰传统意义上的智识者，而不是智识者的全部。"具体的智识者"是死不完的。

在西方经典辞书或智识者论中，"智识者"概念通常都会提及两个源头，一是 1860 年代的俄国，二是 19 世纪末和 20 世纪初的

---

① 王元化，《清园近思录》，北京，中国社会科学出版社，1998 年，第 261 页。

② 利奥塔认为，智识者常将自己认同于一个被赋予普遍价值的主体，并从这个视角分析形势，习惯于对社会整体说话。然而，后现代社会已经不断趋于多元化和局部化；后现代知识话语的异质性，使智识者的功能从普遍性转向专门性。因此，承担整体性话语的智识者已经没有存在的可能。（参见利奥塔，《后现代状况：关于知识的报告》，车槿山译，北京，生活·读书·新知三联书店，1997 年）

③ 参见雅各比，《最后的知识分子》，洪洁译，南京，江苏人民出版社，2002 年。

法国（这里不包括 intellectual 概念的词源与早期用法①）。中国学界在讨论"知识分子"概念时，因为它是一个"外来词"，所以常常也会追溯这个概念的欧洲本源。尽管对"智识者"起源的译介已经不少，笔者出于后文论述的需要，再对这个概念的来源做一简要叙述：

源于俄国的概念是指那些由沙俄出于改革之心派到西欧去学习、然后回国的青年贵族，他们了解了近代以来的西欧科学文化、思想观念、社会秩序以及生活方式，回国以后深感俄罗斯政治文化的落后和社会状况的丑恶，因而产生了一种对现行秩序之强烈的疏离感和背叛意识。这样一批与主流社会格格不入、具有强烈的反叛精神，尤其是道德批判意识的群体，被称为"印贴利更追亚"（"知识群体""知识阶层"）。法国的"智识者"概念与著名的德雷福斯事件有关。犹太血统的德雷福斯（Alfred Dreyfus, 1859—1935）上尉因莫须有的间谍罪名而被判处终身监禁。1898 年 1 月 13 日，左拉（Emile Zola, 1840—1902）在巴黎《曙光报》上发表了写给共和国总统的《我控诉!》。次日，该报又跟进一篇众人签名的宣言书《抗议》，为德雷福斯辩护。在抗议书上签名的，都是些著名作家、艺术家和学者。后来这批为社会正义辩护、批判社会不公的人士就被他们的敌对者蔑视地称为"智识者"。从法国的源头来看，这个指称那些受过教育、具有批判意识和社会良知的人的概念，起初是贬义的，至少带有揶揄性质。不管后人对"智识者"概念有多少分

---

① 例如俄罗斯诗人和翻译家茹科夫斯基（Vassily Zhukovsky, 1783—1852），波兰哲学家、政治活动家利贝尔特（Karol Libelt, 1807—1875），俄罗斯文学评论家别林斯基（Vissarion Belinsky, 1811—1848），都曾在各自语言中使用过"智识者"亦即"智识阶级"一词。

歧和解说，这两个源头都或多或少地体现在不同的诠释中。

对中国"知识分子"概念的责难，是中国知识界不少人已经知道的一个观点，也就是对《现代汉语词典》"知识分子"是"具有较高文化水平、从事脑力劳动的人"之诠释的指斥：

> 从这样的释义中，不要说已然看不见俄国"知识阶层"和法国"知识分子"的身影，就连中国第一代知识分子在中国历史舞台上所扮演的社会角色也被这一释义所掏空，它剩下的只是一个"文化"和"脑力"的躯壳。对知识分子如此理解，应该说是 20 世纪 50 年代以来所形成的社会共识。如果把这种共识也称之为知识分子的"中国化"，无疑是一种带有历史隐痛的"化约"。[……] 因此，由《现代汉语词典》所体现的这种长达半个世纪以来的社会共识，对"知识分子"而言，与其说是概念上的不完整，毋宁说是知识分子自身的一种历史性的退步。①

这类讥弹指出了中国"知识分子"概念首先不符合俄国和法国传统，其次不符合"中国第一代知识分子"传统；此外，它还说出了"中国化"亦即"历史性的退步"的年代。笔者以为，这种说法本身就过于简单化，是对历史发展的一种化约。中国是否存在俄法意义上的、热心关怀公共事务，并以批判姿态介入实际社会政治活动的智识者是一回事，而中国是否存在一个相应的概念来指称这类智识者是另一回事。中国当然也有 intellectual，但是从来没有一个通

---

① 邵建，《关于知识分子的三个问题》，载《粤海风》2003 年第 2 期，第 (7—12) 9 页。

用的概念能够与之匹配。如果说"知识分子"概念是对西方概念的一种"化约",那么,这种"化约"并不是 1950 年代以后的事。对此,后文将做详细论述。

我们再以一部德国的,或许也是德语最具权威的大百科全书《布洛克豪斯》为例,它对 Intellektuelle（intellectual）的定义,就字面而言,似乎与中国的"知识分子"概念有些接近,认为智识者指的是受过教育并从事精神、艺术、学术或记者等工作的人,他们的能力和志趣建立在才智（Intelligenz）的基础上。[①] 这个定义明显侧重于智力,与俄国"印贴利更追亚"的词源相近。其实,俄语интеллигенция（英语：intelligentsia）字根为法语的 intelligence 和德语的 Intelligenz,而这两个词的共同词源是拉丁语的 intelligere：认识,理解,选择。19 世纪上半叶,德法等国用这个概念指称受过教育、经过启蒙、主张进步的人。此词于 1860 年代进入俄国以后,逐渐转化为指涉俄国激进派的专用名词。今天,德法两种语言中的 Intelligenz 和 intelligence,指的依然是"知识阶层"（知识界）或"洞察力"。1910 年版《大英百科全书》也是从 intellect 一词出发,强调 intellectual 不同一般的认识和理解能力及理论水平。[②]

中国当初对英语 intellectual 概念的介绍,很长时期只是停留在"智力"（拉丁语词源）阶段,没有把人作为主体。邝其照编英华《字典集成》（初版 1868 年,二版 1875 年）译 intellectual 为"神明"亦即"神明""灵敏";邝其照编《英华字典集成》（初版 1882 年,七版 1923 年）译之为"聪明""灵敏";翟理斯（Herbert

---

① *Brockhaus-Enzyklopädie*, 19. Auflage, Mannheim: F. A. Brockhaus, 1986/1995.

② *The Encyclopædia Britannica* (Eleventh Edition), New York: The Encyclopaedia Britannica Co., 1910.

Giles, 1845—1935）编《华英辞典》（1912 年版，1892 年初版）译之为"心灵"；唐敬杲等人编撰的《新文化辞书》（1923）译之为"智力的"。这些例子或许能告诉我们，一个概念有其发展过程，而且，我们需要分清（a）一个概念的内涵与外延的区别，以及（b）理念与概念的区别。德雷福斯事件中的"智识者"与俄国激进派"知识阶层"是一种政治理念或曰宣言式的概念。可是，概念不是一成不变的，我们今天所说的 traditional intellectual（传统智识者）、organic intellectual（有机智识者）和 specific intellectual（特殊智识者）是左拉们所不知道的。同样，俄语的"知识阶层"也随时代的变化而变化，然作为概念的 Intelligentsia 一词依然如故，也就是鲁迅那代人偶尔提到的"印贴利更追亚"①。

　　最后，还有必要在翻译和理解的问题上，对曼海姆（Karl Mannheim, 1893—1947）著名的"自由漂浮"说做一些解释：学界似乎向来视"自由漂浮"和"非依附性"为曼海姆定义智识者的两大特点。不知此说源于何时、出自何处。以笔者对曼氏论说的理

---

① 鲁迅在《〈北欧文学的原理〉译者附记二》（《鲁迅全集》[第十卷]，第 288 页），《我的态度气量和年纪》（《鲁迅全集》[第四卷]，第 111 页）和《〈奔流〉编校后记》（《鲁迅全集》[第七卷]，第 174 页）等文章中，用嘲讽的口吻提到"革命底印贴利更追亚"。另见鲁迅，《"醉眼"中的朦胧》，编者注 15（《鲁迅全集》[第四卷]，第 69 页）。成仿吾在《从文学革命到革命文学》中评论早期创造社时说："它的诸作家以他们的反抗的精神，以他们的新鲜的作风，四五年之内在文学界养成了一种独创的精神，对一般青年给予了不少的激刺。他们指导了文学革命的方针，率先走向前去，他们扫荡了一切假的文艺批评，他们驱逐了一些蹩脚的翻译。他们对于旧思想与旧文学的否定最为完全，他们以真挚的热诚与批判的态度为全文学运动奋斗。"而在展望"文学革命今后的进展"时又说："我们如果还挑起革命的'印贴利更追亚'的责任起来，我们还得再把自己否定一遍（否定的否定），我们要努力获得阶级意识，我们要使得我们的媒质接近农工大众的用语，我们要以农工大众为我们的对象。"

解，二者说的实际上是一回事，只是一大特点而已。英语世界谈论
曼氏"自由漂浮"说的时候，一般采用广为人知的译词 "free floating
intellectuals（intelligentsia）"，德语原文为 "freischwebende Intelligenz"；
所谓"非依附性"，一般只在诠释性的论述中。为了更好地理解曼
氏"定义"，须做如下说明：首先，"自由漂浮"概念并非曼海姆所
创，而是他借用了马克斯·韦伯的弟弟、社会学家和经济学家阿尔
弗雷德·韦伯（Alfred Weber, 1868—1958）的"旧说"。其次，无
论是英语的"free floating intellectuals"，还是汉译"自由漂浮"，
都会给人含糊之感。其实，韦伯亦即曼海姆所用的概念是 "sozial
freischwebende Intelligenz"（英语：socially free floating intellectuals），
明确指出"社会意义上的自由漂浮"。再次，"自由漂浮"和"非依
附性"还会给人武断或不切实际之感，而曼海姆明确说的是"相对
自由漂浮"（relativ freischwebende Intelligenz；英语：relatively free
floating intellectuals）。① 人类社会生活中，绝对"自由漂浮"是不
可能的。

二、　中国"智识者"的诞生年代问题

　　张灏认为 1895 至 1920 年前后大约二十五年时间，是中国思想

---

① 为了证实上述论点，现将曼海姆谈论智识者的一段（或许是最有名的）文字试译
　如下："［智识者］只是一个相对超越于阶级的、不太固定的阶层［……］。那种
　不很明确的、相对超越于阶级的阶层，就是（采用阿尔弗雷德·韦伯的术语）社
　会意义上自由漂浮的智识者。"（曼海姆，《意识形态与乌托邦》[Karl Mannheim,
　Ideologie und Utopie, Bonn: Cohen, 1929]，第 135 页）另外，曼海姆著名的
　"相对不受生存制约的、自由漂浮的智识者"之说（同上书，第 123 页："relativ
　seinsungebundene, freischwebende Intelligenz"），说的并不是"非依附性"（此译
　过于宽泛）和"自由漂浮"（此译不够完整）两大特点，而是一大特点的强调说法。

文化由传统过渡到现代的关键年代。其主要变化，一为报章杂志、新式学校及学会等制度性传播媒介的大量涌现，一为新的社群媒体——知识阶层（intelligentsia）的出现。[1] 林毓生把 19 世纪末活动于中国社会舞台上的康有为、梁启超、严复视为中国第一代智识者。[2] 尽管这些人毫无疑问都是智慧＋卓识＋学者的大家，但在时代划分上，他们只能是中国智识者的前身（或曰"前智识者"）。如同欧洲启蒙运动的思想家是现代智识者的前身一样（有人甚至从希腊罗马说起），但是谁也不会称伏尔泰和狄德罗为智识者。同样，人们可以认为中国的"知识阶层"发轫于春秋战国，定型于秦汉，嬗变于魏晋南北朝，以后各代皆有所传承，形成了一个绵延不绝的传统。[3] 然而，这里所说的传统摆脱不了"学而优则仕"观念及"士风"与"仕风"的结合，或只是另一种意义上的"故事新编"。尽管中国（如鲁迅所言）自古就"有为民请命的人，有舍身求法的人"，但他们不是现代意义上的智识者。

中国学界可能或多或少受到鲁迅晚年曾想写一部以中国四代知

① 参见张灏，《中国近代思想史的转型时代》，载《二十一世纪》1999 年 4 月号，第 29—39 页。张灏曾揭示，中国的智识者在 1890 年后的那个十年开始转向西方思想。——参见张灏，《梁启超与中国思想的过渡（1890—1907）》，第 297 页（Hao Chang, *Liang Ch'i-ch'ao and Intellectual Transition in China（1890—1907）*, Cambridge, Mass.: Harvard University Press, 1971）。另外，他在论述危机中的中国智识者时，重点探讨了康有为、谭嗣同、章炳麟和刘师培的思想。——参见张灏，《危机中的知识分子：寻求秩序与意义［1890—1911］》（Hao Chang, *Chinese Intellectuals in Crisis: Search for Order and Meaning in China*［1890 - 1911］, Berkeley: University of California Press, 1987）。
② 参见林毓生，《中国意识危机——五四时代的极端反传统主义》（Lin Yü-Sheng, *The Crisis of Chinese Consciousness, Radical Antitraditionalism in the May Fourth Era*, Madison: The University of Wisconsin Press, 1979）。
③ 参见余英时，《中国知识阶层史论——古代篇》，台北，联经出版事业公司，1980 年。

识分子为题材的长篇小说之启发，常可见到为中国"智识者"排辈数年代的归纳，而且还和鲁迅的小说设想一样，章太炎为第一代，①过一二十年又多一代。毫无疑问，智识者离不开特定的时代；但是，特定的时代有不同的智识者，或曰同一个智识者在不同的时代有不同的思想活动。一生跨四五代的巴金属于哪一代智识者？（写《激流》时的巴金是智识者，写《随想录》时的巴金也是智识者。）如果鲁迅用文学的手法、像老舍写《四世同堂》一样写四代读书人的身世和遭遇，应该说是可行的。学术上也一样：不少学科史之分代不但是有益的，而且还是必要的。然而智识者不是一个学科，或曰是不少人文和社会学科所共同关心的问题。在接受西方intellectual 基本认识的前提下，给智识者分代（例如许纪霖的研究），甚至用横线切法、以生辰年代断代，② 是值得商榷的。智识者毕竟是非常特殊的一类人，写他们也许比写一个时代的工人阶级状况要复杂得多。从思想和哲学角度出发，智识者的思想来源和倾向以及追求目标经常是隔代的、跨国的、越世纪的，不应用第一代过渡、第二代开拓、第三代陈述之类的机械模式分前三代后三代（以1949 年为界），"中轴说"（前三代的"五四"，后三代的"文革"）与"轮回说"（即"过渡""开拓""陈述"之轮回）也只是为模式而模式之设定，③ 必然会出现漏洞或牵强之处。

---

① 见李泽厚，《中国近代思想史论》，北京，人民出版社，1979 年，第 470 页；许纪霖，《二十世纪中国六代知识分子》，《中国知识分子十论》，上海，复旦大学出版社，2004 年，第 82 页。

② 见许纪霖，同上。

③ 见许纪霖，同上。——当然，笔者不反对"第一代智识者"或"那代人"之说法。世界上谈论智识者时也能见到"那一代智识者命途多舛"云云，"德国智识者在第三帝国时期大量流亡"等等。但这里基本上说的是某个时代而不（转下页）

　　还是从西方 intellectual 基本定义出发，晚清康有为之辈在社会属性上不应该属于中国第一代智识者。这样的话，也没有必要（如中国学界常见的）为了顺应西方"智识者"基本定义而把鲁迅、胡适、陈独秀等人称为中国第一代"现代意义上的"智识者。[①] 照学术常规，Intellectual 这个概念本来就指现代意义上的智识者。

　　邓腾克（Kirk A. Denton）联系中国语境谈论 literati 这个词的时候指出：

　　　　英语中的 literati 这个词，常被用来称谓中国的传统儒士。一般而言，他们缺乏我们在运用 intellectual 这个词的时候所联想的那种自主精神。[②]

邓腾克一方面指出了士大夫不是西方意义的"智识者"，另一方面

（接上页）是智识者的辈分（即"人在那代"与"那一代人"两种说法的区别），比如"二战时期的法国智识者"。智识者的三代人生活在一个时代是很常见的，站在一条战线的莫逆之交也不乏其人。至于"左拉那代人"之说法，在一定程度上可视为年龄划分，但那个时代受过高等教育的人不全是智识者，讨论智识者时也不按照年龄划代。给智识者分代的最终原因，恐怕还是对"究竟何为智识者"的理解和界定问题。因此，互联网中偶尔见到一些人套用分代模式，对号入座论说百年中国李氏或王氏家族的六代知识分子（intellectual），确实让人哭笑不得。另外还有不满者，同样以西方观点为基点，提出"七代说"，委实让智识者"辈"出，却没有分代的法国或德国汗颜。需要说明的是，分代者是在 intellectual 意义上谈论知识分子的。假如完全抛开西方 intellectual 观念来讨论"中国的"知识分子亦即读书人，则另当别论。那么，这个语境中的知识分子，说的或许只是某个时代的读书人和读过书的人。

① 见许纪霖，《二十世纪中国六代知识分子》，《中国知识分子十论》，第 82—83 页。
② 邓腾克编，《中国现代文学思想：1893 年至 1945 年的文学评论》，第 1 页："The English term 'literati' is often used to designate the traditional Chinese scholar who, in the common view, lacked the kind of autonomy we associate with the term 'intelletual'."

强调了英法思维传统中"智识者"的一个主要特征，即精神和思维的自主性。我们无疑要把五四运动前后中国的那些具有强烈反叛精神的"智识者"与以前的士大夫区分开来，这不是因为那些接受传统教育的晚清士大夫还不知道这个新的概念，而是因为他们没有同样的社会属性，他们只能是中国最后一代"士"，是中国历史上罕见的有识之"士"。后康、梁时代，中国智识者才登上历史舞台。朱自清的划分也许是有道理的：

> 五四运动划出了一个新时代。自由主义建筑在自由职业和社会分工的基础上。教员是自由职业者，不是官，也不是候补的官。学生也可以选择多元的职业，不是只有做官一路。他们于是从统治阶级独立，不再是"士"或所谓"读书人"，而变成了"知识分子"，集体的就是"知识阶级"。残余的"士"或"读书人"自然也还有，不过只是些残余罢了。这种变质是中国现代化的过程的一段，而中国的知识阶级在这过程中也曾尽了并且还在想尽他们的任务，跟这时代世界上别处的知识阶级一样，也分享着他们一般的运命。①

朱自清的另一段议论虽然把时间提前了，但他指的依然是那些已经没有科举背景的人：

> 十九世纪二十世纪之交是个新时代，新时代给我们带来了

---

① 朱自清，《论气节》（原载《知识与生活》第二期，1947 年 5 月 1 日），《朱自清全集》（第三卷），南京，江苏教育出版社，1988—1997 年，第 153—154 页。

新文化，产生了我们的知识阶级。这知识阶级跟从前的读书人
不大一样，包括了更多的从民间来的分子，他们渐渐跟统治者
拆伙而走向民间。于是乎有了白话正宗的新文学，词曲和小说
戏剧都有了正经的地位。还有种种欧化的新艺术。[①]

　　严复说，1905 年废除科举"乃吾国数千年中莫大之举动，言其
重要，直无异古者之废封建、开阡陌"[②]。梁启超认为现代观念出现
的"最大关键，就是科举制度之扑灭"[③]。智识阶级便是废除科举之
后的产物。然而，（如康、梁对后代的影响）从它的发展而言，可
以追溯到新式学堂的开设，如杨荫杭回忆所说："清季学堂初开，
凡称学界中人者，自成一阶级。吾尝至渡头，问舟人曰：'尔曾见
一客，鼻架眼镜，足曳皮鞋者乎？'则答曰：'今日未见。昨日却见
一人，形似吃学堂饭者。'此乃新式之吃饭。"[④] 不过，彼时"吃学
堂饭者"，一般还是"学而优则仕"。隋炀帝大业元年（605）后延
续了一千三百年的通过考试选官的科举制之废除，则彻底切断了读
书人与官僚阶层的自然联系。

　　胡适 1918 年回国以后，发现新学堂的学生"高又高不得，低

---

① 朱自清，《论雅俗共赏》（原载《观察》第 3 卷第 11 期，1947 年 11 月 18 日），
《朱自清全集》（第三卷），第 225 页。

② 严复，《论教育与国家之关系——在环球中国学生会演说》（原载 1916 年 1 月 10
日《中外日报》），黄克武编《严复卷》，北京，中国人民大学出版社，2014 年，
第 261 页。

③ 梁启超，《五十年中国进化概论》（1923 年 2 月），林志钧编《饮冰室文集》之三
十九，上海，中华书局，1936 年，第 43 页。

④ 杨荫杭，《吃饭新语》（原载《申报》，1922 年 2 月 28 日），《杨荫杭集》（下），北
京，中华书局，2014 年，第 455 页。

又低不得，竟成了一种无能的游民"①。教育制度的改革，从体制上造就了智识游民。辛亥革命之际，全国已有六万多所新式学堂，学生数将近两百万，成了一支可观的"游民"大军。曼海姆认为"自由漂浮"和"非依附性"是智识者的最大特点。然而，独立漂浮的群体并不就是智识者。按照葛兰西（Antonio Gramsci, 1891—1937）对传统智识者的著名界定，智识者通常是独立自主的，超越于一切社会集团利益之上，代表着社会之普遍的真理、正义和理想。

废止科举的同一年，同盟会在日本成立。中国第一代智识者，大多是新派留学生。同盟会之前，中国各省留日学生于1901年秋冬组织"中国留学生会馆"，学界代表吴禄贞致辞中说："此会馆之于中国，无异美国之独立厅。"② 1902年冬，"中国青年会"在日本成立，宣告该会"以民族主义为宗旨，以破坏主义为目的"③。在反清救亡的运动中，中国的智识者诞生了。如果说废除科举造就了智识阶级，那么，我们或许可以把1905年前后的一系列反叛活动视为中国智识者登上历史舞台的标志，把废止科举与同盟会成立的前后三五年视为中国智识者之诞辰，而"革命军中马前卒"邹容1903年暮春的《革命军》则可视为中国智识者登上历史舞台的一篇最响亮的宣言。④

---

① 胡适，《归国杂感》，欧阳哲生编《胡适文集》（第2册），北京，北京大学出版社，2013年，第429页。
② 转引自吴廷嘉，《近代中国的知识分子》，北京，人民出版社，1987年，第175页。
③ 同上书，第175页。
④ 视气派上不亚于左拉《我控诉》的《革命军》为划时代的智识者宣言，一基于这一中国近代《人权宣言》被清廷视为"此书逆乱，从古所无"的内容，即它的"批判"与"启蒙"性质；二基于它石破天惊、振聋发聩的社会影响及 （转下页）

　　"大将军""女侠"以及他们的后继者，与俄国"印贴利更追亚"有不少共同之处：一、这些与众不同的新人，多半都是接受了西方教育、具有西方知识背景的年轻人。二、他们回国以后所面对的是（至少在他们眼里）处于蛮荒和落后状态的国家，因此他们要求改革和西化。三、他们所面对的大众基本上是"愚昧的"文盲，因此他们自觉担当起启蒙的重任。四、他们多少与 1860 年以后常被用来指称俄国积极的、常搞极端的革命者的"印贴利更追亚"有相通之处。余英时所介绍的俄国"知识阶层"的五个特征，基本上符合一部分中国智识者的状况：

　　　　一、深切地关怀一切有关公共利益之事；二、对于国家及一切公益之事，知识分子都视之为他们个人的责任；三、倾向于把政治、社会问题视为道德问题；四、有一种义务感，要不顾一切代价追求终极的逻辑结论；五、深信事物不合理，须努力加以改正。①

三、"智识阶级"（"知识分子"）概念的产生

　　中国的"印贴利更追亚"概念产生于民国以后，早期的通用说法是"智识阶级"（或"知识阶级"），后来才渐渐派生出"知识分

　　（接上页）1903 年震惊中外的"苏报案"；三基于邹容的《革命军》、陈天华的《警世钟》（1904）等一系列革命书刊的独立和批判精神。这都标志着一批桀骜不驯、敢作敢言的智识者登上了历史舞台。加上 1905 年废除科举切断了学而优则仕的老路，从客观上为"自由漂浮"和"非依附性"创造了条件。

① 余英时，《士与中国文化》，上海，上海人民出版社，1987 年，第 3 页（注 1）。

子"概念，并约定俗成、沿袭至今。鲁迅于 1927 年 10 月在上海劳动大学做的一个题为《关于知识阶级》的演讲中指出："'知识阶级'一辞是爱罗先珂（Vasili Eroshenko, 1890—1952）七八年前讲演'知识阶级及其使命'时提出的。"① 其实，爱罗先珂的演讲是在 1922 年，在这之前已经有"知识阶级"的说法。在西方（中国亦然），很多人对 intellectual（智识者）和 intelligentsia（知识阶层）不做明确的区分，甚至把它们同等看待。但从概念史的角度来看，二者毕竟不是一个词，是不应该混为一谈的。这不仅在词义的层面上，更在于俄国和法国历史上的不同政治和社会背景，以及那些被称作 intellectual 和 intelligentsia 的人在各自国家所起的社会作用。从中国的"知识阶级"这个新词的组合来看，它更多地取自俄国的"知识阶层"概念，且一开始就被看作"群体""阶层"或"阶级"；"智识者"概念中的那种个体性和独立性几乎完全缺席。另一方面，与俄国概念相比，中国的"知识阶级"已经不是俄国传统的"知识阶层"词义，也不是十月革命前的"知识阶层"词义。"知识阶级"起始就是一个很大的范畴，与我们今天俗称的"受过教育的人"没有本质上的区别。

俄国的"知识阶层"与中国的"知识阶级"概念的诞生，毕竟相差半个多世纪，而且各有自己特有的语境。虽然俄国也说一个阶层，然而它的精英特色是很明显的，并不是受过良好教育的人都可以称作"知识阶层"的一员。时至 19 世纪末，精英化愈演愈烈：当时的知识阶层中有革命与保守之分，立宪与民粹之别，还有少数坚持传统、为人民代言的人，所有这些人的精英特色只是程度不同而

① 鲁迅，《关于知识阶级》，《鲁迅全集》（第八卷），第 187 页。

已。而中国"知识阶级"在其产生的时候，精英观念是极其淡漠
的，至多只是因为"受过教育的人"而感到高人一等而已。不仅如
此，这个概念产生以后便马上出现了"淡精英化"趋势，或曰"平
民化"趋势（后文还将详述）。"正宗"的俄国"知识阶层"和法国
"智识者"概念，来自那些人（群）的教育和职业背景，来自他们
强烈的疏离感、正义感和反叛精神，以及他们的社会作用，他们属
于创造思想和观念的人。而这类人（群）只是中国当初"知识阶
级"中的一部分，比如那些当时被称作"特殊知识阶级"① 的留学
生，或接受了形形色色的西方观念并因而对现存秩序持批判态度的
"受过教育的人"。

　　章太炎似乎对"教育界发起智识阶级名称"颇为不满："实则
吾国阶级制度向不发达，自总统以至仆役，仅有名职之差别，何必
多此智识阶级之名称，为文化之中梗。"② 看来，时人不一定都把
"智识阶级"视为一个西洋特殊概念的汉语译词，只是"智识"加
"阶级"而已。何为"智识"？梁启超说明治维新以来日本学界"广
求智识于环宇"③；他论教育应当"品行、智识、体力皆包于是"④；

---

① 参见鲁迅，《春末闲谈》（《鲁迅全集》[第一卷]，第 208 页，编者注 8）"特殊知
　识阶级"："一九二五年二月，段祺瑞为了抵制孙中山在共产党支持下提出的召开
　国民会议的主张，拼凑了一个御用的'善后会议'，企图从中产生假的国民会议。
　当时竟有一批曾在外国留学的人在北京组织'国外大学毕业参加国民会议同志
　会'，于三月二十九日在中央公园开会，向'善后会议'提请愿书，要求在未来
　的国民会议中给他们保留名额，其中说：'查国民代表会议之最大任务为规定中
　华民国宪法，留学者为一特殊知识阶级，毋庸讳言，其应参加此项会议，多多益
　善。'"
② 章太炎，《在长沙晨光学校演说》（1925 年 10 月 5 日），章念驰编《章太炎演讲
　集》，上海，上海人民出版社，2011 年，第 287 页。
③ 梁启超，《论学日本文之益》，《饮冰室文集》之四，第 80 页。
④ 梁启超，《论教育当定宗旨》，《饮冰室文集》之十，第 61 页。

他认为"天生人而赋之以权利，且赋之以扩充此权利之智识，保护此权利之能力"①。陈独秀1915年9月15日在《青年杂志》(《新青年》前身) 发刊词中说"国民而无世界智识，其国将何以图存于世界之中?"② 他在《随感录》中谈论"国民底智识快点普及"③ 的重要性。民国十四年第174期的《文学周报》里，徐调孚的一篇名为《官》的辛辣短文，说到中国趾高气扬的"官"字，日本人偏叫"役人"，"日本人的脸给他们自己的智识阶级（识字的当属智识阶级）丢尽了"。④ 以上所引"智识"，也就只是"知文识字"而已；彼时还有音乐智识、历史智识等"知识"。当初的"智识阶级"与"知识阶级"两种用法也没有高低之分，似乎只是各人喜好而已。⑤ 1928年10月24日，弘一大师致信丰子恺谈论他对《护生画集》读

---

① 梁启超，《新民说》，《饮冰室专集》之四，第58页。

② 陈独秀，《敬告青年》，载《青年杂志》第一卷第一号（1915年9月15日），《陈独秀文集》（第一卷），北京，人民出版社，2013年，第94页。

③ 陈独秀，《随感录》（《新青年》第九卷三号，1921年7月1日），见《新青年（影印本合编）》(10)，上海，上海书店出版社，2011年，第417页；另见《陈独秀文集》（第二卷），第175页。

④ 徐调孚，《官》，载《文学周报》第一七四期（1925年5月24日），第22页。

⑤ 此说明一来为了阐明"智识"在百年前的词义，一来鉴于可能存在的望文生义。"智识者"是"读书人"在那个新时期的同义词，是"智识阶级"的一员。当时论说中常见"智识阶级"与"无智识阶级"之对比，例如杨荫深在《中国民间文学概说》（上海：华通书局，1930年）中便把民间文学归于无智识阶级、无产阶级平民的文学，与智识阶级、资产阶级贵族的文学相对立。胡适反对把人分成平民和知识两个阶级，把文学分成平民文学和贵族文学："一般的人，把社会分成两个阶级，一种是愚夫顽童稚子，其它一种是知识阶级，［……］作白话文是为他们——愚夫愚妇，顽童稚子——可以看而作，至于智识阶级者，仍旧去作古文，［……］"（胡适，《新文学运动之意义》，原载1925年10月10日《晨报副刊》，《胡适文集》［第12册］，第21页）1980年代的"文化热"之后，在中国"知识分子"概念的意义上运用"智识者"概念的人似乎有所增多，或许为了抬高知识分子的地位。然而，只要"知识分子"的内涵不变，"智识者"恐怕依然是"具有较高文化水平、从事脑力劳动的人"或曰"受过教育的人"。

者对象的意见："［……］今所编之《护生画集》，专为新派有高等小学以上毕业程度之人阅览为主。"又说画集编辑之宗旨："第一，专为新派智识阶级之人（即高小毕业以上之程度）阅览。至他种人，只能随分获其少益。［……］"①

1929 年，张申府在《所望于今日的青年》一文中说："［……］我现在所语的当然是读书识字的青年，也便是所谓知识阶层的青年。不瞒大家说，大家是历来有一种不很好的习惯的，便是每每觉着自己与众不同。"②

舒衡哲（Vera Schwarcz）曾试图在五四运动的框架内概括中国"知识分子"概念的过渡，认为那些不再能够保留自己原先那种启蒙先知的自我形象，然而却想跟上时代变迁的人，改称自己为"知识分子"，也就是政治化的知识阶层（intelligentsia）的成员，或曰属于一个大的、富有阶级意识之政治体的"知识分子"（knowledgeable elements）。③ 舒衡哲这里所说的"改称"时间与历史事实有差错，开始使用的是"智识阶级"。另外，舒衡哲所说的"政治面貌"，也不符合当时知识阶级的整个"阶级"状况。尽管如此，她所用的 knowledgeable elements 把握住了概念的内涵，它不

① 弘一，《致丰子恺（一〇）》，《弘一大师全集》（第八册），福州，福建人民出版社，2010 年，第 370 页。
② 张申府，《所望于今日的青年》（原载《民众先锋》第二期，1929 年 1 月 12 日），《张申府文集》（第一卷），石家庄，河北人民出版社，2005 年，第 138 页。
③ 参见舒衡哲，《中国启蒙运动：知识分子与五四遗产》（Vera Schwarcz, *The Chinese Enlightenment: Intellectuals and the Legacy of the May Fourth Movement of 1919*, Berkeley: University of California Press, 1986）。pp.：9 - 10："Those who could no longer hold on to their previous self-image as pioneer-prophets of enlightenment, yet wanted to keep up with the historical changes at hand, transformed themselves into *zhishi fenzi*-members of a politicized intelligentsia, or, more literally, knowledgeable elements of a larger, class-conscious body politic."

但是"知识分子",也是"知识阶级"的本义。也许是中国人用惯了"知识分子"概念而不再推敲这个词组,舒衡哲所强调的knowledgeable elements 可以让我们在词组的层面上重新思考"智识阶级"或"知识分子"概念。舒衡哲所说的"知识分子",强调的是"有知识的"人,是群体的一个"分子"或"成员"。如同俄国的"知识阶层"更多强调"知识"和"群体",这些知识分子一开始就是以群体而不是个体的形式出现的。成员是以集体为前提的,这也是他们被叫作"知识""分子"的原因。无论"智识者"概念与俄国 19 世纪有多么深厚的血缘,人们(至少在欧美)在谈论"智识者"时,无疑更亲近于西欧传统,或者说,很少把"智识者"说成一个阶级或阶层。中国"智识阶级"概念在产生之时,已经偏离了当时西方对"智识者"的一般理解,而成了俄语"知识阶层"的汉语字面转译。

王立达认为现代汉语的"知识"一词借自日本的佛教语汇。[①]其实,在 18 世纪末、19 世纪初的汉籍中,已偶尔可见新义"知识"。1833 年,郭实猎(Karl Gützlaff, 1803—1851)说其纂辑《东西洋考每月统记传》,"特意推德行、广知识,不亦说乎"。"君子如切如磋,如琢如磨,是以君子将其知识之理而益穷之,以求至乎其极,则众物之表里精粗无不到,而吾心之全体大用无不明矣。[……]人之才不同,国之知分别。合诸人之知识,致知在格物,

---

① 参见王立达,《现代汉语中从日语借来的词汇》,载《中国语文》第 68 期(1958 年 2 月),第(90—94)93 页。——古词"知识",有相知、相识、亲友之义。《管子·入国》曰:"不能自生者,属之其乡党知识故人。"韩愈《赠别元十八协律》诗:"知识久去眼,吾行其既远。"

此之谓也。"① 他希望中国人不要排斥"外国之学问文艺","算法天文、天地海理、医学草木万物之知识,各样技艺之长,所当务心思索。[……]"② 在一篇《贸易》论说中,他倡言"[……]广外国之通商,内外互相博览、博学、切问,所以广知识、见历练,所以文风甚盛。"③ 魏源《海国图志》五十卷本(1843)之《外大西洋北墨利加·弥利坚(即美里哥国)总记上》中有一段文字,阐释物本、人力、知识三者之间的关系④,该文摘自裨治文(Elijah Bridgman, 1801—1861)著《美理哥国志略》(1838)。鉴于"知识"一词彼时见于诸多西人著译之中,例如艾约瑟(Joseph Edkins, 1823—1905)著"西学启蒙十六种"(1886)之《动物学启蒙》《地志启蒙》《欧洲史略》《罗马志略》《希腊志略》《西学略述》《辨学启蒙》等,我们大概可以断定,"知识"是当时在华西人喜用的一

---

① 爱汉者,《东西洋考每月统记传·序》道光癸巳年六月(1833),第 3、8 页。——《东西洋考每月统记传》(*Eastern Western Monthly Magazine*, 1833—1838),爱汉者(郭实猎,Karl Gützlaff)等编纂,黄时鉴整理,北京,中华书局,1997 年。

② 爱汉者,《东西洋考每月统记传·论》道光癸巳年九月(1833),第 33 页。

③ 爱汉者,《东西洋考每月统记传·贸易》道光戊戌年正月(1838),第 316 页。——另外,郭实猎在其他上下文中,还说及"我世人之知识才能,尚且不足[……]""知识尚属寡闻""务使多闻知识"。(《东西洋考每月统记传》,第 245、360 页)

④ 魏源,《海国图志》(下)卷五十九,陈华等校点注释,长沙,岳麓书社,1998 年,第 1630 页:"[美国]开国之初,无知无识,不谙工作之事,或有人力而无物本,或有人力、物本而无知识,皆难成器,必三者兼备而物始成。即如中华之绸缎、磁器,既有人力、物本,又有知识,何怪其精美?如中华之匹头,已有人力、知识,独无物本,何怪其不成?至中华之时辰标,虽有人力、物本而无知识,亦何所用?新国[美国]则不然,如有物本而无知识,则延他国知识者以教习;或有知识而无物本,亦往别国通载;或有知识、物本而无人力,则以物力代之,如水力、火力、兽力皆是。"

个译词。

马礼逊（Robert Morrison, 1782—1834）编《华英字典》（1815/1823）中的 knowledge 释义，有"见识""智力""智谋""见过""知""博学""学之博""见闻"诸项。① 罗存德（Wilhelm Lobscheid, 1822—1893）的《英华字典》（1866/1869），起用汉语旧词"知识"对译 knowledge；19 世纪直到"五四"前后的双语词典几乎都是如此。② 明治早期，Knowledge 意义上的"知识"一词

---

① 见马礼逊编，《华英字典·（第三部分）英汉词典》（1822），第 244 页（Robert Morrison, *A Dictionary of the Chinese Language*, in Three Parts, part first, containing Chinese and English, arranged according to the radicals［第一部分：字典］, part second, Chinese and English arranged alphabetically［第二部分：五车韵府］, part the third, English and Chinese［第三部分：英汉词典］, Macao: Honorable East India Company's Press, 1815/1822）。

② 见罗存德编，《英华字典》（*English and Chinese Dictionary, with the Punti and Mandarin Pronunciation*, by the REV. Wilhelm Lobscheid, Hongkong: Daily Press Office, 1866/1869）；井上哲次郎，有贺长雄编，《哲学字汇》，东京东洋馆，明治十四年（1881）；薛力赫编，《荷华文语类参》（Gustave Schlegel, *Nederlandsch-Chineesch Woordenboek met de Trascriptie der Chineesche Karakters in het Tsiang-Tsiu Dialekt*, Leiden: E. J. Brill, 1886）: kennis, wijsheid［knowledge］；翟理斯编，《华英辞典》（*A Chinese English Dictionary*, by Herbert A. Giles, Shanghai: Kelly & Walsh Ltd.［别发印字房］, [1892]1912）；*Chinese New Terms and Expressions, with English Translations, Introduction and Notes*, by Evan Morgan［莫安仁］, Shanghai: Kelly & Walsh Ltd.［别发印字房］, 1913；赫美玲编，《官话》（*English-Chinese Dictionary of the Standard Chinese Spoken Language and Handbook for Translators*, by Karl Ernst Georg Hemeling, Shanghai: Statistical Department of the Inspectorate General of Customs［海关总税务司署］, [1913] 1916）；陆伯鸿、宋善良编，《法华新字典》（*Dictionnaire Français-Chinois*），上海，商务印书馆，1921 年：Acquis［knowledge］；季理斐编，《英华成语合璧字集》（Donald MacGillivray, *A Mandarin-Romanized dictionary of Chinese. Including New Terms and Phrases*, Shanghai: The American Presbyterian Mission Press［美华书馆］, 1922）；樊炳清编，《哲学辞典》，上海，商务印书馆，1926 年：Wissen［knowledge］。

　　——除"知识"译词外，"knowledge"在上述及下列辞典中还有"学（转下页）

由中国进入日本。① 由于古汉语中"智"通"知",② 19 世纪亦偶有"智识"之说,③ 19 世纪末期开始增多,进入 20 世纪之后日渐频繁。

"分子"一词早已见于谢家禾撰《衍元要义》(1837),艾约瑟口译、李善兰笔述《重学》(1859)等书籍中。在罗存德《英华字典》中,汉语旧词"分子"也已用来翻译"part""portion""share",当时这个词在中国和日本基本上只用于数学和自然科学。④ 明治后期,"分子"获得了"整体之一部分"或"组成部分"的意思并用于人类,这个新的语义于 19、20 世纪之交进入汉语⑤,并在 20 世纪初

(接上页)问""所知""智识""晓知""认识""学力""意识""学识""才学"之译法。见李梅、日意格编,《汉法语汇便览》(Gabriel Lemaire/Prosper Giquel, *Dictionnaire de poche Francais-Chinois suivi d'un dictionnaire technique des mots usites a l'arsenal de Foutcheou*, Shanghai: American Presbyterian Press [美华书馆],1874);邝其照编,《英华字典集成》(Kwong Ki-chiu, *English and Chinese Dictionary*, Hong Kong: The Chinese Printing Bureau [中华印务总局], [1882] 1923);李提摩太、季理斐编, 《哲学字汇》(*A Dictionary of Philosophical Terms. Chiefly from the Japanese*, by Dr. Timothy Richard and Dr. Donald MacGillivray, Shanghai: Christian Literature Society for China [广学会],1913)。

① 参见李柏,《一些马克思主义汉语术语的产生与作用——马克思主义在日本和中国之接受的词语概念问题》,第 317 页(Wolfgang Lippert, *Entstehung und Funktion einiger chinesischer marxistischer Termini. Der lexikalisch-begriffliche Aspekt der Rezeption des Marxismus in Japan und China*, Wiesbaden: Franz Steiner, 1979)。

②《墨子·经说下》:"逃臣不智其处。"

③ 如《东西洋考每月统记传》第 311 页所言:"凡戏无益、惟勤有功。故奋然进学,致能言智识、敦厚风俗,致教化之兴焉。"——慕维廉(William Muirhead)著《格致新法》(1877)中亦有"扩我智识""增我智识""欲得智识"等说法。

④ 见卢公明编, 《英华萃林韵府》(*A Vocabulary and Hand-Book of the Chinese Language*, in two volumes comprised in three parts, by Justus Doolittle, Foochow/Shanghai: Rosario, Marcal & Co. 1872/1873);numerator;井上哲次郎、有贺长雄编,《哲学字汇》(1881):particle;山口锐之助编著,《物理学术语和汉英佛独对译辞书》,东京,博闻社,1888 年:molecule。

⑤ 参见李柏,《一些马克思主义汉语术语的产生与作用——马克思主义在日本和中国之接受的词语概念问题》,第 318 页。

年逐渐普及，《新尔雅》（1903）便把个人称为社会的基本"分子"①。梁启超说："既为人矣，即为人类之一分子也；既生此国矣，即为国民之一阿屯也。"② 他又在《敬告当道者》一文中说："［……］吾固失言。虽然，吾国民一分子也。凡国民皆有监督其公仆之权利，吾不敢放弃此权利。""［……］诸君亦国民之一分子也，而乌可歧视之。故不辞唐突，进一言焉。"③ 在《江苏》杂志中，我们能够看到如下字句："支那为全体，江南为一部。支那为支那全体人之支那，我即为支那全体中之一分子。江南为江南一部人之江南，我又为江南一部中之一分子。言江南一部，即可知支那之全体。我尽我一分子之言，即可见江南之全体。"④ "国家者，亦宇宙间之一有机体。而国民者，又国家所恃以活动之分子也。其活动力富者，其机体坚强而锐敏。反是者其机涩，而死亡亦随属焉。"⑤ 章太炎在《狱中答新闻报》时说："同是汉种，同是四万万人之一分子，亡国覆宗，祀逾二百，奴隶牛马，躬受其辱。"⑥

　　在 19 世纪下半叶及 20 世纪早期的文献中，间或可见"知识者"或"智识者"三字连用之表达，但绝大部分不是固定用法，"者"只是助词而已，诸如"诚如英国大儒贝根所言：有知识者，即为有能力者乎。"（艾约瑟：《辨学启蒙》，1886）"有智识者胜，无

---

① 见汪荣宝、叶澜编，《新尔雅》（1903），台北，文海出版社，1974 年，第 69 页。

② 任公，《呵旁观者文》，《清议报》第三十六册（1900 年 2 月 20 日），《饮冰室文集》之五，第 73 页。

③ 中国之新民，《敬告当道者》，《新民丛报》第十八号（1902 年 10 月 16 日），《饮冰室文集》之十一，第 35、36 页。

④ 侯生，《哀江南》，载《江苏》第一期（1903 年 4 月 27 日），第 16—17 页。

⑤ 公衣，《国民之进步欤》，载《江苏》第二期（1903 年 5 月 27 日），第 1 页。

⑥ 章太炎，《狱中答新闻报》（1903 年 7 月 6 日），汤志钧编《章太炎政论选集》（上），北京，中华书局，1977 年，第 234 页。

智识者败。"（蒋智由：《精神修养论》，1906）"培根曰：智识者权力也。智识有待于思辨，思而精、辨而明。"　（耶芳斯［William Jevons, 1835—1882］著、严复译：《名学浅说》，1909）"稍有近世政治史之知识者，当证此言之不乖。"（张东荪：《行政与政治》，1915）与此同时，偶尔可见名词"知识者"或"智识者"，例如："许多知识者为日本施以亡国的教育，不妥协的分子奔走国外，［……］"（孙铎：《他们的道路与我们的道路》，1923）"我们为使学会［少年中国］成一知识者的群众机关，我们应扩大我们的联合基础，［……］"（刘仁静：《对学会的一个建议》，1923）"［……］是列宁想决定劳工党底政策，以免除某种知识者底混乱观念。［……］有许多知识者还存留自由主义于他们底心灵中。"　（狄客［Karl Radick, 1885—1939］著、张秋人译：《列宁论》，1923）"无论何国劳动运动之初期，都少不了知识者之奔走鼓吹和扶助，我们敢说这是没有例外的。军阀们有意或无意窥破这个关键，所以极力破坏工人和知识者之间的关系。"（陈独秀：《无政府工团主义与黑暗势力》，1924）"俄国有一派冒牌的马克思主义者——资产阶级的智识者、学生——，他们随后变成资产阶级政治上的走狗，［……］"（托洛茨基著、郑超麟译：《东方革命之意义与东方大学的职任》，1924）"［……］要驾驭许多旧时代遗留下来的官吏、资产阶级的智识者，使他们服从无产阶级国家及无产阶级的指导，［……］"（瞿秋白：《列宁主义概论》，1925）

　　笔者所见的中国最早用"智识阶级"翻译俄语 интеллигенция 的出处，均为译自日语的文章。《大中华》第二卷第四期（1916 年 4 月 20 日）刊载一篇卢寿笺译日本国《外交时报》的文章，题为《俄国进步主义者之献策》，文中保留了译词"智识阶级"的原文

Intelligentia：

> [……] 宪法颁布后，斯脱利庇［斯托雷平，Pyotr
> Stolypin］之峻辣之抑压政策，益过于其前，处以投狱流刑者，
> 多为智识阶级（Intelligentia）之人士。今日俄国宪政，可知为
> 智识阶级之人士继续奋斗始有此结果，为无可疑之事实也。①

同年，《大中华》杂志刊载逐微的译文《俄罗斯文学之社会意义》，
文中亦有"智识阶级"之说：

> 一般社会过于无智识，故有智识之阶级乃处特别地位，而
> 智识阶级与一般社会俨然隔绝，其所以维系之媒介物，亦唯文
> 学而已。舍文学以外，智识阶级乃无术教化一般社会，故文学
> 遂为俄国精神之中枢。实亦由俄人之智与情皆集中于文学一方
> 面也。②

刊载于《东方杂志》第十五卷第四号（1918 年 4 月 15 日）的译文
《俄国社会主义运动之变迁》，亦用"智识阶级"对译原文中的
Intelligenzia：

> 赫善［赫尔岑，Alexander Herzen］及巴枯宁［Michael

---

① 卢寿笺译，《俄国进步主义者之献策》（译日本外交时报），载《大中华》第二卷
　第四期（1916 年 4 月 20 日），第 5 页。
② 逐微译，《俄罗斯文学之社会意义》（译新日本杂志日本陆军教授昇曙梦著），载
　《大中华》第二卷第十期（1916 年 10 月 20 日），第 2—3 页。

Bakunin] 皆出身贵族，然继其后之崔涅许斯克 [车尔尼雪夫
斯基，Nikolay Chernyshevsky]，乃为农民出身僧侣之子，此
亦可注目之事也。自是以后俄国之社会运动，渐次脱离贵族，
而入于"智识阶级"(Intelligenzia) 之手。①

　　"知识分子"一词也许是日本的山川均所创，他于 1920 年 6 月
在《社会主义研究》杂志第三卷第五号上发表题为《苏维埃政治的
特质及其批判——无产阶级专政与民主》的文章；1921 年 8 月—
1922 年 1 月，《社会主义研究》（第四卷）又发表了山川均和山川菊
荣夫妇合译的列宁（Vladimir I. Lenin, 1870—1924）著《苏维埃政
权的当前任务》一文。在这两篇文章中，"知识分子"明确作为俄
语 интеллигенция 的译词。在中国，沈雁冰在《新青年》第八卷第
三期（1920 年 11 月 1 日）上发表译文《罗素论苏维埃俄罗斯》，文
中亦采用"知识分子"译词。②"知识分子"概念没能在日本站住脚
（日语用"知识人"指称知识阶层的成员），却在 1920 年代中期开
始被中国人使用。李柏（Wolfgang Lippert）认为，中国信仰共产
主义的人，从马克思主义观点出发，用"知识分子"代替"知识阶

---

① 君实译，《俄国社会主义运动之变迁》（译日本外交时报），载《东方杂志》第十
　　五卷第四号（1918 年 4 月 15 日），第 62 页。
② 见哈德曼（Jacob Wittmer Hartmann）著、雁冰（沈雁冰）译，《罗素论苏维埃俄
　　罗斯》（译自 Soviet Russia），载《新青年》第八卷第三号（1920 年 11 月 1 日），
　　见《新青年（影印本合编）》(9)，第 387 页："［……］至于旧日在俄国权贵门
　　下讨生活的知识分子又将如何说，他们亦许立刻觉到他们的'仁慈而容忍'讨论
　　的私权要跟着他们所倚靠的阶级之推倒而受胁迫罢？他们不是很出力帮助反动派
　　冀保那批人仍在权位么？"

级"，更明确了这个概念指的不是一个阶级，而是一个社会阶层。①
中国"知识分子"概念的"版权"是否属于共产党人，是值得商榷
的。无论如何，"知识阶级"在二三十年代依然还是相当流行的说
法，而且明显多于"知识分子"。

　　宽泛的"知识阶级"以及后来的"知识分子"概念，并不把智
识者排除在外，讲的是"从事脑力劳动的人"以及社会分工而产生
的阶层。因此，汉语中才有可能存在"小知识分子"这种说法；而
一个博学的、富有批判精神的智识者，也只是一个"知识""分子"
而已。一个能够包容乡村教师和萨特（Jean-Paul Sartre, 1905—
1980）这样的思想家的概念，显然不符合西欧历史经验，也不符合
俄国传统的"印贴利更追亚"概念，宽泛的概念必然使之失去锐
气。就传统而言，西欧和俄国的"智识者"都认定自己是社会良心
的代言人，将反抗黑暗、暴力，追求真理与自由，对人民深刻的关
怀等看作自己的责任。面对占统治地位的机构化的思想或国家政
权，有分量有水准的智识者能够扮演一种自主的批判角色。法兰克
福学派向来以为智识者应当是每一个时代的批判性良知的承担者。

四、"知识阶级"（"知识分子"）概念
在中国的特色及其命运

　　1919 年 7 月，张申府在《每周评论》第三十一号上发表题为
《知识阶级》的文章，认为知识阶级是"自觉的国民"，"对于现代

---

① 参见李柏，《一些马克思主义汉语术语的产生与作用——马克思主义在日本和中
　国之接受的词语概念问题》，第 318—319 页。

社会总是反抗的"，"常有自由奔放、独立不羁的态度"①。少年中国学会发起人之一王光祈在其《少年中国学会之精神及其进行计画》（1919）一文中指出：

> 现代学者把世界上人类分作三种阶级：（1）智识阶级，（2）劳动阶级，（3）资产阶级。我们理想的社会，是无阶级的，智识阶级同时便是劳动阶级，劳动阶级同时便是资产阶级。［……］智识阶级中我们认为现在正受教育的青年学生，最有希望。我们以为现在青年应该加入劳动阶级运动。②

田汉在《诗人与劳动问题》（1920）一文中，强调了"智识阶级"在民众运动中的指导作用：

> 俄国革命受贵族出身的思想家文学家的赐绝多，中国革命黄花岗多埋贵公子之骨。这都是"罗曼主义"Romanticism 对于国运革新、旧状打破的贡献。大体民众运动，最初总赖一种"智识阶级"Intelligentia 为之指导，才不成乌合之众。③

有学者认为，左联之后"知识分子"概念开始含有贬义，且

---

① 张申府，《知识阶级》，《张申府文集》（第三卷），第 36 页。
② 王光祈，《少年中国学会之精神及其进行计画》，载《少年中国》第一卷第六期（1919 年 12 月 1 日），第 6 页。
③ 田汉，《诗人与劳动问题》，载《少年中国》第一卷第八期（1920 年 2 月 1 日），第 28 页。

"智"被改为"知"。① 这与史实不符。鲁迅说爱罗先珂在中国提出"知识阶级"概念的时候，"他骂俄国的知识阶级，也骂中国的知识阶级，中国人于是也骂起知识阶级来了"。② 骂知识阶级的人往往来自知识阶级。"智识阶级"似乎一开始就略含贬义，批评知识阶级几乎是一种时尚。1919 年，杜亚泉在《知识阶级之团结（谈屑）》一文中说："此八九年中，吾国内一切罪恶，皆当由智识阶级负责任。"③ 钱穆亦说中国知识阶级"于民国初年，加倍捣乱之功［……］。知识阶级，日愚日腐［……］"④ 梁启超 1923 年 1 月 13 日在《东南大学课毕告别辞》里说："大奸慝的卖国贼，都是智识阶级的人做的。由此可见，没有精神生活的人，有知识实在危险。"⑤ 如果说这些议论多少是针对当时的社会现状和时事发展有感而发，那么，在一个激进的时代，论说"知识阶级"时，说"念书人是什么东西，还不是'四体不勤、五谷不分'，无用而又不安生的社会的蠹民吗？"⑥，已经属于基本属性上的贬责。不少文化人甚至自认知识为一种"原罪"。傅斯年说："我们不劳而衣食的人对于社会牺牲的无产劳动者，也是僭窃者。"⑦ 不错，这正是"反智主

---

① 参见丁帆，见吴炫、丁帆、范钦林、邵建四人对话，《知识分子的价值定位》，载《文艺争鸣》1995 年 5 期，第（19—28）24 页。

② 鲁迅，《关于知识阶级》，《鲁迅全集》（第八卷），第 187 页。

③ 杜亚泉，《知识阶级之团结（谈屑）》，许纪霖、田建业编《杜亚泉文存》，上海，上海教育出版社，2003 年，第 220 页。

④ 钱穆，《国史大纲·引论》，载罗义俊编《理性与生命（一）当代新儒学文萃》，上海，上海书店，1994 年，第 405 页。

⑤ 梁启超，《东南大学课毕告别辞》（1923），《饮冰室文集》之四十，第 11 页。

⑥ 惠，《教育的错误》，原载《平民教育》第 9 期（1919 年 12 月 6 日），载张允侯、殷叙彝等编《五四时期的社团》（三），香港，三联书店，1979 年，第 20—21 页。

⑦ 傅斯年，《曙光与时代与危机》，《傅斯年全集》（第一卷），长沙，湖南教育出版社，2003 年，第 346 页。

义"（anti-intellectualism）倾向在中国早期共产主义者以及相当一部分激进青年中开始滋生的时候。①"知识阶级"概念在中国确立和普及之初，也是中国人跟着苏联人骂知识阶级之时。可见，这个中国概念先天不足，反智主义使"知识阶级"概念一开始就遭到被贬低的命运。

"知识阶级"以后的世路又怎样呢？笔者想从三个方面或三条路径考察"知识阶级"概念的境遇：第一是民粹主义，它是"知识阶级"概念登场时的"伴娘"，一开始就使这个概念失去了精英色彩。民粹主义与反智主义联手，造就了中国化的、民间俗称的"受过教育的人"的"知识分子"概念。第二是左派路线，视"知识阶级"为"社会赘疣"，不但"没有真实的智识"，而且成了打击的对象。第三是自由派观点，多少给中国的"知识阶级"增添了一点光彩。然就总体而论，自由派"知识阶级"概念的精英色彩不涵盖整个知识阶级。②

鲁迅在《关于知识阶级》的演讲中，以 19 世纪俄国知识阶层为说，提出了一个"真的知识阶级"的概念，并将其界定为："他与平民接近，或自身就是平民"，"因此他确能替平民抱不平，把平民的苦痛告诉大众"；"他们对社会永不会满意的，所感受的永远是痛苦，所看到的永远是缺点"，并且"不顾利害"，"要是发表意见，

---

① 参见顾昕，《从"平民主义"到"劳农专政"：五四激进思潮中的民粹主义和中国马克思主义的起源（1919—1922 年）》，载普林斯顿《当代中国研究》（*Modern China Studies*）1999 年第 2 期，第 87—107 页。

② 探索 20 世纪上半叶的中国智识者，可以有不同途径，比如考察《新青年》的参与者，与胡适为伍者，本土智识者与留洋智识者之间的差别，留学东洋与西洋者之间的差别，西南联大学者群，共产党及延安路线，等等，还有鲁迅那样的离群者。

就要想到什么就说什么"。① 鲁迅的"真的知识阶级"定义，包含社会关怀和批判精神两个重要因素，而"与平民接近，或自身就是平民"的看法，早已见于李大钊之辈所鼓吹的"民粹主义"（populism，又译平民主义、大众主义、群众主义）。1918 年 11 月16 日，北大校长蔡元培在庆祝协约国胜利大会上的演说中，喊出了"劳工神圣"口号。该演说公诸报端后轰动一时，"劳工神圣"成为彼时知识青年和报章杂志的时髦用语。紧接着，李大钊在另一次庆祝大会上的演说中号召青年人："我们应该用此潮流为使一切人人变成工人的机会，［……］我们要想在世界上当一个庶民，应该在世界上当一个工人。诸位呀！快去作工呵！"② 李大钊当为中国早期马克思主义者中最推崇民粹主义的人，他虽然认为知识阶级应该"作民众的先驱，民众作知识阶级的后盾。知识阶级的意义，就是一部分忠于民众作民众运动的先驱者"③，但是，这在他那里是建立在民粹主义基础上的："要想把现代的新文明，从根底输入到社会里面，非把知识阶级与劳工阶级打成一气不可。［……］到农村去，拿出当年俄罗斯青年在俄罗斯农村宣传运动的精神，来作些开发农村的事。"④ 他向城市知识青年呼吁："青年啊！走向农村去吧！日出而作，日入而息，耕田而食，凿井而饮。那些终年在田野工作

① 鲁迅，《关于知识阶级》，《鲁迅全集》（第八卷），第 187—193 页。
② 李大钊，《关于欧战的演说三篇·庶民的胜利》，原载《新青年》第五卷第五号（1918 年 11 月 15 日），见《新青年（影印本合编）》（5），第 487 页，另见《李大钊文集》（上），北京，人民出版社，1984 年，第 595—596 页。
③ 李大钊，《知识阶级的胜利》，原载《新生活》第二十三期（1920 年 1 月 25 日），《李大钊文集》（下），第 208 页。
④ 李大钊，《青年与农村》（载《晨报》1919 年 2 月 20 日至 23 日），《李大钊文集》（上），第 648 页。

的父老妇孺，都是你们的同心伴侣，那炊烟锄影鸡犬相闻的境界，才是你们安身立命的地方啊！"①　李大钊甚至认为少年中国的少年运动"是打破知识阶级的运动，是加入劳工团体的运动"。②

　　中国知识界开始运用知识阶级概念的时候，虽然受到十月革命的影响，但主要还是 19 世纪下半叶俄国的民粹主义亦即其最著名的主张："到民间去"。③　李大钊甚至在《青年与农村》（1919）一文中，把十月革命的胜利看作早期民粹派"到民间去"的最终结果。④中国教育界接过这个观念，也就引入了俄国的民粹主义，中国的民粹主义也发端于此。⑤　确实，在五四后期，一种新的观点，或曰俄

---

① 李大钊，《青年与农村》（载《晨报》1919 年 2 月 20 日至 23 日），《李大钊文集》（上），第 652 页。

② 李大钊，《"少年中国"的"少年运动"》，载《少年中国》第一卷第三期（1919年 9 月 15 日），《李大钊文集》（下），第 45 页。

③ 参见鲁迅，《〈艺术论〉译本序》，《鲁迅全集》（第四卷），第 253 页："蒲力汗诺夫（George Valentinovitch Plekhanov）以一八五七年［有误］，生于坦木穉夫省的一个贵族的家里。自他出世以至成年之间，在俄国革命运动史上，正是智识阶级所提倡的民众主义自兴盛以至凋落的时候。他们当初的意见，以为俄国的民众，即大多数的农民，是已经领会了社会主义，在精神上，成着不自觉的社会主义者的，所以民众主义者的使命，只在'到民间去'，［……］"（民众主义＝民粹主义）——正是在民粹主义思想的影响下，五四时期及以后，北大一批又一批知识青年去长辛店、唐山、开滦、内蒙古，去工厂、矿山，去广大的北方农村，以实践他们深入实际、了解国情、与工农民众相结合的愿望。

④ 迈斯纳认为，李大钊的《青年与农村》是五四时期对俄国早期民粹主义之最准确的表达，堪称民粹主义思想的代表作，李大钊也因此被看作中国马克思主义者中最具民粹主义色彩的人。——迈斯纳，《李大钊与中国马克思主义的起源》，中共北京市委党史研究室编译组译，北京，中共党史资料出版社，1989 年（Maurice Meisner, *Li Ta-chao and the Origins of Chinese Marxism*, Cambridge, Mass.: Harvard University Press, 1967）。

⑤ 顾昕认为："当时，那些以后成为共产党领导人的知识分子对十月革命的理解和认识，几乎和民粹主义者差不多，是把十月革命视为劳工主义和民粹主义式'社会革命'的胜利，他们那时对马克思主义并无多少了解。人们在后来的理解中给早期的激进知识分子加上了太多的'光环'。与其说'十月革命一声炮（转下页）

国的民粹主义思想在中国蔓延，宣传知识阶级不仅要教导劳工，而且也要向劳工学习。① 1920 年 5 月 1 日，陈独秀甚至在上海工人纪念五一劳动节大会上的讲演中说："中国古人说：'劳心者治人，劳力者治于人'。现在我们要将这句话倒转过来说：'劳力者治人，劳心者治于人'。"② 本来，蔡元培的"劳工神圣"理念，并不排除"脑力劳动者"（即他所谓"不管他用的是体力、是脑力，都是劳工"③），但随着平民主义和反智主义的蔓延，"脑力劳动者"逐渐被排除在"劳动者"之外。陈独秀崇尚"劳力"、贬低"劳心"的反智主义倾向是显而易见的。流行一时的"劳工神圣"思潮，不仅怀疑知识阶级，且时常表现出蔑视乃至敌视的态度。更有甚者，有人提出解决阶级问题的根本出路在于消灭知识阶级："我们如其急急于倒强权，倒私有财产制，不如急急于化除知识阶级。如果世界上各个人的知识都在一个水平面上，那其他一切阶级问题，不待解决就自然解决了。"④ 另外，时人常对"民主"（democracy）做出极为民粹主义的阐释。当时除了将这个外来词音译为"德谟克拉西"外，最流行的译词是"平民主义"，也有人译之为"庶民主义"。⑤

（接上页）响，给中国送来了马克思主义'（毛泽东语），倒不如说，'十月革命'实际上送给中国的主要是民粹主义。"（顾昕，《从"平民主义"到"劳农专政"：五四激进思潮中的民粹主义和中国马克思主义的起源［1919—1922 年］》，载普林斯顿《当代中国研究》［*Modern China Studies*］季刊，1999 年第 2 期，第［87—107］93—94 页）

① 参见迈斯纳，《李大钊与中国马克思主义的起源》，第 77—82 页。

② 陈独秀，《劳动者的觉悟》，《陈独秀文集》（第二卷），第 11 页。

③ 蔡元培，《劳工神圣》，高平叔编《蔡元培全集》（第三卷），北京，中华书局 1984 年，第 219 页。

④ 范煜，《工学主义》，载《曙光》第一卷第一号（1919 年 11 月 1 日），第 24 页。

⑤ 参见左玉河，《论五四时期的民粹主义》，载《晋阳学刊》2010 年第 1 期，第（77—85）79—81 页。

　　虽然民粹主义没能在中国发展成一种独立的社会思潮，但它作为一种相当普遍的精神要素，亦即态度和心理倾向，深深地影响了自由主义而外的众多流派与群体，如李大钊、毛泽东为代表的马列主义者，鲁迅、郭沫若等左翼激进派，梁漱溟、陶行知、黄炎培等乡村改革派，以及一大批温和的、具有本土色彩的知识界人士。[①]长期在自由主义与民粹主义边缘行走的朱自清，在 1940 年代民粹思潮再度膨胀的时候，其"知识阶级的立场"到"人民的立场"之转变[②]，很大原因在于五四时期播下的民粹主义种子。[③] 中国共产党一再宣传的"知识分子与工农群众相结合"的思想，早已见之于共产党成立之前的民粹主义，见之于"到农村去"的口号，或"工人即学者，学者亦工人"[④] 之观念。这是中国早期"知识阶级"概念最重要的思想和社会背景。最后，左派势力将知识阶级概念的负面推向极端。民粹主义尤其为以后的马列主义知识阶级观铺平了道路。

　　第二种倾向是左派路线。中共"一大"会议在智识阶级问题上存在分歧。李汉俊认为应该联合智识阶级，使党成为公开的组织与和平的政党；李达和陈公博拥护他的观点。刘仁静则认为无产阶级专政是斗争的直接目标，反对任何公开形式的工作，智识阶级为资产阶级思想的代表者，一般应拒绝他们入党；同情他的观点的有鲍怀璨。[⑤] 一年后的中共"二大"申明，"我们共产党，不是'知识者

① 参见许纪霖，《朱自清与现代中国的民粹主义》，载《学人》第 13 辑，第 239—240 页。

② 参见姜建、吴为公编，《朱自清年谱》，第 301 页。

③ 参见许纪霖，《朱自清与现代中国的民粹主义》，载《学人》第 13 辑，第 240 页。

④ 凌霜，《工读主义进行之希望》，载《劳动》第四号（1918 年 6 月 20 日）。

⑤ 参见陈潭秋，《中共第一次大会的回忆》，1936 年 6 月 7 日发表于《共产国际》（莫斯科出版）杂志中文版，《百科知识》1979 年第 2 期重新刊载。

所组织的马克思学会',［……］"① 1922 年 9 月，中共旅欧总支部发表《胡适等之政治主张与我们》，指斥"胡适等是知识阶级的人，［……］知识阶级历来是资本阶级的附庸"，而"共产党是劳动阶级的代表，是劳动阶级的先驱"。② 与此相比，稍后发表于共产党中央机关报《向导》上的张国焘文章《知识阶级在政治上的地位及其责任》（1922），明显带有折中的意味：

　　在素来缺乏政治活动的中国人民中间，那极少数的知识阶级是最激底最有革命精神的成分，占政治上的重要地位。那极少数的知识阶级为什么很重要呢？这是极容易解释的。［……］因为农人资本家劳动者都还没有势力，所以这极少数的知识阶级在过去十几年间便为革新势力的先锋，而且他们仍然在政治上占有重要地位。所以我们可以说：知识阶级在中国政治上的重要地位，是中国的政治经济状况造成的。

　　要明了知识阶级在中国政治上的重要地位，我们便要略微叙述他们过去的活动。辛亥革命之成功，以一班留东学生实际参加革命投身新军的力量为最重要。后来到民国四年，因为日本以最后通牒，逼迫袁世凯政府签订二十一条条约，引起全国的抵制日货运动，也是以全国学生为中心。尤其是著名的五四运动最足为知识阶级势力的写真。那次运动差不多完全为知识阶级所倡导，结果能够使日本商业受重大打击，中国出席巴黎

---

① 《关于共产党的组织章程决议案》，见《中国共产党知识分子政策史》，北京，石油大学出版社，1995 年，第 21—22 页。
② 《胡适等之政治主张与我们》，载《少年》杂志第二号（1922 年 9 月 1 日），第 11—13 页。

　　和会的代表团竟至不敢签约，亲日派亦被罢免；而且使中国人民的思想发生重大变化，其影响真不亚于辛亥革命。[……]

　　[……]虽然他们知道民众的觉醒是重要，虽然他们也以改造中国为己任，虽然他们不了解中国的状况，但是仍然在研究室里研究一些空的理论，用"预备改造中国的工具"的语调欺瞒自己，完全把现实政治和中国问题置之不问。这是何等的错误呢？作者亦曾与这些知识阶级一同参加五四运动，与这些爱国份子都是好友，所以敢于恳切警告他们说：你们现在是走错了道路呀！而且要说：我们现在正当的道路是要到群众中去做政治宣传，组织他们做政治的奋斗。[①]

　　早期马克思主义者坚信，"知识阶级"的人只是附属于各阶级的一个客体，他们属于不同的阶级，为不同的阶级服务，也代表着不同的社会文化。瞿秋白划分了新旧两种智识阶级，"中国式的环境里，那宗法社会的士绅阶级，当年或者曾经是'中国文化'的代表，现在不由得他不成为社会赘疣——高等流氓，以政客为职业，以议员为职业——，这是旧的智识阶级；那'欧风美雨'，学校的教职员，银行的簿记生，电报、电话、汽船、火车的职员，以及最新鲜的青年学生，是新经济机体里的活力，正在膨胀发展，——这是新的智识阶级"。[②] 陈独秀于 1923 年 12 月在《中国国民革命与社

---

① 国焘（张国焘），《知识阶级在政治上的地位及其责任》，载《向导》第十二期（1922 年 12 月 6 日），第 98—99 页。

② 瞿秋白，《政治运动和智识阶级》，载《向导》第十八期（1923 年 1 月 27 日），《瞿秋白文集（政治理论编）》（第二卷），北京，人民出版社，1985—1991 年，第 4 页。

会各阶级》一文中指出："戊戌前后的变法自强运动，辛亥革命运动，'五四'以来国民运动，几乎都是士的阶级独占之舞台。因西方文化输入之故，旧的士的阶级固然日渐退溃，而新的士的阶级却已代之而兴；现在及将来的国民运动，商人工人农民固然渐变为革命之主要动力，而知识阶级（即士的阶级）中之革命分子，在各阶级间连锁的作用，仍然有不可轻视的地位。"[①] 陈独秀将"知识阶级"与"士的阶级"等而视之，其"各阶级间连锁的作用"便是对知识阶级附属作用的定位。瞿秋白认为：

> 智识阶级，在生产制度尚未完全发达至有绝对平等教育之可能时，他往往立于代表社会文化的地位。这并不是智识阶级可以自傲的，而正因当年士绅享尽优越的权利，现代学生受用生产的剩余，——劳动平民的汗血，方能有此"智识"来代表文化。他应当对于劳动平民负何等重大的责任！何况在此新旧潮流冲突的时候，中国社会生死存亡的关头！虽然……虽然……政治运动单靠"良心"是没有用处的。智识阶级始终只是社会的喉舌，无论如何做不到主体。[②]

阶级意识和经济基础是早期共产党人论说"智识阶级"的主要

---

① 陈独秀，《中国国民革命与社会各阶级》，载《前锋》第 2 期（1923 年 12 月 1 日），《陈独秀文集》（第二卷），第 496 页。——在这篇文章中（第 561 页），陈独秀还分析了"小资产阶级的知识阶级，他本没有经济的基础，其实不能构成一个独立的阶级，因此他对于任何阶级的政治观念，都摇动不坚固，在任何阶级的革命运动中，他都做过不少革命的功劳，也做过不少反革命的罪恶"。
② 瞿秋白，《政治运动和智识阶级》，载《向导》第十八期（1923 年 1 月 27 日），《瞿秋白文集（政治理论编）》（第二卷），第 4 页。

依据。恽代英论《中国革命的基本势力》，"必须是真正的生产者——农人，工人"，不能依赖"智识阶级"。[①]"我们现在努力的对象，不单是智识阶级；光是智识阶级的觉醒，不会做出怎么了不得的成绩来的，所谓'秀才造反，三年不成'，便是这个意思。"[②] 因此便有人认为知识阶级必须依附民众，在共产党的领导下参加工农革命。"我们又要告诉中国知识阶级几句话：［……］中国现在太黑暗了，我们知识阶级倘不出来替平民干些事，——像以前俄国的知识阶级——平民将永无自由的日子了！［……］中国的知识阶级们呵！你们也忍些痛来赞助革命吧！现在的农工太无知识了，不得知识阶级的赞助，革命恐一时无望的。"[③] 张太雷在《少年共产国际》创刊号上署名 Chantaly 发表文章，开篇便说："智识阶级，因为他没有独立的经济基础，并且因为统治阶级需要他做压迫他阶级的工具，他很有钻到统治阶级里去的机会——所以常常是一个反革命的。"[④]

　　1925 年 12 月 1 日，毛泽东在国民革命军第二军的《革命》半月刊发表《中国社会各阶级的分析》一文，将买办银行工商业高等员司，军阀政府高等事务员，政客，一部分东西洋留学生，一部分

[①] 恽代英，《中国革命的基本势力》，载《新建设》第一卷第五期（1924 年 4 月 20 日），见《恽代英文集》，北京，人民出版社，1984 年，第 499 页。

[②]《我们现在应该如何努力？——恽代英在松江各团体举行的列宁追悼会上的演说》，载《民国日报》副刊《觉悟》（1924 年 5 月 7 日），见《恽代英文集》（上卷），第 511 页。

[③]《无政府共产党上海部宣言》，载《自由人》第三期（1924 年 5 月）。见葛懋春等编《无政府主义思想资料选》（下册），北京，北京大学出版社，1984 年，第 754—756 页。

[④] 张太雷，《中国社会主义青年团和中国的学生》，载《少年共产国际》第一期（1924 年 7 月），见天津大学张太雷研究中心编纂《张太雷文集》，北京，人民出版社，2013 年，第 139 页。

大学校专门学校的教授、学生，大律师等化入大资产阶级中的反动派智识阶级（"极端的反革命派"）；华商银行工商业从业员，大部分东西洋留学生，大部分大学校专门学校教授、学生和小律师等，属于中产阶级之高等知识者，也就是"半反革命派"。[①] 毛泽东当时任国民党中宣部代理部长兼《政治周报》主编，此文引起很大反响，北伐军中部分人提出了"打倒智识阶级"的口号。直到 1927 年，梁启超在《给孩子们书》中还说："现在南方只是工人世界，知识阶级四个字已成为反革命的代名词。"[②] 1926 年 3 月 12 日，《中国共产党中央执行委员会于中山先生逝世周年纪念日告中国国民党党员书》中，亦出现"小资产阶级之知识者"和"反动的知识阶级"的说法。[③] 共产党成立后五年半时间里的各种言论，几乎都为以后的知识分子概念和政策埋下了伏笔。共产党中央 1933 年 10 月下达指示，"知识分子的阶级成份，依其所属的阶级决定"，"地主出身的知识分子是地主，富农出身的知识分子是富农"[④]。1939 年 5 月 1 日，毛泽东在《五四运动》一文里提出了著名的"知识分子如果不和工农民众相结合，则将一事无成"的论断。同年 12 月 1 日，毛泽东为中共中央起草的决定《大量吸收知识分子》，提出了

① 上文内容于 1951 年收入《毛泽东选集》时被删改，参见王来棣，《毛泽东的知识分子政策》，载普林斯顿《当代中国研究》（*Modern China Studies*）季刊，2003 年第 3 期，第 38—45 页。

② 梁启超，《给孩子们书》（1927 年 1 月 27 日），见丁文江、赵丰田编《梁启超年谱长编》，上海，上海人民出版社，1983 年，第 1114 页。

③ 《中共中央于中山先生逝世周年纪念日告中国国民党党员书》，载《向导》第一四六期（1926 年 3 月 17 日）。见中央档案馆编《中共中央文件选集》（第二册），北京，中共中央党校出版社，1989 年，第 40、42 页。

④ 《关于土地斗争中一些问题的决定》，转引自朱文显，《共产国际和土地革命战争时期党的知识分子政策》，载《四川师范大学学报（社会科学版）》1986 年第 4 期，第（15—22）18 页。见《中共中央文件选集》（第九册），第 561 页。

"共产党必须善于吸收知识分子［……］没有知识分子的参加，革命的胜利是不可能的"。与这篇高度赞扬知识分子的文章相比，延安整风运动走向了另一个极端。知识分子的地位一落千丈。1942 年 2 月 21 日，康生传达毛泽东整顿三风的报告："目前所谓知识分子，实际上最无知识，工农分子反而有一点知识。"① 毛泽东关于知识分子"其实是比较最无知识"的所谓新概念，迅速传播开来。其实，早在毛泽东之前瞿秋白就说过："中国的知识阶级，刚从宗法社会佛、老、孔、朱的思想里出来，一般文化程度又非常之低，老实说这是无知识的知识阶级，科学历史的常识都是浅薄得很。"② 1949 年 1 月 7 日，"中央组织部对职员、知识分子、自由职业者的含义的解释"中写道：知识分子主要是指中学以上学校的学生。③

　　自由派的知识阶级观，与前两条路线形成鲜明的对照。"知识就仿佛是罪恶，但是一方面虽有人骂知识阶级，一方面却又有人以此自豪：这种情形是中国所特有的。"④ 这是鲁迅 1927 年《关于知识阶级》的讲演中所说的。确实，从 1920 年代起，左派贬斥知识阶级，自由派以知识阶级为骄傲。自由派一般不会视自己为"附

---

① 《解放日报》，1942 年 2 月 22 日。

② 瞿秋白，《〈瞿秋白论文集〉自序》，《瞿秋白文集（政治理论编）》（第四卷），第 415 页。——他在《多余的话》（1935）里又说："所谓'文人'正是无所用之的人物。这并不是现代意义的文学家、作家或文艺评论家，这是吟风弄月的'名士'，或者是［……］说简单些，读书的高等游民，他什么都懂得一点，可是一点没有真实的智识。"（瞿秋白，《多余的话》，《瞿秋白文集［政治理论编］》［第七卷］，第 713 页。）

③ 《干部人士档案工作文件选编（1939—1994）》，北京，党建读物出版社，1994 年，第 405—406 页。——显而易见，当初对"知识阶级"概念的理解，远不如《现代汉语词典》对知识分子的定义："具有较高文化水平、从事脑力劳动的人。如科学家、教师、医生、记者、工程师。"

④ 鲁迅，《关于知识阶级》，《鲁迅全集》（第八卷），第 187 页。

庸"。相反，他们坚持的往往是主体性之诉求，且积极议政。胡适等人在 1922 年 5 月创刊的《努力》周报上，代表自由派发表《我们的政治主张》，提倡好政府主义，这些人的观点就是胡适后来所说"在变态的社会之中，没有可以代表民意的正式机关，那时代干预政治和主持正义的责任必定落在智识阶级的肩膀上"[1]。这里表达的主体性诉求，很可能来自留学欧美的人对西方"智识者"概念的认识。有人甚至认为"中国的唯一希望，在智识阶级"[2]。

从 1920 年代的《努力》《现代评论》到 1930 年代的《独立评论》和 1940 年代的《观察》《新路》《世纪评论》等，[3] 如果说胡适以及胡适派学人群主持的这些刊物能够充分体现那个时代中国自由派的价值谱系，那么，这些多少属于同人性质的刊物，亦能反映出他们的知识阶级观与知识阶级立场。胡适创办的以评论政治为主的《努力》周刊 1923 年 10 月停刊一年多以后，《现代评论》于 1924 年 12 月创刊，基本以学术文化为主。发刊词中说："本刊的精神是独立的，不主附和；本刊的态度是科学的，不尚攻讦；本刊的言论是趋重实际问题，不尚空谈。"《现代评论》的骨干力量，大部分是出入于欧美同学会的年轻教授。胡适主编的《独立评论》于 1932 年 5 月 22 日创刊，出自胡适之手的《〈独立评论〉引言》称："我们不期望有完全一致的主张，只期望各人都根据自己的智识，用公平的

---

[1] 胡适，《这一周·蔡元培以辞职抗议》，载《努力周报》第 38 期（1923 年 1 月 21 日）。

[2] 许士廉，《首都流血与军学阶级战争——致现代评论记者》，载《现代评论》第 68 期"通信"（1926 年 3 月 27 日）。

[3] 与世界上其他地方一样，自由派喜好办报议论。傅斯年曾于 1947 年忠告胡适说："与其入政府，不如组党，与其组党，不如办报。"（傅斯年，《致胡适》[1947 年 2 月 4 日]，《傅斯年全集》[第七卷]，第 327 页）

态度，来研究中国当前的问题，我们叫这刊物《独立评论》，因为我们都希望永远保持一点独立精神。不倚傍任何党派，不迷信任何成见，用负责的言论来发表我们各人思考的结果：这就是独立精神。"胡适后来还说，创办《独立评论》是为了"说一般人不肯说或不敢说的老实话"①。应该说，胡适标榜的独立精神以及良知和对绝对权力的怀疑，②最能体现西方"智识者"概念。胡适之辈不仅毫无附庸感，而且自我定位为现代中国的指导者和精神领袖。例如段祺瑞提出召开以军阀、政客为主体的"善后会议"解决"时局纠纷"之后，胡适那批"现代评论派"（因其主要居住在北京东吉祥胡同，也有"东吉祥诸君子"之称）对此极感兴趣。《现代评论》发表文章，说当时中国政治上有三大势力，除了有兵权的军阀和有政治势力的政治家之外，还有"在社会具有一种精神的势力，而常为一切政治运动社会运动的指导者之智识阶级"，因此，善后会议必须有"物望所归之中坚人物"亦即"智识阶级的领袖"参加。③

　　1927年，《现代评论》二周年增刊上发表张奚若撰《中国今日之所谓智识阶级》一文，作者讨论了"智识阶级"定义问题，并就传闻中的"一部分共产党人在湘粤一带所标榜的'打倒智识阶级'政策"提出自己的看法：

---

① 胡适，《丁文江的传记》，《胡适文集》（第7册），第454页。

② 胡适在《人权论集》（1930）序言中说："我们所要建立的是批评国民党的自由和批评孙中山的自由。上帝我们尚且可以批评，何况国民党与孙中山？""骨头烧成灰"也"不忍袖手旁观"，以"减少一点良心上的谴责。"（《胡适文集》［第5册］，第475页）

③ 参见周鲠生，《我们所要的一个善后会议》，载《现代评论》第一卷第二期（1924年12月20日），第5—7页。

　　智识阶级这个名词的意义本然有点不大明了，因为，第一，甚么叫做智识，甚么不叫做智识，有甚么资格的人才能算是智识阶级的人，甚么人不算是智识阶级的人？简单说，智识的标准怎样定法？第二，阶级二字用在资本家或劳动者身上比较的还有一定的意义，但是用在智识二字之下却就太觉含糊，因为资本劳动两阶级的人比较的都有相同的利益和相同的见解，而智识阶级的人不但没有相同的利益，连相同的见解也是永远不会有的。他们的特质或者也就正在没有相同的见解。[⋯⋯]

　　[⋯⋯] 智识阶级的共同利益是增长智识，是发展理性，是提高思想，是传播美化。此四者中，尤以发展理性与提高思想为最要。因为如此，所以这个阶级与其叫做智识阶级，不如叫做思想阶级或理智阶级。智识阶级在欧洲原来叫作intellectual class 或 intelligentzia，本来是很注意理智（intellect 或 intelligence）而不是专讲智识（knowledge 或 learning）的。

　　[⋯⋯]

　　智识阶级应该打倒不应该打倒是另一问题，能打倒不能打倒又是另一问题。我们现在为讨论便利起见，暂且假定他应该打倒并且可以打倒。但这是指世界上普通的智识阶级说。讲到中国，这话就不能不稍加变通。我以为中国现在的智识阶级，[⋯⋯] 不见得一定就应该打倒。[⋯⋯] 说到苏俄，我们更可以得到一个教训。这个教训就是：苏俄的共产制度，自未实行以前至实行以后好几年，完全靠有少数智识阶级的领袖，如列宁，杜落兹基等，在那里运用他们的脑筋，思想，智识，才能，去筹画他，施行他，维持他，改良他。不但此也，苏俄起初数年也是非常雠视并且虐待他的智识阶级。但是到了后来，因为共产党自己的脑筋不够用，对于从前雠视的智识阶级又不能不特别宽待，又不能不借重。［……］讲到社会建设，惟一的大问题是智识问题，是脑筋问题。没有冷静缜密深思远虑的脑筋，光靠沸腾腾的热心，不管你有怎样多，总是不大行的。因为如此，［……］所以我觉得中国现在那个本甚可怜的智识阶级不必一定要打倒。

　　［……］不过智识阶级的真危险并不在人家打倒他不打倒他，而在自己无以为真正的智识阶级，而在自己仅仅做一个似是而非有名无实的智识阶级。若长为有名无实，若常害那种"幼稚病"，那就人家不去打倒他，试问存在着到底有什么用处？①

　　鲁迅时而把这些留学归来的"现代评论派"教授亦即"特殊知识阶级"称作"正人君子"或"文人学士"。这些称呼出自向来刻薄的鲁迅之口，似乎并不奇怪。可是，就连自称"平常是对于私怨最不计较的人"的周作人，也"不惜抹下脸来与曾经有过交际的《现代评论》及陈源先生吵闹"②，尖锐地说陈源们"使用了明枪暗箭，替段政府出力，　［……］这种丑态是五四时代所没有的。

---

① 张奚若，《中国今日之所谓智识阶级》，载《现代评论》二周年增刊（1927 年 1 月 1 日），第 88—89、91—92 页。

② 周作人，《论并非睚眦之仇》，载《语丝》第七十五期（1926 年 4 月 19 日），钟叔河编订《周作人散文全集》（4），桂林，广西师范大学出版社，2009 年，第 621 页。

［……］有了一部分‘知识阶级’作段［段祺瑞］章［章士钊］的
镖客，段政府自然就胆大了"①。

　　当然，自由派知识阶级中有各色人等，各时期也有不同特色，
本文无法面面俱到。二三十年代较为有名的还有与"现代评论派"
分庭抗礼的《语丝》派，其中包括后来自认为是"中产的智识阶级
分子"②的鲁迅和林语堂那样的"吾民"（林语堂在其作品中常以
"吾民"称中国的知识阶级）。也有被视为自由知识界言论阵地的
《大公报》报人。③ 1917 年 7 月 1 日，张勋拥清废帝溥仪复辟。《大
公报》第二天起便开始评述复辟闹剧。7 月 5 日，主笔兼经理胡政
之在论评《忏悔之机》中说，张勋复辟"则历来之政府、各派之政
客、有智识之国民，要皆不能辞其咎。故今日实予吾人以忏悔之
机。今后国中智识阶级之人，务当各养实力，各尽职责，勿图利用
他力以排异己，勿更逾越常轨，以致两伤"。④ 另外还有那个当年自
办《文化评论》，自称"自由人""第三种人"的胡秋原。1931 年
12 月，《文化评论》创刊号的社评《真理之檄》宣称："文化界之混
沌与乌烟瘴气，再也没有如今日之甚了。"因此，以胡秋原为代表
的"智识阶级的自由人"，决心履行思想批判的天职，"完全站在客
观的立场，［……］没有一定的党见，如果有，那便是爱护真理和

---

① 周作人，《恕府卫》，载《京报副刊》（1926 年 4 月 2 日），《周作人散文全集》
　（4），第 604 页。
② 鲁迅，《二心集·序言》，《鲁迅全集》（第四卷），第 191 页。
③《大公报》上曾有人写过化解矛盾、为知识阶级不同派别说和的文章："彼共党
　者，亦中国人也，操纵其间者，亦多属智识分子也，而何以竟无人试沟通意见，
　以察考究竟有无化为合法斗争之可能？"（社评：《如何结束共乱？》，载《大公报》
　1933 年 4 月 2 日）
④ 胡政之，《忏悔之机》，《胡政之文集》（上），天津，天津人民出版社，2007 年，
　第 550 页。

信心"。① 至于西南联大学者群，还得另写一章。

五、"受过教育的人"

　　无论是民粹主义、马列主义还是自由主义，三者使用"知识阶级"一词时，均视之为一个（"附庸的"或"主导的"）群体。就概念本身而言，"知识阶级"在中国产生的时候，似乎和"智识者"或曰左拉式的法国传统没有多大关系，却与俄国的"知识阶层"（知识群体）有着血缘关系。时人论述知识阶级时，一般也以俄国和十月革命后的苏联为据。当鲁迅说"其实中国并没有俄国之所谓智识阶级"② 的时候，他当然知道这个概念的来源，更何况他以为"知识阶级"一词是爱罗先珂引入中国的。然而，这个词在"引进"中土之时，③ 已经不完全是人们在讨论"智识者"时常常提到的那个俄国源头的 1860 年代的"印贴利更追亚"了。爱罗先珂所骂的是他那个时代的俄国知识阶级，是那个经过几代人的俄国知识阶级。从 1860 年代人的斗争和颠覆精神，到 19、20 世纪之交，尤其是 1905 年革命失败之后俄国知识群体的重大转折，偏离了原有的革命精神，"几乎全部叛变和变节"④。接着是十多年的脱离现实、

---

① 胡秋原，《真理之檄》，载《文化评论》创刊号（1931 年 12 月 25 日），见胡秋原，《文化复兴与超越前进论》，台北，学术出版社，1980 年，第 4—5 页。

② 鲁迅，《华盖集·通讯》，《鲁迅全集》（第三卷），第 25 页。

③ 这里只涉及"知识阶级"概念的早先状况，不排除当时西洋归国者运用此概念时可能有的欧美观念。

④ 奥里明斯基，《声讨高尔基》，载《艺术论集——马克思主义者对西方现代派文艺的评述》（外国文艺理论研究资料丛书），北京，文化艺术出版社，1987 年，第339 页。

不得民心。十月革命新政权建立之后，能够独立思考的"印贴利更追亚"，不是被流放和驱逐出境，就是身陷囹圄，剩下的大多是附属于无产阶级的"印贴利更追亚"。这些便是中国"知识阶级"概念的俄苏背景。而从这个概念在五四时期开始确立的时间来看，它在很大程度上受到十月革命的波及。

在苏联那样一个社会，党的领导认为只有自己具备历史理性，而且这种观念与日俱增，导致党外和体制外的智识者丝毫没有发言权，完全丧失了"印贴利更追亚"在历史上起过的社会作用。一个教条主义的"印贴利更追亚"概念便逐渐获得了平等主义、大众主义的诠释。斯大林统治下，相对于西欧还极其落后的 1920 年代、1930 年代苏联的实际状况是：初中毕业就成了（或被称作）"印贴利更追亚"。这个界定已经使俄国传统意义上的"印贴利更追亚"面目全非，也与西方通常的"智识者"之特定含义相去甚远。这也完全体现于"知识阶级"这个中文概念。换言之，中国的"知识阶级"以及由此派生出的"知识分子"概念，主要是苏联模式的：知识分子是与工农相结合的脑力劳动者。

什么是 1920 年代、1930 年代中国的"知识分子"呢？要回答这个问题，我们还得回到"knowledgeable elements"的说法，也就是说，一个"受过教育的人"便被视为知识阶层的一员。① "印贴利更追亚"（是 intelligentsia，不是 intellectual）之汉语表达"知识阶级"在中国产生不久（几乎在它产生的同时），它的"定义"就是

① 周策纵不但将五四前后的初中高中的学生纳入知识阶级范畴，而且还算上一次大战时旅欧华工中的识字者。——参见周策纵，《五四运动：现代中国的思想革命》，第 9、38 页(Chow Tse-tsung, *The May Fourth Movement: Intellectual Revolution in Modern China*, Cambridge, Mass.: Harvard University Press, 1960)。

宽泛和笼统的，而不是智识者的那种"精英化"的定义。很能说明问题的，也许是文学研究中诸如"五四时期小说中的知识分子形象"之类的文章，我们见到的是涓生、子君之类，《沉沦》中的他，《一件小事》中的我；当然，孔乙己也是知识分子。如果一定要说智识者是带有精英色彩、对观念感兴趣的人，而"印贴利更追亚"是指围绕某些社会观念而联合起来的人，那么，中国的"知识阶级"在它产生之时就显示出它与俄法概念的区别。如前所述，中国的"知识阶级"与俄罗斯的相同，是一个集体概念；然而，把中国的"知识阶级"结合在一起的，不是共同观念或社会理想，只是"受过教育的人"，当然也不是精英的。

关于中国"知识分子"亦即知识阶级的成员或者真正的"智识者"，我们也许只能从历史的角度做历史的考察。对一个农村人口占绝对多数、存在大量文盲的国家来说，至少在 20 世纪上半叶的中国民众眼里，一个知文识字的小学教师便成了"知识阶级"的一分子，"书呆子"① 则是当之无愧的"知识分子"。此乃当初中国产生和运用"知识分子"概念的语境。他们可以是怀揣中学文凭的青年，也可以是一般记者，庸俗文学作家，文化部长，贫庸的数学教授或哲学教授等，或者是那种西方意义上的智识者。可见，当时在中国不断普及的"知识阶级"或"知识分子"概念，完全没有"智识者"概念的深刻含义。正因为"知识分子"特定的语义组合与历

---

① 参见陶行知对中国知识阶级的定义，《目前中国教育的两条路线——教劳心者劳力，教劳力者劳心》（原载福建教育厅《教育周刊》，1932 年 11 月），《陶行知全集》（第三卷），成都，四川教育出版社，1991 年，第 507 页："一般知识阶级，他们是劳心而不劳力，读书而不做工，所以形成了'书呆子'。教书的人是'教死书''死教书''教书死'；读书的人是'读死书''死读书''读书死'。充其量只是做一个活书橱，贩卖知识而已。"

史内涵，这个概念无法与西方的"智识者"概念对应。

　　虽然（尤其是民间俗称的）"知识分子"似乎也有一些精英化的味道，但却让知识阶层的成员与真正的智识者之间的区别荡然无存。也许这就是我们今天不应当用"知识分子"翻译 intellectual 或者反过来用 intellectual 翻译"知识分子"的主要原因。与其说知识分子≠intellectual 说的是译词准确与否的问题，毋宁说本不该用"知识分子"翻译 intellectual。显然，汉语中至今还缺乏翻译 intellectual 概念的词语；或者说，表示水准、洞察力和造诣的 intellectual，在汉语中至今没有概念范畴上的公认表达。换言之，《现代汉语词典》"知识分子"定义本身并没有错；然而，假如把它翻译成 intellectual 或者把 intellectual 翻译成大众所理解的"知识分子"，那便是错误。错误的环节不在定义，而在于用两个不相等的词进行对译。把"知识分子"与 intellectual 对应，只能是方枘圆凿。比如，把"倪匡之这个小知识分子"一类的句子译成英语或其他任何一种西洋语言，西方人是看不懂的，"臭知识分子"之类的表达更会让西人惊讶，因为"小"和"臭"是很难和 intellectual 组合的。还有新近时常听说的"无良知识分子"，"良知"可是 intellectual 的先决条件。

　　如果想略微公允地看待中国的"知识分子"概念，并一定要（在实际或转义的层面上）认可 20 世纪上半叶中国的一个小学教师，也可以是一个觉醒的、追求变革的亦即怀有社会责任感的、富有批判精神的"小知识分子"，也许只有在葛兰西《狱中札记》中的那种对智识者的绝对开放的层面上来理解：所有人都可以是智识者，但不是所有人都在社会中发挥智识者的作用。① 或者如同英国社会学家鲍曼（Zygmunt Bauman, 1925—2017）所说：智识者"这一术语并非是对于一个业已存在的种类的描述，而是'一种广泛开放式的邀请'"②。联系中国当时那个特定的时代，具有社会批判精神的"智识者"，当视自己为有机会获得"新知识"的人，并懂得如何对总体上处于文盲状态之"盲目的""愚昧的"社会大众承担启蒙的重任。

我们知道，西方的"智识者"作为充满智慧的活跃的社会成分，发源于启蒙思想和对人类进步的信念；康德所说的启蒙就是"要有勇气运用你自己的理智"。假如说启蒙运动的信念是产生"智识者"的前提，拓宽"智识者"概念的前提便是：一个"微不足道的"小学教师、大学生或乡村医生也应该承担起（前文所说的、真正的智识者能够胜任的）启蒙的重任。例如五四时期的社会批判文学，确实试图向读者传递一种意识和观念，即"小"智识者认为自己亦当为改变社会现状做出贡献。照这种看法，智识者概念不是一个永恒的，而是特定历史时期产生的、受历史制约的概念。曼海姆的"自由漂浮"说的一个重要论点便是，智识者可以来自社会的几乎所有领域。这种观点的前提是，不同教育程度和不同水平的知识阶层的成员，他们在自己的觉悟过程中同样可以成为"智识者"，也可以是或者应当是对社会具有思考能力和批判精神并参与社会

① 参见葛兰西，《安东尼奥·葛兰西狱中札记选读》，第 9 页（Antonio Gramsci, *Selections from the Prison Notebooks of Antonio Gramsci*, ed. by Quintin Hoare & Geoffrey Nowell Smith, London: Lawrence & Wishart, 1986)。
② 转引自罗宾斯，《知识分子的根基》，载罗宾斯编《知识分子：美学、政治与学术》，第 17 页。

变革的人，他甚至可以是一个读书的工人（参见布莱希特的诗：《一个念书的工人的提问》［Bertolt Brecht: "Fragen eines lesenden Arbeiters"］）。

六、 结语："知识分子"——一个自成一体的概念

伏尔泰之后最让法国政府头疼的，当数萨特。当法国政府镇压阿尔及利亚人民的独立斗争时，萨特公开反对法国的非正义战争，支持阿尔及利亚民族解放运动。右派势力中有人主张以叛国罪逮捕这个狂妄的人。戴高乐总统却说，没人敢把伏尔泰投入监狱，萨特也不该进监狱，让智识者爱怎么搞就怎么搞吧。这大概就是法国民主、自由、宽容的立国原则。昔日俄罗斯及苏联的智识者，却多半生活在专制的阴霾中，时常遭受流放和迫害，他们的境遇是一部罹难史；锁链把他们的名字连在一起，那是一支绵延的流亡队伍。智识者在现代智识者两大源地的命运告诉我们，研究智识者，应将他们置于特定的时代和社会体制中，并考察他们在特定时空中的思想和行为。同样，我们不难发现那些关于智识者的著名论说，都或多或少地受制于特定的时代与环境，分歧也或多或少地来自历史的变迁。

中国和世界华人学界对汉语"知识分子"概念的非难，一般以为"具有较高文化水平、从事脑力劳动的人"之定义是 1949 年共产党执政以后的事。这是对历史的误解。"知识阶级"亦即"知识分子"概念在其产生和确立的时候，基本上已经是一个非精英化的、描述"受过教育的人"的概念，其语境是一个落后愚昧的中国，思想背景是民粹主义、反智主义、布尔什维克主义。从这三个

主义的主要引进渠道以及俄国"知识阶层"概念在构词上给中国"知识阶级"打上的烙印来看,中国"知识阶级"("知识分子")概念至少在它产生和最初发展的时候是俄国以及苏联式的,与法式概念或传统几乎无缘,并与世界发展长期脱节。

自法国大革命起,艺术家与作家在浪漫主义和民族主义文化运动中不断步入社会广场;随着印刷媒体的扩张和改善,这些人至 19 世纪末找到了他们的用武之地。两次世界大战期间,智识者团体的成立(比如国际笔会)以及智识者的许多宣言、公开信、集体行动和大会,形成了欧洲智识者的鼎盛时期(罗曼·罗兰[Romain Rolland, 1866—1944],弗洛伊德[Sigmund Freud, 1856—1939],黑塞[Hermann Hesse, 1877—1962],瓦莱里[Paul Valéry, 1871—1945],亨利希·曼[Heinrich Mann, 1871—1950],奥希耶茨基[Carl von Ossietzky, 1889—1938],克劳斯[Karl Kraus, 1874—1936],奥尔特加-加塞特[José Ortega Y Gasset, 1883—1955])。研究智识者的最重要的理论文献也产生于这个时期(班达[Julien Benda, 1867—1956],曼海姆,葛兰西)。虽然不能说中国的同时代人对这些人和他们的理论与实践一无所知,然而,当时少得可怜的一些"即兴"译介,基本上不在讨论智识者的框架之内。嗣后,属于社会主义阵营的中国社会由于其封闭的体制,对第二次世界大战以后国际上智识者的一些重要反抗行动,更是所知无几,比如奥威尔(George Orwell, 1903—1950)和凯斯特勒(Arthur Koestler, 1905—1983)对斯大林专制统治的批判,萨特反对阿尔及利亚战争,罗素(Bertrand Russell, 1872—1970)抗议原子弹的活动,乔姆斯基(Noam Chomsky)反对越南战争,以及一些国际组织(如"国际大赦")的成立。中国几乎一直被排除在世界关于智识者的讨论之外，直到 1980 年代以后才开始补课。

　　虽然中国的"知识阶级"（"知识分子"）概念是苏俄的舶来品，但它明显缺乏俄国传统的"印贴利更追亚"根底，而十月革命后的那种被阉割的"印贴利更追亚"观念在中国生根。当论述智识者的经典观念在欧洲产生的时候，1936 年的苏联宪法将"印贴利更追亚"定为"中间阶层"，也就是敌我矛盾中与工人农民划在一起的非敌对力量。这种苏联模式对中国"知识分子"概念以后的发展起了很大作用。[①] 正因为苏联的"印贴利更追亚"概念已经变质，已经不是人们谈论智识者时所理解的真正的"印贴利更追亚"概念，中国舶来的只能是赝品。问题是，苏联人至少还有寻根的可能，挖掘"印贴利更追亚"的真谛，而中国说来说去只能是"受过教育的人"而已。换言之，借鉴"印贴利更追亚"而在中国产生的"知识分子"概念，是一个中国化的、自成一体的概念。从这个意义上说，与法式和俄式概念相比，"知识分子"概念只能是非驴非马，是中国自己的"牛"。因此，中国才会出现"妇女知识阶级""流氓知识阶级""伪知识阶级""中产知识阶级""人文知识阶级"或"资产阶级知识分子""穷苦知识分子""农村知识分子""普通知识分子""高级知识分子""科技知识分子""党内知识分子""党外知识分子"等数不清的说法。其根源是"知识阶级"或"知识分子"被视为集体，一个阶级或阶层中自然会有各色人等。

---

① 参见任弼时，《土地改革中的几个问题》（1948 年 1 月 12 日），第五节："知识分子和开明绅士问题"（《任弼时选集》，北京，人民出版社，1987 年，第 430—434 页）。这篇作为政策依据的文章，收入中共中央编印的《教育工作手册》，1949 年、1950 年多次重印。

　　当时的中国是否缺乏对西方"智识者"的角色及作用的理解、缺乏真正意义上的"智识者"呢？我们知道，像鲁迅那样充满社会责任感和批判精神的智识者，反社会潮流，反国家权威，完全起到了西方所理解的智识者的作用。胡适以知识和社会良知为基点的独立精神，"说一般人不肯说或不敢说的老实话"，充分体现了智识者的风范。大义凛然的闻一多无疑具有萨特的秉性。然而，汉语中却没有出现如同 intellectual 一样的特殊范畴或概念来形容这类人。中国自有"印贴利更追亚"或"智识者"，但没有特指这部分人的概念，而且至今如此。这里说的不仅是汉语语境里缺乏"智识者"概念的位置，实际生活中的智识者也常常因此而失去应有的"名分"，他们只不过是"知识""分子"而已，因而时常会出现将中国知识分子与西方所说的智识者相混淆的现象。① 论述 intellectual 的文字已经不少，对汉语"知识分子"定义的指责亦很常见，然而，论述者无奈还得用"知识分子"一词阐述问题，常给人捉襟见肘之感。瞿秋白在谈论中国革命实践急需无产阶级思想代表的时候曾说："'没有牛时，迫得狗去耕田'，这确是中国马克思主义者的情形。"② 我们或许可以用"狗耕田"的比喻来形容用"知识分子"概念套用 intellectual 概念的情状。

---

① 丁帆，见吴炫、丁帆、范钦林、邵建四人对话，《知识分子的价值定位》，载《文艺争鸣》1995 年 5 期，第 23 页："我觉得中国知识分子的思维形态老是处于恶性循环当中，这本质上是由于知识分子缺乏一种自由的意识，他们没有西方知识分子那种自由的向度和开放的思维体系，有人把它归结为中西方人思维形态的不同，我觉得不是。我觉得最主要的是中国知识分子那种挤入庙堂的情结和归隐民间的情结太强烈，总之，老是要依附于什么东西。"

② 瞿秋白，《〈瞿秋白论文集〉自序》，《瞿秋白文集（政治理论编）》（第四卷），第415 页。

滕尼斯"共同体"与"社会"概念究原 *

"共同体"曾是现代晚期人文社会科学中一个颇具影响的概念，也是国际学术界颇为关注的话题。20 世纪晚期兴起于西方的社群主义（Communitarianism）这一哲学"运动"，高举"复兴共同体"的大旗，在美国社会学家埃兹奥尼（Amitai Etzioni）的著述中，能够见出赞美共同体的纲领性文字。① 他认为，西方世界正处于极端个人主义的冰冷时代，因而期盼共同体的温暖和人性关系的复苏。当然，社群主义的代表人物还有麦金泰尔（Alasdair MacIntyre）、桑德尔（Michael Sandel）那样的思想家。或者，人们还会想到鲍曼

---

* 本文是为澳门大学中国历史文化中心与《南国学术》共同举办的"首届濠镜思想家论坛：东西方文化智慧与人类命运共同体构建"（2018 年 11 月 20—21 日）而撰写的，原文题为《"形成的"和"做成的"——重评滕尼斯〈共同体与社会〉》，载《南国学术》2019 年第 2 期，第 328—341 页。

① 参见埃兹奥尼编，《新社群主义思维：人物，美德，机构，群体》（*New Communitarian Thinking: Persons, Virtues, Institutions, and Communities*, ed. by Amitai Etzioni, Charlottesville: University Press of Virginia, 1995）；埃兹奥尼编，《新社群主义基础读本》（*The Essential Communitarian Reader*, ed. by Amitai Etzioni, Lanham: Rowman & Littlefield, 1998）；埃兹奥尼，《再论政治联合：论跨国群体的建立》（Amitai Etzioni, *Political Unification Revisited: On Building Supranational Communities*, Lanham: Lexington Books, 2001）；埃兹奥尼，《新常态：谋求个体权利与共同利益之间的平衡》（Amitai Etzioni, *The New Normal: Finding a Balance between Individual Rights and the Common Good*, New York: Transaction Publishers, 2014）。

（Zygmunt Bauman, 1925—2017）的著作《共同体：在风险社会寻找安全》（2001）。对共同体的渴望是一个时兴现象，因为人们对各谋其利、貌合神离的现代生活不满，传统共同体失去之后的社会不能实现"幸福生活"，所以渴望新的开端和社会新变，渴望共同体精神和价值。在当代社会科学中，尽管人们使用"共同体"概念时颇为谨慎，但由于它是社会科学中最基本的、包容最广的概念之一，① 因此，要论述现代"共同体"概念，滕尼斯（Ferdinand Tönnies, 1855—1936）是无法绕过的。他的《共同体与社会》不仅是德国社会学界所提出的第一个大的综合体系，也是欧洲第一部严格意义上的社会学著作和现代社会理论的正式登场。这部著作也使他成为西方现代社会学的奠基人之一。

一、 一个曾被长期遗忘的大师及其学说

尼采（Friedrich Nietzsche, 1844—1900）的好友、瑞士文化史家布克哈特（Jacob Burckhardt, 1818—1897）在其名著《意大利的文艺复兴文化》（1860）中说道：

> ［欧洲］中世纪人的意识有着双重视域，一面朝着世界，一面朝着自我内心，如同戴着共同的面纱，如在梦中或者半醒状态。面纱由教义、童儿般的拘束和妄想编织而成，透过面纱

---

① 参见黑特拉格，《共同体》，载格雷斯协会编《国家辞典》（第七版），第 848 页（Robert Hettlage, "Gemeinschaft", in: *Staatslexikon*, hrsg. von Görres-Gesellschaft, 7. Aufl. [Sonderausgabe], Freiburg: Herder, 1995, Bd. II, 848 - 853）。

所看到的世界和历史，呈现出奇异的色彩；人只把自己看作族
类、生民、派系、同盟、家族，或其他什么共同属性。这一面
纱最早在意大利被掀开，人们开始客观地观察和探究国家，甚
至世界上的一切事物；同时，主体强势而出，人成为精神个
体，并这样看自己。①

布克哈特让人们看到，在西方发展史上的一个关键时期，人们理解
世界的方式发生了根本变化。不过，布克哈特所展示的中世纪情
境，并未完全把 19 世纪排除在外，他的论断对时人和后人都产生
了深刻的影响。其实在文艺复兴之前和之后，还有不少历史要端：
古典哲学、基督教、人文主义、宗教改革、启蒙运动、市民社会、
资本主义等。然而，文艺复兴无疑是一个巨变和觉醒的标志，其显
著特征是发现了"人"——作为主体的人，谋求成为世界的主人，
欧洲踏上了征服世界的征程。

　　由此，欧洲与世界其他地方的文化之间发生了断裂，那些地方
还都沉浸于家族、等级或部族等原初状态。欧洲文明不仅意味着主
宰一切，还催生自由——摆脱了传统拘囿的自由。可是，这要付出
人与人的隔阂，特别是孤独的代价。这样的代价不是太高了吗？这
种孤独的自由，意义何在、走向何方？最终会是空无和绝望吗？所
有贪欲、统治、压迫，同时也是破坏，对自然的破坏和对人的摧
残，到头来不都是"文明人"的自鸣得意、自欺欺人吗？是否要催
生新的共同体来抵抗和克服负面发展？

---

① 布克哈特，《意大利的文艺复兴文化》，第 137 页（Jacob Burckhardt, *Die Kultur
　der Renaissance in Italien*, Frankfurt/Leipzig: Insel, 1997）。

　　这类问题在西方早就不断有人提出，尤其在德国。[①] 现代社会学兴起之时，滕尼斯于 1887 年发表《共同体与社会》。该著第一稿是作者 1881 年在德国基尔大学递交的教授资格论文，出版时做了重大修改，它无疑是（德国）社会学的创始文献之一。对滕尼斯和其他早期社会学家来说，高歌猛进的工业化是其发展社会学概念的背景，不少社会学家都从历史变迁中提炼出自己的核心观点。滕尼斯的追求是，通过"共同体"和"社会"这两个概念，从哲学层面为年轻的社会学提供概念工具和思考范式，如他在该著第一版"序言"中所说，他要对社会生活的基本问题做出全新的分析，用明确的概念设置及其阐释，精准把握社会现实的两极，即自由的、资本主义的"社会"与历史形成的"共同体"。他认为，新的"社会学"的任务是，研究人们为何相互"接受"或"认可"。按照霍布斯（Thomas Hobbes, 1588—1679）的观点，人与人作对才是常理。滕尼斯则认为人的相互接受，要么为了集体利益，即共同体的福祉，要么出于算计的个人目的而参与社会行动，例如在一个股份公司。显然，滕尼斯的问题域是宽广的，他要通过"共同体-社会"来理解世界及其发展趋势。他所追求的社会理论，竭力为社会科学寻找哲学以及意志理论所涉及的心理学理由，且融合了历史哲学和法哲学因素。[②]

---

① 关于"社会""共同体"等概念的历史发展以及德国学者对相关问题的深入思考，参见里德尔，《社会，共同体》，载《历史基本概念——德国政治/社会语言历史辞典》卷二，第 801—862 页（Manfred Riedel, "Gesellschaft, Gemeinschaft", in: *Geschichtliche Grundbegriffe. Historisches Lexikon zur politisch-sozialen Sprache in Deutschland*, Bd. 2, hrsg. von Otto Brunner, Werner Conze, Reinhart Koselleck, Stuttgart: Klett-Cotta, [1975]2004）。

② 参见施奈德赖特，《辩证看共同体与社会：批判社会哲学的基本概念》，（转下页）

传统社会与现代社会的二分是社会类型研究的经典范式，社会学家、哲学家滕尼斯对"共同体"与"社会"的探索颇具代表性，他试图通过这对矛盾概念，细致阐释社会现实。这位独立的德国社会学的缔造者试图在不同著作中，尤其在《共同体与社会》中，阐释社会学的基本问题。他区分了普通社会学与特殊社会学，又将后者分为纯粹社会学、应用社会学和经验社会学。他把共同体和社会看作纯粹社会学的基本范畴，尽力从这两个顶层概念来把握人类生存和发展。换言之，他将共同体和社会置于人类发展的两个最重要的阶段，第一阶段是自然古朴的共同生活，第二阶段是文明造成的人为产物：共同体是古老的，社会是新的。他不是从法学或史学视角考察社会，而是注重人对自己和人际关系的思考和感受，赋予共同体与社会这对概念以不同的社会能量。

《共同体与社会》发表之后，并未得到足够重视，甚至"默默无闻"①，直到 1912 年第二版以后，才被誉为社会学这个新学科的里程碑和典范著作，② 并在滕氏生前出过八版。他无可非议地被看作德国社会学的大师，但大师的美名或多或少也缘于他于 1909 年创办"德国社会学协会"，是该协会的主要组织者之一，并自 1922 年起担任首任会长，直到 1933 年纳粹上台，他被解除大学教职和社会学协会会长职务。这位当时享誉世界的学者，唾弃纳粹专制，鄙视纳粹蛊惑人心的"人民共同体"（Volksgemeinschaft）口号；

（接上页）第 32 页（Nele Schneidereit, *Die Dialektik von Gemeinschaft und Gesellschaft. Grundbegriffe einer kritischen Sozialphilosophie*, Berlin: Akademie Verlag, 2010）。

① 同上。

② 第二版获得巨大反响，很大程度上也缘于德国当时的"青年运动"（Jugendbewegung）寻找共同体的激情，使得这本书有口皆碑。

令他特别愤怒的是，纳粹盗用了他的共同体概念。在德国社会学的缔造者中，他也是唯一目睹了希特勒的上台亦即魏玛共和国末日的人。

滕尼斯生前声名显赫，但在 1945 年之后的德国几乎被人遗忘。在社会学和哲学领域，他的著作都未得到系统研究；不仅如此，人们甚至不知道他一生著述的详情，阅读滕尼斯往往只是出于历史兴趣。在社会学领域，不少人把他看作哲学家，并认为哲学家对社会学没有发言权；[①] 可是哲学界把他看作社会学家，几乎未从哲学方向对他进行研究。他被遗忘的另一个可能原因是，他提出的"共同体-社会"二分法在一百年前风靡一时，后来成为教育阶层尽人皆知的常识，以致人们不再记得，甚或全然不知这个二分概念的"版权"归属。只是到了 20 世纪晚期，滕尼斯才与齐美尔（Georg Simmel, 1858—1918）和马克斯·韦伯（Max Weber, 1864—1920）齐名，被公认为德国社会学的缔造者之一，甚至被视为德国现代社会学的鼻祖。1980 年代以降，滕尼斯重又得到德国社会学界的理论关注，《共同体与社会》又赢得不少读者，二十四卷点校本《滕尼斯全集》也在编纂之中。

同齐美尔和韦伯一样，滕尼斯的学术事业横跨不少专业（韦伯曾做过他的助手），这不仅有利于他转向社会科学问题的研究，也为探讨其他问题留下了足够的空间。[②] 在其丰硕的学术著述中，从《霍布斯的生平与学说》（1896）到临终前的《近代精神》（1935），

① 也有学者质疑此说，认为哲学家滕尼斯并不意味着没有提出社会学的关键问题，参见施奈德赖特，《辩证看共同体与社会：批判社会哲学的基本概念》，第 43 页。
② 滕尼斯对"公众舆论"的研究十分重要，主要见之于他的《公众舆论批判》（1922）一书。他认为公众舆论在社会中的功能，相当于宗教之于共同体。同滕氏其他一些思想一样，这一观点得到后来的社会学家的批判性继承。另外，他还对犯罪学、社会统计学和社会图解学做过研究。

他专注于深入探讨使其赢得社会学大师称号的一个问题,即诞生于西欧和北美的近代社会,为何有别于世界其他地方的社会,而且也有别于本土传统共同体?这个问题在滕氏著作中留下了深深的痕迹。在《社会学导论》①中,他针对《共同体与社会》出版之后德国社会学界的一些理论探讨和论争,也进一步论述了"共同体"和"社会"及其相关概念。

在他眼中,近现代的思想标识,深深地打上了宣告理性和启蒙将要来临的霍布斯的印记,以及在他看来比历史学家更深邃的孔德(Auguste Comte, 1798—1857)的烙印。另外,他认为近现代思想亦深受斯宾诺莎(Baruch de Spinoza, 1632—1677)、莱布尼茨(Gottfried Leibniz, 1646—1716)、康德(Immanuel Kant, 1724—1804)、叔本华(Arthur Schopenhauer, 1788—1860)和斯宾塞(Herbert Spencer, 1820—1903)的影响。"共同体-社会"之命题,既涉及类型问题,也同社会发展史有关。就类型而言,滕尼斯借重共同体与社会之显赫的二元框架来叙写传统与现代的对立,并对二者做出明确区分,以彰显人类群体生活的两种截然不同的类型。就发展史而言,他感兴趣的问题是 19 世纪受到进化论思想影响的社会发展,近代社会的起源及其可能命运,以及与之相对的共同体的共生共存。

滕尼斯所做的显然是社会学研究,但分析进路是抽象思考,与哲学不分畛域,他称之为"概念思维",并在该书第一版"序言"中告诫那些"不习惯概念思维的人",不要对"这类问题"妄下判断。他又在 1912 年的第二版"序言"中说,这本书是为哲学爱好

① Ferdinand Tönnies, *Einführung in die Soziologie*, Stuttgart: Enke, 1931.

者而写的。① 也是从第二版起，该著的副标题改为"纯粹社会学的基本概念"。尽管抽象思维或许会导致"虚无缥缈"，但我们不能因此而诟病作者，尤其是对处于萌芽期的社会学来说，这类概念思维，或曰抽象探讨，很可能是唯一取径，往往能给人启迪。② 但在进行"哲学思考"的同时，滕氏也是德国最早主张让社会学独立于哲学、将之建设为独立学科的学者。③

二、"共同体"与"社会"概念小史

"社会"与"共同体"是社会哲学、历史哲学和社会学的基本术语，这对概念与另一对概念"国家-社会"一起，在 19 世纪和 20 世纪早期（尤其在德国）的语言政治和思想政治中具有中心意义。在深入探讨滕尼斯的"共同体"和"社会"思想之前，有必要先对这两个概念做一个简要的历史语义梳理。

在西方语言中，"共同体"和"社会"原先在很大程度上是同义词。拉丁语中有各种"共同体"（"社会"）的相近表述："civitas""communitas""communio""congregatio""societas"等，主要用于宗教语境，如"神圣共同体"（communio sanctorum），表示所有受洗者都是教会这一心灵共同体和耶稣之神秘躯体的一部分，且包含活

---

① 该著各种版次的滕尼斯"序言"，见滕尼斯，《共同体与社会——纯粹社会学的基本概念》，林荣远译，北京，商务印书馆，1999 年。本文中滕尼斯思想的译述，尤其是语录，均根据原著。
② 或许正因为此，也有学者将滕尼斯的代表作归入现代社会学的哲学前史。
③ 恩格斯撰《英国工人阶级状况》堪称"社会学"的经典之作，但在马克思、恩格斯那个时代，社会学尚在哲学之内。

着的和过世的信徒。目前已知的最早宣扬生死均属耶稣共同体之信仰的表述，见之于4世纪的圣尼切塔斯（Saint Nicetas，约335—414）著《慕道者须知六书》（*Competentibus ad baptismum instructionis libelli VI*）。表示宗教"共同体"的"societas"，也已出现在5世纪，即信仰共同体或（死者和在世者的）神秘共同体。16世纪，圣依纳爵·罗耀拉（San Ignacio de Loyola, 1491—1556）创立"耶稣会"（"Societas Iesu"）。直至进入19世纪之后，二者亦无明确的区分，常常可以互换。[①]

共同体概念可追溯至古希腊，对应于古希腊语"*κοινωνία*"。这是一个颇富神秘祭礼色彩的词语，柏拉图最早将之生造成哲学词语，从而成为柏拉图和亚里士多德哲学思想中的基本元素。柏拉图在《国家篇》（*Politeia*，又译《理想国》）中强调，人依赖于共同生活的人，因而离不开城邦（polis）共同体。这一思想中已能见出后来亚里士多德的著名论断：人天生就是政治动物。"政治动物"（zoon politikón）概念也能译为（理解为）能够组成共同体的生物。亚氏对人之本质的考察，直接将人置于不可或缺的社会关联之中。[②]在自然哲学著作《动物志》中，他把人同蜜蜂和蚂蚁一样划归群居动物，且有共同目的和集体行动的能力。然而，人又不是一般动物，人有明显的政治性，这在亚氏《政治学》中得到充分解说。与一般动物完全不同的是，人的协作不只是为了生存和满足基本需

---

① 参见里德尔，《社会，共同体》，载《历史基本概念——德国政治/社会语言历史辞典》卷二，第801—853页。
② 参见格藤巴赫等，《共同体理论导论》，第18—19页（Lars Gertenbach/Henning Laux/Hartmut Rosa/David Strecker, *Theorien der Gemeinschaft zur Einführung*, Hamburg: Junius, 2010）。

求。城邦的发展旨在更高的、伦理上的追求，即幸福人生和友谊。人是会说话的、理性的、讲伦理的动物，只有在政治共同体中才能发展其潜能。

　　在现代和前现代关于共同体概念的诸多探讨中，亚里士多德的著述总是一个重要焦点。"政治动物"之说的阐释史极为丰富，而且常常是见仁见智；都从亚氏观点出发，但因语境和兴趣不同，"人"被说成"群居的""社会的"或"共同体的"。尤其是拉丁语对亚氏 "ζῶον πολιτικόν"（"政治动物"）的翻译，如辛尼加（Lucius Annaeus Seneca，约前 4—65）或阿奎那（Thomas Aquinas，1225—1274）的解读，使这个概念的语义发生了偏移，人不再总被看作"政治动物"，而是"社会动物"（animal sociale）。对这种阐释的接受史，逐渐使这个概念本体化，被赋予天然特性。本体论思维强调原始的、先在的共同生活之基本结构，即人人都分享的共同体形态，这也使这个概念的政治性维度不断褪色乃至消隐。①

　　近代以来的格劳秀斯（Hugo Grotius，1583—1645）、莱布尼茨、黑格尔（G. W. F. Hegel，1770—1831）或威廉·封·洪堡（Wilhelm von Humboldt，1767—1835），都在不同语境中论述了人的基本共处形态。嗣后，即便面对历史的快速发展以及别样的政治关联，马克思也强调了社会性的先在状况。尽管工业化破坏了个体的共同体生活根基，马克思依然不忘社会本体论思维传统的价值："人是最名副其实的政治动物，不仅是一种合群的动物，而且是只

---

① 参见格藤巴赫等，《共同体理论导论》，第 21—22 页。

有在社会中才能独立的动物。"① 总的说来，在社会理论传统中，社会性的优先地位一直得到较为普遍的认可，本体意义上的整体论几乎是现代社会学和人类学的共识。另外需要指出的是，最迟自霍布斯起，另一思想传统也很强势，即与人的天然群体观念相对立的个人主义，并由此生发出的自由主义的政治思潮。在契约理论的建构中，人们主要从个体考察和评判社会整体，个体既是出发点也是方法论支点。

三、 滕尼斯开创性的二分模式： 共同体与社会

在社会学中，共同体被界定为"人之群体建立在自然的（有机的）、相同出身的、观念相似的或共同命运和共同追求基础上的同本共在，与理性的、追求特定目的的社会相反"②。社会是由于外在目的而聚拢的，是包罗甚广的整体。人与人的结盟是社会学的研究主题之一，滕尼斯认为社会学是关于社会性的学说，"认可"是社会学的基本问题和研究对象。人们相互认可，建立联系，便是社会性行为；若互不来往，甚至相互斗争，便无社会性可言。根据这一界说，人与人之间的所有协作都是社会性的。至于在什么情况下、为何目的走到一起，这不是首要问题。一个强盗团伙、一个家庭或一个股份公司，这些结合都是社会性使然。纯粹社会学中的"社会性"概念，不包含对结盟动机的道德评判。

然而，各种同盟可以根据其性质、紧密性和持续性来分类。有

---

① 马克思，《〈政治经济学批判〉导言》，《马克思恩格斯全集》（第 8 卷），北京，人民出版社，2009 年，第 6 页。

② 席施科夫编， 《哲学辞典》，第 216 页（*Philosophisches Wörterbuch*，hrsg. von Georgi Schischkoff, Stuttgart: Kröner, 1978）。

些结合，比如家庭，相对持久而紧密。即便一个人恨其父母而离开家庭，却依然属于这个家庭，这一联系永久存在。而股份公司则属于另一类联盟，股东之间的结盟时间可以很长，却不很紧密，他们甚至不必相互认识，只是对利润的兴趣将他们聚到一起，但他们可以随时离开。这一现象见之于股市，股东可以随时因为盈利或止损而卖出股票。

对于社会概念的早期思考，已见于 17 世纪的社会哲学，后来经"社会学"延续至今；并且，人们还在不断思考相关问题。霍布斯（《利维坦》，1651）、卢梭（《社会契约论》，1762）、黑格尔（《法哲学原理》，1821），都是出自不同时代的重要思想资源。将三者联系在一起的是，他们的著述让人看到，人需要牺牲部分个体自由，才能分享新获得的共同自由。谁接受这种交换，谁就是社会的一员。社会被看作有目标的契约联合体，这一基本设想在总体上延续至今。即便马克思、恩格斯（《资本论》）批判社会状况，但他们并未否认社会概念本身，他们主要钻研的是体现于经济的社会需求。

直至 19 世纪晚期，滕尼斯才开创性地将"共同体"和"社会"作为对立概念引进社会学语汇，用以界定人际关联的两种类型。他提出的共同体与社会的二分模式，即两种理论传统的对照，很能让人想到不少思想先驱可能对他产生的影响，事实也是如此。17 世纪英国政治哲学家霍布斯对他的重要影响是毋庸置疑的，他曾深入钻研过霍布斯的政治理论，著有研究霍布斯的专著和不少论文，被许多人视为重新发现霍布斯的学者。[①] 他认同霍布斯的不少说法，

---

① 参见科尔特，《社会史导论》，第 80 页（Hermann Korte, *Einführung in die Geschichte der Soziologie*, Opladen: Leske＋Budrich, 1995）。

例如霍氏在《利维坦》中所描述的理性、自私的世界中的生存状态是"孤独、贫困、污秽、野蛮又短暂的"（"solitary, poor, nasty, brutish and short"）。可是，滕尼斯的基本立足点是对霍氏自然法（人性的自然状态或性恶论）的批判：霍氏在《利维坦》中把"所有人对所有人的战争"（every man is enemy to every man）描述成争夺利益的普遍竞争和自然状态；滕尼斯则认为，那并非生存的原初状态，而是私有制导致社会机制的解体或退化后的产物，即理智权衡的后果。从历史发展或人类学和社会学角度来看，共同体是原初的、在先的，社会则是后来的，是共同体衰败后的产物，或是社会所要摧毁的。

马克思对滕尼斯的影响也是显而易见的；[1] 可以说，滕氏"社会"理论直接依托于马克思对资本主义社会的伟大批判。他不仅在《共同体与社会》不同版次的"导言"中，而且还在其他著述中一再申明，他从"科学社会主义"的创始人那里获益匪浅。该著第一版副标题即为"论经验性文化形式共产主义和社会主义"，这与19世纪欧洲的社会运动有着直接关联。他的观点很接近马克思主义的批判立场：劳动分工和异化是市民社会的标识。《共产党宣言》严厉批判资本主义社会摧毁了所有田园传统，"使人和人之间除了赤裸裸的利害关系，除了冷酷无情的'现金交易'，就再也没有任何别的联系了"，一切都"淹没在利己主义打算的冰水之中"。[2] 滕氏赞同马克思的观点，认为从经济视角观察社会关系是最重要的视

---

① 滕尼斯著有《马克思的生平和学说》（Ferdinand Tönnies, *Marx. Leben und Lehre*, Jena: Lichtenstein, 1921）。

② 马克思、恩格斯，《共产党宣言》，《马克思恩格斯文集》（第2卷），北京，人民出版社，2009年，第34页。

角，正因为此，他认为马克思是最引人注目、最深邃的社会哲学家（第一版"导言"）。滕氏对"社会"经济秩序的描写，在很大程度上承接了马克思和恩格斯的思想，《共同体与社会》的一些段落几乎就是马恩对资本主义的分析的改写。① 滕尼斯的学生雅科比（Eduard Jacoby, 1904—1978）认为，撰写《资本论》的经济思想家马克思，不会是那个撰写《共产党宣言》的"共产党人"，这一点对滕尼斯产生了深刻的影响。②

　　关于该书第一版的副标题，需要指出的是，滕氏从经验层面论述的"共产主义"，只是共同体的一种文化形式，例如家庭共同体或教会共同体，"社会主义"则是社会的文化形式。他是要把不同所有制的意义扩展至人的整个经济、政治和精神生活（第三版"导言"）。换言之，滕尼斯并不崇尚马恩在《共产党宣言》中提出的共产主义。③ 他认为天然的社会基本结构是共产主义的，而现实的、

---

① 尽管滕尼斯敬仰马克思，但他认为马克思只是"社会"理论家，忽略了"共同体"范畴。这个观点后来受到东欧社会主义阵营学者的诟病。

② 参见雅科比，《滕尼斯社会学思想中的现代社会：生平述评》，第 11 页（Eduard G. Jacoby, *Die moderne Gesellschaft im sozialwissenschaftlichen Denken von Ferdinand Tönnies. Eine biographische Einführung*, Stuttgart: Enke, 1971）。

③ 在 1840 年代，马克思偶尔充满激情地把一种将来的、建立在"联合"基础上的社会模式称为"共同体"（Gemeinschaft）。那是一种克服了劳动分工、统治和孤独的状态，唯有在共同体中才能实现的状态，如同马恩在《德意志意识形态》（1846）中所言："只有在共同体中，个人才能获得全面发展其才能的手段，也就是说，只有在共同体中才可能有个人自由。在过去的种种冒充的共同体中，如在国家等等中，个人自由只是对那些在统治阶级范围内发展的个人来说是存在的，他们之所以有个人自由，只是因为他们是这一阶级的个人。"与"冒充的"或"虚假的""虚幻的"共同体相对的是"真正的共同体"，"各个人在自己的联合中并通过这种联合获得自己的自由"。（马克思、恩格斯，《德意志意识形态》，《马克思恩格斯文集》［第 1 卷］，北京，人民出版社，2009 年，第 571 页）而在 19 世纪五六十年代，马克思在其著述中不再说及"Gemeinschaft"意义上　（转下页）

正在形成的结构是社会主义的（第一版"序言"）；另一方面，他试图证明近现代的自然法是关于"社会"的理论，必须同历史的、有机的"共同体"理论区分开来。他要借助这种"理想型"区分来把握人类共同生活的历史和现实状况。并且，滕尼斯的总体倾向，是在向后看"共产主义"，回望那失去的古老而和睦的共同体。

　　查考德意志的共同体思想传统，可以发现，赫尔德（Johann G. Herder, 1744—1803）率先将契约国家排除在共同体之外，[①] 滕尼斯更把资本主义经济秩序排除在共同体之外。他们都从人的整全性出发，批判启蒙理性对整全人性的摧残，赞美德国人向来珍惜的文化道德传统，并希冀共同体精神的延续或再生。在滕尼斯身上，我们很能见出德国人似乎历来怀有的"反启蒙"倾向和浪漫主义。在他看来，启蒙在其解放思想、摆脱枷锁的同时，始终远离主导性生活形态，否定传统机制和思维方式，而那正是历史形成的、天长地久的东西，更接近自然本性。就社会伦理而言，19 世纪晚期、20 世纪早期充满浪漫主义色彩的共同体理论，是启蒙运动强调个性的契约理论的重要对立模式，强调社会关联的伦理优先性和人的整全性。在滕氏"共同体-社会"理论中，共同体的本质正是人的整全

　　（接上页）的"共同体"，更喜于使用德语古词"Gemeinwesen"，类似法语"commune"（公社，群体），用以表示现代"社群"（Gemeinde）以前之天然、原始的社会形态；其"天然性"被后来的金钱和货物交换所取代，唯有在更高的社会主义亦即共产主义的"自由王国"才能被重新建立。

① 赫尔德曾经指出，应当在社会哲学的意义上对社会和共同体做出概念区分。他认为"社会"是与国家相对的教会统辖下的基督教社会，"共同体"则关乎精神：精神共同体不依赖于国家，国家不保护它，也不给予经济支助；它是精神，不谋求参与统治，而是自我掌管。赫尔德的这一区分，只是浓重的宗教话语的一部分，对当时的宗教哲学和一般语言都影响甚微。——参见里德尔，《社会，共同体》，载《历史基本概念——德国政治/社会语言历史辞典》卷二，第 821—822 页。

性，社会的本质则是人的残缺性。不难理解，《共同体与社会》的作者常被看作德国特有的、与西欧理性主义的社会哲学格格不入的社会学之代表人物，并以此载入"反西方的"德意志观念形态之特殊发展的历史。①

滕尼斯常被视为文化悲观主义者，他的充满怀疑精神的历史哲学，早在 19 世纪就显示出后来霍克海默（Max Horkheimer, 1895—1973）和阿多诺（Theodor W. Adorno, 1903—1969）那样辨证看启蒙的深邃目光。于是，"共同体"成为一个充满希望的、与"社会"对立的概念。对共同体的渴望亦即对现实的批判，往往是对有待实现的美好未来的憧憬，这时常与追忆过去的好时光连在一起，带着对过去的眷恋和乡愁。另一方面也要看到，尽管现代性充满弊病、矛盾重重，但在社会中，人所追求的是与现代性密切相关的自我利益，追求政治、经济、社会秩序的不断变化，也有其进步意义。

四、"有机的共同体"与"机械的社会"

《共同体与社会》开篇即说："人们的意志在许多方面相互关联，各种关联相互作用；作用源自一方，另一方则承受或感受。各种作用的特定倾向，要么维护他人意志或身体，要么摧毁他人意志或身体，此乃肯定作用或否定作用。本书的理论研究，仅关注相互

---

① 参见弗赖尔，《滕尼斯及其在德国社会学中的位置》，载《世界经济档案》第 44 卷（1936），第 1—9 页（Hans Freyer, "Ferdinand Tönnies und seine Stellung in der deutschen Soziologie", in: *Weltwirtschaftliches Archiv*, 44[1936], S. 1-9)。

肯定的关系。"① 滕尼斯认为关系即结合，破坏性意志成就不了关系，他因而把矛盾和冲突的社会形态排除在其研究之外。在他看来，只有坏的社会，而坏的共同体是自相矛盾、不合情理的说法。他只对社会关联的积极面感兴趣："不管在哪里，只要人们通过其意志，有机地相互结合、相互肯定，就会有这种或那种共同体。"②关于《共同体与社会》的一个一再被提及的"问题"或"缺陷"是，滕氏社会学其实只奠基于共同体概念，这就无法观照不良社会关系，权力、暴力、罪行都被他的社会学舍弃。

如前所述，滕尼斯把人的需求及相互间的认可分为共同体与社会这两种相反的结构。共同体是原初形的结合，如家庭那样，是"现实的、有机的生活"。社会则是自由的个体之间的关系，如一个城市的居民、市场的参与者等，或多或少是偶合的，只是为了特定目的才相互发生关系，滕氏称之为"思量的、机械的"③。他解释说：

> 首先需要对既存的对立面做一些说明：我们认为，所有习惯的、私密的、单纯的共同生活，都是共同体内的生活。社会则是公众的，是世界。共同体中都是自己人，与生俱来，同甘共苦。走进社会，就如进入他乡。青年人总被告诫，避免坏的社交，而说坏的共同体则有悖语感。与法律打交道的人，若只

---

① 滕尼斯，《共同体与社会——纯粹社会学的基本概念》，第 3 页（Ferdinand Tönnies, *Gemeinschaft und Gesellschaft. Grundbegriffe der reinen Soziologie*, Darmstadt: Wissenschaftliche Buchgesellschaft, 1991）。
② 同上书，第 12 页。
③ 同上书，第 3 页。

认可结合之社会概念，或许会说家庭社会；然而，家庭共同体对人的心灵的持久影响，是每个成员都能感受到的。［……］人们说语言、习俗、信仰的共同体，却说行业、旅行、学术的协会［社会：society］。尤为明显的是商业会社，尽管成员之间也会有亲密感和共同体的感受，但人们几乎不说商业共同体。［……］共同体是持久的、真正的共同生活，社会只不过是暂时的、表面的共同生活。因此，共同体当被理解为活的有机体，社会则是机械的聚合和人工制品。①

尤其在日常语言中，共同体一般是指若干个体的组合，通常有共同特征，以及人以群分的感受（"我们"）。滕尼斯把共同体看作观念、价值观、情谊，常常还是财产的结合体，包括血缘共同体（亲属）、地缘共同体（邻里）、精神共同体（友谊）等。共同体主要通过内在的血缘、亲缘、地缘或精神联系在一起，是浑然生长在一起的整体，往往是自然而然，或是命运使然，比如无法选择的出生，那是偶然性把人联系在一起并相伴一生。而精神共同体在滕氏看来最少本能性质，纯粹源于习惯，从而也是最人性的。

滕尼斯首先从家庭来解说共同体生活。亲子关系是最典型的共同体关系，亲密无比；对许多人来说，父母与子女之间甚至没有"关系"，后者在很大程度上属于前者。母亲和子女的关系无疑是最亲密的，来自本能的爱。这种爱无须思考，是一种天然联系。随着孩子的成长，爱会淡化，取而代之的是家庭生活的习惯，以及对以往时光的记忆。习惯和记忆也是连接夫妻或兄弟姐妹的纽带。家庭

---

① 滕尼斯，《共同体与社会——纯粹社会学的基本概念》，第3—4页。

生活的习惯，给人带来安全感，也在不断增强共同体的感受，另有对同甘苦共患难的记忆。兄弟姐妹之爱在滕氏眼里是爱的最高形式，因为那不是出自本能，而是建筑于共同的记忆。就夫妻而言，"性欲之本能"并不是持久的共同生活的基础。[1] 婚姻是意志的结合，比如一方不想离开另一方，尽管多有烦恼，依然不离不弃，不想解除盟约。在共同生活中，失去个人的一些自由，并非就是坏事，"归属"给人带来安全感，人们甚至意识不到这一点。简言之，爱、习惯和记忆是家庭共同生活的基础。

在共同体中，个人意志让位于共同意志。母亲日夜照料孩子，夫妻相互奉献，兄弟姐妹相互保护。通过家庭亦即爱、习惯和记忆，共同体概念得到了最好的解释，但这并不等于共同体生活仅限于家庭。滕尼斯还把他的共同体考察扩展至亲情之外，例如村落、邻里和朋友圈，或者宗教共同体。[2] 出身、传统和习俗，或血缘、地缘和精神的同属，将个体联合为整体，习惯是心灵的寓所，共同体成员的结合是真正的结合。滕氏共同体概念所表示的社会属性，是指不同个体顺从其意志，或曰基于人之意志的紧密结合，是熟人构成的道德共同体，因而能被喻为有机体。

以契约为纽带的社会则与共同体不同，滕尼斯指出：

> 社会理论所构想的人之群体，与在共同体里一样，和平地生活和住在一起，但在根本上不是同心同德，而是分离的。在共同体中，虽有种种分离，仍然休戚与共；在社会中，虽有种

---

[1] 滕尼斯，《共同体与社会——纯粹社会学的基本概念》，第7—8页。
[2] 同上书，第12、18页。

种结合，隔阂犹在。因此，这里不存在源自先在和必然统一体的行动，个人行为中也无法见出统一体的意志和精神，很少为了同道，只是为自己。这里只是各归各的，与其他所有人处在紧张状态中。①

从"人之处境"的概念模式来说，"社会"与"公共领域"同义，不断把人从自我分离出去；"共同体"则与能够回归自我的"亲密"同义，是"自在"而非"异在"。② 诚然，生活在社会中的人，并不都是敌人，其他人也是社会成员，但社会中的结合并非真正的、发自内心的结合。每个人只是有所图才与他人协作。"没有人会为别人做些什么、贡献些什么、赏赐或给予什么，除非想到报答或回赠，且至少要同他的给予同等的回报。"③ 社会中的人是"经济人"（homo oeconomicus），是理性的利己主义者，人人都是买家和卖家。因为每个人都想着自己的好处，他人也会为了自己的好处而答应"交换"，所以人与人的关系才会是潜在的、如霍布斯所说的"所有人对所有人的战争"。尽管有着表面的礼貌来调节人与人的交往，但讨好他人的目的是获得回报：表面现象掩盖着真相。以回报和个人利益为基础的关系，在社会中司空见惯。滕氏用"社会"来描述的现象是，个体为了特定目的才走到一起，这种共处可与受到外在目标驱使的机械现象相比较。传统共同体成员分享共同的理解而非共识，现代社会成员至多只有共识而无共同理解。

---

① 滕尼斯，《共同体与社会——纯粹社会学的基本概念》，第34页。
② 参见里德尔，《社会，共同体》，载《历史基本概念——德国政治/社会语言历史辞典》卷二，第860页。
③ 滕尼斯，《共同体与社会——纯粹社会学的基本概念》，第34页。

　　滕氏共同体与社会概念的对立关系，其实来历久远，亚里士多德早就区分过形成的与做成的。并且，从欧洲古典时期起，有机体和机械体就是描写社会关系的常用比喻。在滕尼斯的社会哲学中，两个概念传统被组合成一对对立概念，他也因此成为政治哲学和社会哲学中重要的关键词设置者。按照韦伯的观点，社会学必须坚持价值中立原则；而通览滕尼斯对共同体和社会的考察和评判，不难看出他的价值取向，他更多地站在共同体的生活形态一边，对共同体的评价远远高于对社会的评价，仅"有机"和"机械"之喻就能让人一目了然。滕氏眼中的社会关系在过去是有机的，当前是机械的，而社会性理当只是有机的。因此，他宣扬的是回归原初的共同体形态。

　　也是在这一语境中，滕尼斯常被视为 19、20 世纪之交兴起的文化悲观主义的早期代表，这种悲观情绪弥漫于韦伯对现代性枷锁的批判，亦淋漓尽致地体现于施本格勒（Oswald Spengler, 1880—1936）著《西方的没落》（1918/1922）。崇尚"共同体"及其在社会学中的概念确立，也在哲学领域产生了影响：舍勒（Max Scheler, 1874—1928）在《价值的颠覆》（1919）中，进一步强化了滕尼斯对共同体与社会的区分，认为社会"很难说是各种由血缘、传统和生活习俗结合而成的'共同体'的上位概念，更应说所有'社会'都只是残渣，是在对各种共同体的内部侵蚀过程中产生的"[①]。另有桑巴特（Werner Sombart, 1863—1941）那样的经济学家或神学家特洛尔奇（Ernst Troeltsch, 1865—1923）所一再表达

---

① 舍勒，《价值的颠覆》，第 140 页（Max Scheler, *Vom Umsturz der Werte. Abhandlungen und Aufsätze. Gesammelte Werke*, 4. Auflage, Bd. 3, hrsg. von Maria Scheler, Bern: Francke, 1955）。

的担忧，即欧洲的逐渐美国化和工业化将会"荡涤所有共同体的发展和一切有机之物"[1]。

五、"选择意志"与"本质意志"

滕尼斯并不只满足于两种不同社会形态（类型）的对照，而且还区分了与之相对应的两种人之意志，也就是构建社会关系的心理机制：一种是"本质意志"（Wesenwille，英：natural will），另一种是"选择意志"（Kürwille，英：arbitrary will or rational will）。共同体的本质意志或社会的选择意志，是两种最基本的认可意志。在滕尼斯看来，本质意志是生命在作用，听从的是性情和良知，行为和目的是统一的。而与社会打交道，就会出现"动机"，需要做出"选择"，这才有选择意志。滕氏原先用的是"Willkür"（自由选择，任意）一词，该书1920年第三版时才将之改为"选择意志"。对于意志形式的探索，是《共同体与社会》试图向人类学方向拓展社会学的核心部分。

与共同体和社会概念一样，本质意志和选择意志也是理想型概念，有助于对人的行为动机进行结构性分析。意志的这两种基本形态，与共同体和社会难解难分，体现出两种不同的发展阶段。对此，滕尼斯的分析思路也大同小异，他说本质意志是人的原初意志，是"实在的、自然的"，选择意志则是"思量的、人为的"。共

---

[1] 桑巴特，《北美无产者的发展史研究》，载《社会科学与社会政治档案》第21年（1905），第216页（Werner Sombart, "Studien zur Entwicklungsgeschichte des nordamerikanischen Proletariats", in: *Archiv für Sozialwissenschaft und Sozialpolitik*, Jg. 21[1905], S. 210-236）。

同体以本质意志为纽带，传统是其根基，也只有从中得到解释；选择意志是旨在未来的意图、方案、决定和行为。[①] 在本质意志中，情感因素超过认知目的，选择意志则如阿奎那所说的"理性的欲求"（appetitus rationalis）。本质意志是本能的、自发的，或者自然形成的，体现于不假思索的行为。人和人的相遇，也是各种意志的相遇。若能相投，便形成一种联系，即一种依托于共同体意志的社会性，个人意志融入社会性意志。共同体中的认同感是默契的，建立在共享信念和情感的基础上。规矩往往不是设置的，存在于共同体的下意识，不言自明，理所当然。互助无须商谈，而是发生，且不必监督。在滕氏看来，本质意志依托于爱；并且，原来不喜爱的东西，习惯可以使之顺眼。[②] 记忆则是储存爱和习惯的关键，"当被看作精神生活的原则，从而也是人之本质意志的特殊标志"[③]。爱、习惯和记忆与共同体的关系，构成本质意志的基础，或催生本质意志。

滕尼斯分析了共同体的不同形式，如家庭、世系、民众、村庄、乡镇、行会等，而把大城市看作以契约、商业、金钱为特征的社会。任何一种同盟的形成，不管是共同体的还是社会的，短暂的或长期的，都是人的意志使然，或曰社会性产生于人的意志。在共同体中，集体幸福是重要的，社会中则是个人利益第一。然而，这两种类型都离不开个人意志的相互肯定。并且，社会关系也不受到时间的制约：若以当今社会为例，两个人哪怕只是一夜情，也是一种社会关系。社会性取决于双方的意愿，可以只有一夜，也可以如

---

① 参见滕尼斯，《共同体与社会——纯粹社会学的基本概念》，第73—74页。
② 同上书，第78、80页。
③ 同上书，第82页。

民族间的几百年交好。

结合的意志并不总是昭然若揭，并不像步入婚姻殿堂时的盟约；多半是其他目的在起作用，即通过共同行为达到某种目的。在社会结合中，例如签订工作合同，双方的目的是很不相同的，但是双方在场，都有结盟的意志。雇主与雇员、房东与房客或卖主与买主之间的关系是典型的社会关系。选择意志是社会生活的基础，先于所要从事的活动，且主要是对未来的设计，谋求利益的最大化。它的表现形式是个人主义，其重要特征是虚荣心、贪婪、色欲、金钱欲和支配欲，只追求个人利益，而不是共同福祉。因此，共同体中有规矩，社会中则有法律、规章制度和公众舆论，旨在调节社会中的关系和活动。

六、 理想型概念的认识功能

有两种社会学思想家，他们以极不相同的原因留在读者的记忆中：一种是其对大量基本概念的区分引人注目，他们的概念区分多半还有不同的变更说法，且在其生前就广为流传，或者，人们会在他们去世以后重构和归纳其概念脉络及其著述史。与此不同，另一种思想家则以唯一的重要区分所产生的重大影响取胜；并且，这一区分一再出现在其著述之中，可被视为一个论题的不同变奏。韦伯和卢曼（Niklas Luhmann, 1927—1998）可被归入前一种思想家，滕尼斯和哈贝马斯（Jürgen Habermas）可被归入第二类，他们的著述涉猎甚广，但总能让人看到相同的基调。在哈贝马斯的著作中，"工作"与"互动"亦即"以成就为指归"（erfolgsorientiert）和"以理解为指归"（verständigungsorientiert）的行为，形成矛盾的主线。而在滕尼斯那里，"共同体"与"社会"的矛盾如同一根红线，贯穿其著述始终。我们也可以换一个视角：在齐美尔和韦伯广博的著述中，究竟什么是他们的"社会学代表作"呢？对于这个问题，迄今还有争议。但就滕尼斯而言，他的代表作一开始就毫无疑问，即后来使他遐迩闻名的《共同体与社会》。

从某种意义上说，《社会与共同体》是一部充满歧义甚至矛盾的著作。尤其是对共同体与社会的关系感兴趣的人，有时或许会有雾里看花之感。二者究竟是毋庸置疑的矛盾，还是历史发展中或逻辑上的先后阶段，或许是不可分割的一个混合体？对于这些问题，滕尼斯其实并未给出明确的答案。然而，他的思考也对迪尔凯姆（Émile Durkheim, 1858—1917）或韦伯产生了影响。从学理上说，类似于后来迪尔凯姆在《社会分工论》（1893）中描述两种社会结构之纯粹类型时的"有机团结"（solidarité organique）与"机械团结"（solidarité mécanique）的对比，① 或韦伯在《经济与社会》（1921/1922）中所区分的"共同体化"（Vergemeinschaftung）与"社会化"（Vergesellschaftung），滕尼斯当初是要借助"共同体"和"社会"这一理想型区分，进行结构性分析。

滕尼斯试图用共同体与社会这两个社会学概念，区分人与人之间的具体关系。然而，人们不能十分肯定地说，家庭关系自然会带来思想上的共同记忆，而契约社会中就一定是冰冷的关系主宰一

---

① 为了对应共同体与社会的二分，迪尔凯姆采用了"机械团结"和"有机团结"之说，但翻转了评价倾向。他显然要与滕尼斯分清界线，把同质的、更多象征意义的传统共同体看作"机械的"，而正在形成的，建立在异质、分工和依赖基础上的社会则是"有机的"。同样与滕尼斯不同，他不认为文化和现代生活处于崩溃的边缘，他试图证明社会秩序也能在现代大集体的关系中生存。

切。反过来说，在一个由合同关系组成的社会中，也可能有着深厚的人际情谊。共同体概念试图与社会有所区别，但也不能一概而论。[1] 我们应当看到，在《共同体与社会》中，滕尼斯探讨了社会化理论，这是工业化和城市化之快速发展中的一个极为现实的论题。作者感兴趣的不是概念的历史功能，或准确再现现实关系，而是解析理想型概念，即纯粹社会学概念，旨在强化概念，从概念层面揭示"社会本质"。他一再强调指出，我们要对纯粹的概念设置与社会现实做出严格区分；换言之，他所探讨的不是应用社会学问题，而是纯粹社会学的理论问题。在实际生活中，很少存在纯粹的共同体或社会，显然可见的是混合形态，即共同体和社会因素的相互胶着。弗赖尔（Hans Freyer, 1887—1969）早就指出：社会和共同体不只是社会共同生活的两种可能性，而是社会现实的两个阶段；共同体只会成为社会，社会总是源自共同体。[2] 其实，对于共同体与社会，迄今没有公认的说法。

与上述问题密切相关的还有另一个问题，即对《共同体与社会》之"社会悲观主义"的理解和判断。应该说，这多少缘于滕尼斯对"共同体-社会"的两极化处理。[3] 但也有学者认为，不能把滕氏看作文化悲观主义者：他既不认为社会关系是有机的或机械的，也不认为非此即彼，或只应当是有机的。滕氏所言社会关系，永远

---

① 参见法尔青、约尔丹编，《社会学与社会理论辞典：100 个基本概念》，第 76—77、85—89 页（*Lexikon Soziologie und Sozialtheorie. Hundert Grundbegriffe*, hrsg. von Sina Farzin und Stefan Jordan, Stuttgart: Philipp Reclam jun., 2008)。

② 参见弗赖尔，《作为现实科学的社会学：社会学体系的逻辑基础》，第 182 页（Hans Freyer, *Soziologie als Wirklichkeitswissenschaft. Logische Grundlegung des Systems der Soziologie*, Leipzig/Berlin: Teubner, 1930)。

③ 参见施奈德赖特，《辩证看共同体与社会：批判社会哲学的基本概念》，第 35 页。

是近似有机和机械，只是在不同历史时期，其中一种趋势占上风。滕氏的批判性社会哲学把社会性概念分解为做成的/人工制品（社会）与形成的/有机体（共同体），这是一个认识论问题，或曰考察社会关系的方法。共同体和社会概念之间的关系是辩证的，二者对立却相互牵连、互为映衬，人们能在对照中更好地把握人类生活的社会现实。① 的确，滕氏所说的两种社会关系的基本形态互为衬托：共同体之原初、天然的形态与社会的人为形态彰明较著。

七、 滕尼斯理论在西方的不同命运

舍尔斯基（Helmut Schelsky, 1912—1984）、阿多诺和科尼希（René König, 1906—1992）是二战后联邦德国最有影响的社会学家。舍尔斯基对滕尼斯的学说置若罔闻，法兰克福学派则对滕尼斯这位马克思的敬仰者不感兴趣，东德的社会学界同样如此。其中一个重要原因，是第三帝国时期纳粹意识形态对共同体概念的肆意挪用。滕尼斯共同体思想在魏玛共和国时期的巨大影响，也使后来有些学者把他看作纳粹先驱。社会学科隆学派奠基人科尼希极力倡导经验主义社会学研究，与坚持社会哲学方向、崇尚辩证社会学的阿多诺亦即法兰克福学派分庭抗礼。科尼希曾断然反对纳粹鼓吹的共同体观念，1940 年代流亡瑞士，更坚定了他的立场。正是对社会学中运用共同体概念的怀疑态度，使他对滕尼斯的共同体研究持批判态度，认为滕氏哲学和认识论基础是错误的。在他看来，"共同体"

---

① 参见施奈德赖特，《辩证看共同体与社会：批判社会哲学的基本概念》，第 35—36、40 页。

在社会学中是一个摇摆不定的基本概念。一个基本概念，却又摇摆不定，这就增加了把握这个概念的难度。他认为滕氏"共同体-社会"对立模式不够具体，囊括人际关系的所有可能的形式。此外，他不赞同共同体内存在原初的统一意志，历史过程并不一定就是从共同体到社会的发展，共同体也可以是社会的结果，很难明确区分这两个概念的特征；并且，一个概念不应当凌驾于另一个概念。① 科尼希对滕尼斯的批判几乎是全方位的，这导致战后德国本土的滕尼斯研究直至 1970 年代基本上没有展开，其影响远不及他的同时代人齐美尔和韦伯。与对经典社会学家不计其数的研究相比，滕尼斯研究也寥寥可数，两部较有分量的著作只是例外：贝勒保姆的专著《滕尼斯的社会学体系：以滕氏社会形态研究为中心》②，滕尼斯的学生、二战期间流亡新西兰的雅各比著《滕尼斯社会学思想中的现代社会：生平述评》③。

与滕尼斯思想很长时间在德国的命运不同，他的"共同体"和"社会"二分理论在美国社会学界深具影响。④ 帕克（Robert Park, 1864—1944）、雷德菲尔德（Robert Redfield, 1897—1958）、贝克尔（Howard Becker）受滕尼斯影响，提出了宗教社会与世俗社会、人与城市的二分学说。尤其是帕森斯（Talcott Parsons, 1902—1979）的结构功能主义（structural functionalism），就是从借鉴滕氏共同

---

① 参见科尼希，《菲舍尔社会学辞典》，第 83—88 页（René König, *Das Fischer Lexikon Soziologie*, Frankfurt: S. Fischer, 1958）。

② Alfred Bellebaum, *Das soziologische System von Ferdinand Tönnies unter besonderer Berücksichtigung seiner soziographischen Untersuchungen*, Meisenheim: Hain, 1966.

③ Eduard G. Jacoby, *Die moderne Gesellschaft im sozialwissenschaftlichen Denken von Ferdinand Tönnies. Eine biographische Einführung*, Stuttgart: Enke, 1971.

④ 澳大利亚、新西兰、日本等国的社会学界对他也早有接受。

体与社会的二分法开始的。他在《社会系统》（1951）一书中，引入"模式变项"（pattern variables）理论，分析了社会成员之价值取向和行为规范的五种对立模式，用以描述传统社会与现代社会之间的差别。帕森斯不但突破了滕氏二分法，也告别了滕氏共同体学说。帕森斯的学说不但意在揭示"传统"共同体向"现代"社会过渡过程中的观念和行为变化，也对角色理论具有重要意义。他后来又在《现代社会的系统》（1971）中，否定了共同体与社会的对立模式，认为共同体存在于社会，各种共同体是社会的组成部分，也是社会稳定的必要因素。原先得力于韦伯的著作，后经帕森斯的拓展，滕尼斯提出的社会学基本概念已经成为国际学术界的共享财产。帕森斯之后，滕尼斯学说在英美学界的进一步传播，当归功于卡恩曼和黑贝勒的译介工作。①

　　人类是两个世界的居民：一个是古朴的、稳定的小世界，一个是现代的、不断变化的、几乎无边无际的大世界，越来越让人感受到各种断裂。贝克（Ulrich Beck, 1944—2015）在其论著《政治的发明》（1993）中描写了这种奇特现象，视之为我们这个现代的时代向另一个现代的过渡："现代瓦解了传统，而现代又正在被席

---

① 卡恩曼、黑贝勒编，《滕尼斯论社会学：纯粹的，应用的，经验的（文选）》（*Ferdinand Toennies on Sociology: Pure, Applied and Empirical. Selected Writings*, ed. by Werner Cahnman and Rudolf Heberle, Chicago: University of Chicago Press, 1971）；卡恩曼，《滕尼斯新论：论文与资料》（Werner Cahnman, *Ferdinand Toennies: A New Evaluation. Essays and Documents*, Leiden: Brill, 1973）；卡恩曼，《滕尼斯，迪尔凯姆，韦伯》，载《社会科学情报》第 XV 卷（1977）第 6 辑，第 839—853 页（Werner Cahnman, *Toennies, Durkheim and Weber*, in: Social Science Information, XV[1977]6, pp. 839 - 853）；黑贝勒编，《滕尼斯在美国：美国学者最新研究》（*Ferdinand Tönnies in USA: Recent analyses by American scholars*, ed. by Klaus Heberle, Hamburg: Fechner, 1989）。

卷。"一切都不是事先筹划的,而是现代社会之理性主义和自我中心主义始料未及的附带后果。现代世界解决问题的策略(更多理性,更多市场,更多技术,更多权利),在解决问题的同时,又制造出新的问题,一再显示出我们所熟悉的进步工具的局限性。因此,贝克认为现代的进步只是半现代。[1] 他在《风险社会》(1986)中指出,个性化带来的不只是自由和发展,还有孤独和失落。[2] 在"半现代"的今天,在西方学界热议"社群主义"之时,重温滕尼斯的学说,无疑还能够见出其现实意义。

---

① 参见贝克,《政治的发明:论反思的现代化理论》,第 92 页(Ulrich Beck, *Die Erfindung des Politischen. Zu einer Theorie reflexiver Modernisierung*, Frankfurt: Suhrkamp, 1993)。

② 参见贝克,《风险社会:走向另一种现代》,第 175 页(Ulrich Beck, *Risikogesellschaft: Auf dem Weg in eine andere Moderne*, Frankfurt: Suhrkamp, 1986)。

"跨文化"述解 *

　　当代文化概念，已经不能把文化看作同质体，而是现代社会中有着各种文化背景的人所组成的杂合文化。随着全球化的发展，价值和规范多元化的结果是异质性的增长。观察当代多元文化社会和国际交往的三种常见形式是"多元文化""文化间性""跨文化"，它们也是不少学术论著中的关键词。然而，对这三个似乎不言自明的外来概念的理解和使用，时常可见张冠李戴的现象。尤其是对"多元文化"和"文化间性"之对立模式的"跨文化"概念，不少人似乎还未得其要领，不知其来龙去脉。因此，厘清概念是必要的。至少在"跨文化"理念的提出者那里，"跨文化"旨在与"多元文化"和"文化间性"划清界限，同时也超越了传统的独立文化概念。"跨文化"利用共存，突破文化界线，是改变传统和现有文化、创造新文化的社会现象。

一、 全球化时代的文化

　　世界是多样的，这是一个共识。这么多"不一样"的事物和现

---

y

＊ 本文原载《文艺研究》2015 年第 9 期，第 5—13 页。

象，尤其是中国哲学中令人沾沾自喜的"和而不同"之说，很容易让人忽视另一种状况：年轻人通过新老媒体和消费品产业所了解的东西，远远超出我们的想象。工业化和西化的新近发展，特别是来势汹汹的全球化，也在日常生活（消费行为）中催生出许多共同之处和相同的问题（城市化，逃离农村，吸毒问题，失业，环境污染，孤独感，异化）。诚然，世界上的绝大部分人，都会感到自己归属特定国家/文化，并把自己看作某一集体认同"我们"的一部分。而另一部分人的数量也在急剧增长，他们的国族或文化归属几乎无法确定。

这种复杂而矛盾的社会状况，很能体现"跨文化"趋势，而且可能会在不久的将来主导世界许多地方的社会生活。用一种高度抽象的说法：既没有绝对的自我，也没有绝对的他者。大规模的移民潮、科技和传播的进步以及快速的经济发展，不仅在宏观层面，也在微观层面上导致一种相互依赖的"世界文化"。现代世界中的个体越来越不是单一文化的，而是汇聚了不同的影响。我们从每天的早餐开始，就能看到许多跨文化因素。当然，"跨文化"不只局限于我们赖以为生的衣食住行，不只是麦当劳和可乐，而是全方位的。全球的西化——从物质到精神——是一个不争的事实。

各种各样发达的通信技术，互联网或电视等传播媒介，每天都在传送全世界的新闻和信息，世界各地可以同时得到同样的消息，这在很大程度上打通了世界。当代一天时间内，我们对其他文化之风俗习惯的了解，可能超过从前一周或一个月，甚至更多。文化生活和文化共存的全息景象，世界上到处可见。尽管文化传输从来就是人类历史的一部分，但是当代全球传播网络前所未有。人们可以借助互联网等渠道展示自己，非洲文化也不再像以前那样，只有通过旅行者、人类学家或记者才得以向外传播。此时，依然做着自己的文化梦，视其为完整独立的整体，显然已经不现实了。

文化互渗和日益多元是当代社会的特征，这是资源，也会带来危险。随着全球化的发展，价值和规范多元化的结果是异质性的增长。信息、商品和人员的流动，使得原有秩序逐渐丧失其完整性。同时，生活形态的多样化，生发出光怪陆离的亚文化。当代文化概念，已经不能把文化看作同质体，而是现代社会中有着各种文化背景的人所组成的杂合文化。"他者性"已经不只在他处，也在我们中间。大而言之，文化的意涵是多样、多层次的。简单化的理解是危险的，它不但会妨碍文化认识，还会导致原教旨主义、民族主义和种族主义。对特定社会来说，新的发展很容易使个体在社会中迷失方向，其结果是我行我素的亚文化和孤独的个体，最终危害社会的稳定。

认识我们身上的"异质"因素是很重要的。许多人或许并未意识到，我们的认同在很大程度上是由"异质"因素组成的。何为认同？用大白话说，就是我认什么、不认什么。或者说：我要的是什么？有人喜于把"集体记忆"与认同联系在一起，这常常具有很大的欺骗性。不错，政治家们很会利用集体记忆，它也确实在传说着不同民族的故事乃至神话，是民族凝聚力的重要源泉；但它也很可能只是意识形态而已，而不是实际生活，不是我所要的。我们只有充分意识到自己身上的异质性，才会认识相同性和普遍性，从而见出跨文化性。这种文化的生成，在于不同生活方式、价值观和世界观之间的交流。通过这类相遇和交互作用，会出现文化关系和文化模式之新的关联形式。

走出传统的、单一文化组成的文化概念，并不产生千篇一律的世界文化，而是带着跨文化因素的个人和社会。从文化角度来看，同一国族的人，他们之间的差别，超过以往任何时代。也就是说，他们与异族交往的能力更强了。如果还未体会到这点的话，或许是国家或社会的开放程度还不够。换句话说，我这里说的情况，或许更适合欧美那样的开放社会。但在我们这里，跨文化在近期发展中确实也是显而易见的。跨文化因素的来源，有历时和共时之分，它们的聚合使每个人都受到不同文化的影响，但又不是超文化的。

"多元文化"（multiculture）、"文化间性"（interculturality）、"跨文化（性）"（transculturality）是三种观察当今社会之多元文化的形式，也是不少学术论著中的关键词。换言之，在各种著述和实践中，与时俱进的文化意识，常被理解为多元文化、文化间性或跨文化意识。可是，三者因论题相近而常被当成词义相近的"同义词"混用，从而造成概念的混淆和论述中的张冠李戴。在下文梳理和阐释这三个西方概念的来龙去脉之前，我们先做一个简单的界定："多元文化"指各种文化同时并存，承认差异和平等；"文化间性"指不同文化的相遇，建立某种对话关系；"跨文化"利用共存，突破文化界线，是改变传统和现有文化、创造新文化的社会现象，它在某种程度上甚至是必然选择。当然，对同一个概念或许会有不同的解读。比如对"多元文化"概念的内涵和外延，可能会有不同的理解；又如"文化间性"和"跨文化"，有着不少叠合之处。

二、 不同文化观的认识逻辑： 单一主义，多元文化，文化间性

印度学者阿马蒂亚·森（Amartya Sen）是 1998 年诺贝尔经济学奖得主、哈佛大学和剑桥大学教授。他在《身份与暴力：命运的

幻象》一书中回应了亨廷顿（Samuel P. Huntington, 1927—2008）
之"文明的冲突"观点。他指责亨廷顿及其追随者，过于简单地化
约人的多样性及多重认同：

> 事实上，全球范围内潜在冲突的一个主要根源就是如下假
> 设，即可以根据宗教或文化对人类进行单一的划分。关于这种
> 单一划分的支配地位的信念，使得暴力在全球一触即发。单一
> 划分世界的观点不仅仅与那种认为人类大体上是一样的信念格
> 格不入，而且也与那种较少受到关注但更为合情合理的观点，
> 即认为我们的差异是多样的观点相悖。世界往往被视为由各类
> 宗教（或"文明""文化"）组成，而忽略人们所实际拥有和
> 重视的其他身份，诸如阶级、性别、职业、语言、科学、道德
> 和政治。单一划分观要比多元和多种划分观更偏于对抗，而后
> 者构成了我们所实际生活于其中的世界。这种理论上的简化主
> 义往往可不经意地助长实际政治中的暴力。①

阿马蒂亚·森的用意是克服单一认同的幻觉，进而消除宗教和
文化间的暴力、仇恨和恐怖主义。他不但指出了个人在国族和文化
意义上的多重认同，亦在认同的意义上强调了社群、阶级、职业等
重要因素所赋予人的许多身份，从而允许依据其他划分标准来进行
归类。② 一旦用宗教、文明或文化对人进行分类，便会"很快地将
多维度的个人缩减到单一的维度，从而抹杀了人类多种多样的联系

---

① 阿马蒂亚·森，《身份与暴力：命运的幻象》序（2006），李风华等译，北京，中
　国人民大学出版社，2009年，第2页。
② 参上书，第4、9页。

与活动，包括艺术、文学、科学、数学、游戏、贸易、政治以及人类有共同兴趣的其他方面的联系与活动。这些联系和活动在过去几个世纪为跨疆域的交流提供了丰富和多样的背景"。① 文明冲突论基于武断的单一分类标准，把人划归特定范畴，人与人的差异被视为不同文化之间的差异，从而造成一种区隔的世界景象。如此，在谈论文明之间是否必然发生冲突之前，分裂和冲突实际上已经存在。这种"粗糙的世界史观"首先忽略了各种文明体内部的差异性，其次忽略了不同文明之间的相互作用和影响，因而很不利于人们近期普遍关注的文化之间的对话。② 阿马蒂亚·森认为，单一主义无外乎主张一个社会中不同族群、风俗和传统的相邻并存，维护文化保守主义，只看重自己的信条和规范。显然，他对亨廷顿的辩难，折射出两条路线的斗争，即新左派与新保守主义的斗争。

　　当代文化研究的杰出代表霍尔（Stuart Hall, 1932—2014）在其《文化的中心性：注解我们时代的文化革命》③ 一文中，阐释了"文化"在我们这个时代的重要性。在他看来，当代"文化"有两个核心，其一为实质性，其二为认识论立场。关于实质，是说文化在全球化过程中已经成为重要的社会和经济因素；文化的认识论立场，则见于"文化转向"，这对社会科学和人文科学都是一个挑战，即如何应对我们时代的文化革命。这里的"文化革命"之说，源于1988 年斯坦福大学倡导"多元文化"教育改革，并由此波及其他社

---

① 参见阿马蒂亚·森，《身份与暴力：命运的幻象》，第 10 页。

② 同上。

③ Stuart Hall, "Centrality of Culture: Notes on the Cultural Revolutions of Our Time" in: *Media and Cultural Regulation*, ed. by Kenneth Thompson, London: Sage, 1997, 207 - 238.

会领域。

多元文化主义（multiculturalism）是 1980 年代末和 1990 年代在美国学术界、教育界和政治界颇为流行的政治和社会理论，而后由理论转化为社会思潮。在言必称"多元"之后，这一左派思潮的影响一直延续至今。在美国这样一个多元文化国家，少数族裔、亚文化和弱势群体一直没有真正被承认。"多元文化"是现实或现象描述，还不能体现各民族和各文化之间是从属还是平等关系，不能体现权力关系。"多元文化主义"则是对美国主流文化和价值体系的挑战，要求承认不同文化的差异和平等话语权。显而易见，它不仅是一种政治和社会理论，还是一种政治态度、伦理实践和社会行动的依据。

"多元文化主义"概念甫一问世，就引起激烈争论；论战硝烟弥漫于整个 1990 年代，有人甚至称之为"文化战争"。"多元文化"与"多元文化主义"的区别是，前者是早已存在的现实，后者是文化革命中的诉求。（本文中的"多元文化"，多半也包含"多元文化主义"。）阿马蒂亚·森反对"单一主义"，推崇"多元文化主义"，即认可和容忍他者及其包括社群、阶级、性别、职业和语言在内的多重认同，实现和平共处和对话。他的阐释涉及"多元文化"与"文化间性"问题。我们应当如何理解多元文化和文化间性概念呢？它们的语义内核是什么呢？

"多元文化"认为一个社会之中存在不同的文化，比如生活在德国的德国人、土耳其人、中国人等，美国社会更是如此。由此，一国文化呈现为许多不同文化组成的马赛克或拼贴画。"多元文化"理念与中国传统文化中的"和而不同""和实生物，同则不继"之说有着相似之处。"文化间性"则在承认文化多样性的同时强调

"间性"，追求不同文化之间的对话、交流、沟通和理解："某一文化的成员发出的信息，得到另一文化的成员的理解，这便实现了文化间的交流。"① "国际交往"是指国家间（跨国境）的交往；"文化间性"则指各属不同文化的人与人、群体与群体之间的交往，突出其间性特质。国际交往向外，文化间性则既可向外亦可向内。

我们知道，国族不是社会科学"天然的"分析单位，② 它是人工制品和"想象的共同体"③；它不是客观事物，而是人为建构的权利和文化空间。交通和信息技术的快速发展，改变了人们的空间感。文化观念也随着世界的变化而变化，要求人们灵活地适应社会的变迁，把不同文化的相伴共处看作正常现象。"文化间性"视文化多样性为资源，努力促进文化间的理解。然而，"文化间性"的前提必然是文化界线，没有界线便无"之间"。在多元文化社会，存在着不同语言、观点、意识形态和文化的共存和对峙。相互理解而外，还有误解或文化震惊，甚至把陌生行为看作危险。④

正因为不断发展的全球化，文化差异和文化冲突实实在在地存

---

① 波特、萨姆瓦，《跨文化交际导论》，载萨姆瓦、波特编《跨文化交际读本》，第19页(Richard E. Porter and Larry A. Samovar, "An Introduction to Intercultural Communication," in: *Intercultural Communication: A Reader*, ed. by Larry A. Samovar/Richard E. Porter, Belmont: Wadsworth, 1994, pp. 5 - 26)。

② 参见霍布斯鲍姆，《民族与民族主义》，李金梅译，上海，上海人民出版社，2006年(Eric Hobsbawm, *Nations and Nationalism since 1780. Programme, Myth, Reality*, Cambridge: Press Syndicate of the University of Cambridge, 1990)。

③ 参见安德森，《想象的共同体：民族主义的起源与散布》，吴叡人译，上海，上海人民出版社，2011年(Benedict Anderson, *Imagined Communities: Reflections on the Origin and Spread of Nationalism*, London: Verso, 1991)。

④ 参见拉赫，《近邻生人：双语克恩滕、三语南蒂罗尔、四语奥地利的文化间性教育》，第55页(Dietmar Larcher, *Fremde in der Nähe: Interkulturelle Bildung und Erziehung im zweisprachigen Kärnten, im dreisprachigen Südtirol, im vielsprachigen Österreich*, Klagenfurt: Drava, 1991)。

在于不同社会、国家和地区。因此，在"文化与交往"话题中，国际学界不少学者早就对"多元文化"和"文化间性"理论持保留甚至批判态度。尤其是对多元文化主义所奉行的文化相对主义亦即对主流价值体系的挑战，有学者提出了针锋相对的观点："若是不顾人类普遍价值，每个文化都有绝对权利来确定何为罪行、何非罪行，那么，奥斯维辛就不再是罪行了。"[①] 按照这一思路，人们还会想到人肉炸弹和自杀式袭击。在 21 世纪已经过去的十多年里，全球化的正面意义和负面影响一览无遗。最具典型意义的是"9·11"恐怖袭击。同样的"9·11"画面，在不同的政治和文化语境中有不同的意涵。对有些人来说，那是"文化的冲突"；对另一些人来说，那是各种全球化政治走进了死胡同。世界上的各种文化，并未像之前一些理论家所预言的那样，已经成为协调一致的世界文化。全球化并未导致不同社会运行机制的融洽整合。相反，全球化发展过程是不均衡的、矛盾的，文化冲突是常态而不是例外。

阿马蒂亚·森推崇的"多元文化主义"强调多重认同，固然有其合理之处。虽然，"多元文化"和"文化间性"这两种描写社会文化的模式及其认识逻辑，本身都隐含着文化之内在和对外的相对同质性。[②] 这是阿马蒂亚·森对单一认同的解构以及对多种身份/认

---

① 《多元文化主义导致内战》（弗莱格教授访谈之三），载《时代周刊》2008 年 6 月 9 日（"Multikulturalismus führt in den Bürgerkrieg" — Gespräch mit Prof. Flaig III, in: *DIE ZEIT*, 9. Juni 2008）。

② 参见许本塔尔，《你们自己原来也是外来人：对移民话语的社会伦理注解》，载贝卡、雷特曼编《伦理与移民：社会挑战与社会伦理反思》，第 20 页（Christoph Hübenthal, "Denn ihr seid selbst Fremde gewesen: Sozialethische Anmerkungen zum Migrationsdiskurs", in: *Ethik und Migration: Gesellschaftliche Herausforderungen und sozialethische Reflexion*, hrsg. von Michelle Becka u. Albert Rethmann, Paderborn: Ferdinand Schöningh, 2010, S. 15‒23）。

同的阐释也无法化解的问题。就"多元文化"观念而言，它倾向于把认同视为固定的，甚至与生俱来的东西。这会导致不同族群或明或暗地争取自己的利益，导致民族主义和种族主义，[①] 做出"自我"与"他者"的区分。与"多元文化"不同，"文化间性"试图突破文化之纯粹并行共存的状况，实现各种文化之间的对话和交流。不过，"文化间性"依然存在着固守传统文化概念的危险，把文化接触视为各种同质文化之间的互动，其理解行为离不开民族文化的经验视野，即特定文化的价值取向、认识和观念。对文本、行为和文化实践的阐释，依然基于"本土"与"他者"的根本差异，无法摆脱整体性文化模式的逻辑。哪怕是稍微接近地理解陌生文化，也可能因为理解受到自我文化生活和传统关联的拘囿而被排除在外。[②]

三、 跨文化，或"文化瓦解以后的生活形态"

鉴于根深蒂固的同质文化概念所带来的问题，德国文化哲学家韦尔施（Wolfgang Welsch）认为"多元文化"或"文化间性"一事无成，它们甚至会引发误解。他的立场与霍米·巴巴（Homi Bhabha）的杂合文化观有着颇多切合之处，他们都看到了多元时代

---

① 参见里施克尔、勒格尔，《文化间性：话语与现实》，第 29 页（Ursula Lischke/Heinz Rögl, *Multikulturalität. Diskurs und Wirklichkeit*, Wien: Institut für Kulturstudien, 1993）。

② 参见布伦纳，《文化间性诠释学：关于陌生文化理解理论的一些问题》，载齐默尔曼编《文化间性的德语语言文学研究：用德语进行文化对话？》，第 52 页（Peter J. Brenner, "Interkulturelle Hermeneutik. Probleme einer Theorie kulturellen Fremdverstehens", in: *Interkulturelle Germanistik: Dialog der Kulturen auf Deutsch?*, hrsg. von Peter Zimmermann, Frankfurt: Peter Lang, 1991, S. 35 - 55）。

之"杂合性"（hybridity）的创造性。全球化催生出各种生活形态，这种生活形态或生活风格不会停留于国境线，而是跨国越境的。"杂合化"（hybridization）则是不同人种、族裔、群体、文化、意识形态的交互和混融过程。强调国族或地域的传统文化范畴，已经无法解释新的发展。在这一背景下，韦尔施提出了"跨文化"（Transkulturalität）概念。他在1990年代早期和中期发表了一些大同小异的文章；第一篇文章的标题是《跨文化：文化瓦解以后的生活形态》（1992）："'跨文化'要展示两个方面：其一，今天的我们已经超越了经典文化观念；其二，新的文化形态和生活形态理所当然地荡涤着旧形态。"[①]

韦尔施认为文化的杂合化是世界范围的移民、经济发展、信息技术的结果，已经不存在绝对的他者和自我：

> 所谓原汁原味的东西，部分见之于民俗，但那只不过是为外人而表演的特色，本地人其实早就与外地人没有区别了。地方特色不过是装饰而已，是表面现象，是审美态度。尽管还能听到民族文化的辩词，但根子上都已经是跨文化的了。[②]

其结果是跨文化的、没有国别差异的生活形式（这里不包括贫

① 韦尔施，《跨文化：文化瓦解以后的生活形态》，载《哲学通讯》第2期（1992），第5页（Wolfgang Welsch, "Transkulturalität: Lebensformen nach der Auflösung der Kulturen", in: *Information Philosophie* 2[1992], S. 5-20）。
② 韦尔施，《跨文化：今日文化之变化了的状态》，载杜费等编《观察方法：统一中的多样性》，第96页（Wolfgang Welsch, "Transkulturalität — die veränderte Verfassung heutiger Kulturen", in: *Sichtweisen: Die Vielheit in der Einheit*, hrsg. von Freimut Duve et al., Frankfurt: Edition Weimarer Klassik, 1994, S. 83-122）。

富和生活水平等问题）。世界上到处可见"跨文化人"（cross-culture people），即父母来自不同文化圈的人。同样，人们的认同也是跨文化的。韦尔施赞同后工业社会理论家贝尔（Daniel Bell, 1919—2011）的"cross-cutting identities"的说法，即现在的人"都有多重忠诚和认同"[1]。

韦尔施的"跨文化"理念，旨在与"多元文化"和"文化间性"划清界限，同时也在同传统文化观划清界限。他把老式文化概念，即每种文化都是与外部有别的有机整体，追溯到赫尔德（Johann G. Herder, 1744—1803）那里。赫氏整体论的文化观把各种文化视为"球体"[2]：球体内部是均质的，个人无法脱离其文化，不能成为群体中的异类，因而不能同他者文化混融。独立的球体之间只会"碰撞"[3]；或者说，球体可以相互靠拢，或碰撞或疏远，却不能融合。[4] 韦尔施认为，曾被赋予文化的三个特征，即"社会同质性""种族稳定性""文化界线性"，已经不符合当代社会状况。[5] "今天的文化不再切合以前那种封闭、统一的民族文化观念。其特点

---

① 贝尔，《蜿蜒之路》，第 243 页（Daniel Bell, *The Winding Passage: Essays and Sociological Journeys 1960—1980*, Cambridge, Mass.: Basic Books, 1980）。

② 赫尔德，《关于人类教育的另一种历史哲学》，第 44—45 页："每个民族自身有其幸福感的核心，如同每个球体有其重心。"（Johann Gottfried Herder, *Auch eine Philosophie der Geschichte zur Bildung der Menschheit*, Frankfurt: Suhrkamp, [1774]1967）

③ 赫尔德，《关于人类教育的另一种历史哲学》，第 46 页。

④ 参见韦尔施，《跨文化：论今日文化之变化了的情形》，载《文化交流杂志》第 45 期第 1 号（1995），第 40 页（Wolfgang Welsch, "Transkulturalität. Zur verän-derten Verfasstheit heutiger Kulturen", in: *Zeitschrift für Kulturaustausch* 1/45[1995], S. 39-44）。

⑤ 参见韦尔施，《跨文化：全球化与疏离化之间》，载《对外德语年鉴》第 26 期（2000），第 329 页（Wolfgang Welsch, "Transkulturalität. Zwischen Globalisierung und Partikularisierung", in: *Jahrbuch Deutsch als Fremdsprache* （转下页）

是认同的多样性，具有跨越界线的特征。跨文化构想所描写的就是这种变化。它与经典的单一文化观念保持距离，也同文化间性和多元文化观念不一样。"①

　　韦尔施认为，"跨文化"可以使相关思维摆脱简单化的范畴和关系。文化被看作复杂的、多层次的现象：同一文化中有着不同特征和不同的生活方式，文化对外也不是严格的区隔，而是联系，各种文化之间有着许多关联、重叠、渗透、杂合。文化如同球体之说，已经不合时宜。既在社会宏观层面，又在个体微观层面，跨文化特征是显而易见的：大多数人的文化形态都能显示出不同的文化来源和联系。尤其是在跨文化社会中成长起来的人，本身就是跨文化的，即所谓"跨文化混血儿"。② 美国政治学家古特曼（Amy Gutmann）说："当代大多数人的认同，不是由一种文化构成的，这种状况不只局限于西方知识者或精英。[……] 不只是社会，个人也是多文化的。"③ 韦尔施认为"内在跨文化"是一种能力，能够更好地"对外跨文化"，更适应跨文化社会并与他人交往，跨文化交往就是穿行于文化。个人文化认同中的因素越多，越容易同其他

（接上页）26 [2000], S. 327 - 351）。

① 韦尔施，《跨文化：论今日文化之变化了的情形》，第 1 页。

② 参见韦尔施，《何为跨文化？》，载达洛夫斯卡、吕腾贝格、马霍尔德编《高校作为跨文化空间？——文化、教育和差异研究》，第 46 页（Wolfgang Welsch, "Was ist eigentlich Transkulturalität?", in: *Hochschule als transkultureller Raum? Beiträge zu Kultur, Bildung und Differenz*, hrsg. von Lucyna Darowska, Thomas Lüttenberg u. Claudia Machold, Bielefeld: transcript, 2009, S. 39 - 66）。

③ 古特曼，《政治伦理中的多元文化主义问题》，载《德国哲学杂志》第 43 期第 2 号（1995），第 284 页（Amy Gutmann, "Das Problem des Multikulturalismus in der politischen Ethik", in: *Deutsche Zeitschrift für Philosophie*, 2/43[1995], S. 273 - 306）。

个体认同重合。① 韦氏的跨文化观念是:

> 一、从根本上说,当代文化不再是单一文化,而是跨文化;二、跨文化不只体现于文化层面,也见之于生活形式;三、跨文化甚至对个人认同的结构产生影响;四、当今科学领域尤其是理论和学科理论中也发生了相应变化。②

观察和状写文化,往往先会从内容着手,例如日常生活,人的能力、信念、交往形式、世界观、社会规范等。另一方面,人们会探究文化实践的特定地域、国族或种族的延伸意义,也就是特殊性和典型意义。在这种情况下,人们必然会赋予地域、国族或种族以特殊内涵。可是,特定的文化特征其实是很难确定的。"比如,在争论伊斯兰文明的成员具有好战文化这一粗糙和恶劣的泛泛之论时,经常有人争辩说他们其实拥有一种和平和善意的文化。但是,这只不过是用一种成见取代另一种成见罢了。"③ 赋予某一文化以特殊性,是为了确认差别或共性;而所谓特殊性,原先并不存在,只是被当作特殊性。谁被问及某种文化,都会说出这一文化的特性,除非他一无所知。问题的提出就是一种逼迫,让人说出某一文化的固有特征,这样才能言之有物。换言之:说差异,只是为了说出什么。然而,有些明显区别或共性,不见得都是文化特性,还有许多非文化特性,比如某种政治制度及其意识形态的产物。正是某些非

---

① 参见韦尔施,《何为跨文化?》,第47页。
② 韦尔施,《跨文化:今日文化之变化了的状态》,第95页。
③ 阿马蒂亚·森,《身份与暴力:命运的幻象》,第36页。

文化特性，可能让人融入一个社会或被排除在外。当今社会是跨文化的，这一特征会对社会成员产生影响，甚至极为重要；并且，随着"跨文化"的高歌猛进，社会的典型特征越来越偏离特定宗教、文明或文化，"固有特征"越来越不能可靠地说明社会中的群体和个人。如此，想要把人划归某个群体，难免制造错误形象。

不仅共同文化的概念不是一定不易的，认同概念也不是永久的。[①] 具体地说，没有一个特征是确定无疑的，它的存在及意义因人而异，"跨文化"因而不把人明确划归特定的文化。随着社会中多样性和差异性的不断增长，对所谓客观的概念也会有不同的解读。在全球化浪潮中，文化的互渗和交织，涉及整个文化层面，涉及医疗、体育、饮食、戏剧、电影和音乐文化等，并影响个人和社会之自我意识中的基本问题（例如人权问题，女权主义，生态意识）。[②] 共存、对话和不同文化的相互影响及渗透是跨文化的条件。因此，"跨文化"方案主要从杂合的角度思考文化。[③]

韦尔施认为，与其他后现代文化设想和模式相比，跨文化方案试图展示纷乱杂呈的现代世界的某种结构，并回答一个问题：究竟

[①] 参见莱施，《认同话语的纠结：外来人世界的世界主义伦理之基石》，载贝卡、雷特曼编《伦理与移民：社会挑战与社会伦理反思》，第 51 页（Walter Lesch, "Die Ambivalenz von Identitätsdiskursen: Bausteine zu einer kosmopolitischen Ethik in einer Welt von Fremden", in: *Ethik und Migration: Gesellschaftliche Herausforderungen und sozialethische Reflexion*, hrsg. von Michelle Becka u. Albert Rethmann, Paderborn: Ferdinand Schöningh, 2010, S. 51 – 66）。

[②] 参见韦尔施，《何为跨文化?》，第 43—45 页。

[③] 参见哈森于尔根，《文化，跨文化，民主文化》，载格嫩各-史特里克等编《跨文化和跨宗教的妇女学习之家》，第 48 页（Brigitte Hasenjürgen, "Kultur, Transkultur, demokratische Kultur", in: *Transkulturelles und interreligiöses Lernhaus der Frauen*, hrsg. von M. Genenger-Stricker et al., Opladen: Budrich, 2009, S. 37 – 54）。

是什么让不同社会五花八门、相互掺杂、前后矛盾的生活方式聚合在一起?① 他的跨文化方案试图告诉人们,共同点不应在特定文化归属中寻找,而应在见之于各种文化的共同因素中搜寻:"跨文化网络中存在一些共同点,但也存在区别;不但会有差异,也有共同之处。其他网络中也有这种同与不同,这就比陈旧的文化认同更有相互衔接的可能性。"② 谈论文化,即在谈论特定社会的含义和方位;谈论跨文化,即在谈论这些含义不是特定的、不局限于某个地方。

在此,我们可以看到韦尔施的思想与霍尔早就有的思考的关系:全球联通的媒体把各种风格和图像在全世界广泛传播,它对世界各地社会生活的影响愈甚,人们的认同就愈多地脱离特定时间、地点、历史和传统。③ 霍尔提出的命题,其实就是全球化给文化带来的变化:

> 新的全球化［⋯⋯］与全球大众文化的新形式携手而来,这种文化与原来那种同民族国家紧密相连的文化认同大相径庭。全球大众文化是由文化生产的现代手段决定的,借助更快、更容易跨越语言界线的图像得到传播,用比语言更为直接的方法言说。它通过各种视觉和图像艺术直接影响人们的日常生活、消遣和业余时间;它通过电视、电影以及商业广告的画面、隐喻和风格来产生影响。卫星电视则是所有大众传播形式

---

① 参见韦尔施,《跨文化:全球化与疏离化之间》,第 344 页。

② 同上书,第 347—348 页。

③ 参见霍尔,《西方与其余:话语和权力》,载霍尔、吉本编《现代性的构成》,第 303 页(Stuart Hall, "The West and the Rest: Discourse and Power," in: *Formations of Modernity*, ed. by Stuart Hall/Bram Gieben, Cambridge: Polity Press, 1992, pp. 275 - 331)。

中最典型的事例。这当然不是唯一例子，但很能说明问题：卫星电视虽为发达国家经济和文化的产物，但它的本来意图是不为国境线所限制。[①]

韦尔施与霍尔的思路的相交之处是，他们看到了全球化使许多东西得来全不费功夫，得以让人产生超越国族的文化认同。文化与文化认同，不是必须由疆界决定的；全球化的去疆界化，复杂而充满矛盾，文化和认同难以躲避这一发展过程。因此，摆脱球体文化观，转向新的文化观，杂合和跨文化观念就越来越显示出其重要性。除了国际观念，人们还必须有跨文化视野。"唯独跨文化的过渡能力，才能长久地为我们的认同以及独立自主做担保。"[②]

四、 复杂的跨文化

赫尔德早在二百多年前就说："国家越是相互走近，科学文化、阶层团体、省份、王国和世界上的区域越是增多，诗歌（同所有书写物一样）便会赢得更大的影响范围，但也更会失去锐气、深度和确切来源。"[③] 显然，文化混合对赫尔德来说是沉沦。在全球化的今天，这一判断在某种程度上似乎还未失效，至少一些全球化的反对

---

① 霍尔，《种族主义与文化认同》（文集第二卷），第 52 页（Stuart Hall, *Rassismus und kulturelle Identität. Ausgewählte Schriften 2*, Hamburg: Argument, 1994）。

② 韦尔施，《跨文化：今日文化之变化了的状态》，第 99 页。

③ 赫尔德著、博拉赫编，《论人类历史哲学》（1784/1791），第 413 页（Johann Gottfried Herder, *Ideen zur Philosophie der Geschichte der Menschheit* [Werke Band 6], hrsg. von Martin Bollacher, Frankfurt: Deutscher Klassiker Verlag, 1989）。

者会有类似怨言。当代世界互联互通、复杂多样，很难从整体上对其做出好坏褒贬判断。但有一点是可以肯定的，即全球化（包括跨文化）实为双刃剑。

"跨文化"对文化的认识是包容而非排斥，寻求衔接和过渡能力；在与其他生活形式相遇时，不仅有不同，也有连接点。这是跨文化的特别之处。然而，对于跨文化理念的一个理由充分的指责是，它没有充分看到权力、等级以及政治、经济和话语权等问题，它对中心和边缘的一视同仁的乐观看法，无视但不能消除不平衡的发展；而文化研究必须顾及政治和经济状况，思考多元社会中的权力关系。总的说来，论述"跨文化"实非易事。现有的一些理论视角，或互补，或抵牾，或相互促进，或视若无睹。我们还须进一步探索跨文化关联的性质、结构和有效性，对这个多少有些抽象的理念有一个尽可能全面的认识。

即便"跨文化"不能状写所有生活形态和生活历程，但它实际上体现于所有生活天地。这在全球层面和地域层面都是有效的。然而，从地理方位谈论跨文化，须格外谨慎。跨文化生活方式在有些地方、对有些人来说已经习以为常，而在其他地方只见之于特定职业和阶层。就趋势而言，新近的跨文化现象主要体现于大城市的居民，以及在过去几十年中成长起来的年轻人。另一方面我们必须看到，"单一文化""文化间性"或"跨文化"等标签，常常不是没有问题的。以文学为例：它可以既是"跨文化"，也是"文化间性"或"单一文化"的。例如，叙事是跨文化现象，一些叙事技巧跨越文化界线。另一方面，叙事也可以具有"文化间性"，这见之于文学翻译，或叙事的特定文化指向。尤其是"跨文化"与"文化间性"，既然它们都表示跨越文化界线的人与人之间的互动关系，就必然有一些相通之处，而不像有些看法那么明确："物理是跨文化的，文学是文化间的，电影产业是多文化的，燕麦种植是单一文化的。"①

除了表明现代世界今非昔比状况的"跨"字，"跨文化"中还有"文化"这一词根，也就是整个跨文化理念想要疏远的东西。热衷于"跨"的理论家，自己也发现了一个悖论，即所有与"跨"组合的新概念所要否定的东西，实际上也同时被激活了，比如"跨国"（transnational）之说："很有讽刺意义的是，'跨国'这一术语让人关注的东西，正是其倾向于否定的东西，即国家之持久的特征。"② 跨文化的倡导者韦尔施自己也提出了类似的问题："难道不是很矛盾吗？跨文化方案一方面指出，不同的传统文化正在消失，另一方面却在继续论说'各种文化'，甚至以这些文化的继续存在为依托。若不存在这些文化，跨文化的整合者何以获得其整合对象呢？"③

不过韦尔施还是认为，在文化走向跨文化的双重性中，能够找到解决矛盾的出路：各种文化依然存在，它们是"发展文化新网络的储备"；以之为源、与之并行的是新的跨文化生活形态，传统"基准文化"会在跨文化的意义上渐进嬗变。④ 按照这一思路，整个方案的过程性便凸显而出：跨文化是一种动态发展，跨文化进程会带来新的变化。换言之，没有特定的跨文化，只有跨文化过程，这是每个社会和个人都能遇到的。

---

① 梅克伦堡，《外来女孩：作为文化间性文学研究的日耳曼语言文学研究》，第 92 页（Norbert Mecklenburg, *Das Mädchen aus der Fremde. Germanistik als interkulturelle Literaturwissenschaft*, München: iudicium, 2008）。
② 哈内茨，《跨国关联：文化，人民，地方》，第 6 页（Ulf Hannerz, *Transnational Connections: Culture, People, Places*, London/New York: Routledge, 1996）。
③ 韦尔施，《跨文化：全球化与疏离化之间》，第 341 页。
④ 参见同上。

"杂合"概念考论*

　　一种理论、一个思潮或一场运动，往往都有关键概念呈现其肯綮。1980年代之后，"杂合"（hybrid, hybridity, hybridization）是不少理论家喜用的概念，它是后现代、后殖民、文化研究、全球化、流散文化等理论探讨中的一个关键概念。对"杂合"的理论探讨，亦启发了人们对诸多连带概念的思考，如"族裔散居""文化混种""混生化""跨文化"等。"杂合"概念受到广泛关注，被许多跨文化研究者和文化社会学家视为分析全球化时代之文化状况的恰切概念，仿佛已成为我们时代的印记，成为不少人的"口头禅"。今天，虽然"杂合""认同"等后殖民行话已经不再是理论热点，但依然是相关研究中的"保留剧目"（repertoire）。在一切似乎已经"尘埃落定"、我们也获得一定的距离感之后，对"杂合"及其相近概念做一个分析性概览，或许有利于从概念层面理解后殖民理论的诉求，审视其能量和局限。"杂合"理论得以倡导的时代还在延续，对当代理论和特定社会中"杂合"亦即杂合文化认同的探讨，也同全球化、跨文化或种族性等各种思考紧密相关。

＊　本文原载《江西社会科学》2020年第2期，第116—126页。

一、"杂合"概念的历史沿革

Hybrid/hybridity 是指两种或多种文化交融而成的杂合形态，Hybridization 则指杂合过程。"杂合性"（hybridity）见于不同文化的叠合和交融状况，即某些源自不同文化、社会、宗教之生活世界的（有时相去甚远的）思想内容和思维逻辑，如何被杂合为新的思维模式和行为方式。查阅中文相关文献可以看到，Hybrid/hybridity 在汉语中有不同译法：杂合，杂交，交混，混杂，混融，混血，混种，杂种，杂糅，杂烩，等等。

这个当代备受关注的概念，绝非新概念或后现代的新术语，但它经历了今昔语义变迁：源于拉丁语的 hybrid 一词，起始就表示"杂种"，比如家养母猪和野公猪交配的后代，后来泛指异种动物交配的后代。这一原为生物学和植物学的术语，很长时期仅表示"物种交混"或"植物杂交"。约从 18 世纪末开始，这一概念被逐渐用于人类：1861 年的《牛津英语词典》（*The Oxford English Dictionary*，OED）中，能够见到该词被用于不同种族父母的后裔亦即混血儿。也是在 19 世纪，这个概念发展为生物种族主义中的固定语汇，成为种族理论和殖民话语中的文化隐喻，亦逐渐见之于语言学。在有关奴隶制的论争中，它被用来幻想不同人种杂交而出现的可怕景象。解剖学和颅骨学运用一些伪科学模式，竭力证明非洲人、亚洲人、印第安人和太平洋岛民的种族低劣性。Hybrid 曾长期带着"不纯"的隐含意义，是担忧能否保持种族纯洁性的产物，因此，这一概念显然符合殖民主义时代精神。另外，这个概念还见于类型论、优生学以及反犹太主义和纳粹意识形态。总的说来，"杂合"之说直至 19 世纪还不很常见。进入 20 世纪之后，这个概念发生了重要的语义嬗变；巨大的社会变革、殖民主义的衰退、不断增长的移民潮以及经济的自由化，都深刻地影响了"hybridity"概念的解读和运用。

在有关后殖民主义讨论中，不少人误以为"cultural hybridity"（文化杂合性）、"cultural hybrid"（文化杂合）或"hybrid culture"（杂合文化）是霍米·巴巴（Homi K. Bhabha）首创的概念，或曰几十年来文化研究中的全新概念。其实，芝加哥学派城市社会学家帕克（Robert Ezra Park, 1864—1944）已在《人类迁徙与边缘人》[1]一文中，称美国社会的移民亦即"边缘人"（marginal man）为"文化混血儿"（cultural hybrid），生活在两类人群之中，分享两种文化和传统。他们不愿与故土传统决裂，又不被新的社会环境完全接受，因而处于两种文化和社会的边缘，在其故土和美国都是如此。在帕克那里，我们已能见到"杂合"概念的新维度，它不再是一个纯粹贬义的概念。帕克甚至认为，"边缘人"（或译"边际人"）是未来的世界主义人格类型。

对于"杂合"的正面评价，亦见于苏联文学批评家、语言哲学家、符号学家巴赫金（Mikhail M. Bakhtin, 1895—1975）。在他的语言哲学中，"杂合"标志着语言的两面性，且为所有语言共有的基本特征。他对语言杂合做了"意向性"和"结构性"（"非意向性"）的区分。结构性指语言内部的杂合，是一切语言发展和进化过程中最重要的形式。就历史发展而言，语言总是通过语言

---

[1] Robert E. Park, "Human Migration and the Marginal Man," in: *American Journal of Sociology*, vol. 33, No. 6(1928), pp. 881 – 893.

共同体中不同方言（如语音、含义、语言意识等）的"杂合化"
(hybridization) 而发展变化，它是语言嬗变的重要途径；早在 19
世纪下半叶，一个由多种语言词根组成的词就被称作"hybrid"。结
构性杂合喜于混合，以实现不同群体乃至文化之间的对话交流。与
结构性杂合不同，意向性杂合则因说话对象而变化，在杂糅和反差
中见出不同的氛围或意图，生成"多声部"的文本。这种语言能量
含有政治倾向，能够侵蚀主流思维方式和表述方法。为了维护自己
的文化霸权，权威话语需要而且鼓吹"只此一家"的说法。与此
相反，杂糅话语或对立话语，善于借助多样的语言来证明和动摇
霸权语言的单一性。[1] 巴赫金所说的"杂合"之语义两面性，显然
为文化互动提供了一个辩证模式。他对语言之"结构性"和"意
向性"杂合的探讨，无疑是杂合概念嗣后走向后现代模式的重要
转折点。

　　后殖民主义理论和文化研究，接过了巴赫金的思考。尤其在英
美后殖民主义理论中走红的杂合文化观念，是新近社会科学（例如
文化社会学、历史社会学、跨文化研究）中一个醒目的分析性范
畴，涉及杂合对身份意识和文化的影响。"杂合性"概念的后殖民
主义转向，首先是在对文化帝国主义的批判中形成的，并在近几十
年的后殖民理论形成中得到了长足的发展。后殖民思维试图让人看
到，世界上的广大"其余"也有权利享受"西方"的特权。极为重
要的是对概念做出区分，即杂合概念是理论纲领，还是政治立场，

---

① 参见巴赫金，《对话性想象》(Mikhail M. Bakhtin, *The Dialogic Imagination:
Four Essays*, trans. by Caryl Emerson and Michael Holquist, Austin: University
of Texas Press, 1981)。

或带着历史特性的社会现实？①

　　与杂合理念密切相关的是原为宗教术语的"族裔散居"
（diaspora）以及"流散文化"（diaspora cultures）概念。Diaspora
一词来自希腊语 $\delta\iota\alpha\sigma\pi\circ\rho\acute{\alpha}$，首次出现在公元前 3 世纪希腊语的《圣
经》翻译。早先，"族裔散居"主要指迁徙到其他宗教族群居住地
的犹太教/基督教群体，且多半不是自愿生活在异域，常常是流亡
或被发配到他乡；这些人会出于共同的故土向往或精神寄托而组织
起来。这个概念后来经历了诸多语义变迁。19 世纪晚期以降，这个
概念依然首先用于指代四处迁徙、远走他乡的宗教或种族群体（例
如犹太人的历史记忆与巴勒斯坦人的流离失所），亦指这类少数族
裔的一般状况。直至 1960 年代，非洲学在论述"非洲"亦即"黑
人"的族裔散居时，这个概念亦在非宗教层面上用于少数族群的
（自我）定位。20 世纪后期，"族裔散居"一跃成为文化理论中的重
要概念。"族裔散居"而外，杂合理论还引发了人们对诸多连带概
念的思考，如"（文化）混血"（métissage）、"混生化"亦即"克里
奥化"（creolization）、"跨文化"（transculturation）、文化融合
（cultural syncretism）等。

　　在后殖民主义思潮中，巴巴、霍尔（Stuart Hall, 1932—2014）
和斯皮瓦克（Gayatri Chakravorty Spivak）发展了"杂合"范畴，
并成为探讨杂合理论的中心人物。在他们之前，墨西哥人类学家甘
克里尼（Néstor García Canclini）于 1989 年发表《杂合文化：论进

---

① 参见普拉布，《杂合：边界，形变，前景》，第 2 页（Anjali Prabhu, *Hybridity.
Limits, Transformations, Prospects*, Albany: State University of New York
Press, 2007）。

入和离开现代性的策略》[1]，这部名著使"杂合文化"概念受到广泛关注。作者在社会形态的层面上叙写了变化中的拉美国家的发展状况，讲述了拉美国家一方面试图保护自我文化的"纯粹性"，一方面竭力追求现代性，最后形成一种既非现代，亦非传统的杂合文化，即本土文化和西方文化杂陈的特殊社会形态。甘克里尼大胆地挑战了传统人类学的文化观念，视杂合为人类文化的持续状态。在他看来，杂合并非新的文化现象，世界上许多国家都是由不同文化融合而成的。并且，全球化也不会消除文化的多样性和差异性，而是带来文化的杂合化。之后，霍尔、巴巴和斯皮瓦克极力倡导的杂合思想和杂合认同（hybrid identities），逐渐被浓重的政治色彩和意识形态所浸淫，成为挑战性极强的对立文化模式。巴巴的"杂合"概念，斯皮瓦克的"从属性"概念，霍尔的"新族性"概念，它们在后殖民主义理论中的相通之处是显而易见的；然而，各自不同的学术取向，聚焦于特定的视角，亦对"杂合"做出了不同的解读和理论阐释，呈现出新的研究视野。

例如，巴巴、霍尔、李欧耐（Françoise Lionnet）[2]、吉洛伊（Paul Gilroy）[3] 等杂合理论家在论述"混生化"时，用的是完全

---

① Néstor García Canclini, *Hybrid Cultures. Strategies for Entering and Leaving Modernity*, trans. by Christopher L. Chiappari and Silvia L. López, Minneapolis: University of Minnesota Press, 1995.

② 参见李欧耐，《自述之声：种族，性别，自画像》(Françoise Lionnet, *Autobiographical Voices: Race, Gender, Self-Portraiture*, Ithaca: Cornell University Press, 1989)；李欧耐，《后殖民再现：妇女，文学，认同》(Françoise Lionnet, *Postcolonial Representations: Women, Literature, Identity*, Ithaca: Cornell University Press, 1995)。

③ 参见吉洛伊，《黑色的大西洋：现代性与双重意识》(Paul Gilroy, *Black Atlantic: Modernity and Double-Consciousness*, Cambridge, MA: Harvard University （转下页）

不同的语汇，旨在对抗那些占主导地位的言说、思维方式、单一认同和线性历史观，注重共时考察的"混生化"在很大程度上还面向未来。另外，有些概念在后殖民研究中的意涵不甚明了，比如霍尔所说的"族裔散居"（diasporization）与格里桑（Édouard Glissant, 1928—2011）[1] 的"混生化"（créolité）相差无几；巴巴的"杂合"有不同含义，但在对他的理论的接受中并无明确的界定；从种族混血延伸至文化混血的 métissage，在李欧耐、格里桑和韦尔热斯（Françoise Vergès）[2] 那里含义迥异，例如在李欧耐那里被看作分析后殖民现实的互文性（intertextuality）和跨学科（interdisciplinarity）方法；另外，对跨文化互动（intercultural interaction），甚至多元文化主义（multiculturalism）也有不同的理解。[3] 这里至关紧要的是，充分认识到运用某一特定概念时的意图。

二、 巴巴，霍尔，斯皮瓦克

巴巴是率先将"杂合"概念引入文化研究的后殖民主义理论家

（接上页）Press, 1993）；吉洛伊，《小行动：关于黑人文化政治的思考》（Paul Gilroy, *Small Acts: Thoughts on the Politics of Black Cultures*, London: Serpent's Tail, 1993）；吉洛伊，《各种阵营之间：种族，身份和肤色之外的民族主义》（Paul Gilroy, *Between Camps: Race, Identity and Nationalism at the End of the Colour Line*, London: Penguin, 2000）。

[1] 参见格里桑，《漫谈安的列斯》（Édouard Glissant, *Le Discours Antillais*, Paris: Gallimard, 1981）；格里桑，《关系诗学》（Édouard Glissant, *Poétique de la Relation*, Paris: Gallimard, 1990）。

[2] 参见韦尔热斯，《恶魔与革命：殖民家史和混血》（Françoise Vergès, *Monsters and Revolutionaries: Colonial Family Romance and Métissage*, Durham: Duke University Press, 1999）。

[3] 参见普拉布，《杂合：边界，形变，前景》，第 13 页。

之一，也是论述杂合观念之最有名者。他将巴赫金之语言杂合的政治功用与拉康（Jacques Lacan, 1901—1981）的心理分析以及德里达（Jacques Derrida, 1930—2004）的"延异"（différance，又译差异、差延）概念结合在一起，发展了一种跨文化思维模式。在由多篇论文组成的代表作《文化的定位》中，巴巴从后殖民主义话语出发，主要联系英美政治传统，提出了"第三空间"（third space）之说；"杂合"亦即"杂合认同"正是其中的关键术语，并成为嗣后相关讨论的纲领性依据。在政治理论谱系中，杂合性还是一个较新的范畴，但却能够让人从全新的理论视角来查考诸多政治关联。巴巴认为，杂合观念是对一神论或本质主义政治话语（"本真性"）的拒绝。他认为，后殖民时代必须用别样的目光来解读穆勒（John Stuart Mill, 1806—1873）曾经高度赞扬的印度次大陆之理性管理。巴巴关注殖民统治时期的"另一种情形"，即那种"我"和"他"之外的模棱两可（ambivalence）的情形，它对殖民者和被殖民者都产生了影响。① 显然，巴巴的杂合理论主要是从英国的印度殖民史中发展而来的。

若说"杂合"主要是对殖民者/被殖民者的文化关系，尤其是话语实践中的混杂过程和状态的描述，"模仿"（mimicry）则是一种行为策略，而"第三空间"可被视为行为及其混杂的结果。在巴巴眼里，殖民者与被殖民者的关系，体现于"模仿"这一重要状态。"模仿"看似对于殖民话语的尊重，看似一致却不完全一致，实际上是在戏弄殖民者的自恋和权威，或曰讽刺性妥协。"杂合"

---

① 参见巴巴，《文化的定位》，第 85—87 页（Homi K. Bhabha, *The Location of Culture*, New York: Routledge, 1994）。

使得殖民话语含混不清，威胁其稳定性，同时也是被殖民者的自我定位亦即认同过程。[1] 巴巴探讨了殖民语境中的（不平等）文化接触和文化交流过程：被殖民者有意无意地接受了殖民者的文化符号和象征，将其纳入自己的文化符号系统。为了维持自己的统治，实现自己的意志，殖民者甚至不得不依赖于被殖民者的效仿。这种部分重复、部分颠覆的杂合，在心理、文化、身份等方面融入殖民者/被殖民者之间的现实社会关系。

殖民地的认同杂合性是一种文化类型，既不完全从属于殖民文化，也不完全属于被殖民文化，而是某种与原体相似而又不相似的"他体"。这就出现了"第三空间"。殖民权威与受压迫的社会都不可能不受之影响。[2] 换言之：巴巴不再把文化接触看作二元的；"第三空间"中的文化认同、异质化（heterogeneity，或译"异质性"）和异类（alterity，或译"他异""相异"），不是多元文化之界线明确的组合，而是中心和边缘之不可避免的相互渗透，是压迫者和被压迫者的相互影响。因此，巴巴对法农（Frantz Fanon, 1925—1961）的一个著名观点提出质疑，后者在《黑皮肤，白面具》[3] 中分析黑人与白人的紧张关系时认为，白人的凝视使黑人陷入进退两难之境，黑人在心理上或认同意识上只有两种选择：要么成为白人，要么消失。巴巴则认为还存在一个你中有我、我中有你，或曰非此非彼的"第三空间"。[4] 他接过了本雅明（Walter Benjamin, 1892—1940）的观点，即文化翻译是转换或变形，会产生出人意料

---

[1] 参见巴巴，《文化的定位》，第 90 页。

[2] 同上书，第 102—122 页。

[3] Frantz Fanon, *Peau noire, masques blancs*, Paris: Éditions du Seuil, 1952.

[4] 参见巴巴，《文化的定位》，第 37、120 页。

的结果。文化意义和符号并不是固定的，文化符号会在挪用和转译时产生新的话语空间，也就是给翻译者自己的语言传统和文本增添新的语义空间，那是产生差异的表意过程。因此，出现于文化翻译中的交混情形，会导致改变自身的变化。①

巴巴的杂合理论是对本质主义所鼓吹的"纯粹"文化的质疑，或曰对本质主义话语的拒绝。在他看来，被殖民者以不再纯粹的话语，解构和颠覆殖民话语，抵抗帝国权势和影响。因此，杂合性是殖民者之焦虑甚至恐惧的典型现象之一，体现于殖民者的文明话语和殖民话语遭到瓦解的失衡心理，引发其心理矛盾，动摇其威信。同大多数后殖民主义批评家一样，巴巴认为任何民族文化，无论优劣大小，都与殖民文化一样，处于"混血"状态，整个现实世界都是杂合的，所谓内在的"本真性"或"纯正性"是站不住脚的。②各种传统欧洲文化，以所谓不变的种族和国家原则为依托，其杂合性似乎没有殖民文化那么显而易见，但这并不能遮蔽杂合性的事实存在。现代社会生活中的许多东西已经混杂，甚至所有人都是杂合的，只不过有人凭借自己的话语权来掩盖杂合性，维护所谓文化"纯洁性"。

杂合性的最初理论探讨，主要在于描述文化帝国主义的后果，杂合必然带来殖民话语与本土话语之间的紧张关系。然而，"杂合性"不再只局限于巴巴的早期探讨，它在很大程度上涉及文化潮流

---

① 参见巴巴，《文化多样性与文化差异》，载阿什克罗夫特、格里斐斯、蒂芬编《后殖民研究读本》，第 208 页（Homi K. Bhabha, "Cultural Diversity and Cultural Difference", in: *The Post-Colonial Studies Reader*, ed. by Bill Ashcroft, Gareth Griffiths, and Helen Tiffin, London: Routledge, 1995, pp.206 - 209）。

② 参见巴巴，《文化的定位》，第 37 页。

及其互动。他视杂合理念为削弱文化霸权和两极对立（西方/非西方）的有效策略。民族的边缘代替了中心，边缘的人开始书写大城市的历史和小说。另外，他还用杂合概念来描述后殖民时代的移民状况，讨论当今都市移民生活的文化政策。在他眼里，族裔散居和移民的"文化"处境（身处不同文化"之间"），因其特别具有杂合特征，必然成为反种族主义的先锋。全球化和移民，消解了同质性认同或明确的"文化认同"，移民是一种新的革命性主体。不过，巴巴的杂合说在总体上还不够清晰：杂合是不平等权力关系中的认同前提，还是（巴巴一再强调的）抵抗权力之侵蚀的必然策略？无论如何，人们不应过高估计这种抵抗的作用，也不应将其滥用于政治说教。

巴巴所强调的后现代社会之杂合现象，亦体现于霍尔将杂合概念与"新族性"（new ethnicity）理念的联系之中。在几篇重要文章中，他勾勒出反种族主义政治中的解构转向：建立在特定政治形态和文化基础上的传统种族论述，例如对于黑人的描述，始终恪守一概而论的本质主义设想；而当今的"表征政治"（presentation），能够见出认同的杂合性和不确定性，以及双重或多重认同的可能性。在他看来，新的族群概念在于充分观照主体认同时的历史、语言和文化价值，一切话语都是特定环境的产物，每种认识都有其语境。人的族群认同对其自我认识至关紧要。在有关移民问题的语境中，"杂合性"涉及同时发生于不同文化环境中的各种变化，具体体现于新的文化表达和社会属性，以及杂合文化认同。文化杂合理念依托于转变了的"认同"意识和多元文化意识。"杂合"与"认同"，实为文化理论的关键词，体现出文化观念的不同指向。

同在巴巴那里一样，霍尔的"新族性"理念尤其指向移民群体，强调打上文化差异烙印的话语，亦即见之于少数族群之性别和阶级话语中的族性。霍尔认为文化认同本身就带着杂合特征，杂合之当代形式是由文化形态的特定历史形塑及其表现形式决定的。文化认同随处可见，且不是一成不变的，而是在各种立场之间游移，同时通连不同的文化传统，导致复杂的文化交混，这在日益全球化的世界司空见惯。生活于这种杂合文化中的人，是后殖民时代的移民之流散文化的产物，他们必须放弃找回"失去的"纯粹文化之梦想。[1] 显然，霍尔对族群和族群文化的新解，旨在摆脱习以为常的种族主义和民族主义话语模式。

在《文化认同问题》[2] 一文中，霍尔区分了三种从西方哲学衍生而出的认同范式：其一，以自我为中心的"启蒙主体"（the enlightenment subject），它建立在改变了的认同意识的基础上，其核心是个体存在；其二，强调自我与世界互动的"社会性主体"（the sociological subject），它形成于自我与社会的互动，同社会价值、意义和象征相关，在内部和外部、自我与他者的协调中确立认同；其三，注重多元、差异、不确定性的"后现代主体"（the postmodern subject），其特性是观照不同时代和地域的各种认同；现代交往工具和手段以及缩短的距离感，极大地改变了人们的时空观念。以往颇具地域特色的商品和思想，越来越多地出现在世界各

---

[1] 参见霍尔，《表征的运作》，载霍尔编《表征：文化表象与意指实践》，第13—74页（Stuart Hall, "The Work of Representation," in: *Representation: Cultural Representations and Signifying Practices*, ed. by S. Hall, London: Sage, 1997, pp. 13 - 74）。

[2] Stuart Hall, "The Question of Cultural Identity," in: *Modernity and Its Futures*, ed. by S. Hall, D. Held, A. McGrew, Cambridge: Polity Press, 1992, pp. 274 - 316.

地。阶级、性别、族性等似乎固定的认同意识，越来越趋于凌杂化、碎片化。霍尔因此强调日益严重的"认同危机"：看似稳固的认同范畴不断变化，取而代之的认同是杂合的，甚至充满矛盾。在当代社会，认同当被看作开放的、游移不定的过程，不确定且没有定点或持续性。生成认同时的关联和取向，仅由个体自己决定，并根据自己选择的文化惯习和族群属性来界定自己。认同总是由记忆、幻想、叙事和神话建构起来的，发生在历史和文化的话语之内。因此，霍尔强调一种新的认同政治学。①

　　霍尔在《新族性》等文章中讨论了"黑人经验"。②"黑人"身份不是先天的、固定的，1950年代的牙买加有色人种，并未称自己为"黑人"。"黑人是民权运动、非殖民化与民族主义斗争的产物，是某种意识形态斗争的结果。"③ 时至1970年代的反种族主义运动，生活在发达国家的加勒比海、东非、亚洲次大陆、巴基斯坦、孟加拉和印度移民，才开始在认同政治中把自己看作"黑人"。在英国的黑人文化政治中，"黑人"概念与所有生活在英国的黑人的种族

①　参见霍尔，《文化身份与族裔散居》，载罗钢、刘象愚编《文化研究读本》，北京，中国社会科学出版社，2000年，第（212—228）212页。

②　参见 Stuart Hall, "New Ethnicities," in: *Black Film British Cinema*, London: Institute of Contemporary Arts (ICA) Documents 7(1988), pp. 27–31, reprinted in *'Race', Culture and Difference*, ed. by James Donald and Ali Rattansi, London: Sage, 1992, pp. 252–259; Stuart Hall, "New Ethnicities," in: Stuart Hall, *Critical Dialogues in Cultural Studies*, ed. by David Morley and Kuan-Hsing Chen, London and New York: Routledge, 1996, pp. 441–449。

③　参见霍尔，《地方与全球：全球化与族性》，载金编《文化、全球化和世界体系：认同表述的当代形势》，第 20 页（Stuart Hall, "The Local and the Global: Globalization and Ethnicity", in: *Culture, Globalization and the World-System. Contemporary Conditions for the Representation of Identity*, ed. by Anthony D. King, London: Macmillan Education, 1991, pp. 19–40）。

主义共同经验有关，因而不能用一成不变的种族概念来思考问题，不能依托自然本性和差异来描述社会或文化差异。"黑人"是一个在历史、文化、政治和社会层面上建构起来的范畴，而非生理和自然属性。同生活在英国的其他有色人种一样，那里的黑人有着各自不同的历史、传统和认同。英国黑人文化与其非洲族裔的历史有关，然而却是英国环境的产物，是在特定历史和社会体验中生产的，而且是变化的、不确定的。历史、语言和文化等范畴，比肤色或族裔出身更能说明问题。换言之，族性与"人种"（race）不同，它与历史、语言、宗教、社会、文化密切相关，新族性充满杂合性和文化间性。族性见于表征，新族性是一种新的表征政治亦即新的政治认同感。英国黑人文化是边缘族群的认同政治，"黑人"认同旨在抵抗西方话语霸权。

巴巴、霍尔等理论家把杂合话语看作后殖民批判的重要环节。流散过程或族裔散居，本来就包含着时代和地域以及个体和社会层面上的、极为艰难的融入困境，"族裔散居"注重那些将群体结合在一起的过去的共同创伤。① "杂合"不仅能够在逆境中孕育创新意识，亦能见出抵抗潜能。按照杂合观念，流散者必然不是处在"非此即彼"，而是"既是又是"的生活之中。"杂合使不同变为相同，相同变为不同，从而在某种程度上使相同不再相同，不同不再仅为不同。"② 由此，多重认同越来越成为常态。这都体现在"文化杂合""第三空间"或人类学家汉纳兹（Ulf Hannerz）提出的"混生

---

① 参见普拉布，《杂合：边界，形变，前景》，第 13 页。
② 扬，《殖民的欲望：文化、理论、种族的杂合》，第 26 页（Robert Young, *Colonial Desire: Hybridity in Theory, Culture and Race*, London: Routledge, 1995）。

化"或曰"克里奥化"（creolization：非裔美国黑人文化）① 等概念之中。

斯皮瓦克也深信杂合观念能够瓦解认同话语中的单一观点，但她对第一世界中的流散文化与第三世界后殖民时代的贫困现实做了严格区分。她更多地把"杂合"看作文化认同的隐喻形态。殖民者与被殖民者的相互作用，亦可用来描述边缘人的状况，斯皮瓦克称之为"从属者"（subaltern）。她的名文《从属者能说话吗?》②，探讨了英国殖民统治与印度传统主义的抵抗话语之间的关系，旨在说明从属者如何被限制话语的问题。从属者的地位是由帝国话语界定和设定的，他们没有可能从其所谓"异类"处境发出本真的声音。西方压根就不想真正听到从属者的声音，而只是描述他们，或者替他们说话，最终为了让从属者失声。斯皮瓦克尤其关注南亚受压迫的乡村居民的状况。在她看来，广大从属者的思想意识和话语可能性，最能体现该地区的整体状况。她的问题意识与一些印度历史学家所从事的"庶民研究"密切相关。

斯皮瓦克的后殖民批评之最突出的特色，是理论和方法上的异质性和鲜明的女性主义视角。后殖民女性主义把西方女权主义唯一关注的"性别压迫"拓展到"性别、族群、阶级压迫"的三维空间，凸现出性别压迫与其他形式压迫的连锁关系。在斯皮瓦克那

---

① 参见汉纳兹，《文化的复杂性：含义之社会组织研究》（Ulf Hannerz, *Cultural Complexity. Studies in the Social Organization of Meaning*, New York: Columbia University Press, 1992）。

② Gayatri Chakravorty Spivak, "Can the Subaltern Speak?" in: *Marxism and the Interpretation of Culture*, ed. by Cary Nelson and Larry Grossberg, Chicago: University of Illinois Press, 1988, pp. 271 - 313.

里，性别、族群和阶级的三维空间得到了充分展示，这或许也是其后殖民批评理论的最显著特色。在殖民权力关系中，尤其是妇女不能作为主体而发出自己的声音。作为本土父权传统和英帝国主义的牺牲品，南亚妇女承受着双重压迫，注定被剥夺话语权。并且，人们也不会指望有关妇女状况的客观历史描写。这在很大程度上不在于从属者能否言说，更多地在于是否被听到、被谁和如何听到。因此，妇女在后殖民语境中显豁地成为被书写、被赋予权利的客体。倘若仔细查考"杂合"的历史生活，便能见出一部奴隶制、殖民统治和强暴的历史，一部艰辛的种族间认同的苦难史，亦能看到选择本族或他族归属的困境。今天的杂合叙事很难绕过这些故事。女权主义者韦尔热斯的专著《恶魔与革命：殖民家史和混血》（1999）对此做了深入的描述。

三、 对中庸之道的批判

如今，"杂合"概念在后殖民理论中的运用，已成为一种可对文化混合形式的整个问题域进行多重阐释的模式，还常与德勒兹（Gilles Deleuze, 1925—1995）和杰特里（Félix Guattari, 1930—1992）的"游牧学"以及福柯（Michel Foucault, 1926—1984）的"异托邦"联系起来展开讨论。"杂合"概念在很大程度上与宗教学中的折中主义（不同信仰的调和融合）亦即"混合说"（synkretism）相似，被用来描述介于宗教传统之间的不同质、不等同事物的混合形式，就像海地的巫毒教派（Voodoo Cult）将西非传统与天主教的玛利亚膜拜结合在一起一样。另一方面，杂合概念又比"文化传输"（cultural transfer）、"殖民模仿"（colonial mimicry）、文化"同化"（assimilation）或文化"混血"更具冲击力，它不关注明确的身份实体（entity），亦即具体的文化空间和民族，而是强调"越境"过程和状态、选择性吸收、多元文化认同及其活动范围等。

在后现代、后殖民、文化研究和全球化理论中，杂合概念不仅是一个理论视域，也是新近的文化社会学中常见的分析性范畴，以呈现杂合现象、过渡形式、折中方式和中间形态。换言之：杂合理念的倡导者不再关注"他异性"，而是注重文化的内部差异和复杂性及其外部关联。全球化语境中的杂合观念，首先关注全球发展与地域习俗和传统的聚合，把杂合看作全球化过程的一部分。与那些在全球化过程中强调地域文化"本真性"的讨论完全不同，有人把杂合看作人的天性，存在即杂合，以应对新的挑战，适应不断变化的生活。也有人视杂合性为全球化所引发的文化效果，或曰全球化的文化逻辑，其表现是文化的相互渗透和交融。全球范围的频繁交往，不断推进杂合过程的速度、广度和深度，触及人类生活的不同方面。还有人干脆说全球化就是杂合化，其目的是反对把全球化看作同质化、现代化、西方化。

当然，反对这些说法的人也大有人在，"企鹅"《社会学大辞典》（*Penguin Dictionary of Sociology*）便明确指出，"杂合"主要涉及地方文化的西化问题，亦即第三世界国家现代化过程中的文化重构现象。甘地（Leela Gandhi）也说："西方无处不在：既在西方内部，也在西方之外；既在结构里面，也在精神之中。"[①] 此时，我

---

① 甘地，《后殖民主义理论导读》，第 16 页（Leela Gandhi, *Postcolonial Theory. A Critical Introduction*, New York: Columbia University Press, 1998）。

们能够看到两种截然不同的立场：（一）"杂合"无处不在。在许多情况下，这被看作后殖民或"从属者"对霸权势力的胜利，是对文化冲击的抵抗，而且是颇为让人受益的斗争成果。持这一观点的主要是巴巴，还有霍尔和李欧耐。（二）"杂合"并非无处不在。只有精英们会兴致勃勃地论说杂合，其他人对这种理念无多兴趣；并且，主要是来自城市的移民有闲心谈论这些，而族裔散居的移民或"留守"在往昔殖民地的人很少奢谈杂合。持这种观点的人，主要是那些巴巴理论的批评者，例如培瑞（Benita Parry）便批判了许多后殖民理论脱离现实社会的物质基础。①

　　对于一个概念之可能的误解，或者对其理解和界定有着极大争议，时常缘于概念本身的内在弱点。尤其是当一个概念在某个领域获得中心意义之后，而这个领域的代表人物非但不能消除误解，甚至制造误解，这种现象就更为突出了。萨义德（Edward W. Said, 1935—2003）的《东方主义》（1978）开启了后殖民理论，但他仅从话语角度来描述东方主义，完全脱离了东方的被殖民者。尽管作者力避二元对立立场，可是他的问题意识和命题，必然带着中西二元对立思维：西方对于东方的认识，是一种本质化、意识形态化的话语模式；西方所塑造的东西方关系，是一种固定不变的"我们/他们"之二元对立。这种分析路径也是巴巴质疑萨义德的主要原因，即《东方主义》没有依托殖民者/被殖民者的关系来阐释殖民主义话语。后来，萨义德的《文化与帝国主义》（1993）一书，不再全然不顾东方的文化现实；并且，他认为杂合性是一种文化变异

————————

① 参见培瑞，《后殖民研究——一个唯物主义的批判》（Benita Parry, *Postcolonial Studies: A Materialist Critique*, London: Routledge, 2004）。

形态，将不同文化杂糅一体，从而生发反叛的能量，挑战主流文化的规范。①

然而，当"杂合"概念不但成了后殖民理论中的一个关键概念，而且延伸至各种政治和文化理论，或被运用于历史社会学和跨文化研究时，常会引发不少误解。例如萨义德在论述欧洲的亚裔或非裔移民的时候写道："我想，人们要是出于种族或族类原因而将欧洲/非欧洲文化这一新的领域排除在外，那会是文化发展中的一个荒诞的误解。所有文化都是杂合的，没有一种文化是纯粹的、同质的，没有一种文化是由同一人种组成的。"② 任何文化从来不是同质的，这类说法乍看似乎有理，其实只是平庸之说，泛泛而论的结果是缺乏锐气。如果进一步追问，究竟如何理解这里所说的"文化"？情况会变得很复杂。倘若"所有文化"都是杂合的，那该如何确认诸多文化之所以为不同文化，即如何辨认特定文化？"这一文化是杂合文化"之类的说法，其前提必然是"这一文化"已被认作"这一"杂合文化，而不是别的文化；同时，这种确认又不允许认同所指文化的固有特性，因为它是杂合的。

后殖民理论家探讨、分析或至少论及的基本材料，都源于特定时段或时期，要么是殖民地语境（巴巴的印度），要么是殖民时期迁徙他国（吉洛伊和李欧耐），或者移居都市（霍尔或巴巴）。倡导和阐释杂合理念的主角，主要是生活在西方、来自第三世界的知识

---

① 萨义德，《文化与帝国主义》，第 312 页（Edward W. Said, *Culture and Imperialism*, London: Chatto & Windus, 1993）。

② 萨义德，《文化、认同与历史》，载施罗德、布罗伊宁格编《当代文化理论——新论与立场》，第 53—54 页（Edward W. Said, "Kultur, Identität und Geschichte", in: *Kulturtheorien der Gegenwart. Ansätze und Positionen*, hrsg. von G. Schröder u. H. Breuninger, Frankfurt: Campus, 2001, S. 39-57）。

移民。族裔散居很容易让他们产生民族主义情绪；而他们在西方社会的角色，又使其没有足够的胆量与西方主流意识形态抗衡。对西方世界的恋情与对故土的眷恋，常会在他们那里出现社会认同的分裂，却不可能生发这两种情怀之间的对抗。于是，西方后现代思潮的风行亦即后现代对民族主义和本质主义政治话语的批判，对于他们来说正中下怀。强调东西方交融的杂合理念应运而生，美其名曰"后结构主义"。

一方面，由解构主义和后现代思想引发的对西方霸权、价值体系和知识形态的批判，是后殖民主义认同理论和文化纲领的出发点，旨在抵御殖民文化的侵蚀。或者说，杂合理念是一种抵抗模式。杂合认同在抵御殖民话语的同时，必然显示出它与民族主义、原教旨主义以及文明冲突论之间的批判性距离。另一方面，后殖民主义理论家的杂合理念和认同话语，是在西方世界建构的，其理论无法完全摆脱西方主流话语，甚至不想撼动其主导地位。不仅如此，博埃默（Elleke Boehmer）极为尖刻地指出："这些精英分子在对帝国统治的某些方面进行挑战的同时，也发现自己能从与之妥协中获得好处。"①

依托于后殖民理论、建立在后结构主义基础上的杂合概念，泛化了知识移民"特权阶层"的经验，忽略了殖民剥削的现实以及各具特色的集体认同感和行为方式。例如斯皮瓦克的殖民解构言说，主要适用于流散文化中的知识者，未能让人看到广大边缘人如何才能真正摆脱压迫。换句话说，"杂合"观念可以成为西方的流散文

---

① 博埃默，《殖民与后殖民文学》，盛宁、韩敏中译，沈阳，辽宁教育出版社，1998，第 131 页。

化反对殖民主义的策略，但对"当地"的被殖民者没有任何用处。后殖民时代之边缘人的形象和声音，总体上依然没有展现的机会，他们依然是沉默的大多数。无疑，这些理论在强调"从属者"的同时，也在强调"杂合"对抗文化霸权的积极意义，可是这些文化抵抗与其他抵抗经济压迫的社会行为之间的关系还是模糊的。不够明确的还有体现于文本、艺术、理论中的反抗意识，在多大程度上能够动摇和改变支撑文化霸权的机制。①

全球化与杂合化的关系究竟体现出什么新的可能性？何为当今世界之政治和社会生活中的杂合？杂合性意味着进步还是退化？"杂合"本身就是一个有意杂合的概念；它所要揭示的现象，很难确定方位，也就是问题位置的不确定性；它在多元文化意识与解构主义认识论之间游移，从而一再需要重新定位。此外，"杂合"作为一个具有侵蚀性、颠覆性的范畴，其论说还是离不开那些相当稳固的认同、国家、文化、民族之两极对立意识，也就是许多杂合观念的倡导者和拥护者一再试图克服的那些意识。若说杂合确实是自我认同和他者认同的"混合形式"，且为一种超越二者的形式，那么，迄今的发展并未见出杂合观念使人在文化认同中走向或造就一种新的、确定的身份实体和认同，并未成为统一的新话语。

与长期占主导地位的本质主义思想所鼓吹的稳定秩序、文化及认同相反，杂合观念的功绩在于挑战了有关自我和他者的现代主义认识模式。然而，过于称赏所谓"中间地带"和"过渡文化"所强调的无界线性和跨国性，一味强调越界、转译、杂合的价值观，强调包容、共存的认同意识，不仅存在着继续遮蔽认同的真实语境及

① 参见普拉布，《杂合：边界，形变，前景》，第7—8页。

其政治和经济背景，遮蔽社会和经济差距及不平等的危险，问题还在于，它不能解释传统的认同意识为何比杂合观念更为坚实、更有抵抗力。反杂合的本质主义话语何以依然如此大行其道？为何他者依然被看作现行秩序的威胁？简言之：杂合的界线何在？如果杂合概念想要摆脱当下多少有些不尽人意的状况，即把多元文化当作时髦、广告策略和做生意的理念，那还要看它还能引入哪些分析手段和颠覆功用，让人真正相信认同意识确实被混杂化了，传统的实质主义文化认同确实被瓦解了。

今天看来，尽管后殖民话语以其抨击殖民历史以及后帝国主义时代而著称，但是后殖民理论家从一开始就否定了整个理论探讨的政治维度和政治实践。摒弃民族主义和文化传统，见之于杂合的"抵抗"，并非有意识的政治抵抗，更不是政治上的对立行为，而是中庸之道。因此，他们所探讨的杂合文化所呈现的诸多问题并未找到明确答案，杂合理论亦未战胜本质主义思维和行为（例如种族主义），它确实没有足够的能量来抵抗本质主义倾向。

不足为怪，杂合理念遭到来自左派知识者的激烈批评。阿罕默德（Aijaz Ahmad）对于后殖民批评的阶级定位，是其右翼或资产阶级性质。① 在他看来，在资本主义全球化大行其道、贫富差距日益严重之时，巴巴等移民知识者鼓吹跨文化杂合，只能是在为跨国资本主义唱赞歌，抹杀了后殖民时代的"阶级问题"。② 德里克

① 参见阿罕默德，《在理论内部：阶级，国族，文学》，第 70—71 页（Aijaz Ahmad, *In Theory: Classes, Nations, Literatures*, London: Verso, 1992）。

② 参见阿罕默德，《文学后殖民性的政治》，载芒吉尔编《当代后殖民理论文选》，第 276—293 页（Aijaz Ahmad, "The Politics of Literary Postcoloniality", in: *Contemporary Postcolonial Theory. A Reader*, ed. by Padmini Mongia, London: Arnold, 1996, pp. 276 - 293）。

(Arif Dirlik, 1940—2017)则干脆淡化了后殖民主义思想家确实想要理解当代世界之复杂文化现实的企图。他认为后殖民理论家只批判殖民历史,不愿分析现实世界;后殖民理论委实削弱了西方中心主义,却忽视当代资本主义。若说后现代主义是全球资本主义的意识形态,后殖民理论则是后现代在第三世界的回声,即适应新的全球资本主义而产生的文化理论,而不是对晚期资本主义的批判。来自第三世界的知识移民,名曰批判西方中心主义,实为西方世界的同谋。他们强调多样性和杂合理念,实际上剥夺了被压迫者的反抗权力。① 显然,左派知识者是在批评杂合理论在政治上的低能,伊格尔顿(Terry Eagleton)严厉批判了后殖民主义"杂合"话语之有问题的政治伦理:"与赞同人类团结和互利相比,我们看到的是一种极端贫困的政治伦理形式。"② 或者说:"对于其命运仍然由西方资本的变迁兴衰决定的后殖民地国家,解放的事业一如既往地具有重大的意义。"③

---

① 参见德里克,《后殖民光晕:全球资本主义时代的第三世界批评》,载德里克同名著作,第 52—83 页(Arif Dirlik, "The Postclonial Aura: Third World Criticism in the Age of Global Capitalism", in: *The Postcolonial Aura, Third World Criticism in the Age of Global Capitalism*, Colorado: Westview Press, 1997, pp. 52 - 83)。

② 伊格尔顿,《后殖民主义与"后殖民主义"》,载《干预》第 1 卷第 1 辑(1998—1999),第 26 页(Terry Eagleton, "Postcolonialism and 'Postcolonialism'," in: *Interventions*, 1: 1[1998 - 1999], pp. 24 - 26)。

③ 伊格尔顿,《文化的观念》,方杰译,南京,南京大学出版社,2003 年,第 97 页。

何谓"世界文学"？ *

　　早在 19 世纪上半叶，歌德就宣称世界文学时代已经在即，期望人们促进这个时代的到来。这在当时不过是对文学未来的憧憬。然而，兴起于 19 世纪的比较文学，摆脱不了欧洲中心主义。20 世纪以降，比较文学的发展备受争议，尤其经过批评理论的形塑之后，越来越脱离文学本身，从而陷入学科危机。当前重提世界文学，当为应对危机局面的尝试。这种学术范式转换，固然是文学研究自身发展的一种趋势，也意味着以人文研究来回应当代世界日益加剧的种族、阶级和文化冲突。各种矛盾因素无疑构成地方性与普世性之间的张力。如何通过把握这一至关重要的张力关系，重新打开理解"世界文学"的思想方式，乃是当今世界学术研究的核心议题之一。

　　纵观各家论说，我们常能见到一些广为流传的说法，例如，歌德是"世界文学"一词的创造者，首次提出这个概念；又如，歌德是一个真正的世界主义者，具有全球视野。从已经发现的材料来

　　* 北京师范大学于 2015 年 10 月 16—17 日举办"思想与方法"国际高端对话暨学术论坛"何谓世界文学？"。本文是会议文集《思想与方法：地方性与普世性之间的世界文学》（北京大学出版社，2016）的《叙言：何谓世界文学？》删略本，另一略本载《文艺研究》2017 年第 1 期，第 5—18 页。

看，这些说法不足为凭，却深入人心，甚至成了一些"名家"的定见，脱口而出。回望中国学界，由于缺乏深入研究，只能人云亦云，且常常不得要领。资料性错误和以讹传讹的现象屡见不鲜；还有一些说法，不知历史依据何在，或曰不知来自何处。本文试图对"世界文学"概念的起源和发展以及相关问题做一个较为系统的梳理：从当代"世界文学"论争说起，追溯历史并围绕歌德来厘清一些至今仍有重要意义的命题，最后回到世界文学的当代发展，以及一些与之颉颃的观念和新的趋势。

一、"世界文学"难题，或众说纷纭的"世界文学"

1990 年代以来，围绕"世界文学"观念展开了一场深入的理论探讨；[①] 并且，"世界文学"概念成为新近关于"全球文学"（Global Literature）国际论争的焦点。打上歌德烙印的"世界文学"（Weltliteratur）概念，曾被持久而广泛地接受。最迟自 1960 年代起，这个概念逐渐遭到批评，原因是其思考文学时的（常被误认为源自歌德的）精英意识，以及世界文学设想虽然超越了民族框架，

---

① 参见达姆罗什，《什么是世界文学？》(David Damrosch, *What Is World Literature?*, Princeton: Princeton University Press, 2003)；卡萨诺瓦，《文学的世界共和国》(Pascale Casanova, *The World Republic of Letters*, trans. by M. B. DeBevoise, Cambridge, Mass. and London: Harvard University Press, 2004；法语初版：Pascale Casanova: *La République mondiale des lettres*, Paris: Le Seuil, 1999)；阿普特，《翻译区：新比较文学》(Emily Apter, *The Translation Zone: A New Comparative Literature*, Princeton: Princeton University Press, 2006)；汤姆森，《世界文学地图：国际化的经典和跨国文学》(Mads Rosendahl Thomsen, *Mapping World Literature: International Canonization and Transnational Literatures*, New York: Contiuum, 2008)。

却只能基于这个框架才可想象。"一般来说，所谓普世性，只要不仅是抽象，只能存在于地方性之中。"[①]　如今，不少人喜于"世界的文学"（Literatures of the World）之说；这个概念虽然还勾连着世界文学的"经典性"，却是一种全然不同的想象或纲领。

莫非这就是我们时代纷乱的"整个世界"（Tout-Monde），如来自加勒比的法国诗人和文化评论家格里桑（Édouard Glissant，1928—2011）所说的那样，"一个没有可靠车轴和明确目标的世界"（"Un monde sans axe et sans visée"[①]）？或许也是在这个语境中，才会有人说当今"世界文学包括什么"尚无定论，就连"世界文学实际是什么"也莫衷一是，[②]　或用意大利裔斯坦福大学教授莫雷蒂（Franco Moretti）的话说，世界文学"并非一个客体，而是

---

① 弗莱泽，《世界文学的四个角度——读者，作者，文本，系统》，载方维规编《思想与方法：地方性与普世性之间的世界文学》，北京，北京大学出版社，2016 年，第（174—185）183 页。

① 格里桑，《论整个世界——与拉尔夫·路德维希的对谈》（Édouard Glissant, "Àpropos de Tout-Monde. Ein Gespräch mit Ralph Ludwig", 17.08.1994），转引自路德维希、罗泽贝格主编《整个世界——文化间性，杂合化，语言混合："新" "旧" 空间之间的交往模式和社会理论模式》，第 10 页（*Tout-Monde: Interkulturalität, Hybridisierung, Kreolisierung: Kommunikations- und gesell-schaftstheoretische Modelle zwischen "alten" und "neuen" Räumen*, hrsg. von Ralph Ludwig & Dorothee Röseberg, Bern: Peter Lang, 2010）。——路德维希和罗泽贝格很好地解析了"整个世界"的要点（第 9、10 页）：格里桑观察当今世界的主导观念，是用正面理解的乱世模式来取代负面的全球化趋势。乱世中差异力量之间的关系不再是等级关系；并且，新的关系不是僵化的，而是处在不断变化之中。"整个世界"之说的经验基点是巴比伦式的交往和语言的多样性。抽象地扩展至社会模式，"整个世界"意味着拒绝狭隘和偏见，拒绝文化的等级观念以及僵化的社会秩序。

② 参见柯马丁，《世界文学的终结与开端》，载方维规编《思想与方法：地方性与普世性之间的世界文学》，第（103—126）103 页。

一个难题"①。

　　21 世纪开初，莫雷蒂和达姆罗什（David Damrosch）这两位美国学者开始全面探讨世界文学概念。② 莫雷蒂的论文《世界文学猜想》（2000）的出发点是，比较文学领域的世界文学始终有其局限性，时至今日才成为包罗世界的体系。他早在《近代欧洲文学的分布概要》（1994）一文中就已设问："就在这个概念诞生之初，歌德的文化梦必然会迅即令人发问：世界文学，人道主义文学？或是帝国主义文学？"③ 显然，莫雷蒂的论述充满后殖民理论色彩。他又在《世界文学猜想》中接续这一思想，将世界文学与国际资本主义相提并论：

　　　　我想借用经济史的世界体系学派之基本假设，即国际资本主义是同一而不平等的体系，有着中心和边缘（以及亚边缘），被捆绑在一个日益不平等的关系之中。同一，而不平等：同一文学，即歌德和马克思眼中的单数的世界文学（Weltliteratur），或更应说是一个（相互关联的诸多文学组成的）世界文学体系，但却有悖于歌德和马克思所希望的体系，因为它

①　莫雷蒂，《世界文学猜想》（2000），《远距离阅读》，第 46 页（Franco Moretti, "Conjectures on World Literature," in: F. Moretti, *Distant Reading*, London: Verso, 2013, pp. 43 – 62）。

②　参见莫雷蒂，《世界文学猜想》，载《新左派评论》2000 年第 1 期，第 54—68 页（Franco Moretti, "Conjectures on World Literature," in: *New Left Review* 1 [2000], pp. 54 – 68；另载莫雷蒂，《远距离阅读》）；达姆罗什，《什么是世界文学？》（2003）。

③　莫雷蒂，《近代欧洲文学的分布概要》（1994），《远距离阅读》，第 39 页（Franco Moretti, "Modern European Literature: A Geographical Sketch," in: F. Moretti, *Distant Reading*, London: Verso, 2013, pp. 1 – 43）。

太不平等。①

在认识论层面，他基本上显示出二元对立的思维模式：中心和边缘，源文化（出发文化）和目标文化。知识和文化的传输总是单向的，作品和作家总被归入两类文化中的一种，不同板块相向而立。在他看来，这种以西欧为中心的"世界文学"，不符合歌德和马克思意义上的"世界文学"之世界主义标准。可是，莫雷蒂所理解的并不是歌德的世界文学，在某种程度上也不符合马克思、恩格斯的思想。关于这两个问题，我在后面还将详述。

莫雷蒂的一个著名观点是，世界文学并非全球化的产物，它一直都存在，18 世纪则是世界文学的分水岭。他在《进化论，世界体系，世界文学》（2006）一文中，从进化论的视角阐释世界文学概念：

> "世界文学"术语已有近二百年的历史，但我们依然不知道何为世界文学……或许，我们一直瘫痪于一个术语下的两种不同的世界文学：一种产生于 18 世纪之前，另一种晚于前者。"第一种"世界文学由不同的"地方"文化交织而成，其特征是显著的内在多样性；歧异常会产生新的形式；（有些）进化理论能够很好地解释这个问题。[……]"第二种"世界文学（我倾向于称之为世界文学体系）被国际文学市场合为一体；它展现出一种日益扩张、有时数量惊人的同一性；它变化的主要机制是趋同；（有些）世界体系分析模式能够很好地解释这

① 莫雷蒂，《世界文学猜想》，《远距离阅读》，第 46 页。

个问题。①

受布罗代尔（Fernand Braudel, 1902—1985）的"长时段"（longue durée）理论和沃勒斯坦（Immanuel M. Wallerstein, 1930—2019）的世界体系理论（world-systems theory）的启发，莫雷蒂提出了"世界文学系统"（world literary system），主张借助进化论和系统理论来研究世界文学。

与莫雷蒂较为抽象的理论形式相比，达姆罗什对（世界）文学的流通过程以及翻译和接受的意义等问题的思考，不但更为具体，而且拓展了问题的视域。他在《什么是世界文学？》（2003）中论述了相关问题。这本已被译成多种语言的论著，已在很大程度上影响了当今人们对世界文学的认知。书中的三个部分，"流通""翻译"和"生产"，试图让人见出一部文学作品成为世界文学的过程。

科彭（Erwin Koppen, 1929—1990）曾经指出："如同文学研究者运用的大部分概念和范畴，世界文学也没有一个可靠的定义或内容精准的界说。"② 的确，要给世界文学下一个精准的定义，似乎很难；常见的界定是世界文学不是什么。达姆罗什做了尝试，给出了他的定义，并产生很大影响：

---

① 莫雷蒂，《进化论，世界体系，世界文学》，载林德伯格-瓦达编《跨文化文学史研究》，第 120 页（Franco Moretti, "Evolution, World-Systems, *Weltliteratur*," in: *Studying Transcultural Literary History*, ed. by Gunilla Lindberg-Wada, Berlin: de Gruyter, 2006, pp. 113 – 121）。

② 科彭，《世界文学》，载《德国文学史全书》卷四，第 815 页（Erwin Koppen, "Weltliteratur", in: *Reallexikon der deutschen Literaturgeschichte*, hrsg. von Klaus Kanzog und Achim Masser, zweite Auflage, Bd. 4, Berlin/New York: de Gruyter, 1984, S. 815 – 827）。

一、世界文学是民族文学间的椭圆形折射（elliptical refraction）。

二、世界文学是从翻译中获益的文学。

三、世界文学不是一套经典文本，而是一种阅读模式：一种客观对待与我们自身时空不同的世界的形式。[1]

我们可以视之为三个成分松散组合的定义，亦可视之为从三个不同视角给出的三个定义。不论哪种情况，流通是根本所在："我用世界文学来总括所有在其原文化之外流通的文学作品。它们或是凭借翻译，或是凭借原本语言（很长时间里，维吉尔［Virgil，前70—前19］以拉丁文形式被欧洲人阅读）而进入流通。"[2] 换言之："我们不是在来源文化的中心与作品相遇，而是在来自不同文化和时代的作品所构成的力场中与作品相遇。"[3] 围绕这些与定义相关的问题，达姆罗什还有诸多表述，这里不再赘述。

达姆罗什在具体研究中已经走得很远，悉心探索世界上那些向来被人忽略的文学，但在米勒（Gesine Müller）看来，达姆罗什终究摆脱不了"他者"和"自我"范畴。[4] 这当然是坚定的"世界的文学"鼓吹者的立场。米勒的批判意图是明确的：尽管一些美国学

---

① 达姆罗什，《什么是世界文学?》(2003)，第 281 页。

② 同上书，第 4 页。

③ 同上书，第 300 页。

④ 参见米勒，《导论："世界文学"-"世界的文学"之争》，载米勒编《出版社，权力，世界文学：国际文学运转和翻译政治之间的拉美-德国文化传输》，第 7 页 (Gesine Müller, "Einleitung: Die Debatte *Weltliteratur — Literaturen der Welt*", in: *Verlag Macht Weltliteratur: Lateinamerikanisch-deutsche Kulturtransfers zwischen internationalem Literaturbetrieb und Übersetzungspolitik*, hrsg. von Gesine Müller, Berlin: Tranvía-Walter Frey, 2014)。

者为了顺应全球化趋势，努力重新打开歌德的世界文学概念，或曰继续运用这个概念，却使之屈从于应时的全球化。这就会出现一种不可避免的状况，就连达姆罗什那看上去不落窠臼的模式，最终还是拘牵于中心和边缘之两极。这对"世界的文学"设想来说是成问题的，这一设想中居无定所的文学之特色，正在于消弭国族与世界的两极状态，立足于第三空间，而这不是达姆罗什所要的。达氏书中最引人入胜之处，是其尤为注重翻译和接受的意义，可是没能克服"西方"（"our values"[①] 亦即"我们的价值"）与"其余"（被"我们"接受的各种文化）的两极状态。[②]

从达姆罗什对世界文学的各种定义以及他的实际研究来看，米勒的评判有失公允。达姆罗什说："我们如果认为，世界文学应该包含的是那些在其发源地之外影响广泛的作品，那我们便已经给这一概念划定了明确界限。大多数文学作品都未能在其本土之外觅得知音，即使是在如今这样一个大开放时代，世界文学的标准也是很有偏向性的。"[③] 他看到了文学传播的实际状况，而且不回避事实。迄今的实际状况是，西方国家的大多数读者对其他地方的文学所知无几；尤其是那些用弱势民族语言写成的作品，至少是没被译成英语或其他重要欧洲语言的作品，它们在世界上传播并成为世界文学是极为困难的。我们需要努力改变这种状况，达姆罗什这么做了。高利克（Marián Gálik）的判断是客观的，他认为达姆罗什值得称道之处在于，他反对早先欧裔美国比较文学学者的向心追求，主张

---

① 达姆罗什，《什么是世界文学？》（2003），第 70 页。
② 参见米勒，《导论："世界文学"-"世界的文学"之争》，第 7—8 页。
③ 达姆罗什，《世界文学的框架》，载方维规编《思想与方法：地方性与普世性之间的世界文学》，第（62—77）63 页。

离心研究，呼吁美国同行至少应当拓展视野，旨在——他援用了巴斯奈特（Susan Bassnett）的观点——"接纳全世界的比较文学研究实践"。[①] 的确，达姆罗什常从他熟知的西方文学传统亦即"我们的价值"出发，但他同时也在不断开发世界文学中的"其余"。的确，我们不能把"其余"这一欧洲中心主义的遗产与关注"其余"混为一谈。

十多年来的世界文学论争中，用法语写作的意大利人卡萨诺瓦（Pascale Casanova, 1959—2018）的《文学的世界共和国》（法：1999；英：2004），着实掀起不少波澜。此书影响巨大又颇受争议，从而成为当代所有世界文学思考的话题之一，也是这场论争的重要参考书目之一。她说巴黎乃世界文学之首都，并认为有其历史依据："强调巴黎是文学的首都，并非法国中心主义，而是审慎的史学研究的结果。在过去的几百年里，文学资源十分罕见地集中在巴黎，并导致其文学的世界中心这一设定逐渐得到认可。"[②] 本来，确实如她所说，书中的不少观点有其历史依据，但在全球化的今天，尤其是这一观点无法掩盖的法国中心主义延及欧洲中心主义，这本——如第二版前言坦承——非常"法国"的书频繁受到指摘，本在情理之中。同样很有名的是普兰德加斯特（Christopher Prendergast）的同名文章，见之于他主编的《世界文学论争》（2004）一书。他几乎动用了所有权威之说，批驳卡萨诺瓦的论点。[③]

---

① 见高利克，《论 2000 年以来的世界文学概念》，载方维规编《思想与方法：地方性与普世性之间的世界文学》，第（127—144）138 页。
② 卡萨诺瓦，《文学的世界共和国》（英文版，2004），第 46—47 页。
③ 参见普兰德加斯特，《文学的世界共和国》，载普兰德加斯特编《世界文学论争》，第 1—25 页（Christopher Prendergast, "The World Republic of Letters," in: *Debating World Literature*, ed. by Ch. Prendergast, London and New York: Verso, 2004, pp. 1 - 25）。

强调歌德"世界文学"概念中的人文主义理想，这是很常见的。然而，这种理想主义视角晚近遭到质疑，卡萨诺瓦的说法便与这种理想主义视角相对立。她认为：歌德倡导世界文学之时，正值德意志民族带着新秀姿态闯入国际文学领地之际，为了与法国文学抗衡；歌德很懂得在德意志疆土之外占领文学市场。① 科赫（Manfred Koch）② 和沃尔夫（Norbert Ch. Wolf）③ 完全不认同卡萨诺瓦的看法：一方面，她把世界文学看作文化资本相互倾轧和排挤之所；另一方面，她错误判断了提出世界文学概念的时期：1827年的德意志文学早已不是羽毛未丰，那是天才辈出的时代，歌德也已是那个时代欧洲无出其右的文豪。④ 至少在其晚年，他已在整个欧洲拥有膜拜群体。经由斯达尔夫人（Mme de Staël, 1766—1817）的评述，他早已在法国、英国、斯堪的纳维亚、波兰和俄罗斯名声大振。

---

① 参见卡萨诺瓦，《文学的世界共和国》（法文版），第 64 页（Pascale Casanova, *La République mondiale des lettres*, Paris: Le Seuil, 1999）。

② 科赫，《魏玛的世界居民：论歌德"世界文学"概念的发生》（Manfred Koch, *Weimaraner Weltbewohner. Zur Genese von Goethes Begriff "Weltliteratur"*, Tübingen: Niemeyer, 2002）。

③ 沃尔夫，《从民族文学到世界文学：歌德之路》，载尤特编《文学场与国族》，第 91—100 页（Norbert Christian Wolf, "De la littérature nationale à la littérature mondiale: la trajectoire de Goethe", in: *Champ littéraire et nation*, hrsg. von Joseph Jurt, Freiburg: Frankreich-Zentrum, 2007, pp. 91–100）。

④ 参见尤特，《世界文学设想：国际文学场的第一个蓝图?》，载巴赫莱特纳编《"外国文学的蜜蜂"：世界文学时代大不列颠、法国和德语区之间的文学传输（1770—1850）》，第 31—32 页（Joseph Jurt, "Das Konzept der Weltliteratur — ein erster Entwurf eines internationalen literarischen Feldes?" in: *"Die Bienen fremder Literaturen": der literarische Transfer zwischen Großbritannien, Frankreich und dem deutschsprachigen Raum im Zeitalter der Weltliteratur [1770-1850]*, hrsg. von Norbert Bachleitner, Wiesbaden: Harrassowitz, 2012, S. 23–57）。

新近在美国颇为活跃的倡导"新"世界文学的学者，多少受到解构主义、后殖民、后现代理论的影响。比克罗夫特（Alexander Beecroft）的论文《没有连字符的世界文学：文学体系的类型学》①，旨在回应莫雷蒂和卡萨诺瓦的观点。他认为，莫雷蒂过于依赖自己所擅长的小说研究，而小说只是文学的一部分；卡萨诺瓦的《文学的世界共和国》则存在历时和空间上的局限。比克罗夫特强调"文学是全世界的语言艺术品"②，并提出六种文学生产模式。③ 阿普特（Emily Apter）的新著《反对世界文学——论不可译性的政治之维》（2013），从标题便可得见其挑衅性。她以解构精神，试图提出自己的世界文学理论。④ 她的一个基本观点是："近来许多复兴世界文学的努力，都依赖于可译性之假设。其结果是，文学阐释未能充分考虑不可通约性亦即不可译性。"⑤ 人们应充分认识翻译的语言挑战，且不能忽视跨文化翻译中复杂的"政治地形"。作者在该著"导论"中解释了自己的意图："《反对世界文学》查考各种假设，即翻译与

---

① 比克罗夫特，《没有连字符的世界文学：文学体系的类型学》，载《新左派评论》第 54 期（2008 年 11 月—12 月），第 87—100 页（Alexander Beecroft, "World Literature without a Hyphen. Towards a Typology of Literary Systems," in: *New Left Review* 54[Nov.-Dec. 2008], pp. 87 - 100）。

② 同上书，第 100 页。

③ 参见高利克《论 2000 年以来的世界文学概念》一文中的相关论述，载方维规编《思想与方法：地方性与普世性之间的世界文学》，第（127—144）137 页。——关于比克罗夫特的世界文学思想，另可参见其新著《世界文学的生态：从古至今》（Alexander Beecroft, *An Ecology of World Literature: From Antiquity to the Present Day*, London: Verso, 2015）。

④ 参见阿普特，《反对世界文学——论不可译性的政治之维》，第 6 页（Emily Apter, *Against World Literature: On the Politics of Untranslatability*, London: Verso, 2013）。

⑤ 同上书，第 3 页。

不可译性是文学之世界形式的本质所在。"① 她的解构主义批评带着一种末世预言，即（西方）世界文学的丧钟已经敲响，就像整个星球一样。②

从上述概览性的论述中可以见出新近的世界文学论争之色彩斑斓的景象。③ 欧美关于这个概念的论争，似乎还未终结。在结束这一节论述的时候，我想介绍斯堪的纳维亚的日耳曼语言文学家、冰岛大学翻译学教授克里斯特曼森（Gauti Kristmannsson）所发现的一种"奇怪"现象。他批评指出：翻阅新近关于世界文学的英语研究文献，我们不难发现一种现象，即德语文献很少被引用，歌德、赫尔德、马克思、恩格斯而外，奥尔巴赫也还常见，可是最新成果几乎都被忽略。④ 这或许与语言能力有关，但又不全是语言问题，二者在对世界文学概念的认识上或许也有差异。若是翻阅相关德语研究文献，人们可以看到同样现象，只是方向相反：对英语研究成果的利用也是相当有限的。"德国学者或许觉得自己在这个（歌德）领域'门里出身'?"——这是克里斯特曼森的设问。但他就此提出

---

① 阿普特，《反对世界文学——论不可译性的政治之维》，第 16 页。

② 参见上书，第 320—342 页。

③ 关于新近围绕"世界文学"之颇为广泛而持久的争论，除了上文已经提及的著述外，亦可参见普兰德加斯特编，《世界文学论争》（*Debating World Literature*, ed. by Christopher Prendergast, London: Verso, 2004）；德汉、达姆罗什、卡迪尔编，《劳特里奇世界文学研究指南》（*The Routledge Companion to World Literature*, ed. by Theo D'haen, David Damrosch and Djelal Kadir, Milton Park, Abingdon, Oxon: Routledge, 2012）；达姆罗什编，《世界文学理论》（*World Literature in Theory*, ed. by David Damrosch, Chichester, West Sussex: Wiley-Blackwell, 2014）。

④ 克里斯特曼森在此所说的现象，亦见之于中国学界。达姆罗什、刘洪涛、尹星编，《世界文学理论读本》（北京，北京大学出版社，2013 年），原作几乎是英语文献一统天下。

假设：英语世界更多解构色彩的研究方向在德国学界被冷淡对待，在于后者更推重建构取向。① 本文的很大篇幅，则试图反复追寻歌德论说，旨在厘清相关问题，并在此基础上考察当今。

二、"世界文学"概念的"版权"及其历史背景

"世界文学"概念的高歌猛进，总要追溯至文豪歌德（Johann Wolfgang von Goethe, 1749—1832），这也是学术研究中的惯例。一个术语如此紧密且一再与一个人牵连在一起，委实不多见。歌德曾长期被看作"世界文学"一词的创造者，不少人脱口而出"世界文学"概念为歌德首次提出。这一说法是有问题的。尽管新近的研究已经另有他说，但是常被忽略；而一些顾及新近研究成果的人，未必都能清晰地再现历史。另外，不少学者论述歌德"世界文学"概念时，不愿或不忍心看到其时代局限，他们主要强调这一"歌德概念"的全球视野。② 是否能作如是观，是本节试图辨析的问题，当然还会涉及其他一些相关问题。

无疑，"世界文学"概念不能只从歌德说起，还得往前追溯。约在三十年前，魏茨（Hans-J. Weitz）发现维兰德（Christoph M.

① 参见克里斯特曼森，《世界文学的发现》，载克勒塔特、塔辛斯基编《作为发现者的译者：他们的生平和作品作为翻译学与文学史研究的对象》，第 352—353 页（Gauti Kristmannsson, "Die Entdeckung der Weltliteratur", in: *Übersetzer als Entdecker: Ihr Leben und Werk als Gegenstand translationswissenschaftlicher und literaturgeschichtlicher Forschung*, hrsg. von Andreas F. Kelletat und Aleksey Tashinskiy, Berlin: Frank & Timme, 2014, S. 347 - 366）。

② 不少学者，比如方维规编《思想与方法：地方性与普世性之间的世界文学》中佛朗哥、达姆罗什、张隆溪等人的观点，不承认歌德谈论世界文学时的欧洲中心主义倾向，他们强调的是歌德的世界主义。

Wieland, 1733—1813) 早在歌德之前就已用过这个词, 见之于他的贺拉斯 (Horace, 前 65—前 8) 书简翻译修订手稿 (1790)。对此, 歌德或许无从知晓。维兰德用这个词指称贺拉斯时代的修身养成, 即罗马的 "都城品位", 也就是 "世界见识和世界文学之着色" ("feine Tinktur von Weltkenntniß u. Weltlitteratur")。维兰德在修订稿中用 "世界文学" 替换了原先译稿中的法语 "politesse" ("礼俗")。此处 "文学" 乃见多识广的 "世界人士" (homme du monde) 之雅兴;[①] 此处 "世界" 也与歌德的用法完全不同, 指的是 "大千世界" 的教养文化。无论如何, 已经没有理由仍然把 "世界文学" 一词看作歌德之创, 也不能略加限定地把它看作歌德所造新词, 如一些学者依然所做的那样。持这一观点的人一般认为, 这个概念于 1827 年在歌德那里获得了世界主义语义。从已经发现的材料来看, 这个观点也是靠不住的。

"世界文学" 这个有口皆碑的所谓 "歌德概念", 不只是在维兰德 1790 年的手稿里, 更是在歌德起用这一概念之前五十四年就已出现! 施勒策尔 (August L. Schlözer, 1735—1809) 早在 1773 年就提出这个概念, 将之引入欧洲思想。[②] 当时任教于哥廷根大学的

----

① 见魏茨,《"世界文学" 首先见于维兰德》, 载《阿卡迪亚》第 22 卷 (1987), 第 206—208 页 (Hans J. Weitz, "'Weltliteratur' zuerst bei Wieland", in: *Arcadia* 22 [1987], S. 206 - 208)。

② 参见沙莫尼,《"世界文学": 首先由奥古斯特·路德维希·施勒策尔于 1773 年提出》, 载《阿卡迪亚》第 43 卷第 2 辑 (2008), 第 288—298 页 (Wolfgang Schamoni, "'Weltliteratur' — zuerst 1773 bei August Ludwig Schlözer", in: *Arcadia* 43, Nr. 2[2008], S. 288 - 298)。沙莫尼在文中指出, 斯堪的纳维亚学者克里斯特曼森已于 2007 年在其论文《德意志文学中的北欧转向》(Gauti Kristmannsson, "The Nordic Turn in German Literature", in: *Edingburgh German Yearbook*, vol. 1, 63 - 72) 中指出施勒策尔起用 "世界文学" 概念。其实, 施勒策尔使用 "世界文学" 一词的关键语录, 已见于伦皮基 (1886—1943) 发表于 1920 年的 (转下页)

施勒策尔是那个时代最著名的德意志史学家之一，其影响不只局限于德意志疆土。他也是最早关注北欧的德意志学者之一，著有《北方通史》（*Allgemeine nordische Geschichte*，1771）。他于 1773 年发表另一论著《冰岛文学与历史》[①]，书中写道：

> 对于整个世界文学（Weltlitteratur）来说，中世纪的冰岛文学同样重要，可是其大部分内容除了北方以外还鲜为人知，不像那个昏暗时代的盎格鲁-撒克逊文学、爱尔兰文学、俄罗斯文学、拜赞庭文学、希伯来文学、阿拉伯文学和中国文学那样。[②]

没有证据显示歌德读过或没有读过施勒策尔的著作。事实是，这个概念及与之相关的普世主义，已在 1773 年出现，早于歌德半个世纪。"世界文学"概念并非一个文学家或文论家的首创，而是出自一个历史学家之手，带着历史学家的目光。将冰岛文学这一"小"文学与七种"大"文学相提并论，折射出启蒙运动的巨大动力，旨在推进"世界文学"的现代观念。[③]

毋庸置疑，歌德对"世界文学"概念的确立和流传做出了重大

（接上页）专著《19 世纪以前的德意志文学研究史》，第 418 页（Sigmund von Lempicki, *Geschichte der deutschen Literaturwissenschaft bis zum Ende des* 18. *Jahrhunderts*, Göttingen: Vandenhoeck & Ruprecht, [1920]1968）。

① 施勒策尔，《冰岛文学与历史》（August Ludwig von Schlözer, *Isländische Litteratur und Geschichte*, Göttingen, Gotha: Dieterich, 1773）。

② 施勒策尔，《冰岛文学与历史》，转引自沙莫尼，《"世界文学"：首先由奥古斯特·路德维希·施勒策尔于 1773 年提出》，第 289 页。——着重号系笔者所加。

③ 参见克里斯特曼森，《世界文学的发现》，第 359—360 页；提哈诺夫，《世界文学的定位》，载方维规编《思想与方法：地方性与普世性之间的世界文学》，第 58 页。

贡献，而说这个概念最初并不源自歌德，还有更深层的思想根源。这里不只涉及这一词语本身，而是孕育和生发世界文学思想的思潮。一个重要贡献来自赫尔德（Johann G. Herder, 1744—1803）。在施勒策尔发表其《冰岛文学与历史》同一年，赫尔德与歌德、弗里西（Paolo Frisi, 1728—1784）、莫泽尔（Justus Möser, 1720—1794）一起主编出版《论德意志艺术》（*Von deutscher Art und Kunst*），其中不仅载有狂飙突进运动的宣言，亦鼓吹民族文学或人民文学。

"民族文学"（"National-Litteratur"）概念首先见于德语，第一次或许见于瑞士神学家迈斯特尔（Leonhard Meister, 1741—1811）的书名《论德语的历史和民族文学》（1777）[①]。在这之前，赫尔德已在其残稿《论新近德意志文学》（1767）中论及"民族文学"（"Litteratur einer Nation"[②]）。那个时期出现了不少"德意志"刊物或文集，以凸显德意志文化认同。[③] 赫尔德坚信具有"根本意义的生活形态中，一个民族的精神、语言的精神和文学的精神是高度吻合的"[④]。另外，他透过莪相（Ossian）的诗，宣称庶民中亦有文学宝藏；彼时歌德当有同样见解。[⑤] 赫尔德界定民族文学时，歌

---

① Leonhard Meister, *Beyträge zur Geschichte der teutschen Sprache und National-Litteratur*, London: typographische Gesellschaft, 1777.

② 赫尔德，《论新近德意志文学》，第 148 页（Johann Gottfried Herder, "Ueber die neuere Deutsche Litteratur. Erste Sammlung von Fragmenten. Eine Beilage zu den Briefen, die neueste Litteratur betreffend [1767]", in: *Sämtliche Werke I*, hrsg. von Bernhard Suphan, Berlin 1877）。

③ 参见科赫，《魏玛的世界居民：论歌德"世界文学"概念的发生》，第 89 页。

④ 同上书，第 116 页。

⑤ 1770 年，青年歌德前往斯特拉斯堡大学继续他的学业，也在那里结识了（转下页）

德也还徜徉于民族文学。历时一年半的意大利之旅（1786/1788），才改变了歌德的文化视域，他也随之告别了文化民族主义，逐渐获得"世界"视野。

卡萨诺瓦在其《文学的世界共和国》中指出，民族文学思想主要由赫尔德倡导并产生重大影响，从德语区传遍欧洲并走向世界，此乃所谓"赫尔德效应"（"Herder-effect"）。① "民族文学"与"世界文学"这两个概念相辅相成：前者是后者最重要的组成部分，而没有后者，前者只能是地方的；没有比照对象，民族文学也就失去了与世界上重要作品的媲美可能性。赫尔德也是世界文学的精神先驱之一，他的著述明显体现出民族文学与世界文学的关系。② 饶有趣味的是，"世界文学"概念的发祥地，还处在国族形成（nation-building）过程中。③

歌德《诗与真》中1811/1812年的一段话，是世界文学讨论中的一段名言，讲述他1770年在斯特拉斯堡与赫尔德的相遇：

> 他［赫尔德］在其先行者洛斯（Robert Lowth, 1710—1787）之后对希伯来诗艺之极有见地的探讨，他激励我们在阿尔萨斯收集世代相传的民歌。这些诗歌形式的最古老的文献能

（接上页）年长的赫尔德，二人过往甚密，歌德视之为自己在斯特拉斯堡期间最重要的事件。这也是德意志文学发展史中的重要时刻。赫尔德在文学方面对歌德的"教诲"，对歌德后来的文学创作产生了重大影响。

① 参见卡萨诺瓦，《文学的世界共和国》（英文版，2004），第75—81页。

② 参见克勒塔特，《赫尔德与世界文学：论18世纪翻译史》（Andreas F. Kelletat, *Herder und die Weltliteratur. Zur Geschichte des Übersetzens im 18. Jahrhundert*, Frankfurt: Peter Lang, 1984）。

③ 参见尤特，《世界文学设想：国际文学场的第一个蓝图?》，第23页。

够证明，诗艺全然是世界天资和人民天分，绝非个别高雅之士的私人禀赋。①

这段语录中的"世界"，常被歌德研究者看作其世界文学思想的序曲，这当然不无道理。可是，若无赫尔德，这个概念在歌德那里或许不会获得如此重要的意义。赫尔德在这个概念形成之前，就已怀有同样的思绪。另外，我们在其早期著述中常能见到"世界命运"（Weltschicksal）、"世界历史"（Weltgeschichte）、"世界事件"（Weltbegebenheiten）、"世界变化"（Weltveränderung）、"世界公民"（Weltbürger）等概念。②

"世界文学"概念不只拘囿于自己的实际意义，它还连接着更宽阔的历史和体系语境，同其他一些近代以来与"世界"二字组合而成的重要概念密切相关。世界-概念旨在涵盖某种存在之整体，例如康德（Immanuel Kant, 1724—1804）的"Weltanschauung"（世界观），谢林（Friedrich W. J. Schelling, 1775—1854）的"Weltseele"（世界灵魂），均属整体论的理想主义。③ 1770 年至 1830 年有一股强劲的"世界热"，一些同属普遍主义的概念脱颖而出，其中有许多今天依然很重要的观念，以及一些今天还被看重的价值观与全球思维方式。也是自 1770 年代起，歌德时常说及世界，

---

① 歌德，《诗与真》，《歌德作品全集及书信和谈话（法兰克福版）》（40 卷），第 14 卷，第 445 页(Johann Wolfgang Goethe, *Dichtung und Wahrheit*, in: *Sämtliche Werke. Briefe, Tagebücher und Gespräche*, 40 Bde., hrsg. von Friedmar Apel, Hendrik Birus et al., Frankfurt: Deutscher Klassiker Verlag, 1986 - 1999).

② 参见克里斯特曼森，《世界文学的发现》，第 355 页。

③ 参见佛朗哥，《比较文学与世界文学：从歌德到全球化》，载方维规编，《思想与方法：地方性与普世性之间的世界文学》，第 43—44 页。

"世界诗歌"（Weltpoesie）、"世界文化"（Weltkultur）以及 "世界历史""世界灵魂""世界公民""世界事件" 等词语组合，常见于他的言说。就 "世界文学" 而言，歌德很早就认识到文学场的某些特有规律，使得交流过程成为特殊的文学景观，可是这要到很久以后亦即 1820 年代末期才被他明确描述。而在 19 世纪早期的法国，席勒（Friedrich Schiller, 1759—1805）的《奥尔良的姑娘》（*Die Jungfrau von Orléans*, 1801）的法文本译者德谢（Jean J. Derché, 1757—1846），最先提出了欧洲文化网络意义上的 "文学世界主义"。①

最后，我们还须提及施特里希（Fritz Strich, 1882—1963）在歌德研究的标志性著作《歌德与世界文学》（1946）中所强调的视角——个人经历对歌德世界文学思想的发展起了很大的催化作用：

> 歌德感到特别惊奇，自己那些隐居状态中创作的作品，完全是为了释放自己，为了自己更好的养成而写的，最后居然能在世界上产生如此巨大的反响，接连不断地传到他这个年迈文学家的耳里。这一世界反响有益于他的身心，让他感到幸福，从而成为他呼唤和促进世界文学的最重要的动机，要让所在都有他这种福祉。②

---

① 参见方维规编，《思想与方法：地方性与普世性之间的世界文学》附录《巴别塔、经典化及其他——对话与评论纪余》第 36 页，提哈诺夫的发言。

② 施特里希，《歌德与世界文学》，第 31 页（Fritz Strich, *Goethe und die Weltliteratur*, Bern: Francke, [1946]1957)。

三、 莫衷一是，或歌德对"世界文学"的不同理解

　　"世界文学"是晚年歌德最成功的用词之一，不仅很快在德意志土地上站稳脚跟，也在外域获得很大反响。歌德诸多文论著述，足以见出他对世界上相去甚远的文学之百科全书式的通览：从近东和远东文学，到欧洲古代经典、中世纪和当代民族文学，他的涉猎程度令人惊叹。此外，歌德的大量译作不仅译自欧洲常见语言（希腊语、拉丁语、法语、西班牙语和英语），还经由各种途径涉及《旧约》和《可兰经》，阿拉伯古典诗歌，古代冰岛神话诗集《埃达》，还有摩尔、塞尔维亚和其他许多民歌。最后还有他在《东西诗集》（*West-östlicher Divan*，1819）和《中德四季晨昏杂咏》（*Chinesisch-Deutsche Jahres- und Tageszeiten*，1829）中对波斯和中国诗歌的颇具创造性的接受。弗里德尔（Egon Friedell，1878—1938）在其专著《近代文化史》（1927/1931）中刻画了歌德个性的一个基本前提，使他自己得以成为世界文学理念的楷模：

　　　　没有什么能真正损害歌德，这是他的天性：汲取优良的和劣等的、高尚的和低贱的、陌生的和熟识的养分，他却依然是他；如同人的肌体，摄取和消化完全不同的食物，总在培育同样的细胞，歌德如此造就的还是歌德，没有什么能长久地阻碍他的生长。[1]

――――――――――

① 弗里德尔，《近代文化史》第 2 卷，第 883 页（Egon Friedell: *Kulturgeschichte der Neuzeit*，München: dtv, 1976）。

无人能像尼采（Friedrich Nietzsche, 1844—1900）那样凸显歌德如何超越其生活时代的民族界线："从任何角度来看，歌德都超脱于德意志人，迄今依然如此：他永远不属于他们。"尼采在其《人性、太人性》（1876/1880）中如是说：

> 如贝多芬（Ludwig van Beethoven, 1770—1827）超越德意志人作曲，叔本华（Arthur Schopenhauer, 1788—1860）超越德意志人潜心哲学，歌德则超越德意志人创作《塔索》和《伊菲格尼》。只有极少数精英能跟得上他，古典、生活和游历锤炼之人，超然于德意志本性的人：歌德自己只愿如此。①

再回到"世界文学"概念。兰平（Dieter Lamping）在其论著《世界文学之思：歌德的设想及其腾达生涯》中指出：

> ［歌德］在不同场合用过这一表述，却都只是简短提及而已。细看他的零散说辞，很快就能见出，他对"世界文学"有着不同的理解，即便他清晰地偏向某种理解。②

---

① 尼采，《人性、太人性》，《尼采全集（校勘本）》第2卷，第448—449页（Friedrich Nietzsche, *Menschliches, Allzumenschliches*, in: *Sämtliche Werke. Kritische Studienausgabe*, hrsg. von Giorgio Colli und Mazzino Montinari, München: dtv, 1980, II）。

② 兰平，《世界文学之思：歌德的设想及其腾达生涯》，第11页（Dieter Lamping, *Die Idee der Weltliteratur. Ein Konzept Goethes und seine Karriere*, Stuttgart: Alfred Kröner, 2010）。

　　歌德究竟偏向哪种理解，似乎并不容易完全弄清。查阅相关研究文献，同样很难理清思路，就像兰平所强调的那样，可是他并不悲观：

　　　　这种多义性有点令人困惑，尤其是文学研究者采用这一表述时所理解的完全不同的含义，总是援特歌德。然而，歌德关于世界文学的诸多说法，完全可以理出一个合理的头绪。①

　　兰平之说能够成立。自 1827 年初起，歌德开始并多次在书评、文章、信件和交谈中明确谈论"世界文学"。② 他在晚年极为关注欧洲报业的兴起，尤其是法国的文学刊物，其中又特别赏识 1826 年创刊的浪漫派刊物《环球杂志》（Le Globe），并时常摘录和翻译该刊文章。③ 歌德对自己的剧作《托尔夸托·塔索》 （Torquato Tasso）被译成法语甚是欣喜。他在 1827 年 1 月 15 日的简短日记中，第一次写下"世界文学"字样： "让舒哈特［Johann Ch.

---

① 兰平，《世界文学之思：歌德的设想及其腾达生涯》，第 11 页。
② 歌德在二十处说过"世界文学"，见施特里希的系统梳理：《歌德与世界文学》，第 369—372 页；另见兰德林，《世界文学的历史语义：概念起源与学者运用》，载博谢蒂编《跨国族文化空间》，第 96—99 页（Xavier Landrin, "La semantique historique de la Weltliteratur: Genèse conceptuelle et usages savants", in: L'Espace culturel transnational, ed. Anna Boschetti, Paris: Nouveau Monde Editions, 2010, pp. 73 - 134）。
③ 歌德与《环球杂志》关系密切，这是他观察世界的窗口之一。从他保存的《环球杂志》可以确定，他无疑读过其中 295 篇文章；并且，202 篇文章中留有他的勾画记号。——见哈姆，《歌德与法国刊物〈环球杂志〉：世界文学时代的一本读物》，第 15 页（Heinz Hamm, Goethe und die französische Zeitschrift "Le Globe". Eine Lektüre im Zeitalter der Weltliteratur, Weimar: Böhlau, 1998）。

Schuchardt, 1799—1870] 记下法国文学和世界文学。"① 他又在 1 月 26 日给哥达（Johann F. Cotta, 1764 —1832）的信中说："我们现在必须特别关注外国文学，人家已经开始关注我们。"② 次日，他在给作家和翻译家施特赖克福斯（Adolph F. Streckfuß, 1779—1844）的信中表达了他的信念："我相信，世界文学正在形成，所有民族都对此感兴趣，因而都迈出了可喜的步子。"③（顺便说一句：许多"世界文学"论者，尤其是中国学者，喜欢说歌德是在阅读中国文学时才第一次说出"世界文学"，④ 这是讹误！）

　　也是在 1827 年初，歌德在《艺术与古代》⑤ 集刊第 6 卷第 1 册转载了对迪瓦勒（Alexandre Durval, 1767—1842）编译的《塔索》的两篇书评，一篇出自《商报》（*Journal du Commerce*），另一篇出自《环球杂志》。歌德在评论这两篇书评时写下如下结语，第一次公开说及"世界文学"：

---

① 见《歌德文集（魏玛版）》，第 11 卷，第 8 页（*Goethe: Werke*［Weimarer Ausgabe］, München: dtv, 1987）。

② 歌德，《致哥达》（"Goethe an Cotta"，1827 年 1 月 26 日），《歌德文集（魏玛版）》，第 42 卷，第 27 页。

③ 歌德，《致施特赖克福斯》（"Goethe an Streckfuß"，1827 年 1 月 27 日），《歌德文集（魏玛版）》，第 42 卷，第 28 页。

④ 关于此说，见王宁，《丧钟为谁而鸣——比较文学的民族性与世界性》，载《探索与争鸣》2016 年第 7 期，第 39 页："今天的中国读者们也许已经忘记了歌德读过的《好逑传》《老生儿》《花笺记》《玉娇梨》这样一些在中国文学史上并不占重要地位的作品，但正是这些作品启发了年逾古稀的歌德，使他得出了具有普遍意义的'世界文学'概念。"

⑤ 1816 年创刊的《艺术与古代》（*Ueber Kunst und Alterthum*）是歌德去世前十六年中广交文友、相互交流的重要刊物。三分之二的文字出自歌德之手，这是他的刊物。他认为翻译和评论外国文学是其刊物的任务，该刊不仅报道外国文学动态，也持续介绍德意志作品在外国的接受状况。

　　我转载法国报刊上的讯息，目的绝不在于记起我和我的工作；我在指向一个更高的目的，我就稍微谈一下这个目的。人们到处都可听到和读到，人类在阔步前进，还有世界关系以及人际关系更为广阔的前景。不管这在总体上会有何特性，[……]我仍想从我这方面提醒我的朋友们注意，我坚信一种普遍的世界文学正在形成，我们德意志人可在其中扮演光荣的角色。①

最后，歌德于 1827 年 1 月 31 日在与爱克曼（Johann Ecker-mann, 1792—1854）的谈话中表达了后来闻名遐迩的观点：

　　我喜欢纵览域外民族，也劝每个人都这么做。民族文学现在已经算不了什么，轮到世界文学时代了；现在每个人都应出力，促成其尽快来临。②

　　法国《环球杂志》于当年 11 月 1 日援引歌德之说，但将歌德的"世界文学"概念替换成"西方文学或欧洲文学"（"littérature occidentale ou européenne"），这在很大程度上符合歌德"世界文学"的原意。换言之，他当初想象的世界文学是欧洲文学，如他主编的刊物《艺术与古代》第 6 卷第 3 册（1829）的题旨明确显示的那样："欧洲文学，即世界文学。"（"Europäische, d. h. Welt-Litteratur."③）

---

① 见《歌德作品全集及书信和谈话（法兰克福版）》，第 12 卷，第 356 页。
② 同上书，第 952 页。
③ 见《歌德作品全集及书信和谈话（法兰克福版）》，第 22 卷，第 724—725 页。——关于歌德起初论及"世界文学"概念的情况，参见比鲁斯，《歌（转下页）

　　毫无疑问，歌德是一个极为开放的人，但他有着明确的等级观念。"中国、印度、埃及之古代，终究只是稀奇古怪之物"，他如此写道，"自己了解并让世界了解它们，总是一件好事；但它们不会给我们的品德和审美教育带来多少助益。"① 他建议自己的秘书里默尔（Friedrich W. Riemer, 1774—1845）说："您还是留在希腊地区吧，没什么比那里更好；那个民族懂得如何从千百朵玫瑰中提炼出一小瓶精油。"② 显然，歌德无法超越他所生活的时代，他既没读过道家经典，也不知道全球文化促进的早期形式，就如印度经济学家阿马蒂亚·森（Amartya Sen）批判西方文化帝国主义时经常提及的那样。阿马蒂亚·森最喜欢举的例子是今天藏于大英博物馆的佛教《金刚经》（《金刚般若波罗蜜经》）。该书由鸠摩罗什从梵文译入汉语，用中国印刷术制作；这一全世界最古老的完整印刷书籍，几乎在《古腾堡圣经》之前六百年就奠定了图书时代。

　　德意志文学家对古希腊的钟爱是众所周知的，这在温克尔曼（Johann J. Winckelmann, 1717—1768）之后仿佛成了德意志人之文学认同的组成部分。这种认同感颇为强烈，甚至可被看作"民族"而非"跨民族"之感受。③ 歌德在同爱克曼的谈话中如此解释自己

　　（接上页）德的世界文学思想——历史还原》，载施梅林编《今日世界文学：方案和前景》，第 11—12 页（Hendrik Birus, "Goethes Idee der Weltliteratur. Eine historische Vergegenwärtigung", in: *Weltliteratur heute. Konzepte und Perspektiven*, hrsg. von Manfred Schmeling, Würzburg: Königshausen & Neumann, 1995, S. 5-28）；前引佛朗哥《比较文学与世界文学：从歌德到全球化》一文中也有相关论述。

① 《歌德作品全集及书信和谈话（法兰克福版）》，第 13 卷，第 175 页。

② 歌德，《致里默尔》（"Goethe an Riemer", 1816 年 5 月 25 日），《歌德作品全集及书信和谈话（法兰克福版）》，第 7 卷，第 594 页。

③ 参见克里斯特曼森，《世界文学的发现》，第 362 页。

的思想：

> [······] 但在赏识外国事物时，我们不能固守有些奇特之物并视之为典范。我们不必认为来自中国或塞尔维亚的东西就是这样的，也不必这样看卡尔德隆或尼伯龙根；而在需求典范之时，我们始终必须返回古希腊，那里的作品总是表现完美之人。其他一切事物，我们仅须历史地看待；如可能的话，从中汲取好东西。①

偏偏是歌德这位"世界文学"旗手，固执于欧洲古典精神，似乎让人难以理解，但我们无须惊诧，那是时代的局限。就连那个时代最重要的梵语专家威廉·洪堡（Wilhelm von Humboldt, 1767—1835），也对歌德关于印度诗歌的负面评价表示赞同：

> 我无法从中获得趣味，依然坚持我的观点，希腊、罗马之物所拥有的高度和深度、素朴和多彩、分寸和适度，谁都休想企及，我们永远没有走出此道的必要。②

威廉·洪堡在其印度研究达到巅峰之时，还在书信中坦言：

---

① 《歌德作品全集及书信和谈话（法兰克福版）》，第 12 卷，第 225 页。
② 威廉·洪堡，《致歌德》（1821 年 5 月 15 日），载盖格尔编《歌德与威廉·洪堡和亚历山大·洪堡通信集》，第 247—248 页（"Wilhelm von Humboldt an Goethe", in: Goethe, *Briefwechsel mit Wilhelm und Alexander von Humboldt*, hrsg. von Ludwig Geiger, Berlin: Bondy, 1909）。

　　我希望能有机会好好说一下，希腊语和希腊古代依然是人类精神所能成就的最精粹境界。人们可以称誉梵语，但它不及希腊语；很简单，就语言而言。这会是我永久的信念。①

　　我们不应忘记，歌德是在七十八岁高龄，也就是去世前五年，倡导"世界文学"思想；他更多的只是顺带提及，且不乏矛盾之处，并非后来的比较文学所要让人知道的系统设想，且把"世界文学"看作这个专业的基本概念。② 歌德所用的这个概念，绝非指称整个世界的文学。并且，他的世界文学理念，所指既非数量亦非品质，既不包括当时所知的所有文学，也不涉及各种民族文学的经典作品，基本上只顾及德意志、法兰西、大不列颠和意大利文学，间或稍带其他一些欧洲国家的民间文学，偶尔也会谈论几句欧洲以外事物。③ 艾田伯（René Étiemble, 1909—2002）也曾指出，仍有学者论及见之于歌德观点的"德意志中心主义"。④ 歌德研究权威人士博南凯普（Anne Bohnenkamp）甚至说，今人所运用的这个因歌德而发迹的术语，多半"与歌德对这个概念的想象几乎没有共同之处"⑤。

---

① 威廉·洪堡，《致韦尔克》（1826 年初），载海姆编《威廉·洪堡致韦尔克》，第 134 页（"Wilhelm von Humboldt an Friedrich Gottlieb Welcker", in: Wilhelm von Humboldt, *Briefe an F. G. Welcker*, hrsg. von Rudolf Haym, Berlin: Gärtner, 1859）。

② 关于"世界文学"在比较文学研究中的运用，参见兰德林，《世界文学的历史语义：概念起源与学者运用》，第 79—95 页。

③ 参见尤特，《世界文学设想：国际文学场的第一个蓝图？》，第 43—44 页。

④ 参见艾田伯，《论真正的总体文学》，第 15 页（René Étiemble, *Essais de littérature (vraiment) générale*, Paris: Gallimard, 1974）。

⑤ 博南凯普，见《歌德作品全集及书信和谈话（法兰克福版）》，第 22 卷，第 938 页。

四、 交流、翻译和普遍人性

前文说及歌德对"世界文学"有着不同的理解，且很难判断他究竟偏向哪种理解。至关紧要的是，歌德没有关于世界文学的理论，因而对这个概念的真正把握也就无从说起。这个词的神秘效应，首先缘于一个事实：它拒绝所有固定界说，就连歌德自己也回避言简意赅的界定。他在不同语境中谈及世界文学，从中可以见出两个视角。一个是乐观的视角，即大家都应参与世界文学，那是空前的、交流的、自由的、参与的文学；歌德思考的出发点是适度的进步理念，相互联系让人走出地方局限。1828 年，他又说起"世界文学"这个"充满希望的词汇：当前这个高速时代和不断简便的交流，可以让人祈望世界文学不久就能实现"①。另一个是否定的视角，也就是他在给自己的老年挚友策尔特（Carl F. Zelter, 1758—1832）的信中说到"日益逼近的世界文学"（"anmarschierende Weltliteratur"②）时，认为文学的产量越来越大，不会再有高品质的文学，文学受到了威胁。肯定概念自 1827 年起；否定概念最迟自 1831 年起，也就是他去世前一年。

歌德认为，人们不能只看到正在形成的世界文学的积极意义："若随着交通越来越快而不可避免的世界文学逐渐形成，那我们对这样一种世界文学不能期待过多，只能看它能做到什么和做到什

---

① 《歌德作品全集及书信和谈话（法兰克福版）》，第 22 卷，第 427 页。
② 歌德，《致策尔特》（"Goethe an Zelter", 1829 年 3 月 4 日），《歌德作品全集及书信和谈话（法兰克福版）》，第 11 卷，第 99 页。

么。"① 后来，他似乎对世界文学与世界的真正关联也产生了疑问："合众生口味者，将会流布四方，如我们今天所见，它们在各个地域登场。但严肃的人和真正能干的人很少能在这方面成功。"也就是说，民众趣味会损害世界文学，发展过快而导致品质下滑；对此，歌德所开的药方是："严肃者因而必须组建一座安静的、几乎委屈的教堂；对抗汹涌的潮流，那会是徒劳的；但要坚毅地标举自己的立场，直到潮流退去。"②

马克思、恩格斯 1848 年的《共产党宣言》，同样论及世界文学的发展，指出不同民族的精神产品已成为世界公共财富，狭隘的民族局限越来越难以维系，文学也已逐渐成为世界文学。③ 马克思、恩格斯的这一论说，几乎见于所有讨论"歌德和世界文学"的文本，或至少被提及。克里斯特曼森不无道理地指出：令人不解的是，马恩的批判目光，也就是整篇《共产党宣言》的批判性，在论述"世界文学"问题时几乎总被漠视。马恩把世界文学看作资产阶

①《歌德作品全集及书信和谈话（法兰克福版）》，第 12 卷，第 866 页。
② 同上书，第 866—867 页。
③ 马克思、恩格斯，《共产党宣言》，《马克思恩格斯选集》，北京，人民出版社，1966 年，第 1 卷，第 242—243 页："资产阶级，由于开拓了世界市场，使一切国家的生产和消费都成为世界性的了。使反动派大为惋惜的是，资产阶级挖掉了工业脚下的民族基础。古老的民族工业被消灭了，并且每天都还在被消灭。它们被新的工业排挤掉了，新的工业的建立已经成为一切文明民族的生命攸关的问题；这些工业所加工的，已经不是本地的原料，而是来自极其遥远的地区的原料；它们的产品不仅供本国消费，而且同时供世界各地消费。旧的、靠本国产品来满足的需要，被新的、要靠极其遥远的国家和地带的产品来满足的需要所代替了。过去那种地方的和民族的自给自足和闭关自守状态，被各民族的各方面的互相往来和各方面的互相依赖所代替了。物质的生产是如此，精神的生产也是如此。各民族的精神产品成了公共的财产。民族的片面性和局限性日益成为不可能，于是由许多种民族的和地方的文学形成了一种世界的文学［Weltliteratur：世界文学］。"

级统治的结果，甚或是其极点。而许多学者援引马恩观点，只是为了提供又一证据，说明歌德有理。[①] 最典型的例子，或许是达姆罗什的《什么是世界文学?》，该书引用马恩语录作为题词："各民族的精神产品成了公共的财产。民族的片面性和局限性日益成为不可能，于是由许多种民族的和地方的文学形成了一种世界文学。"他似乎采用了实证视角，以证明确实存在世界文学，至少是预言已经成真。"在马克思和恩格斯看来，对歌德也一样，世界文学是现代文学之精髓。"[②] 这一说法固然没错，但却很含混：在达姆罗什那里，马恩观点带有价值判断，而在马恩论述这个问题时，应当只在于客观陈述。[③] 照此说法，所有以《共产党宣言》为据，以为马恩也倡导甚至拓展了世界文学概念，证据是不充分的。

毫无疑问，与歌德时代不同，我们今天对于世界文学完全是别样的理解。歌德之后，许多人都做过阐释和界定这个概念的尝试。奥尔巴赫（Erich Auerbach, 1892—1957）就曾哀叹世界上文学多样性的丧失，从而诘问歌德的世界文学理念究竟还在多大程度上适合我们这个时代。交流的根源在于差别，已经占有则无须交流。不同文学之间的调适，使交流失去了丰腴的土壤。因此，人们必须更多挖掘不同文学的差异性和多样性。[④]

---

① 参见克里斯特曼森，《世界文学的发现》，第 356—357 页。
② 达姆罗什，《什么是世界文学?》（2003），第 4 页。
③ 参见克里斯特曼森，《世界文学的发现》，第 357 页。
④ 参见奥尔巴赫，《世界文学的语文学》，载穆施格、施泰格编《世界文学：弗里茨·施特里希七十寿辰纪念文集》，第 39—50 页(Erich Auerbach, "Philologie der Weltliteratur", in: *Weltliteratur: Festgabe für Fritz Strich zum 70. Geburtstag*, hrsg. von Walter Muschg und Emil Staiger, Bern: Francke, 1952, S. 39-50)。

　　比鲁斯（Hendrik Birus）在其《歌德的世界文学思想：历史还原》一文中指出："歌德的'世界文学'概念既不可从数量视角（'涵盖所有文学'）也不可从品质视角（'其中最出色的作品'）来理解。"从歌德1826至1829年间（也就是他乐观地倡导"世界文学"的时期）关于文学发展的思考可以见出，文学的国际相互影响在其世界文学设想中具有中心意义。[①] 换言之：歌德的"世界文学"概念，首先意味着国际交流和相互接受。他曾谈及文学交流这一"或多或少的自由的精神贸易"[②]。施林夫（Hans Joachim Schrimpf）认为，歌德使用交通、贸易、商品交换概念，绝不只是借喻。在歌德看来，经济"全球化"也要求文学的普遍化，他看到了世界贸易与世界文学的关系，并在积极意义上视之为各族人民相互走近的一个因素。[③] 当然，歌德没有马克思、恩格斯分析世界经济发展时的批判目光，也没有马恩论及这个问题时的全球视野。但他看到商品交换与思想亦即文学交换的类似之处是完全可能的。

　　歌德高龄时倡导的"世界文学"思想，并不意味着文学升华为

① 比鲁斯，《歌德的世界文学思想：历史还原》，第11页。——关于歌德世界文学概念的"交往"维度，参见韦伯，《关于"世界文学"现实用法的注释》，载克洛茨、施罗德、韦伯编《时代巨变中的文学：18世纪和19世纪初欧洲文学的功用》，第533—542页，尤见第536—539页（Peter Weber, "Anmerkungen zum aktuellen Gebrauch von 'Weltliteratur'", in: *Literatur im Epochenumbruch. Funktionen europäischer Literaturen im 18. und beginnenden 19. Jahrhundert*, hrsg. von Günther Klotz, Winfried Schröder und Peter Weber, Berlin/Weimar: Aufbau, 1977, S. 533–542）。
② 《歌德作品全集及书信和谈话（法兰克福版）》，第22卷，第957页。
③ 参见施林夫，《歌德的世界文学概念》，第45—47页（Hans Joachim Schrimpf, *Goethes Begriff der Weltliteratur*, Stuttgart: Metzler, 1968）。

普遍的全球文学，而是各种民族文学之间的相互尊重和交流。① 他曾在论及《爱丁堡评论》（*Edinburgh Review*）时说："这些刊物逐渐赢得了广大读者，将会最有效地为我们所期待的普遍的世界文学做出贡献。"他同时强调说："不能说各民族应当想法一致，他们只需相互知道，相互理解，还要——设若他们不愿相互热爱——至少学会相互容忍。"② 博尔希迈尔（Dieter Borchmeyer）在其论文《世界贸易，世界虔诚，世界文学：歌德晚年的未来主义》中，将这种"民族间的宽容"新解为乌托邦。③ 他写道：

> 显然，世界文学对歌德来说尚属未然，它不仅指学人对于外语文学传统的了解——这已有几百年的历史——既不是各族文学的总和，也不是其经典杰作。就这点而言，歌德的世界文学概念常被误解。
>
> 他的"世界文学界说"不是现状描写，而是"希望"之预告，是对一种开始展露、还有待形成的共同的跨民族的文学的幻想——用今天的话说，是一种源自文学生产者之间的互动，

① 参见维德曼，《德国经典与民族认同：对特殊道路问题的修正》，载福斯坎普编《经典比较：欧洲经典的规范性和历史性》，第 562 页（Conrad Wiedemann, "Deutsche Klassik und nationale Identität. Eine Revision der Sonderwegs-Frage", in: *Klassik im Vergleich. Normativität und Historizität europäischer Klassiken*, hrsg. von Wilhelm Vosskamp, Stuttgart: Metzler, 1993, S. 541 – 569）。

② 《歌德作品全集及书信和谈话（法兰克福版）》，第 22 卷，第 491 页。

③ 博尔希迈尔，《世界贸易，世界虔诚，世界文学：歌德晚年的未来主义》，第 3 页（Dieter Borchmeyer, "Welthandel — Weltfrömmigkeit — Weltliteratur. Goethes Alters-Futurismus"），该文为 2004 年 1 月 19 日开启慕尼黑大学"歌德时代网站"的主题演讲。见 Goethezeitportal. URL: http://www.goethezeitportal.de/db/wiss/goethe/borchmeyer_weltliteratur.pdf，读取时间：2016 年 8 月 31 日。

促进世界范围的社会共同作用的理想。①

　　关于世界文学的讨论，总会涉及翻译问题。② 葡萄牙作家、诺贝尔文学奖获得者萨拉马戈（José Saramago, 1922—2010）说过一句精辟之语："作家用其语言创造国族文学，世界文学则由译者造就。"③ 他的世界声誉便得归功于四十五位译者。达姆罗什《什么是世界文学?》（2003）中的一个中心立论是，"世界文学"在于翻译；他甚至认为："世界文学的决定性特征是：它由翻译领域的热门作品组成。"④ 由此，不只处于一种语言和文化，不是世界文学可有可无的条件，而是必要前提。当然，翻译概念与世界文学概念一样难以界定。从世界文学的角度来看，翻译将地方性的东西送往异地，它不只是文本传输，还包括其他许多东西，例如文化和语言的特殊性，以及弗兰克（William Franke）所强调的释放作品、新生意义："翻译不可避免会碾平一些只可能存在于某种给定语言和文化中的特定的细微差别，但翻译也将作品解放出来，使之产生新的联系，并由此生发出之前未知的崭新意义。用卡尔维诺（Italo Calvino, 1923—1985）《为何读经典》（*Why Read the Classics*）中的说法，这就是为什么经典从来说不完它要说的话。"⑤

① 博尔希迈尔，《世界贸易，世界虔诚，世界文学：歌德晚年的未来主义》，第3页。
② 克里斯特曼森在其《世界文学的发现》（第350页）中批评新近的诸多著述，未能很好地利用几十年来翻译学中的大量研究成果，似乎只需提及本雅明或斯坦纳（George Steiner, 1929—2020）就够了。
③ 转引自龙克尔，《说到做到》，载《时代周刊》1997年10月（第43期），第14页（Wolfgang Runkel, "Im Wort stehen", in: *Die Zeit*, Nr. 43, 10/97）。
④ 达姆罗什，《世界文学的框架》，载方维规编《思想与方法：地方性与普世性之间的世界文学》，第64页。
⑤ 弗兰克，《世界文学和与他者相遇：一种方法还是一种威胁?》，载方维规 （转下页）

　　1827 年至 1831 年歌德关于世界文学正在形成的说法，涉及的重要途径之一便是翻译。[①] 歌德尤为推崇翻译文学，视翻译为民族之间精神交流的重要手段。他在一封致卡莱尔（Thomas Carlyle, 1795—1881）的信中强调了翻译的必要性，认为译者都在"以普遍的精神贸易中的中介身份在努力，以促进相互交流为己任。即使有人说翻译不能完全达意，但它是而且一直会是人间所有事业中最重要、最令人尊敬的业务之一"[②]。他不仅强调翻译让译入文化受益，翻译还以其新视角给译出文化带来补益。陌生视角使自己熟悉的文本焕然一新："任何一种文学，若不借助外来养分重新焕发，终将会自我厌烦。"[③] 一个典型事例是其名著《浮士德》，歌德没有再读德语原文的任何兴趣，可是当他看到法国作家内瓦尔（Gérard de Nerval, 1808—1855）的法译本时，他又看到了这部作品的精粹之处。歌德还在另一处强调《浮士德》英译本的裨益："在英国，索恩（George Soane, 1790—1860）令人赞叹地理解了我的《浮士德》，懂得如何将其特性与他自己的语言特性以及他们民族的需求很好地融合在一起。"[④] 另外，他在阅读了席勒（Friedrich von Schiller, 1759—1805）的《华伦斯坦》（*Wallenstein*）英译本的一段文字以后，讲述了类似的感受："莎士比亚的语言一下子扑面而来，两个

　　（接上页）编《思想与方法：地方性与普世性之间的世界文学》，第（78—102）99 页；柯马丁在谈论《谁来决定"杰作联合国"？》时，也说及这一点，见方维规编《思想与方法：地方性与普世性之间的世界文学》，第（28—32）31—32 页。

① 本段论述亦可参见尤特，《世界文学设想：国际文学场的第一个蓝图？》，第 37 页。

② 歌德，《致卡莱尔》（"Goethe an Carlyle"，1827 年 7 月 20 日），《歌德文集（魏玛版）》，第 42 卷，第 270 页。

③《歌德作品全集及书信和谈话（法兰克福版）》，第 22 卷，第 428 页。

④ 同上书，第 949 页。

伟大、卓越的诗魂何其相似！如此生动地出现在我的眼前。席勒又抖擞起精神，另一个同样的人，如此清新，又一次充满活力地攫住了我，令我心潮激荡。"[1] 歌德在 1828 年元旦致卡莱尔的信中，问他翻译的《托尔夸托·塔索》英译本会有什么效果，依然带着翻译能出新的意味："正是从原文到译文的各种关系，最能清晰地显示从民族到民族的关系，人们必须充分认清这种促进事关重大之世界文学的翻译事业。"[2]

　　世界文学进程中有两个关注点：认识外人与自我在外人那里的体现。这双重视角见于自我文化认同与文化他异性之间的紧密关联。[3] 认可其他民族的特殊性，这在异国交往中有着极为关键的意义。然而，歌德运用的世界文学概念是一个辩证概念。对他来说，世界文学是表现普遍人性、促进相互理解的文学。施特里希在二战以后发表的《歌德与世界文学》（1946）中，首先强调"世界文学"概念的人文理想视域。换言之，世界文学观念在他看来只奠基于人文主义。歌德的世界文学设想，不能简单地从文学史的角度来理解，而应重视其伦理-社会功用。世界文学之最透辟的根基，"是认

---

① 《歌德作品全集及书信和谈话（法兰克福版）》，第 22 卷，第 490 页。——这或许可以用来说明弗兰克的观点："为了让伟大的作品成为世界文学，我们需要松手放开自己的文化。只有当我们从他者那里重新接受自己的文学，对于我们来说，它才会成为世界文学。重回我们身边，其根本意义已经发生彻底改变。"（弗兰克，《世界文学和与他者相遇：一种方法还是一种威胁？》，载方维规编《思想与方法：地方性与普世性之间的世界文学》，第 99 页）

② 《歌德作品全集及书信和谈话（法兰克福版）》，第 22 卷，第 935 页。

③ 参见布比亚，《歌德的他异性理论与世界文学思想——论新近的文化论争》，载图姆编《作为文化遗产的当代》，第 272 页（Fawzi Boubia, "Goethes Theorie der Alterität und die Idee der Weltliteratur. Ein Beitrag zur neueren Kulturdebatte", in: *Gegenwart als kulturelles Erbe*, hrsg. von Bernd Thum, München: Iudicium, 1985, S. 269 – 301）。

识普遍、永久的人性这一民族间的纽带"①。"普遍人性才是世界文学的清澈源泉，普遍的人性艺术和科学［……］"② 对歌德来说，文化交流中的被交换之物的长处，见之于两个方面：地方性亦即特殊性让它引人入胜，同时不只局限于地方性，还能见出一些带有普遍性的东西。歌德在 1827 年 1 月底与爱克曼说及中国文学时强调了这一益处：中国人的"思想、行为和感受几乎和我们一样，这使我们很快就觉得他们是同类［……］"③ 按照歌德的看法，不能只关注特殊之物、异国风味，它们有时会让人惊讶。要在特殊之中发现普遍。若是关注特殊，则要"透过民族性和个性，逐渐窥见和呈现普遍性"④。为了强调普遍与特殊之间的辩证关系，他又举例说，文学乃"世人共有，唯其显示民族性，才更引发兴趣"⑤。歌德的世界文学理念具有启示性。他强调文学交流的裨益，它可以让人在特殊性中看到普遍性，普遍性中看到特殊性。

五、"世界文学" vs. "全球文学"：何为经典？

　　当今对歌德之世界文学论说的讨论颇为活跃。原因很简单："世界文学"是当代围绕"全球文学"的国际论争的焦点之一，各种讨论多半从歌德的世界文学概念说起，或追溯至歌德并探寻这个概念在他以后的发展。可是，"没有一种世界文学定义获得普遍认

---

① 施特里希，《歌德与世界文学》，第 11 页。
② 同上书，第 51 页。
③《歌德作品全集及书信和谈话（法兰克福版）》，第 12 卷，第 223 页。
④《歌德作品全集及书信和谈话（法兰克福版）》，第 22 卷，第 433 页。
⑤ 同上书，第 964 页。

同［……］"① 一方面，歌德的世界文学思考被当作理论，从而被
过分拔高。另一方面，人们开始诘问，这个"歌德概念"究竟指什
么？人们能用它做什么？歌德曾把正在形成的世界文学看作历史快
速发展的结果，而他所说的"这个高速时代和不断简便的交流"和
由此而来的"自由的精神贸易"，在国际化和全球化的今天，达到
了他无法想象和前所未有的程度，并在很大程度上影响了当今的世
界文学观念，这也是"全球文学"观念的时代基础。在一个全球化
的世界，语言和国族的界线对于思想已经在很大程度上失去意义；政
治、社会、经济和文化上的国族界线，仿佛只是为了被跨越而存在着。

在不少人指出歌德式世界文学概念的欧洲中心主义蕴含之后或
同时，人们又试图重新启用这个概念，为了在今天的意义上赓续世
界主义传统，抵御全球化的连带弊端。当今世界许多地方所推崇的
"世界文化"概念，不仅为了描述一个因全球化而改变的世界，亦
体现出批判性介入。而介入的一个依据亦即中心观点，来自歌德所
强调的世界文学成于差异而非同一。② 柯马丁（Martin Kern）在
《世界文学的终结与开端》一文中，较为深入地探讨了这个问题。
他在"地方性和全球性的对立"语境中，提出如下问题："在不断
交流、相互影响和文化、语言四处弥漫的同质化压力之下，地方的
独特性如何幸存？"③ 非常明确，他的理论依据已见于该文题词，即

---

① 达姆罗什，《世界文学的框架》，载方维规编《思想与方法：地方性与普世性之间
　的世界文学》，第 63 页。
② 参见布比亚，《歌德的他异性理论与世界文学思想——论新近的文化论争》，第
　279—296 页。
③ 柯马丁，《世界文学的终结与开端》，载方维规编《思想与方法：地方性与普世性
　之间的世界文学》，第 105 页。

奥尔巴赫所言"世界文学思想在实现之时即被毁灭"①。柯马丁诟病
与歌德理念背道而驰的最新发展:"对歌德而言,世界文学作为文
化实践保证了各种当代文学文化的相互启发和影响,然而它在今天
却面临变为全球文学的威胁。全球文学并不关心文学文化来自何
处,而是屈从于全球化市场的压力。"② 因此,他认为:"世界文学
和全球文学的二分,已变得十分紧迫;如果世界文学成于他异性、
不可通约性和非同一性,那么全球文学确实是其对立面:它在单一
的、市场导向的霸权下强求一律,抹除差异,出于某种同一性而非
他者性将他者据为己有。"③ 当然,对于"全球文学"还有其他许多
论说。

　　目前(西方)学界有一个共识,即世界文学概念不能理解为所
有文学的整体,亦非世界上最佳作品之经典。世界文学是普遍的、
超时代的、跨地域的文学;若要跻身于世界文学,必须是超越国族
界线而在其他许多国族那里被人阅读的作品。施特里希在七十年前
提出的观点,"只有超越国族边界的文学作品"④ 才能成为世界文
学,今天依然有效;或如达姆罗什广为人知的说法,将世界文学描
写为"在原文化之外流通的文学作品"⑤。可见,世界文学在很大程
度上成为一个视角问题:文学不再归于国族这一亚属体系,而首先
要从国际文学场出发,以此划分不同文本和写作方法的属性和归

---

① 奥尔巴赫,《世界文学的语文学》(1952),第 39 页。
② 柯马丁,《世界文学的终结与开端》,载方维规编《思想与方法:地方性与普世性
　之间的世界文学》,己 107 页。
③ 同上书,第 108 页。
④ 施特里希,《歌德与世界文学》,第 14 页。
⑤ 达姆罗什,《什么是世界文学?》(2003),第 4 页。

属。若以当代多语种、多文化的斯拉夫文学为例，我们可以看到，亚属体系不仅超越了国族语境，甚至理所当然地不从国族出发，一开始就是杂糅的。① 高利克论述杜里申（Dionýz Ďurišin, 1929—1997）的"文学间性板块"（interliterary centrism）理论时所涉及的地中海区域文学，可以很好地用来说明这种现象。② 跨语言、超国界现象亦见诸缘于政治关系的集团利益而生发的区域文学。狄泽林克（Hugo Dyserinck）在论述东欧剧变之前杜里申倡导的"社会主义文学的综合"时早就指出："我们能够在那里看到一种超国界的、由单一文学组成的多国整体模式，从东欧的立场出发［……］"③

当代"世界文学"概念，首先不再强调国族归属。这对文学研究来说，也就意味着重点转移，告别按照语言划分的国族文学的比较研究。研究重心在于揭示诸多文学及其场域之间的关联和界线。弗莱泽（Matthias Freise）对 2015 年 10 月 16—17 日在北京师范大学召开的国际高端对话暨学术论坛"何谓世界文学？"的理解是：

---

① 围绕这个主题，德国吉森大学（Universität Gießen）于 2014 年 11 月 13—14 日举办了一个学术研讨会："作为世界文学的当代斯拉夫文学：杂合局面"。关于斯拉夫文学的最新发展，参见劳尔编《今日斯拉夫文学》（*Die slavischen Literaturen heute*, hrsg. von Reinhard Lauer, Wiesbaden: Harrassowitz, 2000）。

② 参见高利克，《论 2000 年以来的世界文学概念》，载方维规编《思想与方法：地方性与普世性之间的世界文学》，第 129 页，注释 3。另参见波斯比斯尔、泽兰卡编，《文学中欧的文学间性板块》，（*Centrisme interlittéraire des littératures de l'Europe centrale*, ed. by Ivo Pospíšil and Miloš Zelenka, Brno: Masarykova universita, 1999）；杜里申、尼希编，《地中海：文学互动网络》（*Il Mediterraneo. Una rete interetteria*, ed. by Dionýz Ďurišin and A. Gnisci, Roma: Bulzoni Editore, 2000）。

③ 狄泽林克，《比较文学导论》，方维规译，北京，北京师范大学出版社，2009 年，第 68 页（Hugo Dyserinck, *Komparatistik. Eine Einführung* ［1977］, Bonn: Bouvier, 1981）。

　　　　其核心问题是普适性与地方性的关系。这一论题提示我
　　们，可以用关系取代本质主义视角来观察作为现象的世界文
　　学。我认为，世界文学必须作为一种网状关系，而非一组客观
　　对象，比如一组文学文本来理解。这些关系的中心问题之一，
　　就是普世性与地方性之间的张力。我们把客观对象和诸关系按
　　照不同系统鉴别分类，世界文学的不同理解首先就从这种差异
　　中产生。理解作为关系的世界文学，提醒我们关注其过程性。
　　世界文学并不存在，而是在发生。①

　　我们再回到全球文学，其诉求是从全球视角出发，打破文学生
产中的中心与边缘的界线，也就是一开始就应在跨国族的架构中思
考文化生产的发生和形成。语言多样性和更换国家（居住地）对写
作产生深刻影响；并且，由此产生的文学分布于世界上的不同语
言、文化和地域。就文学生产而言，国族文学的界线尤其在西方国
家不断被消解，新的文学形式不时出现，很难再用惯常的范畴来归
纳。在欧美国家，我们几乎到处可以看到杂合文学，也就是不只属
于一个国家的文学，比如德国的德/土文学，见之于土耳其裔移民
女作家欧茨达玛（Emine Sevgi Özdamar）和蔡莫格鲁（Feridun
Zaimoglu）那样的作家；出生于罗马尼亚的德国女作家、诺贝尔文
学奖获得者米勒（Herta Müller），介于罗马尼亚和德国之间，她以
写作德裔罗马尼亚人在苏俄统摄东欧时的遭遇著称。
　　政治和社会的变化常会给人带来时空上的重新定位，这在当代

---

① 弗莱泽，《世界文学的四个角度——读者，作者，文本，系统》，载方维规编《思
　想与方法：地方性与普世性之间的世界文学》，第174页。

常与全球化和跨国发展紧密相连，即所谓走向世界。当代斯拉夫文学的转向，随着社会主义制度的崩溃和随之而来的社会转型而发生，许多文学文本不再拘囿于国族的单一文化和单一语言的文学传统。黑蒙（Aleksandar Hemon）的写作语言是英语和波斯尼亚语；金亚娜（Yana Djin）和卡波维奇（Katia Kapovich）的写作语言是英语和俄语；青格尔（Gala-Dana Zinger）的写作语言是俄语和希伯来语；居住在苏黎世和因斯布鲁克两地的克罗地亚女作家拉吉西奇（Dragica Rajciý）在其作品中发展了外籍劳工德语；尤里耶夫（Oleg Jur'ev）和马蒂诺瓦（Olga Martynova）的写作语言是俄语和德语；马尔科维奇（Barbi Markovic）将奥地利作家伯恩哈德（Thomas Bernhard, 1931—1989）的小说《步行》（Gehen）译入贝尔格莱德的 21 世纪塞尔维亚语。这些现象既会在文本内部也会在其所在的文学和文化场域造成"混乱"，但也释放出创新之潜能。①当今世界的许多作家，不会感到自己只属于某个单一文化，他们有着全球认同。这是一个非常典型、到处可见的现象，它与旅行和国际性相关。这些作家作品的明显特色是语言转换和多语言，以及对于世界各种文化的多元视角，从而带来社会及学术聚焦的移位，突破了以往语言、文学、历史（文化）的三维组合。②将作家团聚在一起的，不是他们的来源地、语言和肤色；团聚或分离作家的，是他们对世界的态度。

---

① 参见上揭"作为世界文学的当代斯拉夫文学：杂合局面"会议文集；另参见劳尔编《今日斯拉夫文学》。

② 参见达姆罗什，《什么是世界文学？》（2003）；埃特，《生（存）活的知识：语文学的任务》（Ottmar Ette, *ÜberLebenswissen. Die Aufgabe der Philologie*, Berlin: Kadmos, 2004）；汤姆森，《世界文学地图：国际的经典化与跨国族文学》（2008）。

论述世界文学，不可能不谈"经典"或曰"正典"。那些在全世界得到广泛传播、在世界人民眼中具有重要意义的有声望的作品，可被看作世界文学，这基本上依然是一个共识。能够获此殊荣的关键是文本的艺术价值及其对世界上众多文学的影响。德国文学理论家从来就有神化歌德及其"世界文学"意义的倾向，这有其深层根由。人们时常谈论如何克服国族文学思维，旨在抛弃"往后看的'老式德意志爱国主义'艺术"①。这当然完全可以与歌德和爱克曼谈话时的那段关于民族文学和世界文学的语录联系起来看。格森斯（Peter Goßens）在其论著《世界文学：19 世纪跨国族文学感受的各种模式》中的思考，基本上也注重这一思想层面。联系歌德与爱克曼的谈话，他写道：

> 一件艺术作品的当代成就［……］不仅取决于创作者的技艺以及他对国族艺术的意义。靠技巧和文学作品的愉悦价值所赢得的声望是短暂的，这对世界文学思想没有多少意义。这里更为关键的问题是，作家及其作品是否成功地破除了国族文化的界线并斥诸文学艺术实践。②

这里或许可以见出本雅明（Walter Benjamin, 1892—1940）关于作品通过翻译而"长存"（Fortleben）的说法，或达姆罗什关于世界文学作品的"流传"（circulation）之说。然而，格森斯继续写道：

---

① 兰平，《世界文学之思：歌德的设想及其腾达生涯》，第 66 页。
② 格森斯，《世界文学：19 世纪跨国族文学感受的各种模式》，第 24 页（Peter Goßens, *Weltliteratur. Modelle transnationaler Literaturwahrnehmung im 19. Jahrhundert*, Stuttgart: Metzler, 2011）。

"作家唯有看到其跨国族角色，才能在作品生成之时就把握住使作品成为世界文学组成部分的机会。"① 与这一思路相仿的是柯马丁的说法，即世界文学不仅是达姆罗什所说的阅读模式亦即接受，"也是一种创作模式，世界文学可以被书写"。② 另外，他还对"世界文学"做出如此解读："唯其被现时作家吸纳、为他们提供灵感，才能成为世界文学的组成部分。"③

另一方面我们又必须看到，什么作品可被列入世界文学行列，要在这方面获得普遍认可的范畴和看法是相当困难的。不同国族或人民因为文化差异而对文学的意义所见不同。在西方世界，"经典"一词从来就给人一种不言而喻的固定想象：它首先是指古代作家和艺术家的历史作品，这些作品及其作者被视为审美楷模，在"经典"（classicus）意义上被归入"上乘"。后来文学时代遵循苏格拉底（Socrates, 前469—前399）和亚里士多德（Aristotle, 前384—前322）审美准则、效仿他们并创作出重要作品的作家，亦被称为经典作家。当然，世界文学还须经得住不同时代的考验并被看作重要作品。总的说来，这个概念说的是世界文化遗产、"世界记忆"。④ 换言之："最佳文学作品的准确定义是，它们超越了自身的时代，从而适用于任何时代。"⑤

① 格森斯，《世界文学：19世纪跨国族文学感受的各种模式》，第24页。
② 柯马丁，《世界文学的终结与开端》，载方维规编《思想与方法：地方性与普世性之间的世界文学》，第111页。
③ 同上书，第105页。
④ 参见佛朗哥，《比较文学与世界文学：从歌德到全球化》，载方维规编《思想与方法：地方性与普世性之间的世界文学》，第48页。
⑤ 柯马丁，《谁来决定"杰作联合国"？》，载方维规编《思想与方法：地方性与普世性之间的世界文学》，第31页。

奥地利著名文学批评家勒夫勒（Sigrid Löffler）的《新世界文学及其伟大叙事者》[1] 一书，呈现的完全是传统"经典"的对立模式，赋予世界文学新的含义。作为1960年代的非殖民化以及过去三十年全球化的结果，一种全新的、非西方的文学破土而出。作家的不同文化认同已是常态而非例外，勒夫勒的著作正是抓住这种现象，介绍她所理解的新的世界文学最重要的代表作家，将其作品归入当代各种政治文化冲突地带。在她看来，今天的世界文学不是西方、欧美的文学，而是源自那些太长时间受到忽略、创造力和创造性都在爆发的地方。世界文学是全球文学，是当代真实可信、叙述真实故事、发出鲜活之声的文学，是游走于不同语言和文化之间的人、往昔殖民地后裔和冲突地区的难民所写的后国族文学、移民文学。"游牧"作家是不同世界之间的译者。新的世界文学取自文化混合、冲突和生存题材，如跨国迁徙、自我丧失、异地生活和缺乏认可。应该说，勒夫勒对世界文学、杂合等概念的运用并不十分明晰；该书标题宏大，但其结构安排亦即选择标准和重点关注英语文学；她的"世界文学"局限于殖民帝国瓦解后的遗产，认同危机成为创作灵感的源泉。这些都不是没有问题的，现实世界实在大得多。尽管如此，勒夫勒的主导思想却是明确的，而且具有进步意义。其实，她的"新世界文学"就是不少人新近倡导的"世界的文学"。

一般而言，"世界文学"和"世界的文学"这两个概念多半是在明确的不同语境中被运用：若说"世界文学"依然意味着作品之无可非议的重要性，那么，"世界的文学"则更多的指向世界上那

---

[1]　勒夫勒，《新世界文学及其伟大叙事者》（Sigrid Löffler, *Die neue Weltliteratur und ihre großen Erzähler*, München: C. H. Beck, 2013）。

些不怎么有名，却能展示新方向的文学；它们不同凡响、颇有魅力，却还未在读者意识中占有重要位置。也就是说，"世界的文学"未必就是审美和经典意义的上乘之作，或得到广泛接受的作品。谈论世界的文学，人们面对的是浩繁的书卷，无数作品和文化传统，难以把握的界线，以及挑选时的开放态度。①

① 参见米勒，《导论："世界文学"-"世界的文学"之争》，第10—11页。

西方“文学”概念考略及订误 *

1

曾任英国驻宁波领事、1897 年成为剑桥大学汉学教授的翟理斯（Herbert A. Giles, 1845—1935）著《中国文学史》（1901）①，曾长期被误认为这一领域的开山之作，或曰第一部以西方语言写成的中国文学史。② 翟理斯本人也颇为自信地在该书（序言）开篇即说：“在包括汉语在内的所有语言中，本书是中国文学史编纂的首次尝试。”③ 翟氏如此断言，恐怕缘于不知道在他之前尚有王西里（Василий Павлович Васильев，瓦西里耶夫，1818—1900），更有肖特（Wilhelm Schott, 1802—1889）；翟理斯的诸多相关著述，均未提及二者的德语或俄语著作。然而这先入之见，不仅影响了鲁迅那

---

* 本文简本原载《读书》2014 年第 5 期，此稿有较大扩展，并添加了注释。

① 翟理斯，《中国文学史》（Herbert A. Giles, *A History of Chinese Literature*, London: William Heinemann/ New York: D. Appleton and Company, 1901）。

② 中国学界另有一说，认为翟氏《中国文学史》（1901）早在 1897 年就已作为戈斯（Edmund W. Gosse）主编的《世界文学简史丛书》（*Short Histories of the Literature of the World*）的第十种发表。从该书初版时间和相关信息看，此说来源可疑，无从查考，很可能是以讹传讹。

③ 翟理斯，《中国文学史·序言》，伦敦，William Heinemann，1901 年，第 v 页。

代人，亦见于当今学界。

20 世纪之前具有里程碑意义的西人中国文学史纂，当然还有俄罗斯汉学家王西里的《中国文学史纲要》(1880)①。然而，"杂文学"意义上的早期中国文学史编纂，委实"山外有山"；西人修中国文学史的时间还要早得多，可推至德国汉学家肖特的《中国文学论纲》(1854)②。就迄今所发现的文献资料而言，肖氏著作当为世界上第一部中国文学史。③ 王西里著作之结构，基本上与之相仿。视肖特而非翟理斯在西方着人先鞭，在于翟氏论著并未走出欧洲传统的文学史框架，亦未在文学观上完成从文章流别到现代意义之文学概念的转化。19 世纪末效仿西方文学史纂的诸多日本制中国文学史也大抵如此。这很能让人看到时人对文学概念以及文学史编纂体例的"共识"，亦能见出外国早期中国文学史纂的一些共有特征。

当今中国学界将肖特甚至王西里排除在早期中国文学史作者之外的一个重要原因，很可能是以为肖氏《中国文学论纲》和王氏《中国文学史纲要》还很粗浅，与翟理斯之作有着很大差距，甚至

---

① 瓦西里耶夫（王西里），《中国文学史纲要》(Василий Павлович Васильев, *Очерк истории китайской литературы*，Из *Всеобщей истории литературы*，издаваемой Ф. Коршем и К. Л. Пиккером. СПб. тип. М. М. Стасюлевича, 1880)。由圣彼得堡国立大学孔子学院主持出版的该书 2013 年俄、汉双语版，封面印有"世界首部中国文学史专论"字样。——另参见李明滨，《世界第一部中国文学史的发现》，载《北京大学学报（哲学社会科学版）》第 39 卷第 1 期（2002 年 1 月），第 92—95 页。

② 肖特，《中国文学论纲》，载《柏林皇家科学院 1853 年文集》，第 293—418 页（单行本）(Wilhelm Schott, *Entwurf einer beschreibung der chinesischen litteratur*, in: *Abhandlungen der Königlichen Akademie der Wissenschaften zu Berlin*, aus dem Jahre 1853, Berlin: Druckerei der Königlichen Akademie der Wissenschaften[F. Dümmler], 1854)。

③ 参见方维规，《世界第一部中国文学史的"蓝本"：两部中国书籍〈索引〉》，载《世界汉学》第 12 卷（2013），第 126—134 页。

认为后者所呈现的已是现代意义上的文学史。是否能作如是观，当然是值得商榷的。在深入探讨这个问题之前，这里先说一个观点：尽管翟理斯对今人所理解的文学作品之介绍大大超过肖特和王西里的文学史纂，但他并未走出肖、王二人的文学史框架，也就是欧洲传统的文学史框架。这不仅体现于翟氏《中国文学史》的选材和分类，更见于大量作品翻译亦即文选（将近全书一半）。这或许是郑振铎当年在《评 Giles 的中国文学史》（1934）一文中断言"Giles 此书实毫无可以供我们参考的地方"[①] 的重要原因之一。

纵览西方早期中国文学史纂，可见经史子集均属文学，史书、类书皆在其中，文史哲面面俱到，另有医书、农书，或园艺、饮食等方面的著作。文学史的这种写法，在今人眼里实在有悖常理。然而，这在 19 世纪的欧洲并不鲜见。《皮尔勒大百科辞典》第二版（1841）对"中国文学"之五光十色的分类，[②] 并非个别现象。曾任英国驻华外交官、伦敦国王学院汉学教授道格拉斯（Robert Kennaway Douglas, 1838—1913）1875 年的长篇讲稿《中国文学》（共 59 页），三分之一的内容为四书五经介绍；另三分之一谈论《道德经》《文献通考》《古今图书集成》《大清一统志》；最后三分

---

① 郑振铎，《评 Giles 的中国文学史》，《郑振铎古典文学论文集》（上册），上海，上海古籍出版社，2009 年，第 35 页。

② 《皮尔勒大百科词典》（*Pierers Universal-Lexikon*）将整个中国文学分成如下类别：(A) 甲级经典著作；(B) 乙级经典著作；(C) 其他一些哲学、宗教和伦理著作，包括佛教和基督教著作；(D) 辞书和语言类著作；(E) 诗歌文学；(F) 小说文学；(G) 历史小说；(H) 市井小说；(I) 戏剧文学；(K) 地理志和民族志；(L) 纪行；(M) 法典；(N) 统计书；(O) 史籍；(P) 邻国史籍；(Q) 年表；(R) 钱币志；(S) 自然史籍；(T) 医书；(U) 数学书；(V) 天文志；(W) 艺术、工艺等书；(X) 类书和汇编；(Y) 文学史；(Z) 选集；(Aa) 少儿读物。——参见雷乔治（Georg Lehner），《19 世纪欧洲百科全书中的中国文学》，方维规译，载《世界汉学》第 9 卷（2012），第（26—37）29 页。

之一论述中国诗歌、戏曲和小说，但仅涉及三四个作家，内容主要
是几首小诗（《诗经》和李白）的鉴赏，以及剧本《鸟声喧》之作
品分析；小说部分只是一页篇幅的泛泛而谈。[①] 同样，王西里《中
国文学史纲要》的内容，也完全符合时人对中国文学的理解：中国
语言文字及古代文献；孔子及中国思想之源，包括《诗经》《春秋》
和《论语》；《孝经》《礼记》等儒家伦理及《书经》的治国理念；
孔孟之道而外的佛、道思想；另有史地、律法、语言、农耕、兵法
等典籍；最后才是"美文学"作品以及作为"民间文学"的戏曲和
小说。[②]

　　我们不能用现今的"文学"亦即"文学史"概念来判断当初西
方之文学史著作编排的"得失"。然而，正是编排常常成为一些文
章诟病这类文学史纂的重要原因。[③] 人们常会对欧洲早期中国文学
史纂之"无所不包"、经史子集均归文学而纳闷，或诟病其舛误。

---

① 道格拉斯的"中国文学"讲稿，与另一讲稿"中国语言"结集刊行，书名为《中
国语言和文学》，伦敦，Trübner & Co.，1875 年；第 1—58 页为"中国语言"，
第 59—118 页为"中国文学"（Robert K. Douglas, *The language and literature
of China. Two lectures delivered at the Royal institution of Great Britain in May
and June*, London: Trübner & Co., 1875）。

② 参见王西里，《中国文学史纲要》，圣彼得堡，Санкт Петербург，2013 年。

③ 其实，即便在几十年之后，中国本土的早期文学史书写，同样也有这种编排，吴
梅在北京大学中国文学门授课时所编撰的三册《中国文学史》，作品选共占一半
（一册半）。另外，今人阅读早期西方"中国文学史"时，常会由于所谓"体例混
乱"而提出"何为文学"的问题，吴梅之作亦可用来释疑。他的《中国文学史》
也包括史著、语录、道学、制艺等内容，也就是五四新文化人所说的"杂文学"。
早年林传甲、窦警凡、黄人、曾毅、谢无量、胡怀琛等人的文学史书，又何尝不
是如此呢？显然，这是近百年来的西方"纯文学"观念无法解决的问题，同时涉
及中国古代文学是否能够完全脱离"杂文学"的问题。——参见陈平原，《不该
被遗忘的"文学史"——关于法兰西学院汉学研究所藏吴梅〈中国文学史〉》，
载《北京大学学报（哲学社会科学版）》第 42 卷第 1 期（2005 年 1 月），第 70—
76 页。

这显然缘于缺乏对彼时欧洲"文学"概念本身的深入辨析。毋庸置疑，这里所说的不是中国古已有之的"文笔"之辨（如刘勰《文心雕龙·总术》所言）：有韵有文采者为文，无韵无文采者为笔；自然也不是后人对"纯文学"（"文"）与"杂文学"（"笔"）的区分，以理解经史子集一应俱全的杂文学观。作为一个源于西方的学术门类，文学史纂有其自身的发展历史，离不开文学概念的沿革。对于相关研究来说，19 世纪欧洲"文学"概念是一个必须厘清的问题；对此概念的清醒认识，是所有讨论的必要前提。

2

中国学界的不少相关研究在论及西方"文学"概念史时，喜于征引某些西方"权威"著作（尤其是译成汉语的英美著述）中的说法，这么做当然无可非议。然而，有些被人盲从的一家之见，本身不是没有问题的；对于概念嬗变至关紧要的某些年代、文献、人物等，有些陈述显然缺乏必要的钩稽；有些考据不足的论点或判断，却被当作不刊之论。鉴于"信手拈来"是不少人的习惯，亦由于常见的"人云亦云"现象，下文主要从历史语义学（概念史）的角度，提纲挈领地解证西方"文学"概念的产生、发展及其 19 世纪的运用状况，同时对当下中国学界流行的个别西方参考文献做一些必要的辨谬工作。我们先简要梳理一下西方"文学"的词语和概念小史：

在古拉丁语和中古拉丁语中，"文学"（litteratura）一词源于"字母"（littera），多半指"书写技巧"，即希腊语的 *γραμματική*

（文法），表示作文知识及其运用。这个词语的重要语义移位，发生于16世纪；Lit(t)eratura摆脱了它同"字母"的固定关系而指向"学识"，获得"学问"或"书本知识"之义，后来扩展为"知识整体"。由于拉丁语长期作为学者语言，"文学"一词进入18世纪之后，依然具有浓重的、无所不包的"百科"倾向。然而也是在18世纪，"文学"逐渐变成多层面的同音异义词：其一，"学识"或"博学"（拉丁语：scientia litterarum，斯时"博学"非今之"博学"，只是"知文达理"而已）；其二，研究修辞格和诗学，兼及语文学和史学的学术门类；其三，文献索引；其四，所有书写物。在所有书写物中，又细分出"美文学"，即法语 belle littérature；这种向"美文学"的倾斜和词义收缩，尤其发生于18世纪下半叶。最迟至1830年代，"学识""学术门类""文献索引"等含义逐渐走下坡路，后来的"文学"词义初现雏形。昔日之"所有书写物"，随语境而转化为"分门别类的所有书写物"；而在语文学或文学史语境中，则指"所有文学文本"：凡基于文字的记录、写本、书籍等皆属文学。今人所理解的"文学"一词，是进入20世纪之后的产物。以上为西方"文学"〔英：literature；法：littérature；德：lit(t)eratur〕词语的语义变迁概略。

从概念史的角度来说，将当今"文学"概念用于前现代或中世纪作品，乃后人之建构。彼时探讨所谓"文学"文本，不管其称谓如何，均未形成与后世"文学"概念相匹配的概念。对不同门类和形式的文学文本之诸多称谓中，尚无囊括所有文学文本的概念。17世纪及18世纪上半叶，英法德之 poetry、poésie、poesie，仍然集"诗作"和"作诗"于一词；唯创作和作品被区分之后，即18世纪中期之修辞学与美学的分离，Poetry 才被看作诗作品，作为创作客

体的近代文学概念才随之产生。嗣后，"文学"这一客体概念具有
两个向度：其一，书写物之总称，囊括所有"文献"，这一范畴见
之于里维（Antoine Rivet, 1683—1749）、代庸狄埃（Charles R.
Taillandier, 1706—1786）、克莱芒斯提（Charles Clémencet, 1703—
1778）著《法国文学史》（十二卷，1733/1763）①；其二，富有诗性
亦即文学性的作品，见之于胡贝尔（Michael Huber, 1727—1804）
的《日耳曼文学作品选编》（四卷，1766）② 及借鉴此著的埃贝林
（Christoph Daniel Ebeling, 1741—1817）著《德意志文学简史》
（1767/1768）③，沃顿（Thomas Warton, 1728—1790）的《英国文
学史》（三卷，1774/1781）④，尤其是德意志土地上的第一部重要文
学史著作、盖尔维努斯（Georg Gottfried Gervinus, 1805—1871）
著《德意志民族诗性文学史》（五卷，1836/1842）⑤。这便凸显出
"文学"的广义和狭义之分；然而，二者的划分界线常给时人带来

---

① Rivet, Taillandier et Clémencet, *Histoire littéraire de la France*, 12 vols., Paris:
　Religieux Bénédictins de la Congrégation de St. Maur, 1733/1763.

② Michael Huber, *Choix de Poésies Allemandes*, 4 vols., Paris: Humblot, 1766.

③ Christoph Daniel Ebeling, *Kurze Geschichte der deutschen Dichtkunst*,
　Hannoversches Magazin, 1767/1768.

④ Thomas Warton, *The History of English Poetry*, 3 vols., London: Dodsley etc.,
　1774/1781.

⑤ Georg Gottfried Gervinus, *Geschichte der poetischen National-Literatur der
　Deutschen*, 5 vols., Leipzig: Engelmann, 1836/1842.该著自第 5 版起更名为《德
　意志文学史》（G. G. Gervinus, *Geschichte der deutschen Dichtung*, Leipzig:
　Engelmann, 1853）。另外，海涅的《论德国近期美文学史》亦属此类（Heinrich
　Heine, *Zur Geschichte der neueren schönen Literatur in Deutschland*, Paris &.
　Leipzig: Heideloff und Campe, 1833；后易名为《浪漫派》，*Die romantische
　Schule*, Hamburg: Hoffmann &. Campe 1836）。盖尔维努斯之前，戈培尔斯坦因
　的《德意志文学史纲要》 （1827），亦为西方国别文学史的开创性作品之一
　（August Koberstein, *Grundriß zur Geschichte der deutschen National-Litteratur.
　Zum Gebrauch auf gelehrten Schulen*, Leipzig: Vogel, 1827）。

麻烦。

在整个 19 世纪，狭义文学概念的关涉范围，依然模糊不清、游移不定。于是，欧洲各种文学史的考查对象，既有虚构作品，亦有许多其他类型的著作，取舍由文学史作者对作品之重要性的看法而定。模糊的界线导致两种取向：哲学领域的美学探讨，多半避免 literature 一词，而是采用相对明确的 poetry（这在黑格尔《美学》中一目了然），即今人所理解的"诗学""诗艺"概念，尽管它无法涵盖所有富有诗性或文学性的作品。语文学和文学史编纂的取向，则是实用主义的，由趣味、习惯和传统来决定狭义文学概念的范围。①

<h2 style="text-align:center">3</h2>

中国学界新近主要从英语文献获得的西方"文学"之词语史和概念史，因其主要以 literature 概念在英国的发展为例，存在不少缺漏和明显的不足之处。威廉斯（Raymond Williams, 1921—1988）《关键词：文化与社会的词汇》（1976）中的"文学"条目，深入浅出、通俗易懂，尤其是不少例句很能说明 literature 概念的某些发展阶段。然而，或许因为该书条目的篇幅所限，有些问题和重要环节的论述过于简单，甚至没有抓住重点。例句过多也带来琐碎之弊，从而妨碍了对概念嬗变的宏观把握，比如"文学"概念在 19

---

① 以上论述参见弗里克编《德国文学研究全书》卷二，柏林，de Gruyter，2007 年，第 443—448 页（*Reallexikon der deutschen Literaturwissenschaft*, Bd. 2, hrsg. von Harald Fricke, Berlin: de Gruyter, 2007）。

世纪的总体状况以及重要蜕变几乎未说清楚。① 中国学者津津乐道的卡勒（Jonathan Culler）《文学理论》（1997）中所说的现代意义的"文学"概念不过 200 年历史，② 其实只是泛泛而论，不能说完全不对，却严重忽略了 literature 在整个 19 世纪诸多含义并存的现象，尤其是现代"文学"概念远未占有主导地位这一事实。在彼时《牛津英语词典》中，它也只能是几种含义中的最后一个义项，且明确说明这一义项为晚近出现的含义。卡勒的"不过 200 年历史"之说，最终给人留下"已有 200 年历史"的不准确印象。

卡勒之说多少也见于威德森（Peter Widdowson, 1942—2009）的《现代西方文学观念简史》（书名原文：*Literature*，1999）。作者从其论述策略出发，以小写的 literature 和大写的 Literature 来区分历史上的广义文学概念与晚近出现的现代文学概念，③ 自有其合理之处。另外如题旨所示，该著主要以书写现代西方文学观念的来龙去脉为重点，这也无懈可击。然而，该书第二章论述 literature"曾经是什么"，并号称"一部概念史"，虽然也追溯了 literature 的词源和历史语义，但同样以叙写现代文学概念的源头和发展为主，这就很难称其为完满的 literature 概念史。该章主要以英国为例来论述现代文学概念的发展，这就难免忽略"西方"文学概念发展史中

① 参见威廉斯，《关键词：文化与社会的词汇》，刘建基译，北京，生活·读书·新知三联书店，2005 年，第 268—274 页。

② 卡勒称："如今我们称之为 literature（著述）的是 25 个世纪以来人们撰写的著作。而 literature 的现代含义：文学，才不过 200 年。1800 年之前，literature 这个词和它在其它欧洲语言中相似的词指的是'著作'或者'书本知识'。"（卡勒，《文学理论》，李平译，沈阳，辽宁教育出版社，1998 年，第 21 页）

③ 参见威德森，《现代西方文学观念简史》，钱竞、张欣译，北京，北京大学出版社，2006 年，第 4 页。

的有些重要过程，并得出一些不尽人意的判断，例如（在世界语境中）把阿诺德（Matthew Arnold, 1822—1888）及其弟子看作首先强调文学之"民族"属性的人。[①] 威德森称："到了19世纪下半叶，一个充满审美化的、大写的'文学'概念已经流行起来。"[②] 正是这类表述会让人产生错觉，以为现代文学概念当时已经真正确立并取代了 literature 概念中的其他含义。事实当然并非如此，否则就不会出现诸多产生于19世纪下半叶且并非现代意义的"文学史"著作，这类著作甚至在20世纪早期还是主流。

　　这里的关键问题是，尽管 poetry 概念与 literature 概念有着紧密联系，但它们在概念史上不是一回事儿，公认的西方概念史研究是将这两个概念分而论之的。威德森的舛误是，在"一部概念史"中，干脆把 poetry 概念当作 literature 概念来论述，如他自己所说：考究"文学"概念史，"稍好一点的做法也许是把'文学'换成'诗艺'（poetry），道理很简单，这是因为至少是整个古典时期直到18、19世纪之交的浪漫主义时代，'诗艺'这个词才是普遍使用的术语，就像我们今天理解的'文学'一样。"[③] 于是，威氏所论述的 literature "曾经是什么"，便成了一部很不规范、张冠李戴、引发误解的"概念史"。道理很简单，存在已久的 literature 概念，彼时仍在广泛使用，且有多种含义。它既不是我们今天理解的"文学"概念，也不是当时的 poetry 概念所能替代的；poetry 是指诗作亦即高雅创作。威氏把 poetry 当 literature 解，故在文中大量引用阿诺德的观点（"如今主要是诗艺在陪伴我们，因为宗教和哲学将要为

① 参见威德森，《现代西方文学观念简史》，第34—35页。
② 同上书，第38页。
③ 同上书，第26页。

诗艺所替代。""只有最好的诗歌艺术才是我们想要的",因为只有在诗歌里,"我们的种族将会随着时间的延伸发现什么叫永驻常留"。等等①),以满篇"诗艺"亦即 poetry 概念史来证实所谓"大写的'文学'概念"(Literature)亦即狭义文学概念之流行;混淆概念的结果是结论的模糊不清。正因为广义和狭义文学概念的混淆,才使威氏把阿诺德的名言"文学一直是为全世界所熟知和谈论的最好的事物"② 嫁接于所谓"大写的'文学'概念",即现代文学概念。而在阿诺德那个时代,我们今天所理解的狭义文学概念,确实还无从说起。应该说,"纯粹的""排他的"现代文学概念,只有100多年历史;现代文学概念所理解的文学现象,远古以来一直存在,而概念本身却是后来才有的。

在厘清西方"文学"概念的产生、发展及其 19 世纪的情状之后,有些问题便可迎刃而解。比如,人们不必再为中国的经史子集、医书、法典进入早期文学史纂而感到不解,亦不会觉得其不伦不类。在 19 世纪和 20 世纪初的欧洲,不乏类似的、被称作文学史的论著。根据彼时对"文学"概念的宽泛界定,它是体现人类精神活动之所有文本的总称。赫尔德(Johann G. Herder, 1744—1803)和施莱格尔兄弟(August Wilhelm von Schlegel, 1767—1845;Friedrich von Schlegel, 1772—1829)都认为,"诗学"意义上的(狭义)文学能够展示人类文化史,一个民族的文学能够展示其民族精神。人们因此而常把"文学"定格于"民族文学"(上文的《英国文学史》和《德意志民族诗性文学史》亦即《德意志文学史》

---

① 参见威德森,《现代西方文学观念简史》,第 39、40 页。
② 阿诺德语,见上书,第 4 页。

均属此类），文学史被视为民族史亦即国家史的重要组成部分。

文学概念在19世纪的明显变化，使不少科学史家干脆将19世纪视为现代文学史纂之开端，且首先体现于如下三个重要方面：（一）在整个科学体系中细分出具有艺术性的美文学，这就出现了"文学"概念的重大变化；（二）新的"历史性"观念在黑格尔那里达到顶点，视历史为发展过程，其意义见之于过程，文学的发展及其意义同样如此；（三）随着研究对象的变化，文学史纂的接受者也出现了从学者到一般读者的变化，文学史的书写形式和风格也随之而变。[①] 在20世纪的发展进程中，文学史越来越多地被看作文学史编纂之建构品，并依托于不同的方法选择。由此，文学史便逐渐从根本上同其他科学门类或科普著作区别开来，成为一个独立的研究方向。[②]

---

① 参见《德国文学研究大辞典》卷二，第460页。
② 参见上书，第456页。

本雅明"光晕"概念再疏证 *

你越是细看一个字，它越陌生地回看你。

——克劳斯①

同本雅明（Walter Benjamin, 1892—1940）的其他许多著述一样，《可技术复制时代的艺术作品》（下称《艺术作品》）在他死后多年才广为人知，且颇受青睐和推重；与之相伴的是"光晕"概念的走红。这个概念最早是在本雅明那里获得哲学品质的。我们今天所说的"光晕"概念，其实就是本雅明的概念，或曰当被看作本氏概念。然而，他究竟是何时开始论述"光晕"的？什么是"光晕"的本义和转义？如何理解本雅明谈论"光晕"的几段常被援引的文

---

* 本文原稿《本雅明"光晕"概念考释》（《社会科学论坛》2008 年第 9 期，第 28—36 页）发表之后，学界又有一些新的研究成果。针对一些新的观点，笔者对光晕问题做了进一步查考，对原作做了大量修订和增补，此稿是原作的拓展版，亦可视之为第二稿。

① 克劳斯，《家和世界》，载《克劳斯文集》卷八《警句》，第 291 页(Karl Kraus, "Pro domo et mundo" [1912], in: K. Kraus, *Schriften*, Bd. 8: *Aphorismen*, hrsg. von Christian Wagenknecht, Frankfurt: Suhrkamp, 1986)。——本雅明曾三次援引克劳斯的这句警句："Je näher man ein Wort ansieht, desto ferner sieht es zurück."

字？如何领悟"光晕"的真实含义？关于这些问题，还有不少人不知就里。

本雅明光晕概念的接受史从来充满分歧。尽管国际学界早有一些颇有见地的著述问世，但未必都能很有把握地阐释光晕概念的问题域和本雅明的一些界定尝试。其实，人们在他那里也得不到"何谓光晕"的明确定义，许多问题的答案是开放的。确定光晕概念之不确定性，正是许多研究的确定认识。另可确定的是，本雅明将"光晕"上升到艺术命运的高度，他所关注的一个重要现象是"光晕"在现代复制艺术中的消逝。这个在本雅明艺术理论中占有重要地位的概念，是一个炫目的概念，因此需要必要的解读，可是解读并不容易。困难首先来自本雅明本人，他启用的这个源于神秘主义的概念，其语义的模棱两可和在实际运用中的歧义，导致布莱希特（Bertolt Brecht, 1898—1956）言简意赅地断言其矛盾："何其神秘！却摆出反神秘的姿态。"①

有学者将光晕的定义问题归纳为一个悖论："定义无法定义的东西。"② 这确实给人带来不少麻烦。诡异的光晕概念一直颇多争议，以致有人埋怨说，本雅明的概念解释不了什么，需要解释清楚的正是他的概念。③ 的确，条分缕析是必要的，这有助于对光晕概

---

① 布莱希特，《工作日志》卷一（1938—1942），第 16 页（Bertolt Brecht, *Arbeits-journal*, Bd. 1［1938 - 1942］, hrsg. von Werner Hecht, Frankfurt: Suhrkamp, 1973）。

② 施特塞尔，《光晕：被忘却的人性——论瓦尔特·本雅明的语言和经验》，第 43 页（Marleen Stoessel, *Aura. Das vergessene Menschliche. Zur Sprache und Erfahrung bei Walter Benjamin*, München/Wien: Hanser, 1983）。

③ 参见菲恩凯斯，《光晕》，载奥皮茨、维齐斯拉编《本雅明的概念》卷一，第 96—98 页（Josef Fürnkäs, "Aura", in: *Benjamins Begriffe*, hrsg. von Michael Opitz und Erdmut Wizisla, Bd. 1, Frankfurt: Suhrkamp, 2000, S. 95 - 146）。

念及其相关问题的领会和把握。至少需要阐明的是他在 1930 年代关于光晕的那些著名"定义",即他带着历史哲学意识所说的光晕之"消逝"和他认同先锋派而赞扬的光晕之"摧毁"。在阐释本雅明对光晕概念所做的一些松散"定义"时,自然需要查考和分析与这个概念密切相关的"本真性""膜拜价值""距离感"等概念,尤其是相对于"光晕"的"复制艺术"这一本雅明最具创见的概念,以及他面对时局而做出的抉择,即艺术的政治化。

一、 一个本雅明概念,兼论"光晕"译词

"光晕"(Aura)是本雅明美学思想的中心概念之一。他在《摄影小史》(1931)中,尤其在《艺术作品》的前两个版本(1935,1936)中,较为集中地论述了这一概念;可是,究竟何谓光晕?即便在《艺术作品》第三稿亦即终稿①中,本雅明也没有确切回答这个问题。他对光晕的思考,还散见于《发达资本主义时代的抒情诗人》等文中。我们先来看"Aura"的双关性(本义和转义),这有助于理解"光晕"这个中文译词。

---

① 本雅明的《艺术作品》有多个版本:第一稿是手稿(1935),作者先将稿件寄往莫斯科,希望能在那里的德语杂志《国际文学(德国杂志)》(*Internationale Literatur — Deutsche Blätter*)上发表,但被婉言拒绝,连打字稿也散失,所幸手稿尚存。之后,本雅明又尝试在流亡莫斯科的德国人主办的文学月刊《言论》(*Das Wort*)上发表该文,依然未果。第二稿是拓展版,由克罗索夫斯基(Pierre Klossowski, 1905—2001)译成法语,以 *L'œuvre d'art à l'époque de sa reproduction mécanisée* 为篇名发表于法兰克福社会研究所的《社会研究杂志》;可是,不但译者对文章颇多更改,霍克海默(Max Horkheimer, 1895—1973)又做了大幅删减,本雅明对此颇为不满。于是,他于 1936 至 1939 年间又不断加工修改原稿,这便是第三稿即作者认可的终稿,1955 年首次在二卷本《本雅明文集》中出版。

"Aura"是德语（宗教）文献中的常见词语，指（教堂）圣像画中常见的、环绕在圣人头部的一抹光晕；[1] 这是 Aura 的本义，与"神圣"之物相对应。本雅明光晕概念所援恃的正是这种源于神秘主义的现象。[2] 而他用"光晕"形容艺术品的神秘韵味和受人膜拜的特性，则是"Aura"在他那里的转义。中国学界曾有学者以为这是本雅明发明的概念，这当然是讹误：他既没有创造一个新的术语，也没有为此发展出特定的哲学行话。"Aura"汉译也极为混乱，译法有韵味、光晕、灵气、灵氛、灵韵、灵光、辉光、气息、气韵、神韵、神晕、氛围、魔法等。[3] 人们时常把这个概念的多种翻译及其困惑，归咎于本雅明对"光晕"概念定义不多且不明，从而产生概念本身的复杂性和模糊性。这也不足为怪，国际学界的情形同样如此，模糊的光晕概念曾长期被归咎于本雅明所描绘的现象不很明晰。对于"光晕"这一关键概念的大量接受，给人留下"怎么说本雅明都行"的感觉，并且，正是"他的非正统思想在为此推波助澜"[4]。

"Aura"的不同汉语译名，自然是对这个概念的不同理解所致。有学者从这个概念的希腊语词源、古罗马经典作家以及本雅明的同

---

[1] 早在中世纪或文艺复兴时期，玛利亚、耶稣或者"圣者"的一些画像，头部笼罩在光环（光晕）之中。

[2] 参见菲恩凯斯，《光晕》，载奥皮茨、维齐斯拉编《本雅明的概念》卷一，第 96—98 页。

[3] 参见赵勇，《整合与颠覆：大众文化的辩证法——法兰克福学派的大众文化理论》，北京，北京大学出版社，2005 年，第 190 页。

[4] 马格讷、韦伯编，《本雅明研究资料：评论版书目（1983—1992）·前言》，第 7 页（Reinhard Markner/Thomas Weber, "Vorwort", in: *Literatur über Walter Benjamin. Kommentierte Bibliographie 1983 - 1992*, hrsg. von R. Markner und Th. Weber, Hamburg: Argument, 1993）。

时代学者的用词出发，指出"Aura"本义为"气"。所以，"诸如光晕、灵光抑或光环之类侧重于'光'的译法都是不合适的，须以'气'为重心"①。这种追根寻源，自有其可取之处，可是也要避免顾此失彼的危险。的确，希腊语 $\alpha\tilde{\upsilon}\rho\alpha$（aura）来自动词 $\alpha\tilde{\upsilon}\omega$（aúo），表示"吹"，亦即"气""气息""气流""风"等，尤其是水散发出的"凉气"，或"清晨之气"；拉丁语中的 *aura* 词义相似。② 然而也是在拉丁语中，我们已经能够看到词义的扩展，该词已有"光"和"光华"之延伸词义。无论是在贺拉斯（Horace，前 65—前 8）还是在维吉尔（Vergil，前 70—前 19）那里，"气"已经与"光彩"或"金光"相同。③ 常同 Aura 混用的 Aureole，意为"淡淡的金色"，即泛着金光。④ 并且，Aura 在 19 世纪依然还有"光晕"和（圣像头上的）"光轮"之义。必须指出的是，这些都还只是"Aura"的词语史，我们不应混淆"词语史"与"概念史"。即便分论二者，我们亦须看到：就词语史而言，一个词的词义不是一成不变的，两千年不变之词义是罕见的。就概念史而言，无数古希腊、古罗马用词，亦即同一个词所体现的概念，古今天差地远，这里无须赘言。

诚然，"Aura"的希腊词源带着物理之"气"；但正是"气"，或"气息""气晕"等，本身是可抽象的，或曰很容易抽象化而脱离物理之"气"，如同"光晕"未必总要回溯到物理之"光"。无疑，人们可以用前人以及比本雅明年长的同时代人的说辞，证实

① 杨俊杰，《也谈本雅明的 aura》，载《美育学刊》2014 年 4 期，第（23—26）26 页。
② 耶格尔，《光晕》，载《德国文学研究全书》，第 167 页（Lorenz Jäger, "Aura", in: *Reallexikon der deutschen Literaturwissenschaft*, Berlin: de Gruyter, 1997, S. 166 - 168）。
③ 参见杨俊杰《也谈本雅明的 aura》中的相关段落。
④ 参见耶格尔，《光晕》，载《德国文学研究全书》，第 167 页。

“气”之要端。① 然而，不深入联系颇具独创性的本雅明之概念，而偏重在他之前“Aura”的词语史来说概念，是缺乏说服力的，因为那不是本雅明的概念。如前所述，这里需要确认的事实是本雅明概念。换言之：“光晕”经由本雅明，才从一个不很确定的、模糊的日常用语翻转为现代艺术哲学和艺术理论中的一个重要概念。② 这是关键所在，也是其魅力所在！

另须确认的是，本雅明从神秘主义传统中汲取的这个用词，并非完全袭用旧的词义，而是有着语文学上的断裂，是一种间接引用，这就不是远去的传统之简单重复。作为一个德国的犹太知识者，本雅明在世俗意义上承袭自己的语言传统，③ 无论是隐喻还是转喻，寓意或反话，“光晕”之运用总是情境交关的，与活生生的思想现实相通连。现实性不会把概念之丰富的语源，甚至流传的“称谓”“形象”“思想”放在首位，而是刻意让语词的语义服务于实用延伸。关键是联系当下状况和“现在所能认识的”（“Im Jetzt der Erkennbarkeit”④ ）过去情形——这是本雅明所信奉的“哲学”。

① 参见杨俊杰《也谈本雅明的 aura》中的相关段落。
② 参见西莫尼斯，《光晕》，载《梅茨勒文学、文化理论全书：流派，人物，基本概念》，第 38 页（Annette Simonis, “Aura”, in: *Metzler Lexikon Literatur- und Kulturtheorie: Ansätze — Personen — Grundbegriffe*, hrsg. von Ansgar Nünning, Stuttgart/Weimar: Metzler, 2008, S. 38）；菲恩凯斯，《光晕》，载奥皮茨、维齐斯拉编，《本雅明的概念》卷一，第 95—146 页。
③ “Aura”在犹太教的神秘教义中是一种环绕着人的“以太”（aether），相信人直到末日审判的行为都被笼罩其间。——参见蒂德曼，《光晕》，载里特尔主编《哲学历史辞典》卷一，第 652 页（Rolf Tiedemann, “Aura”, in: *Historisches Wörterbuch der Philosophie*, Bd. 1, hrsg. von Joachim Ritter, Basel/Stuttgart: Schwabe, 1971, S. 652－653）。
④ 本雅明，《巴黎拱廊街》，《本雅明文集》卷五（1），第 577 页（Walter Benjamin, “Das Passagen-Werk”, in: *Gesammelte Schriften*, V/1, hrsg. von Rolf （转下页）

本雅明描写辩证论者的一段生动的文字，颇有启示意义："对辩证论者来说，重要的是乘世界历史之风而升起船帆。思考在他那里就是扬帆，重要的是如何扬帆。词语是他的帆，而要成为概念，则要看如何扬帆。"①本雅明把"Aura"这一通常见之于见神论、神秘教、神秘学、通灵学的难以捉摸的词语，转换为艺术理论的中心概念，无疑是在世界历史中扬帆的典型事例。与其说这里的关键是"词语"亦即"帆"，毋宁说更在于"如何扬帆"。而"如何"的问题说到底关乎"此时此地"（hic et nunc）之现实亦即功能的转换，实现"光晕"这个被神秘主义扭曲的词语之世俗拯救：通过转换和评论前说，使之获得此地此刻的现实意义。②

再回到译词问题。我以为，在不排除有些译词各有千秋的情况下，用"光晕"汉译本雅明的"Aura"，似乎最为贴切：它是具体的，又是抽象的。而强调"气"，从而把本雅明的一句名句中的"Aura"译成"霞气"，显然略显生硬："［……］这就是在感受这山的霞气、这树枝的霞气。"③这里也能让人看到另一个问题，即"霞气"之译的"宽度"不够，很难用以翻译其他许多上下文中的"Aura"，这也是不少已有"Aura"中文译词的共同问题。试举一句译文为例："波德莱尔的诗在第二帝国的天空闪耀，像一颗没有氛

（接上页）Tiedemann und Hermann Schweppenhäuser, Frankfurt: Suhrkamp, 1999）。

① 本雅明，《巴黎拱廊街》，《本雅明文集》卷五（1），第591页。

② 本雅明在其早期论文《译者的任务》（1923）中认为，将过去的文本移译为新的文本，不仅被看作旧文本之现实化的续写，对待所有过去的文本都应如此。他又在《文学史与文学研究》（1931）中说，不要从作品当初的时代背景来描述作品，而要通过产生作品的时代体现认识它的时代，即我们这个时代。

③ 杨俊杰，《也谈本雅明的 aura》，载《美育学刊》2014年4期，第26页。

围的星星。"——本雅明的这句常被援引的句子中的"氛围",委实很难理解。这个从尼采(Friedrich Nietzsche, 1844—1900)那儿借来的意象,当为"没有光晕的星星"。①

二、 神秘的"光晕"与本雅明之重估

现代"光晕"概念已在 19 世纪有所铺垫,例如神秘主义的"神智学"(Theosophy,亦译"通神学")透过 Aura 看本质的观点,即超自然的精神之眼,能够透过肉身之 Aura 洞见人的真实内心生活。② 本雅明早在《评陀思妥耶夫斯基的〈白痴〉》(1921)一文中,赞美了原生性俄罗斯精神的光晕,认为人类生命的底蕴和激情都能从中找到肯綮。陀思妥耶夫斯基(Fyodor Dostoyevsky, 1821—1881)伟大艺术的卓越之处,正在于它精湛地表现了俄罗斯民族性中的那种自然的生命冲动,亦即纯粹的人性。③ 不过,"光晕"在该文中的位置并不突出,只是顺带一提。有学者认为本雅明早期著述中鲜见"光晕",那是有意为之,因为这一表述在 20 世纪的头二十年中名声不佳。④ 通神论者弄神弄鬼的语言中充斥着"光

① 张玉能令人信服地阐释了用"光晕"汉译 Aura 的理由,参见张玉能,《关于本雅明的"Aura"一词中译的思索》,载《外国文学研究》2007 年第 5 期,第 151—159 页。

② 参见耶格尔,《光晕》,载《德国文学研究全书》,第 167 页;另参见蒂德曼,《光晕》,载《哲学历史辞典》卷一,第 652—653 页。

③ 参见本雅明,《评陀思妥耶夫斯基的〈白痴〉》,《经验与贫乏》,王炳钧、杨劲译,天津,百花文艺出版社,2006 年,第 138 页。

④ 参见福尔特,《光晕:一个本雅明概念的历史》,载《重音——文学杂志》第 26 卷(1979),第 359 页(Werner Fuld, "Die Aura. Zur Geschichte eines Begriffes bei Benjamin", in: *Akzente. Zeitschrift für Literatur* 26[1979], S. 352 - 370)。

晕"，施坦纳（Rudolf Steiner, 1861—1925）《神智学》[1] 中的招魂论以及他的人智学派同样如此。

1900 年前后，在艺术作品及文化传统遭遇历史主义、现代性和大众文化所出现的紧张关系时，这个概念逐渐受到重视。尤其在 20 世纪早期德国著名象征主义诗人格奥尔格（Stefan George, 1868—1933）那里，亦即"格奥尔格圈子"[2] 中，"光晕"成为文学艺术理论中的一个术语，或曰文化批评概念，用以表示对"世界之祛魅"（韦伯："Entzauberung der Welt"），特别是艺术品日益失去其膜拜意义的不满。[3] 早期本雅明显然不想同格奥尔格圈子走得太近。他虽对克拉格斯（Ludwig Klages, 1872—1956）和舒勒尔（Alfred Schuler, 1865—1923）兴趣浓厚，但一直同神秘主义学说保持距离，诸如 1920 年代的那种神学与美学、古代文化研究与考古学、观相术与心理学、宇宙论与人类学的一元论结合。本雅明逐渐洞察这些神秘主义的当代形态，视之为庸俗的神秘论，或第一次世界大战之灾难所引发的文化聚变中的瓦解现象。[4]

---

① 施坦纳，《神智学：超感官的世界认识与人的天职导论》（Rudolf Steiner, *Theosophie. Einführung in übersinnliche Welterkenntnis und Menschenbestimmung*, Berlin: Schwetschke und Sohn, 1904）。

② 格奥尔格是 19、20 世纪之交德国文学潮流的主要代表。他反对 19 世纪晚期在德国兴起的自然主义，视法国象征主义为圭臬。他的崇拜者和追随者组成的朋友圈，史称"格奥尔格圈子"（George-Kreis）；其成员主要是来自欧洲不同国家的诗人、作家、学者、教授、艺术家等，包括三代人（他的同龄人以及下一代和第三代），前后不下百人。一般认为这个朋友圈形成于 1891 年，直至 1933 年格奥尔格去世。创刊于 1892 年的《艺术之页》（*Blätter für die Kunst*）是格奥尔格圈子早期的核心刊物，充分体现出该团体之纯粹、唯美的形式追求，以及远离社会的明确取向。

③ 耶格尔，《光晕》，载《德国文学研究全书》，第 167 页。

④ 参见菲恩凯斯，《光晕》，载奥皮茨、维齐斯拉编《本雅明的概念》卷一，第 104—105 页。

    本雅明的"光晕消失"理论，部分源于格奥尔格圈子中的舒勒尔，这位诺斯替教派信徒和预言家颇具卡里斯玛，给格奥尔格带来不少灵感，也是他最早提出"光晕消失说"，不过这位幻想家认为人们在罗马帝国后期已经感受到光晕的消散。① 后来，格奥尔格在其诗歌创作中，作家和翻译家沃尔夫斯凯尔（Karl Wolfskehl, 1869—1948）在其论说文中，都把"光晕"话题与政治和文化的灰暗前景联系在一起。② 本雅明在 1929 年 7 月 5 日致沃尔夫斯凯尔的一封短信中，③ 感谢沃氏发表在《法兰克福报》（*Frankfurter Zeitung*）上的文章《生命之气》（*Lebensluft*，1929）对自己的启发。正是在这段时间，本氏和沃氏这位年长的朋友之间颇多交流。④ 在《生命之气》中，沃氏起始就试图给"Aura"下一个定义：

      我们可以把生命之气称为 Aura，或用一种不那么"神秘"的说法：每一种物质形态都会散发出生命之气，可谓带着唯其独有的气晕。无论是有生命还是无生命的 ［……］，是人为的

① 参见舒勒尔，《遗作：残篇和讲稿》（克拉格斯编），第 151、262 页（Alfred Schuler, *Fragmente und Vorträge aus dem Nachlaß*, hrsg. von Ludwig Klages, Leipzig: Barth, 1940）。
② 参见耶格尔，《光晕》，载《德国文学研究全书》，第 167 页。
③ 见《本雅明文集》卷二（3），第 1020 页（Walter Benjamin, *Gesammelte Schriften* II/3, Frankfurt: Suhrkamp, 1999, S. 1020）。
④ 关于本雅明与沃尔夫斯凯尔之间的交流，参见《本雅明书信集》第 3 卷，第 312、326、348、454、460、474—475 页（Walter Benjamin, *Gesammelte Briefe*, hrsg. von Christoph Gödde und Henri Lonitz, 4 Bde, Frankfurt: Suhrkamp, 1998）；亦可参见本雅明，《贺沃尔夫斯凯尔六十华诞：忆旧事》（1929），载《本雅明文集》卷四（1），第 366—368 页（Walter Benjamin, "Karl Wolfskehl zum sechzigsten Geburtstag: Eine Erinnerung", in: W. Benjamin, *Gesammelte Schriften*, Bd. IV [1], hrsg. von Rolf Tiedemann und Hermann Schweppenhäuser, 7 Bde, Frankfurt: Suhrkamp, 1989, S. 366 – 368）。

还是无意造成的，一切都溢出自身，又笼罩着自身，那是一种失重的、液态般的包裹物。①

引号中的"神秘"（okkult）一词能够让人看到，沃氏与本雅明一样，很了解光晕概念的神秘主义来源。本雅明阅读沃氏文章的时候，正是他开始集中思考"光晕"概念之际。沃尔夫斯凯尔对他的影响，当在情理之中。虽然本雅明对这个概念定义不多，但是他的转义"Aura"以及对"祛魅"的阐释，都与其本义亦即内涵和外延有着内在联系。主要在 1930 年前后，本雅明审视这个概念并对之进行重估：从前卫艺术（尤其是达达主义、玻璃建筑、叙事剧、摄影蒙太奇等）和大众文化（首先是电影）出发，他断然预测艺术概念的转向，即未来的艺术特征是可技术复制和愉悦接受等新的景象。就此而言，本雅明在媒介理论上发展了前辈学者的光晕说；并且，《艺术作品》迄今还被看作现代媒介理论的关键文本之一。

三、"究竟什么是光晕？"

想要令人满意地对本雅明的光晕概念做出明晰的把握是极为困难的，这主要缘于"光晕"本身，无论是其语言符号还是所指对象都不是彰明较著的。严格说来，本雅明那里没有光晕的完整概念，而只是一些甚至不相协调的观点，表示特定的、多少有些飘忽的感

---

① 沃尔夫斯凯尔，《生命之气》，载《沃尔夫斯凯尔文集》卷二，第 419 页（Karl Wolfskehl, "Lebensluft", in: K. Wolfskehl, *Gesammelte Werke*, hrsg. von Margot Ruben und Claus Victor Bock, Bd. 2, Hamburg: Claassen, 1960, S. 419 - 422）。

受，而且多半用一些与这些感受相配的幽婉表达，却有着或明或暗的现实指向。

　　受到法国超现实主义以及一些前卫艺术的启迪，本雅明开始把"光晕"这个词做成他的概念。他在 1925 年的《〈画报〉无可指责》这篇短评中的一段著名文字，已经预示出这一概念转向，其基调甚至对他后来的观点具有中心意义。他为《柏林画报》之毫不遮掩的纪实风格辩护，鄙睨对此不屑一顾的文人墨客：

　　　　呈现事物的现实光晕，更有价值，而且深远，即便是间接的，但更有益，而不是炫耀那些说到底属于民众教育之十足的小市民思想。①

现实之光晕，无疑指向自由作家和批评家的介入和颠覆策略，如他发表于 1928 年的《单行道》所显示的那样；但这部作品在展现事物的现实光晕时，并未运用"光晕"这个华丽辞藻。

　　本雅明开始明确地在文字上探索光晕概念，出现在他有控制地尝试毒品的各种记录中。那是他 1927—1934 年间的实验性吸毒行为，且多半是结伴吸食，他曾计划写作"一本极为重要的论述大麻的书"②。他不仅记录了吸毒时的解脱和宽慰之感，还有消沉和攻击欲。1930 年 3 月初的一份《毒品尝试记录》，写下了本雅明和他人

---

① 本雅明，《〈画报〉无可指责》（1925），载《本雅明文集》卷四（1），第 449 页（Walter Benjamin，"Nichts gegen die 'Illustrierte'"，in: W. Benjamin，*Gesammelte Schriften*，Bd. IV［1］，hrsg. von Rolf Tiedemann und Hermann Schweppenhäuser, Frankfurt: Suhrkamp, 1989, S. 448 - 449）。
②《本雅明书信集》第 2 卷，第 556 页。

一起吸毒后的陶醉状态中"论光晕之本质"。他不但攻击见神论者，
而且也第一次较为详细地解释了"光晕"概念：

> 我所说的一切，其论战矛头直指见神论者，他们的孤陋寡
> 闻和无知让我感到极为恶心。与见神论者的那些常见的无聊想
> 象相反，我要从三个方面——即便还不算纲要——提出真正的
> 光晕。首先，所有事物都能显现真正的光晕；它并不像人们所
> 臆想的那样，只与特定事物相关。其次，光晕处在变化之中；
> 说到底，物事的每一个变动都会引起光晕的变化。再次，真正
> 的光晕，绝不会像庸俗的神秘书籍所呈现和描绘的那样，清爽
> 地散射出神灵的魔幻之光。真正的光晕的特征，更多见之于笼
> 罩物体或本质的映衬意象。或许没有什么能像凡·高
> ［Vincent van Gogh, 1853—1890］的晚期画作那样呈现真正的
> 光晕，所有东西——人们也许能这样描写他的画——都同光晕
> 一起画了进去。①

这段文字能够见出本雅明对以往几乎所有"光晕"用词的反感；而
在回忆吸毒试验时得出的光晕之正面现象，能够触发理论思考。所
谓"笼罩物体或本质的映衬意象"，精当地对应了沃尔夫斯凯尔对
此概念的解释："一切都溢出自身，又笼罩着自身。"只是由于德汉
语言的隔阂，也由于本雅明的诡异行文，最后一句的译文无法原汁

---

① 本雅明，《毒品尝试记录》，《本雅明文集》卷六（1），第 588 页（Walter Benjamin,
　"Protokolle zu Drogenversuchen", in: W. Benjamin, *Gesammelte Schriften*, hrsg.
　von Rolf Tiedemann und Hermann Schweppenhäuser, VI/1, Frankfurt:
　Suhrkamp, 1999）。

原味地体现原文。① 用于文学艺术，此处 "物体"，乃艺术作品；
"映衬意象" 则是艺术作品透出的光晕，是一种神性境界或 "象外
之象"。或者，从某种意义上说，光晕是本雅明所迷恋的 "启示"。
他对通神学的强烈拒绝能让人看到，这里的光晕概念指的不是古今
虔诚画家所作的圣像中的光晕，亦非装神弄鬼者的光晕戏法。（"魔
幻" 光晕或多或少见于沃尔夫斯凯尔和克拉格斯的著述。）文中含
有贬义的 "清爽" 和 "神灵" 表明，本雅明不是泛泛地诋毁神秘主
义，不是贬低中世纪德意志神秘主义思辨神学家埃克哈特（Meister
Eckhart, 1260—1327），西班牙加尔默罗教团的克鲁斯（San Juan
de la Cruz, 1542—1591，又译圣胡安，天主教界译为圣十字若望），
或者阿拉伯世界的苏菲（Sufi）神秘主义。他们都不是庸俗的神秘
主义和神智论者那样玩弄 "魔幻之光" 的人。本雅明攻击的也是过
去和现在呼神唤鬼的庸俗作家，以其平庸之作，将光晕贩卖给平庸
之人。廉价作品不是本雅明 "光晕" 概念的兴趣所在，他注重的是
其他一些值得重视的光晕形式。

　　有学者认为，本雅明所说 "所有事物都能显现真正的光晕"，
与人们对本雅明光晕概念的一般理解大相径庭，即这个概念首先是
一个美学范畴，或传统艺术的主要品质。② 然而，我们不能只停留
于此，而要看到这个概念在他那里的发展变化。1931 年，光晕概念

---

① 本雅明的思维和表达方式从来不循规蹈矩，常常是文风晦涩、行文诡异，以致不
　少德国人也觉得他的作品不易理解。这或许也是中译本雅明著述的不少文字不得
　要领，甚或不着边际的缘故之一。
② 参见汉森，《本雅明之光晕》，载《批评探索》第 34 期第 2 卷（2008 年冬），第
　336 页（Miriam Bratu Hansen, "Benjamin's Aura," in: *Critical Inquiry* No. 34/2
　[Winter 2008]，pp. 336 – 375）。

出现在文化史研究之作《摄影小史》中，该文可被视为《艺术作品》的雏形。本雅明分析了卡夫卡（Franz Kafka, 1883—1924）六岁时的一张照片，从中看到早期摄影中的人物还没有抛弃神的观念，光晕还笼罩着世界，充满神秘的气息，相片中的男孩就是如此看世界的。① 但是随着技术媒介的发展，光晕也在不断消逝。就整个发展而言，我们能够看到本雅明的矛盾心理和立场：一方面是他的"恋情"，即对业已消失的美妙光晕的怀旧之情；另一方面是他热情拥抱具有革命意义的前卫艺术。② 他的追求是揭示历史发展趋势，即呈现光晕的消失与前卫艺术摧毁光晕的正当使命，这是本雅明光晕概念的主干。我们在解析他的光晕概念时，一定要抓住其概念或思想主干，而不是在他的一些甚至自相矛盾的说法中捕风捉影、东拉西扯。

前文本雅明语录中第二点所说的变化中的光晕，首先在说被观察的客体之无限的流动性，客体的不断变化决定了经验的变化。客体本身的流变，也意味着意识和经验本身的多样性。其实，二者难分先后，是一个主客体的互动过程：光晕的变化带来感受的变化，感受也使光晕变动不居。在《艺术作品》中，本雅明给出了"光晕"的另一个"定义"，指出光晕在时间和空间上的两个感知维度：

> 究竟什么是光晕？光晕是一种源于时间和空间的独特烟霭：它可以离得很近，却是一定距离之外的无与伦比的意境。在一个夏日的下午，休憩者望着天边的山峦，或者一根在休憩

---

① 参见本雅明，《摄影小史》，王才勇译，南京，江苏人民出版社，2006 年，第 19 页。
② 参见汉森，《本雅明之光晕》，载《批评探索》第 34 期第 2 卷（2008 年冬），第 337—339 页。

者身上洒下绿荫的树枝——这便是在呼吸这些山和这根树枝的
光晕。①

与前一段语录相同，这段引文中可以见出，光晕是一种普遍体验，
可以显现于"所有事物"；山峦和树枝显示出，光晕不只局限于艺
术作品。同时，视光晕为独特的"烟霭"（原文 Gespinst：透明的轻
纱），无疑与 Aura 的希腊词源有关，或曰希腊语"$αὔρα$"的德文转
译形式，意为"云气"或"薄雾"。早期本雅明是克拉格斯的追随
者，本雅明曾经研究过这位具有犹太教神秘主义特色的修辞学家。②
克拉格斯所理解的"Nimbus"即为"Aura"（"Nimbus-Aura"），
是一抹光照，圣像头上的光轮。③ 本雅明在这里对光晕现象的一般
描写，也更着力于客观对象和外部事物。然而，对光晕的体验也在
于主体的精神状态和感受能力，或曰主体和客体、观察者和被观察
者之间的一种引力（力场）。"呼吸"使人走出被动的休憩状态，光
晕的体验永远离不开人物主体，离不开"感应"。④ 就感知层面而

① 参见本雅明，《可技术复制时代的艺术作品》，《经验与贫乏》，王炳钧、杨劲译，
天津，百花文艺出版社，2006 年，第 265 页。——译文有较大改动。

② 参见福尔特，《本雅明与克拉格斯的关系》，载《重音——文学杂志》第 28 卷
(1981)，第 274—287 页(Werner Fuld, "Walter Benjamins Beziehung zu Ludwig
Klages", in: *Akzente. Zeitschrift für Literatur* 28[1981], S. 274‑287)。

③ 参见克拉格斯，《作为心灵之敌的精神》，《克拉格斯全集》（第三卷），第 1103 页
(Ludwig Klages, *Der Geist als Widersacher der Seele*, in: *Sämtliche Werke*, Vol.
3 der *Philosophische Schriften*, hrsg. von Ernst Frauchiger et al., Bonn: Bouvier,
1974)。——心理学家和哲学家克拉格斯是现代笔迹学的创始人，把笔迹看作发
现一个人的性格以及各种特点的方法。极为重要的是他的"图像"（Bild）概念。
他认为"原始图像"（Urbild）或古代图像浮现着光轮（Nimbus），仿佛是一种飘
动的"面纱"（Schleier）；神秘的图像会催生幻影和想象，例如耶稣的显现。

④ 参见施特塞尔，《光晕：被忘却的人性——论瓦尔特·本雅明的语言和经验》，第
48 页。

言，光晕正是本雅明所擅长的隐喻性感知的反面，观察对象的玄妙
整体性变得可见了。带着光晕的客体，可以是一种乌托邦的确立，
或者一种乌托邦的存在，哪怕在极短暂的瞬息之内。[①] 同时，本雅
明在此描绘的静谧的氛围，清楚地显示出他后来还要详说的现象，
即对光晕艺术品的接受，不能在前呼后拥、七嘴八舌的场合，而需
要凝神专注、心驰神往。光晕来自本真的艺术与个人的体验。本雅
明对光晕"可以离得很近，却是一定距离之外的无与伦比的意境"
注释如下：

> 把光晕定义为"可以离得很近，却是一定距离之外的无与
> 伦比的意境"，无非是用时空感知范畴来表述艺术作品的膜拜
> 价值。远是近的对立面，本质上的远是不可接近的。事实上，
> 不可接近性是膜拜画的主要特性。[……] 人们可以在物质层
> 面上靠近它，但并不能消除距离。远是它与生俱来的品质。[②]

据此，"远"不是空间距离，而是神性的象征，是对一种无法克
服之距离的体验。显然，这里说的是对远的感受亦即距离感，是心
理上的距离，是认识到观察对象的不可企及，其实际远近是次要的。[③]
也就是说，我们没有必要区分"远方之物"和"近处之物"。[④] 这里

---

① 参见詹姆逊，《马克思主义与形式——20 世纪文学辨证理论》，李自修译，天津，
　百花洲文艺出版社，1995 年，第 64 页。
② 参见本雅明，《可技术复制时代的艺术作品》，第 265 页。——译文略有改动。
③ 参见雷基，《光晕与自律：论本雅明和阿多诺的艺术主观性》，第 16 页（Birgit
　Recki, *Aura und Autonomie: Zur Subjektivität der Kunst bei Walter Benjamin
　und Theodor W. Adorno*, Würzburg: Königshausen & Neumann, 1988）。
④ 张玉能（《关于本雅明的"Aura"一词中译的思索》，第 155—156 页）（转下页）

的"远",也是本雅明在《论波德莱尔的几个主题》中所说的"光晕这种现象的膜拜特质";① 或者,它是人们面对感知对象油然而生的联想。② 一件艺术品的光晕在哪里呢?在欣赏者眼前所出现的过去与现在的时差中,在艺术品的历史性中,距离是"光晕"的明显特征。对本雅明来说,艺术起源于仪式(起初是巫术礼仪,后来是宗教礼仪),艺术作品根植于神性并因此而散发出"光晕":

> 即便最完美的复制品也不具备艺术作品的此地此刻(Hier und Jetzt)——它独一无二的诞生地。恰恰是它的独一无二的生存,而不是任何其他方面,体现着历史,而艺术的存在又受着历史的制约。③

这便是光晕艺术的生成特点和存在形式。艺术作品(原作)的"此地此刻即它的本真性(Echtheit)"④,就是特定艺术家在特定时期、特定环境、特定语境中创造的特定作品。所谓"本真性",同时也指作品问世之后流传下来的所有东西,包括它在时间上的传承,以

（接上页）将上文本雅明"光晕"定义中的一句句子译为"一个远方（之物）的唯一的显现,它可能又是那么近",并从中得出"远方之物"和"近处之物"之分,以及"传统艺术作品是具有'光晕'的远方之物和近处之物的统一体"的结论。这一解读似有过度阐释之嫌。在德语原文中,"它可能又是那么近"虽然并非可有可无,但是完全是一句附带的、强调语气的句子（让步句）,以突出空间距离的次要性,以及"它可以离得很近"或者"人们可以在物质层面上靠近它"的可能性。

① 参见本雅明,《论波德莱尔的几个主题》,《发达资本主义时代的抒情诗人》,张旭东、魏文生译,北京,生活·读书·新知三联书店,2007年,第161—162页。
② 同上书,第159、161页。
③ 本雅明,《可技术复制时代的艺术作品》,第262页。
④ 同上书,第262页。

及历史见证性。① 本雅明所说的"过去的作品并没有完结",还包括
"超越产生时期而得以流传的过程",以及不同时期的人对作品的接
受。②(这已经涉及后来的接受美学关于读者和欣赏的重要方面。)

　　就像光晕概念始终给人神秘感一样,或曰它只有在其神秘性中
才能被人领略,每一件如本雅明所说的本真的、富有光晕的艺术
品,都有自己的秘密。"一部真正的艺术作品,只有当它不可避免
地表现为秘密时,才可能被把握。[……]美的神性存在基础就在
于秘密。"③ 本雅明在这里所说的"可能被把握",完全是辨证的,
宛如有些美女所具有的迷人的魅力:伴着她的是秘密,一种难以捉
摸、无法形容的东西。她可以离得很近,却是一定距离之外的无与
伦比的意境。在本雅明那里,迄今的伟大艺术,都具备这种神秘的
"光晕性"(auratisch:有光晕的),并以其魅力令人销魂。这才是真
正的光晕的特征。当然,他也认识到,富有光晕的传统艺术如何使
接受者沉醉,并可能失去理性思考和批判能力,有点像他所说的恋
爱中的人:"恋爱中的人不仅迷恋钟情之人的'缺点',不仅迷恋一
位女人的怪癖和弱点,而且恋人脸上的皱纹、痣、寒酸的衣着和有
点倾斜的走路姿态,都会远比任何一种美更持久和更牢固地吸引
着他。"④

---

① 本雅明,《可技术复制时代的艺术作品》,第 263 页。
② 参见本雅明,《爱德华·福克斯,收藏家和历史学家》,《经验与贫乏》,王炳钧、
　杨劲译,天津,百花文艺出版社,2006 年,第 306 页。
③ 本雅明,《评歌德的〈亲合力〉》,《经验与贫乏》,第 226 页。
④ 本雅明,《单行道》,王才勇译,江苏人民出版社,2006 年,第 18 页。

四、"技术复制"与感知的历史变化

本雅明用光晕艺术泛指整个传统艺术，它在审美功能上提供某种膜拜价值，这也是传统艺术的基础。艺术接受就是一种光晕体验，感受那若即若离、无与伦比的灵韵。光晕可以体现在传统文学讲故事的艺术之中（《讲故事的人》，1936），或见之于戏剧舞台上的生动表演及独特的氛围里。光晕的感知或对光晕的反应方式，是人类生活中常见的。它可以是思维过程中的入神的眼神，也可以是纯彻的一瞥。诚如诺瓦里斯（Novalis，1772—1801）所说，可否感知的问题是一个注意力的问题。[①] 对此，本雅明认为"回视"现象是一个最好的说明：我觉得有人正在看我，我会把目光转向看我的人；或者，感到被我看的人，同样会看我。感知我所看的对象的光晕，就是激发其回眸的能力。[②] 在此，光晕的生成和体验，发生在主客体（新出现的）神秘的、心有灵犀的关系之中，体现于特殊（特定）的经验。

本雅明在《讲故事的人》《论波德莱尔的几个主题》和《艺术作品》中，向我们展示了起源于礼仪的艺术的三个历史发展阶段：先是传统的乡村社会以及前资本主义时期的讲故事形式；然后是发达资本主义时代的现代抒情诗的困厄，最后是 19 世纪照相摄影的出现和 20 世纪的技术发展，使电影成为占统治地位的传播方式，还有发展很快的新闻。小说、新闻、电影等新的艺术形式，都是近

---

① 参见《诺瓦里斯著作》卷三《残篇》，第 275 页（Novalis, *Novalis Schriften*, Bd. 3: *Fragmente*, hrsg. von Minor, Jena: Eugen Diederichs, 1907）。

② 参见本雅明，《论波德莱尔的几个主题》，第 161 页。

现代社会发展的产物。本雅明在《讲故事的人》中，沿袭卢卡契"小说是一个被上帝遗弃的世界的史诗"[1]的命题，认为史诗派生出三种文体：故事、小说和新闻，以对应不同生产方式的更迭。

复制艺术理论的灵感来源多种多样，如先锋派的实践、蒙太奇、超现实主义、布莱希特的叙事剧，还有普鲁斯特式的记忆或波德莱尔的象征。诚然，"艺术作品原则上从来就是可复制的。凡是人所做的事情，总可以被模仿"[2]，但是：

> 一九〇〇年前后，技术复制所达到的水准，不仅使流传下来的所有艺术作品都成了复制对象，使艺术作品的影响经受最深刻的变革，而且它还在艺术的创作方式中占据了一席之地。[3]

这里所言"最深刻的变革"，涉及本雅明对艺术史发展的总体评价：从中世纪的宗教艺术到文艺复兴之世俗艺术的巨变，无疑具有划时代的意义，但都比不上由光晕艺术到复制艺术的巨变。"复制艺术"正是本雅明最具创见的概念。也正是"技术复制"[4]概念的引入，"本真性"和"光晕"这两个相互关联的概念才是必要的。世界进

---

[1] 卢卡契，《小说理论》，《卢卡契早期文选》，张亮、吴勇立译，南京，南京大学出版社，2004年，第61页。

[2] 本雅明，《可技术复制时代的艺术作品》，第260页。

[3] 同上书，第262页。

[4] 中文中几乎约定俗成的本雅明的"机械复制"概念，或许源于英语用"mechanical reproduction"对本雅明的"technische Reproduzierbarkeit"的误译，英语本应用"technical"或"technological"与德语相对应。不管从原文还是从译文看，"技术复制"才是准确的；而"机械复制"在论述本雅明观点的时候显得极为狭窄，而且很不合适。本雅明讲的主要是新时代的技术，如绘画复制技术、电影复制技术、音乐复制技术等等。

入技术复制时代之后，相对于"光晕"的"技术复制"，成为当代
艺术的特色。技术复制艺术的崛起，触及作品之本真性这一最敏感
的核心，并使一直决定传统艺术整个命运的光晕逐渐衰微，神秘而
完满的艺术体验失落了。

> 在艺术作品的可技术复制时代，枯萎的正是艺术作品的光
> 晕。这种发展是显而易见的，其意义超出了艺术范畴。一般说
> 来，复制技术使被复制品脱出传统范围。复制技术以复制品之
> 大量，取代被复制的独一无二。同时，复制技术能让接受者
> 在各自环境中欣赏复制品，这便能让被复制品获得现实意义。
> 这两个过程极大地动摇了流传下来的艺术作品。①
> 艺术作品的可技术复制性有史以来第一次将艺术作品从依
> 附于礼仪的生存中解放出来了。复制艺术品越来越着眼于具有
> 可复制性的艺术品。比如，用一张底片可以洗出很多照片；探
> 究其中哪张是本真的，已没有任何意义。②

在本雅明看来，随着历史长河中人类群体的整个生活方式的改
变，人的感知方式也在变化。正是技术复制带来的大众艺术，导致
受众感知形式的变化；对大众来说，艺术作品就是消费品。因此，
如果将现代感知形式的变化理解为光晕的衰竭，我们便可揭示光晕
衰竭的社会条件。③ 本雅明从这里导引出光晕消散的社会条件，与
现代生活中大众作用的不断增长有关：其一，大众总是希望尽量贴

---

① 本雅明，《可技术复制时代的艺术作品》，第264页。——译文有较大改动。
② 同上书，第268页。
③ 同上书，第265页。

近事物；其二，大众倾向于通过复制品克服独一无二性。"剥去物事之外壳、摧毁其光晕是这种感知的标志，视万物皆同的强烈意识便要借助复制来获得独一无二的东西。"①

　　随着光晕艺术向技术复制艺术的转变，传统艺术的膜拜价值日渐泯没。技术复制大大增强了作品的可展览性，不断显示出其展示价值。本雅明说："对艺术作品的接受各有侧重，其中有两种极端：一种只看重艺术作品的膜拜价值（Kultwert），另一种只看重它的展览价值（Ausstellungswert）。［……］从艺术接受的第一种方式向第二种的过渡，其实决定着艺术接受的历史进程。"② 本雅明把"膜拜价值"向"展示价值"的转换历史分为三个阶段：从最早的艺术品的礼仪起源，到文艺复兴之后对美的追逐，再到19世纪照相摄影的出现。另外，在对古典艺术和现代艺术的接受方式上，可分为"凝神专注式接受"和"消遣性接受"："在艺术作品前，定心宁神者沉入了作品中；他走进了作品，就像传说中端详自己的杰作的中国画家一样。与此相反，心神涣散的大众让艺术作品沉入自身中。"③ 这样，在技术复制的艺术中，传统艺术的那种光晕、本真性和膜拜价值荡然无存。同时，艺术的消费方式也发生了变化，传统中占主导地位的对艺术品的凝神专注式接受，越来越被消遣性接受所取代："艺术就是要提供消遣。"④

　　技术的进步所带来的生活世界的现代化，不会不对习以为常因而理所当然的艺术、文化和日常生活产生影响。本雅明因而认识

---

① 本雅明，《可技术复制时代的艺术作品》，第266页。——译文有较大改动。
② 同上书，第268页。
③ 同上书，第288页。
④ 同上书，第289页。

到，要在现代技术发展的语境中、在世俗化和现代意义上理解光晕概念，将之转换为美学概念，是切实可行的，也就是增强这个概念的认识论和政治维度。"剥去物事之外壳，摧毁其光晕"已是不可逆转之趋势。尤其是面对日益猖獗的法西斯主义，亦即1933年之后纳粹德国之政治的艺术化和民族主义审美化，本雅明洞察到光晕艺术与纳粹政治的不谋而合，因而如布莱希特那样，强调"审美的政治化"和实际"介入"，并将光晕概念纳入马克思主义理论话语。要顺应新的形势，就需要深入研究技术的发展所改变和还在改变的环境中的新的感知形式。① "艺术的根基不再是礼仪，而是另一种实践：政治。"② 本雅明认为，审美政治化之可能性内在于现代媒介，他的政治美学鲜明地展现出向大众文化靠拢的倾向。

作为对本雅明光晕概念的归纳，我们至少可以看到两个层面。首先是"光晕"与"光晕之衰败"的对举，此时"光晕"乃真光晕，起源于膜拜和宗教仪式，是笼罩事物、人或艺术作品的独一无二和不可接近的光晕。从本雅明的历史哲学视角出发，这种原初的、依托于膜拜和宗教的光晕随着19世纪以降的现代性之传统断裂而逐渐消失。其原因是新的复制技术的发展，伴随这种媒介技术发展的是大众参与艺术和文化的诉求，进而加剧了感知的历史变化。

本雅明光晕概念中的另一对举是"光晕"与"光晕之摧毁"。此处"光晕"与消逝的真光晕不同，是假光晕，既包括对商品之交换价值的物神崇拜（新潮崇拜，明星崇拜，消费崇拜），也指赋予

---

① 参见汉森，《本雅明之光晕》，载《批评探索》第34期第2卷（2008年冬），第338页。
② 本雅明，《可技术复制时代的艺术作品》，第268页。

劣质作品以纯艺术光晕，以及所有（尤其是纳粹的）"政治的审美化"招数。本雅明从审美政治出发，认为"假光晕"的所有形式都在无条件摧毁之列，这是艺术和文学先锋派应有的担当。

五、 阿多诺的质疑： 对"非神化"的神化

当代对本雅明光晕理论的接受，已经不像当初那样毫无保留地推崇，并日趋体现出审慎的态度。在新近的艺术史（例如对中世纪圣像的复制）研究中，不再全盘接受本雅明所宣扬的光晕与可技术复制性之间"有你无我"的对立关系，而是见重共存关系。另一种研究取向是强调这个概念的历史性，即在当代的理论语境中理解光晕概念。在电影理论，尤其是在对"新媒体"的评价中，光晕概念时常成为讨论的对象。[①]

学界皆知阿多诺（Theodor W. Adorno, 1903—1969）与本雅明对于大众文化的不同评价，他们在大众文化是否进步的问题上有着严重分歧。阿多诺从来不认可本雅明感受理论中的"艺术之祛魅"和对新的大众媒介之解放效用的期望，他一再指出本雅明之怪异的"唯物主义"的危险是"魔幻与实证主义之间的艰难抉择"[②]，认为他的光晕概念"尚未思考成熟"[③]。阿多诺是《艺术作品》一文的坚定反对者，并多次在不同的上下文中对本雅明的光晕说提出异

① 参见耶格尔，《光晕》，载《德国文学研究全书》，第 167 页。
②《阿多诺-本雅明通信集（1928—1940）》（1938 年 11 月 10 日），阿多诺档案馆编《书信与通信集》卷一，第 368 页（*Adorno-Benjamin Briefwechsel 1928 - 1940*, hrsg. von Henri Lonitz, *Briefe und Briefwechsel*, hrsg. von Theodor W. Adorno Archiv, Bd. 1, Frankfurt: Suhrkamp, 1994, S. 364 - 374）。
③《阿多诺-本雅明通信集（1928—1940）》（1940 年 2 月 29 日），第 414 页。

议，尤其是其 1930 年代的著名书简所导致的论争，人称"阿多诺-本雅明之争"①。《艺术作品》第二稿（1936 年）发表之前，阿多诺就在 1936 年 3 月 18 日给本雅明的一封长信中，质疑"光晕消失说"，不赞同他就技术在艺术中的作用问题而大做文章，并且批评布莱希特对他的影响。他直言不讳地说：

> 我在您这里看到的是从布莱希特的某些动机的残余中提炼出来的东西，您现在任意把神秘的光晕概念用到"自律的艺术作品"上去，而且径直说这种艺术作品具有反对革命的功能。我不必向您保证，说我完全了解市民社会之艺术作品的神秘因素 [……]。但我觉得自律艺术作品的内核，本身并不是神话般的 [……]，而是辩证的：神秘性与自由状态交织在一起。我没记错的话，您曾在什么地方论及马拉美 [Stéphane Mallarmé，1842—1898] 的时候说过类似的东西，而面对您的整个研究 [《艺术作品》]，没有什么能够更明确地表示我的如下感受：作为您的对立面，我要对您说，我一再想看到的是马拉美研究，这才是在我看来您应该拿给我们看的重要研究之一。②

---

① 关于"阿本之争"，参见沃林，《瓦尔特·本雅明：救赎美学》，吴勇立、张亮译，南京，江苏人民出版社，2008 年，第六章："阿多诺-本雅明争论"；尼科尔森，《阿多诺、本雅明与光晕：摄影美学》，载奥涅尔编《阿多诺、文化与女性主义》，第 41—65 页（Shierry Weber Nicholsen, "Adorno, Benjamin and the Aura: An Aesthetics for Photography," in: *Adorno, Culture and Feminism*, ed. by Maggie O'Neill, London: Sage, 1999, pp. 41 - 65）。

② 《阿多诺-本雅明通信集（1928—1940）》（1936 年 3 月 18 日），第（169—172）169—170 页。——阿多诺反对布莱希特的立场，在该信的结尾处更为明显。他说："至于我们的理论分歧，我的感觉是，它并不存在于我俩之间，而 （转下页）

阿多诺欣赏的是自律艺术，他接着补充说："我不知道还有什么更好的唯物主义纲要能比得上马拉美的那句句子，他对诗的定义是：诗不是来自灵感，而是用词语做成的。"① 阿多诺此信多少还有些委婉甚至矜持，而另一直率之语，见于他三天后致霍克海默（Max Horkheimer, 1895—1973）的信中：他说《艺术作品》的倾向亦即"艺术的非神化"（Entmythologisierung der Kunst）合他之意，可是本雅明神化了非神化，"或说得更严厉些：他先把小孩连同洗澡水一起倒掉，随后对着空澡盆祈求"②。

　　在阿多诺眼中，本雅明仿佛只把自律的艺术看作有光晕的；日益增长的可复制性以及随之而来的光晕之消失，会导致自律艺术的消失。阿多诺却不认为技术的进步与自律艺术之间存在对立关系。相反：艺术不必顺从现存秩序，可复制性也会让自律艺术家进入自由状态。并且，阿多诺认为光晕正是当代艺术、例如本雅明引为例证的电影的基本组成部分。显然，阿多诺并不想完全否认本雅明关于光晕衰败的论述，也不是要他在自律艺术与技术复制艺术之间做出非此即彼的选择，而是认为本雅明的论证是片面的、危险的。③他对本雅明的主要责难是其低估了自律艺术及其技术，高估了可技术复制的、受制于人的艺术。他毫不含糊地指出：

（接上页）我的任务更多的在于抓住你的臂膀，直到布莱希特这颗太阳在充满异国风情的水域沉落。"

① 同上书，第 169 页。

② 《阿多诺致霍克海默》（1936 年 3 月 21 日），见《霍克海默文集》卷十五《通信集（1913—1936）》，第 498—499 页（"Theodor W. Adorno an Max Horkheimer" [21. März 1936], in: M. Horkheimer, *Gesammelte Schriften*, Bd. 15: *Briefwechsel 1913 - 1936*, hrsg. von Gunzelin Schmid Noerr, Frankfurt: S. Fischer, 1995, S. 496 - 501）。

③ 参见沃林，《瓦尔特·本雅明：救赎美学》，第 198 页。

尽管您的研究具有辩证特点，但它对自律的艺术作品来说是非辩证的；它忽略了在我自己每天的音乐经验中越来越明显的基本经验：正是遵循自律艺术的技术法则所获得的重要成果在改变艺术，不是禁忌化和偶像化，而是朝着自由状态、朝着想做和需要做的东西趋近。[①]

也是在1936年，阿多诺在《论爵士乐》（*Über Jazz*）一文中，承接霍克海默的"操纵"理论，认为大众文化导致惰性、顺从、消除个性："出版社的资本力量、广播尤其是有声电影的传播，形成一种集中化趋势，限制了人们的自由选择，几乎容不得任何真正的竞争。不可抗拒的宣传工具没完没了地向大众灌输他们认为很好、其实多半很糟糕的流行音乐，直到他们疲惫的记忆毫无抵抗地听任摆布。"[②] 之后，阿多诺在《论音乐的拜物特性与听觉的退化》（1938）这一音乐社会学名篇中论述现代娱乐文化时，虽然没有直接论说"光晕"，但也涉及本雅明论及的音乐光晕之消失问题，即新的技术对从来被人景仰的艺术的侵蚀。本雅明试图在术语上以"膜拜价值"和"展览价值"同政治经济学中的"使用价值"和"交换价值"相对应，阿多诺则干脆称当代音乐为商品，自然具有拜物教性质。他在对大众文化的分析中，充分应用了卢卡契

---

① 《阿多诺-本雅明通信集（1928—1940）》（1936年3月18日），第169页。
② 阿多诺，《论爵士乐》（1936），载《阿多诺文集》卷十七，第80页（Theodor W. Adorno: "Über Jazz", in: *Gesammelte Schriften* 17, hrsg. von Rolf Tiedemann, Frankfurt: Suhrkamp, 1982, S. 70 - 100）。

（Georg Lukács, 1885—1971）的"物化"（Verdinglichung）① 概念，剖析艺术的商品化和文化的物化。他一再强调艺术的两极分化：自律的伟大艺术之审美场域与市场法则决定一切的文化产业。②

　　阿多诺死后出版的《美学理论》（1970）让人看到，他在"阿本之争"中坚持的观点没有任何改变。他重提光晕思想，并批评本雅明在方法上的错误。他的批评主要针对本雅明对大众文化尤其是电影的青睐，以及对光晕的负面评价。"阿本之争"说到底是围绕"高雅文化"和"大众文化"（"通俗文化"）而展开的论争。③ 本雅明赞同艺术与政治的融通，阿多诺则认为这种融通有损自律的艺术；换言之，本雅明对光晕的批判很容易延伸至对现代艺术的批判，或曰对自律艺术的拒斥。对阿多诺而言，这里不只是单纯捍卫光晕的问题，而是关乎现代主义艺术的批判潜能。在他看来，光晕同艺术一样，本身就是辩证的、矛盾的。一方面，它很难避免对强势文化的顺从而为统治者服务；另一方面，它也有保持批判性距离的潜能。从这一视角出发，他在《美学理论》中说，本雅明《艺术作品》中的论证过于简单，是非辩证的。而正是简单化做法，对于

---

① 卢卡契在《历史与阶级意识》（1923）中所阐发的"物化"命题，与马克思的"异化"（Entfremdung）概念异曲同工；其时，马克思的《1844 年经济学哲学手稿》尚未被发现。卢卡契是在苏联期间（1930—1931）第一次读到马克思的这部1932 年面世的《手稿》。

② 参见阿多诺，《论音乐的拜物特性与听觉的退化》（1938），载《阿多诺文集》卷十四，第 14—50 页（Theodor W. Adorno, "Über den Fetischcharakter in der Musik und die Regression des Hörens", in: *Gesammelte Schriften* 14, hrsg. von Rolf Tiedemann et al., Frankfurt: Suhrkamp, 1997, S. 14 - 50）。

③ 阿多诺和霍克海默一样，强调大众文化的负面效果。二者在《辩证看启蒙》（*Dialektik der Aufklärung*, 1944）一书的"文化产业"一章中，把文化产业看作"欺骗大众"和"老调重弹"，只是在为资本主义利益服务。这种"退化"和"操纵"学说从二战后至 1980 年代一直在引领西方的媒介理论。

这篇论文的闻名遐迩来说功不可没。①

阿多诺认为，本雅明为了突出对立而提出的光晕艺术与技术复制艺术的二分法，忽视了二者本身的辩证性。艺术作品的本真性亦即光晕，并不基于物质层面的、与复制品不同的独一无二，而在于审美上的独一无二的性质，并以此确立伟大作品的品质。阿多诺否认光晕的消散；看似消失的东西，其实是一个辩证整体的组成部分。伟大的艺术并未消亡，光晕正是审美自律的首要特征。本雅明和阿多诺都认识到了技术文化的优势所带来的矛盾，然而前者看到的是艺术作品之主体性的失却，后者却认为，正是随着人的失落，主体性完全可能体现于艺术作品。显然，辩证法翘楚阿多诺是在用辩证思维反驳本雅明的观点。他在艺术与社会的关系问题上，不断借助源于黑格尔的"扬弃"思想，认为这是至关重要的。

如前所述，阿多诺对本雅明的批评在很大程度上针对布莱希特的立场，这里能够见出一个有趣的怪圈：本雅明时常推许他的好友布莱希特的艺术实践，写作《艺术作品》时的理论思想也最接近布氏美学思想，可是布莱希特往往对他的艺术理念表示怀疑。本雅明《论波德莱尔的几个主题》的初稿，主要是在 1938 年夏天写成的，当时他在流亡于丹麦斯文堡的布莱希特那里做客。② 布氏赞赏本

---

① 参见阿多诺，《美学理论》（《阿多诺文集》卷七），第 89—90 页（Theodor W. Adorno, *Ästhetische Theorie*, in: *Gesammelte Schriften* 7, hrsg. von Gretel Adorno und Rolf Tiedemann, Frankfurt: Suhrkamp, 1970）。

② 本雅明分别于 1934、1936、1938 年在布莱希特的斯文堡家中做客，探讨共同关心的问题。在他 1936 年的那次访友时，二人讨论了《艺术作品》的法文本，这个版本当年即在《社会研究杂志》（第 5 卷第 1 期）上发表。——本雅明在 1936 年 8 月 10 日致科恩的信中说："布莱希特对该文是有抵触的，二人之间甚至发生冲突，但是都很有益，因此做了不少重要的修改，但对这项研究的核心（转下页）

雅明的精微，但是对他从波德莱尔作品中推演出的"光晕"思路不以为然，认为那是神秘主义的。本雅明第三次去斯文堡看望布莱希特之后，布氏在其《工作日志》（1938年7月25日）中写道，本雅明论述波德莱尔的文章"值得一看"。但是，他也提出了不少针锋相对的观点。那段常被引用的关于"光晕"的文字，颇带嘲讽的口吻：

> 很特别，一种古怪的念头让本雅明写出这样的东西。他的出发点是那被他称作"光晕"的东西，与梦幻有关（白日梦）。他说，如果你觉得有人在看你，甚至在背后看你，你也会把目光转向那个看你的人！被看的对象会回视，这一期待产生光晕。本雅明觉得这种现象在近期消散了，一同消散的还有膜拜现象。这是他在分析电影的时候发现的，也就是艺术作品的可复制性，使光晕消失了。何其神秘！却摆出反神秘的姿态。以这种形式来接受唯物主义历史观，真是够恐怖的![①]

看来，并不是谁都把本雅明的"光晕"概念视为了不得的发现。然而，"何其神秘"未必完全切中要害；"光晕"所言事物或许

（接上页）问题没有任何改变。"（"Walter Benjamin an Albert Cohn"［10. August 1936］, W. Benjamin, *Gesammelte Briefe*, Band V, Frankfurt: Suhrkamp, 1999, S. 349）其实，布莱希特对《艺术作品》是赞赏的，他在1937年3月致格莱利克的信中推荐该文说："本雅明这一研究的结论是，人们可对艺术作品（摄影，电影）做大量的技术复制，这一事实会对艺术和艺术观产生革命性影响。"（"Bertolt Brecht an Mordecai Gorelik"［Anfang März 1937］, in: B. Brecht, *Werke*, Band 29, Frankfurt: Suhrkamp, 2000, S. 18）

① 布莱希特，《工作日志》卷一（1938—1942），第16页。

不够精准，但不能否定本雅明所说的经验。同时，"摆出反神秘的姿态"至少说明，本雅明的"姿态"旨在启蒙。[1] 布莱希特针对本雅明的波德莱尔研究而批评其"古怪的念头"，与阿多诺在其朋友去世十年之后发表的《本雅明的特征》（1950）中的赞扬文字形成对照。他声称："神秘与启蒙在本雅明那里最后一次走到一起。"[2] 显然，阿多诺的申说与布莱希特的评价（"真是够恐怖的！"）截然相反，但他的说辞又在证实布莱希特所看到的本雅明"光晕"概念的根本悖论："此念原本是要精炼经验，但丝毫不应放弃精确性。"[3]

[1] 参见菲恩凯斯，《光晕》，载奥皮茨、维齐斯拉编《本雅明的概念》卷一，第 96—97 页。

[2] 阿多诺，《本雅明的特征》（1950），《棱镜：文化批判与社会》，第 301 页（Theodor W. Adorno, "Charakteristik Walter Benjamins", in: Th. W. Adorno, *Prismen. Kulturkritik und Gesellschaft*, Frankfurt: Suhrkamp, 1955, S. 283 - 301）。

[3] 同上书，第 300 页。

欧洲"沙龙"小史 *

2015 年 12 月在巴黎讲学，冬梅寄来她的专著《沙龙：一种新都市文化与文学生产（1917—1937）》二校稿让我作序。这次讲学就住在市中心与巴黎圣母院隔岸相望的圣米歇尔的一条小街，闲暇的时候常在塞纳河边散步，常去咖啡馆和酒馆，还有那数不清的博物馆和画廊，深深地感受到这座城市的文化积淀和底蕴。几百年前，法国贵族和宫廷文化的影响力日益弱化，市民阶层逐渐走上历史舞台，沙龙和咖啡馆对精神生活的影响日渐明显，也就是哈贝马斯（Jürgen Habermas）在其《公共领域的结构转型》（1962）中所说的那种景象，他很注重沙龙的重要历史地位。[1] 在巴黎读《沙龙》文稿，自然别有趣味，很能激发"思古"之情：有些豪宅深院，正是彼时著名沙龙所在。这里不仅是沙龙的诞生地，也是中土西去者

---

* 本文原载费冬梅著《沙龙：一种新都市文化与文学生产（1917—1937）》"代序"，北京，北京大学出版社，2016 年，第 7—15 页；另载《中国图书评论》2016 年第 3 期，第 63—69 页。此稿有所拓展，并添加了注释。

[1] 参见古德曼，《文苑：法国启蒙运动的文化史》（Dena Goodman, *The Republic of Letters: A Cultural History of the French Enlightenment*, Ithaca: Cornell University Press, 1994）；作者竭力证实哈贝马斯的观点，认为彼时公共领域就是由沙龙、新闻界和其他社交团体构成的。另参见赫德尔斯顿，《浪漫艺人在巴黎的文学和社交生活：沙龙，咖啡馆，工作室》（Sisley Huddleston, *Bohemian Literary and Social Life in Paris: Salons, Cafes, Studios*, London: Harrap, 1928）。

初识沙龙之地。最初领略沙龙风情的中国人，当为清季最早的驻外使节。而他们踏上西土的年代，恰逢所谓"沙龙时代"的 19 世纪。

1877 年 1 月 21 日，郭嵩焘抵达伦敦，中国第一个使馆在伦敦开馆。4 月 30 日补颁国书，他充驻英公使，并于 1878 年兼使法国。他的欧洲纪程，见诸其《伦敦与巴黎日记》。① 郭嵩焘出使的时间不长，外交建树也不多，但其日记在中外交流史和文化思想史上有着极高的价值。郭氏日记内容丰富，政治、经济、天文、地理无所不谈，但对日常生活的记述极为简约。张德彝是随其出使英国的翻译官，他的《随使英俄记》② 对中国使臣日常生活的记载，远比郭氏日记详细得多。

光绪四年一月至六月，即 1878 年春夏，张德彝和其他使馆官员随郭星使在伦敦和巴黎赴"无数"茶会。从《随使英俄记》可以见出，当初与西人的不少交往应酬，多半以中国传统用词"茶会"称之，且为宽泛含糊的说法。总的看来，"茶会"约有两种含义，一为请宴、招待会之类的外事活动，亦即"party"③；一为"沙龙"亦即"salon"。仅在这半年时间里，张德彝随星使赴索立斯百里侯夫人、德尔贝伯夫人、世爵鲁特尔夫人、葛里扉夫人等"夫人茶会"近五十次；时常一日两次，甚至三次，以致张德彝在日记中埋怨说，昼夜赴茶会应酬，疲惫不堪。④ 驻英副使刘锡鸿与郭氏不和，

---

① 郭嵩焘，《伦敦与巴黎日记》（走向世界丛书），钟叔河编，修订本，长沙，岳麓书社，2008 年。

② 张德彝，《随使英俄记》（走向世界丛书），钟叔河编，修订本，长沙，岳麓书社，2008 年。

③ 直至 20 世纪上半叶，不少中国文人雅士常用"party"意义上的"茶会"称谓"聚会"。

④ 参见张德彝，《随使英俄记》，第 574 页。

最后状告郭氏；指数罪状之一，便是青睐西洋、效仿洋人所为。①

何为夫人茶会？张德彝有一种说法："约人晚酌［晚宴］最为上等。请人者固为恭敬，被请者亦有光荣。非彼此至契及交结要务者无此举。凡请茶会、跳舞等会，皆女主一人出名［邀请］，请晚酌则夫妇同出名。"② 可以断定，夫人茶会正是当时西方上流社会所热衷的沙龙。在晚清诸多纪程、述奇、采风记中，因为极大的文化差异，中华来客或多或少都会讲述西方女性在公共场合的情形，描写她们的社交生活、言行举止等。对于西方知识女性的认识，张德彝在《欧美环游记》（即《再述奇》，1868/1869）中有一种很有意思的说法："合众［美国］女子少闺阁之气，不论已嫁未嫁，事事干预阃外，荡检逾闲，恐不免焉。［……］不为雌伏而效雄飞，是雌而雄者也。"③ 在《使还日记》（1880，见《小方壶斋舆地丛钞》④第十一帙）中，张德彝亦提及不少"夫人茶会"。

以上不多的一些文字，主要叙写中国人是何时初识沙龙的，也就是一个西方事物何时进入中国人的视野并见诸文字。进入 20 世纪以后，用"茶会"说 salon 者，亦不乏其人，比如胡适在《美国的妇人：在北京女子师范学校讲演》中，讲述了其朋友的夫人"是一个'社交妇人'（Society Women），善于应酬，懂得几国的文学，又研究美术音乐。每月他［她］开一两次茶会，到的人，有文学

① 参见钟叔河，《郭嵩焘〈伦敦与巴黎日记〉》，载郭嵩焘，《伦敦与巴黎日记》，第（1—65）54 页。
② 张德彝，《随使英俄记》，第 620 页。
③ 张德彝，《欧美环游记》（走向世界丛书），钟叔河编，修订本，长沙，岳麓书社，2008 年，第 670 页。
④ 《小方壶斋舆地丛钞》，王锡祺编，上海，著易堂书局，1877—1897 年。

家，也有画师，也有音乐家，也有新闻记者，也有很奢华的'社交妇人'，也有衣饰古怪、披着短发的'新妇女'（The 'New Women'）。这位主妇四面招呼，面面都到。来的人从不得见男主人，男主人也从来不与闻这种集会"[①]。

《沙龙》一书以 1917—1937 年为时间框架，围绕曾朴、邵洵美、朱光潜、林徽因四者的著名沙龙，深入查考了主要分布于上海和北平两地的沙龙文化的兴起和发展。从沙龙这一特定的都市空间来挖掘一种时尚文化与文学生产的关系，同时折射出那个历史时期一部分文化人的精神面貌和关怀，自有其独特之处，理当成为中国现代文化史和文学史的一个篇章。冬梅是这方面的专家，而我只是借助她的文稿才得知一些往事。所知不多，也就不敢妄加评论。

沙龙是西洋舶来品。该书在探究中土沙龙之前，首先介绍了欧洲沙龙的历史发展，这是必要的。然而，中国学界在论述西方沙龙时，迄今似有不少含混之处，这也包括个别中译西方著述中的一些不准确的说法。[②] 因此，我想借此机会对欧洲沙龙的源流、演变和特征做一个简要的梳理，且主要以沙龙的发源地、沙龙文化尤为发达的法国为考证对象。名曰"小史"，即提纲挈领。这既可视为对有些说法的订正或对有些论述的补充，而就《沙龙》的架构安排而言，或许也是一种形式的开场。

[①] 胡适，《美国的妇人：在北京女子师范学校讲演》，载《新青年》第五卷第三号（1918 年 9 月 15 日），第（213—224）222 页。

[②] 例如《沙龙》中引用的梅森著《法国沙龙女人》（郭小言译，北京，中国社会科学出版社，2003 年）和凯尼亚著《法国文化史》（傅绍梅、钱林森译，上海，华东师范大学出版社，2006 年）相关章节中的说法。

据 1742 年《策德勒普通百科辞书》 (*Zedler's Universal-Lexicon*)① 之说，法语"salon"借义于宫廷的代表性建筑，表示"主厅""会客厅"。与西班牙语"salón"一样，这个法语词源于意大利语"salone"，即轩敞的"sala"（正厅）。在法语和西班牙语中，"沙龙"也早被用来指称"主厅"里举办的（社交）活动。②

1600 年以降的法兰西土地上，也就是胡格诺派教徒的八次内战（1562—1598）所带来的蛮荒之后，君主集权和与之抗衡的文明运动，共同为沙龙文化的兴起提供了土壤。封建领主和贵族因动乱而逃离其乡村领地，巴黎开始出现各种尚美圈子，并被视为新型的交际文化。许多贵族宫殿在巴黎拔地而起；贵族生活与新兴市民生活的接触，催生出各种沙龙，或曰私密小天地（ruelle）。沙龙的早期发展与贵族结构的改变密切相关，贵人显要由于权力的丧失而急需寻求补偿和"升华"，并以精英文化拒斥鄙俗糜烂的宫廷文化。野蛮之后，人们竭力追求文化的精致化。沙龙讲究时尚和风度，还有打情骂俏、仪式化的舞蹈、即兴表演和机智的言谈，都令沙龙特具魅力。

沙龙是介于公共空间和私密场所之间的社交圈子，多半以一个殷实聪颖的女主人（salonnière）为中心，不少沙龙贵妇本来就是贵族，而且才貌双全。女主人定期或在固定会客日（jour fixe）与宾

---

① *Grosses vollständiges Universal-Lexicon Aller Wissenschafften und Künste*, Halle/Leipzig: Zedler, 1742.

② 参见赛贝特，《沙龙》，载《德国文学研究全书》第 3 卷，第 351 页(Peter Seibert, "Salon", in: *Reallexikon der deutschen Literaturwissenschaft*, 3 Bde, hrsg. von Klaus Weimar/Harald Fricke/Jan-Dirk Müller, Berlin/New York: de Gruyter, 1997 - 2003, S. 351 - 352)。

客 (habitués) 聚会，有新朋也有旧友，不少人都是名流。就沙龙的文化渊源而言，可追溯到中世纪骑士对名媛贵妇的爱慕之情及情人约会 (Cours d'amour)，以及意大利文艺复兴时期的交际形式；并且，沙龙与文艺复兴时期意大利宫廷建筑有着许多相似之处。

尽管如此，沙龙的真正历史起始于朗布依埃夫人 (Mme de Rambouillet, 1588—1665) 临近卢浮宫的沙龙：Hôtel de Rambouillet. 从 1610 年起，她定期在其著名"蓝屋" (chambre bleue) 招待作家和政治家，这是巴黎最早的尚美圈子，也是与宫廷颉颃的另一种公共空间。也是从那个时候起，女性在社会生活中的地位逐步提高，她们获得了从未有过的文化声誉，一个个女才子走到前台争奇斗艳。[1] 文化精致化的极端表现，或曰法国文化史中的所谓"préciosité"风格，亦当源自朗布依埃夫人的沙龙。伏瓦蒂尔 (Vincent de Voiture, 1598—1648)、巴尔扎克 (Guez de Balzac, 1595—1654)、高乃依 (Pierre Corneille, 1606—1684)、拉·封丹 (Jean de la Fontaine, 1621—1695)，都是朗布依埃夫人沙龙的座上宾。[2]

约从 17 世纪中叶起，法国人眼里特别有文化的生活方式和行为举止，被形容为 précieux 或 préciosité，既有"高贵""典雅""精致"的意思，亦有"做作"和"故作姿态"之义。这在巴黎早期沙

---

[1] 参见拉吉，《女性天堂：17 世纪法国的女性、沙龙和社会阶层》，第 3—7 页 (Carolyn C. Lougee, *Le Paradis des Femmes: Women, Salons and Social Stratification in Seventeenth Century France*, Princeton: Princeton University Press, 1976)；另参见泰伦台尔，《沙龙女人》(S. G. Tallentyre, *The Women of the Salons*, New York: Putnam & Sons, 1926)。

[2] 阿伦森，《朗布依埃夫人或蓝屋的魔力》(Nicole Aronson, *Madame de Rambouillet ou La magicienne de la Chambre bleue*, Paris: Fayard, 1988)。

龙文化中尤为明显,特别体现于谈吐和调情,抗婚和婚外恋是热门
话题。这个概念形容有教养、有品位、有身份的人,不少沙龙女主
人也以 les précieuses 自居。她们是秩序的维护者,沙龙中谈论品位
问题时最有发言权的人,也就是最讲 préciosité 的人。另一方面,
附庸风雅、过于招摇的女人也常被如此形容,被视为可笑的拿腔作
势者。新近从事女性解放课题的研究,甚至认为 préciosité 对斯时
文学做出了创造性贡献,以莫里哀(Molière, 1622—1673)的著名
剧作《可笑的女才子》 (Les précieuses ridicules,1659 年首演,
1660 年印刷出版)为关键。有人认为朗布依埃夫人就是该剧的人物
原型之一。莫里哀的另一部喜剧名作《女学究》 (Les femmes
savants,1672)亦取材于此。①

    在 17、18 世纪的巴黎沙龙里,贵族与富有市民、艺术家与学
者聚集在一起,形成了一种远离宫廷和教会的新的公共空间。与贵
族世界不同,沙龙基本上是一个开放的社交圈子,社会成分是混杂
的,但在观念上是平等的。沙龙无视阶层和性别的界线,成为自由
的思想交流场所。人们追求社交、精神和艺术创造性,消弭社会等
级和歧视。② 沙龙常客能够保证话题的持续性,人们在那里畅谈文

---

① 参见巴德尔,《女才子:典雅、高贵、"现代"沙龙的女作家(1649—1698)》
（Renate Baader, *Dames de Lettres. Autorinnen des preziösen, hocharistokra-
tischen und "modernen" Salons (1649 - 1698)*, Stuttgart: Metzler, 1986）；冯丘
斯,《典雅派》,载特雷格编《文学研究辞典》,第 410—411 页（M. Fontius,
"Preziosität", in: *Wörterbuch der Literaturwissenschaft*, hrsg. von Claus Träger,
Leipzig: Bibliographisches Institut, 1986, S. 410 - 411）。

② 参见古德曼,《启蒙沙龙:女性会盟与哲学抱负》,载《18 世纪研究》第 22 期第 3
号（1989 年春）,特刊《文化中的法国革命》,第 330 页（Dena Goodman,
"Enlightenment Salons: The Convergence of Female and Philosophic Ambitions,"
in: *Eighteenth-Century Studies*, Vol. 22, No. 3, Special Issue: *The French
Revolution in Culture*［Spring, 1989］, pp. 329 - 350）。

学、艺术、哲学或政治问题。

　　沙龙的历史与欧洲启蒙运动密切相关。在整个 18 世纪，法国沙龙对启蒙运动的发展有着非同一般的意义，并培育了法国大革命的土壤。有学者甚至认为，18 世纪的沙龙更像哲学家聚会的场所。① 丰特奈尔（Bernard de Fontenelle, 1657—1757）、拉莫特（Antoine de la Motte, 1672—1731）、伏尔泰（Voltaire, 1694—1778）是杜梅讷公爵夫人（Duchess du Maine, 1676—1753）巴黎南郊索城宫殿的常客。丰特奈尔、孟德斯鸠（Baron de Montesquieu, 1689—1755）、马里沃（Pierre de Marivaux, 1688—1763）、阿根森（René-Louis d'Argenson, 1694—1757）、圣皮埃尔（Abbé de Saint-Pierre, 1658—1743）时常出入于朗贝尔夫人（Marquise de Lambert, 1647—1733）的沙龙。马蒙泰尔（Jean-François Marmontel, 1723—1799）、爱尔维修（Claude Adrien Helvétius, 1715—1771）、博林布罗克（Lord Bolingbroke, 1678—1751）则喜欢造访公爵夫人当桑（Claudine Guérin de Tencin, 1682—1749）的沙龙。

　　尤其是乔芙兰夫人（Marie-Thérèse Geoffrin, 1699—1777）、杜德芳侯爵夫人（Marie du Deffand, 1697—1780）、雷丝比纳斯夫人（Julie de Lespinasse, 1733—1776）、德爱皮内夫人（Mme d'Épinay, 1726—1783）、内克尔夫人（Mme Necker, 1737—1794），她们的沙龙几乎见证了法国启蒙运动的高潮，18 世纪下半叶法国的大多数天才人物都出入于她们的沙龙：达朗贝尔（Jean d'Alembert, 1717—1783），布封（Comte de Buffon, 1707—1788），孔多塞

____

① 参见古德曼，《启蒙沙龙：女性会盟与哲学抱负》，第 330 页。

（Marquis de Condorcet, 1743—1794），狄德罗（Denis Diderot, 1713—1784），格林（Friedrich Melchior Grimm, 1723—1807），爱尔维修，霍尔巴赫（Paul-Henri Holbach, 1723—1789），拉哈珀（Jean-François de La Harpe, 1739—1803），卢梭（Jean-Jacques Rousseau, 1712—1778），杜尔哥（Jacques Turgot, 1721—1781）。[1]

沙龙在18世纪的新发展，以"理性交际"为观念前提，这使沙龙文化与启蒙运动的联系彰显无遗：在百科全书派中，"沙龙"发展为一种艺术批评形式。随着以沙龙命名的艺术展的不断兴盛，也出现了公开的艺术批评：18世纪最著名的艺术批评家当数狄德罗，他总共撰写了九篇沙龙评论，这也是现代意义上的艺术批评之起源，其批评文字至今令人钦佩。自1759年起，也就是狄德罗给其艺术随笔冠以 *Salons*（《沙龙》）之名，这一法语词的运用得到了重要拓展，常见于后来的艺术批评。在法国，承袭这一用法的有波德莱尔（Charles Baudelaire, 1821—1867）、左拉（Émile Zola, 1840—1902）等人，在德国则见之于海涅（Heinrich Heine, 1797—1856）。[2]

如前所述，17世纪的巴黎沙龙是贵族、知识者和艺术家喜爱的聚会场所，能够出入于朗布依埃夫人、雷卡米埃夫人（Jeanne-Françoise Récamier, 1777—1849）、斯居戴黎夫人（Madeleine de Scudéry, 1607—1701）、赛维涅夫人（Mme de Sevigné, 1626—

---

[1] 参见黎提，《社交与人世见识：18世纪巴黎沙龙里的文人》，载《法国历史研究》第28卷第3号（2005年夏），第415—444页（Antoine Lilti, "Sociabilité et mondanité: Les hommes de lettres dans les salons parisiens au XVIIIe siècle," in: *French Historical Studies*, Vol. 28, No. 3 [Summer 2005], pp. 415–444）。
[2] 参见赛贝特，《沙龙》，载《德国文学研究全书》第3卷，第351页。

1696) 等的著名沙龙是一种特权和荣誉。贵夫人们把不同的贵族圈子与市民社会的知识人和作家聚拢到一起。高乃依得以在沙龙中推出他的剧作，观众多半是上流社会有影响力的人。被一个著名沙龙认可的诗人，或能在那里演出自己的剧作，展出自己的作品，可以很有把握地得到巴黎社会的认可。就文学而言，沙龙也是作家和学者们的社交场所，是现代文学生活之公共场域的原初形态。尤其在17、18 世纪，巴黎沙龙是许多文学思想或倾向的滋生地。

前文所说 "préciosité"（我暂且译之为 "典雅派"），约在 1650年之后演变为一种潮流。它在很大程度上源自朗布依埃夫人的蓝屋。1661 年，德叟梅思（Antoine Baudeau de Somaize, 1630—?）的《典雅派大辞典》（*Le grand dictionnaire des pretieuses*）问世，其中附有此前一年由他主编出版的《私密天地言谈之钥》（*Clef de la langue des ruelles*），也就是沙龙语言要领。这对当时的法语和文体都产生了重大影响。《典雅派大辞典》共列出四百名法兰西名人，称其为 préciosité 的推动者，并把 préciosité 定义为群体现象。同样，朗布依埃夫人沙龙里形成的（用今天的话说）关乎文学生产、传播和接受方面的交际活动，也在典雅派那里得到传承。①

文学沙龙堪称最典型的沙龙，沙龙起始就少不了文学话题，比如朗布依埃夫人沙龙中的谈资。可是，明确地起用 "沙龙" 作为文学社交概念，还是后来的事。作为 "文学交际"（société littéraire）的同义词，"沙龙" 见之于马蒙泰尔的回忆录（1800/1806），或斯达尔夫人（Mme de Staël, 1766—1817）的小说《柯丽娜》（*Corinne ou l'Italie*，1807）。沙龙被看作文学交际的一种特殊形式，也是现

---

① 参见巴德尔，《女才子：典雅、高贵、"现代" 沙龙的女作家（1649—1698）》。

代文学之公共领域的萌芽。①

就此而言，我们还可以把目光转向欧洲其他地方：

文学沙龙在 18 世纪的德意志土地上走红，成为市民社会的交际场所，贵族一般采取敬而远之的态度。在德意志诸侯领地，沙龙原本只是宫廷的特权和习俗。然而时代发生了变化：魏玛的阿马利亚公爵夫人（Anna Amalia, 1739—1807）的"诗神苑"（Musenhof）得到维兰德（Christoph Wieland, 1733—1813）和歌德（Johann Wolfgang von Goethe, 1749—1832）的赏识，他们经常出入其中，为德国古典文学的兴盛做了准备。范哈根夫人（Rahel Varnhagen, 1771—1833）的沙龙是柏林浪漫派的活动中心，洪堡兄弟（Wilhelm & Alexander von Humboldt, 1767—1835，1769—1859）、施莱尔马赫（Friedrich Schleiermacher, 1768—1834）、费希特（Johann Gottlieb Fichte, 1762—1814）、施莱格尔兄弟（August Wilhelm & Friedrich von Schlegel, 1767—1845，1772—1829）、蒂克（Ludwig Tieck, 1773—1853）、海涅常在那里高谈阔论艺术、科学和新思想。② 1820 年代，维也纳的舒伯特（Franz Schubert, 1797—1828）组织聚会，则是一种音乐/文学沙龙。

在俄国，沙龙女主人弗贡思卡佳侯爵夫人（Zinaida Volkonskaja, 1792—1862），本身就是一个作家。在 1825 年十二月党人的起义惨遭镇压以后的沉重岁月里，她的莫斯科沙龙是进步作家如普希金（Alexander Pushkin, 1799—1837）、密茨凯维奇（Adam Mickiewicz,

---

① 参见赛贝特，《沙龙》，载《德国文学研究全书》第 3 卷，第 351 页。
② 参见舒尔茨编，《浪漫派沙龙——沙龙理论和历史研究》（*Salons der Romantik. Beiträge eines Wiepersdorfers Kolloquiums zu Theorie und Geschichte des Salons*, hrsg. von Hartwig Schultz, Berlin/New York: de Gruyter, 1997）。

1798—1855）等人交流思想的地方。1840 年代，彼得拉舍夫斯基
（Mikhail Petrashevsky, 1821—1866）的沙龙则是更典型的文学社
团，那里传播的傅立叶（Charles Fourier, 1772—1837）和费尔巴哈
（Ludwig Feuerbach, 1804—1872）思想，对陀思妥耶夫斯基（Fyodor
Dostoyevsky, 1821—1881）、波雷斯耶夫（Aleksej Nikolaevič Pleš
čeev, 1825—1893）、谢德林（Mikhail Saltykov-Shchedrin, 1826—
1889）那样的年轻作家产生了很大影响。

　　从文化地理上看，18、19 世纪和 20 世纪初，沙龙主要集中在
欧洲都市和国都，那里有滋生沙龙的良好土壤，例如蒙塔古夫人
（Elizabeth Montagu, 1718—1800）的沙龙（伦敦），斯达尔夫人的
沙龙（瑞士科佩），雷卡米埃夫人的沙龙（巴黎），贝鲁奇夫人
（Emilia Peruzzi, 1827—1900）的沙龙（佛罗伦萨），楚克尔坎窦夫
人（Berta Zuckerkandl, 1864—1945）或阿恩施泰因夫人（Fanny
von Arnstein, 1758—1818）的沙龙（维也纳），范哈根夫人或赫尔
茨夫人（Henriette Herz, 1764—1847）的沙龙（柏林）。

　　前文说及狄德罗的沙龙随笔，那是他应好友、德裔记者、艺术
批评家和外交家格林男爵之邀，为卢浮宫两年一度的艺术展而撰写
的九篇专栏文章（1759—1781），发表于格林主编、供欧洲少数精英
和贵族阅读的手抄刊物《文学、哲学和批评通讯》（*Correspondance
littéraire, philosophique et critique*）。这便涉及法语 "salon" 的另
一个义项，即 "艺术展"。下面我就简单胪列一下法国 Salon/艺术
展的历史发展：

　　Salon/艺术展可追溯至 1665 年的第一次皇家艺术展，那是一次
不对公众开放的沙龙。嗣后，国王路易十四于 1667 年特许法兰西

皇家美术学院成员在卢浮宫展出其作品，国家资助的"巴黎沙龙"
（Salon de Paris）从此展开。1669 年，艺术展首次将展馆设在卢浮
宫的大画廊（Grande Galerie）；战争或其他原因，迫使艺术展时断
时续。直至 1725 年，展会一直在大画廊举办，此后移至卢浮宫方
形沙龙（Salon Carré）。1737 年至 1748 年，艺术展每年一届（1744
年除外），此后至 1794 年为双年展。展品多的时候，卢浮宫阿波罗
沙龙（Salon d'Apollon）亦充展厅，这就更让"巴黎沙龙"美名远
扬。因为展会总在春季举办，人们后来习惯称之为"五月沙龙"
（Salon de Mai）。

　　这些艺术沙龙中展出的作品，均由 1748 年成立的遴选委员会
严格审定，都很符合皇室艺术趣味亦即主流风格取向和品位，基本
上只有皇家美术学院成员才能参展。1665 年至法国大革命的 1789
年，38 次艺术沙龙每次只展出 40 至 70 位艺术家的作品，其中约四
分之三为绘画作品，其余为雕塑等作品。进入 19 世纪以后，这个
官方展会成为法国首都万众瞩目、最具魅力的文化活动之一。1848
年之后，这个艺术沙龙在巴黎大皇宫（Grand Palais）举办；直至
1890 年，巴黎沙龙是西方最大的艺术展，学院派艺术的标志。[①] 19
世纪末、20 世纪初，因法国政府自 1881 年停止赞助"巴黎沙龙"，
随着"法国美术家协会"（Société des Artistes Français）举办的国
家沙龙，以及"独立沙龙"和"秋季沙龙"的崛起，特别是前卫艺

---

① 参见贝尔格，《面向公众的巴黎艺术：中世纪至 1800 年之文献史》（Robert W.
　　Berger, *Public Access to Art in Paris: A Documentary History from the Middle
　　Ages to 1800*, University Park, PA: Pennsylvania State University Press, 1999）；
　　利维，　《1700—1789 年的法国绘画和雕塑》（Michael Levey, *Painting and
　　Sculpture in France 1700 - 1789*, New Haven: Yale University Press, 1993）。

术的问世,"巴黎沙龙"日渐衰微。

1848 革命以后,尽管不属于美术院的艺术家也能力争参展,但是遴选大权依然在美术院成员之手,而这些人只认可传统风格的作品。于是,被拒绝的艺术家提出抗议,最终得到拿破仑三世允准,于 1863 年创立"落选者沙龙"(Salon des Refusés,亦可译为"淘汰作品展"),展出自己的作品,以供大众评判,其中包括库尔贝(Gustave Courbet, 1819—1877)、布丹(Eugene Boudin, 1824—1898)、塞尚(Paul Cézanne, 1839—1906)、马奈(Édouard Manet, 1832—1883)、毕沙罗(Camille Pissarro, 1830—1903)等画家的作品。这个艺术史上非同一般的对立沙龙的问世,被许多艺术史家视为现代艺术的诞生。① 落选者沙龙一鸣惊人,在巴黎引起极大轰动;次年,印象派艺术家开始举办自己的落选者沙龙。

1884 年,不被皇家美术院接受的独立艺术家成立了"独立沙龙"(Salon des Indépendants),以此与官方的"五月沙龙"分庭抗礼。"独立沙龙"创始人包括新印象派画家杜波依斯-皮勒(Albert Dubois-Pillet, 1846—1890),象征主义画家、版画家雷东(Odilon Redon, 1840—1916),点彩画派代表人物、新印象派画家秀拉(Georges-Pierre Seurat, 1859—1891)和希涅克(Paul Signac, 1863—1935)。由于没有自己的评委,他们既不评选也不颁奖。然而,"独立沙龙"及其主办者独立艺术家协会(Société des Artistes Indépendants)在创办后的三十年间,与后来创建的"秋季沙龙"(Salon d'Automne)一起,成为 20 世纪早期西方艺术的领军者。

---

① 参见博伊姆,《落选者沙龙与现代艺术的发展》,载《艺术季刊》第 32 卷(1969 年冬),第 411—426 页(Albert Boime, "The Salon des Refusés and the Evolution of Modern Art," in: *Art Quarterly* 32 [Winter 1969], pp. 411 - 426)。

1889 年，也就是巴黎举办世博会那年，官方沙龙成员在参展问题上的不一致意见，导致艺术家群体的分裂，其中许多人后来在"法国美术家协会"的名下，每年举办一次艺术展。独立于法兰西美术院的还有出生于比利时的巴黎建筑师、艺术评论家茹尔丹（Frantz Jourdain, 1847—1935）于 1903 年领衔创建的"秋季沙龙"，对抗官方的巴黎沙龙。塞尚、野兽派（Les Fauves）创始人及代表人物马蒂斯（Henri Matisse, 1869—1954）、后印象派画家高更（Paul Gauguin, 1848—1903）等艺术家都曾在此展出作品。1905 年出现在秋季沙龙的野兽派而外，这里还于 1910 年展出了立体派（Cubism）的作品，这是布拉克（Georges Braque, 1882—1963）和毕加索（Pablo Ruiz Picasso, 1881—1973）创立于 1906 年的前卫艺术流派，对 20 世纪早期的欧洲绘画与雕塑带来革命性影响。除了"高雅艺术"（Arts Majeurs），秋季沙龙还展出建筑模型、雕塑作品和工艺品，实为 20 世纪最有影响的绘画、雕塑及装饰艺术展。

关于"艺术展"意义上的"沙龙"，刘半农的节译作品《灵霞馆笔记：倍那儿》（1917），说及法国天才女演员倍那儿（Sarah Bernhardt, 1844—1923）的"《风清雨过图》'*After the storm*'经法国 Paris salon 赛会给予优等奖章"[①]。李思纯在《平民画家米勒传》（1921）一文中，讲述了米勒"第一次出品，陈列于展览会（salon），在一八五三年。共作品三幅，《刈草者》（the reapers）、《一个牧羊人》（a shepherd）、《剪羊毛者》（the sheep-shearers），便

[①] 刘半侬（刘半农），《灵霞馆笔记：倍那儿》，载《新青年》第三卷第六号（1917年 8 月 1 日），第（31—42）39 页。

小有名誉，得了第一次的纪念奖品"。他还提及"一八五七年的（salon）中，亚布君（Edmond About）对《拾落穗》一画的批评"①。在《宗教问题杂评》（1921）中，李思纯再次说到"巴黎一八五七年的 salon，正是自然派的平民画师米勒（J. F. Millet）陈列他的名作《拾穗》[……]"②同年，田汉在《恶魔诗人波陀雷尔的百年祭》（1921 年）一文中音译"salon"，说波德莱尔的"文学生活从投书新闻杂志，批评一八四五—六两年的沙龙为始"③。

　　至于文学沙龙亦即"文学交际"意义上的沙龙，李劼人在论述《法兰西自然主义以后的小说》（1922）时，援引了西方的一种观点："古典主义的文学，只是为沙龙（Salon）作的；罗曼主义文学，只是为文会作的，只是为新闻界艺术界上等人物作的，只是为自己消遣作的；直至写实主义出现，始一扫前弊。"④上文或许可以让人推断：斯时，不少中国学人和文化人似乎已对"沙龙/Salon"概念有所了解，至少是那些崇洋趋新的文化人已经认可这一概念。

① 李思纯，《平民画家米勒传》，载《少年中国》第二卷第十期（1921 年 4 月 1 日），上海，上海东亚图书馆，第（25—30）26—27 页。

② 李思纯，《宗教问题杂评》，载《少年中国》第三卷第一期（1921 年 8 月 1 日），上海，上海东亚图书馆，第（66—75）68 页。

③ 田汉，《恶魔诗人波陀雷尔的百年祭》，载《少年中国》第三卷第四期（1921 年 11 月 1 日），上海，上海东亚图书馆，第（1—6）4 页。

④ 李劼人，《法兰西自然主义以后的小说》，载《少年中国》第三卷第十期（1922 年 5 月 1 日），上海，上海东亚图书馆，第（45—75）47 页。

论"羡憎情结" *

"Ressentiment"是西方心理、文化、历史、政治、哲学等学科中的一个重要概念。从笔者所阅的文献资料中可以见出,在中国大陆学界,"怨恨"似乎已经成了"Ressentiment"的常见译词。① 而我以为,用"怨恨"移译"Ressentiment"是不恰当的。台湾学人多半译之为"妒恨",是比较贴切的。原因很简单:"Ressentiment"包含"嫉妒"和"怀恨"两层意思。余英时称"Ressentiment"为"羡憎交织",② 可谓浅显易懂。笔者译之为"羡憎情结",主要出于如下思考:Ressentiment 不仅是"羡"与"憎"的"交织",而且在心理学以及西方日常语言运用中,通常被视为一种反复出现、难以启齿、不愿承认的"情结"(complex),是一个贬义词。

什么是 Ressentiment? 从词源上说,这个法语词(re +

---

* 本文原载《珞珈讲坛》(第一辑),武汉,武汉大学出版社,2006 年,第 64—72 页。此稿文字略有改动。

① 例如刘小枫的《现代性社会理论绪论——现代性与现代中国》(上海,上海三联书店,1996 年)中便有"怨恨与现代性"之章节。

② 参见余英时,《历史人物与文化危机·自序:中国现代的文化危机与民族认同》,台北,东大图书公司,1995,第 24 页:"最近社会学家研究西方各国民族主义的兴起与演变,特别重视'羡憎交织'('Ressentiment')这一心理因素,似乎很可以供我们参考。"

sentiment) 表示对外来情感或情绪的回应，原本包含两个因素：其一，Ressentiment 讲的是一方对另一方的一种反复出现的、情绪上的反应，是情绪本身的再体验；其二，这种情绪的质是反面的，是带有敌意的情感冲动。尼采（Friedrich Nietzsche, 1844—1900）的《论道德谱系》（1887）首次给这个词打上哲学和心理学烙印，使之成为一个术语和概念。因此，谈论 Ressentiment 概念史，无法绕过尼采。他发现了羡憎情结的情绪作用，认为它在人类道德生活中起着决定性的作用，并影响人的行为方式。尼采之后，对羡憎情结做了深刻研究的德国哲学家舍勒（Max Scheler, 1874—1928）在《道德建设中的羡憎情结》（1912）中写道："近代在道德价值判断之起源的少得可怜的发现中，弗里德里希·尼采的发现是最深刻的，他把羡憎情结视为道德价值判断之根源。"① 尼采及舍勒对"羡憎情结"的论述便是本文的理论基点，也是讨论的经线。

为了形象地解释羡憎情结，舍勒举了一个许多人都能懂的例子——婆媳关系，或曰"婆婆的悲剧性角色"：

> 婆婆的角色，与其说是可笑的，不如说是悲剧式的；母子的不同性别更使问题复杂化。从儿子出生起，母亲就全身心地抚养他，并完全占有儿子的爱。然而，就是这个孩子，却突然倾心于另一个人，而且还是一个与她同样性别的人。这个新出现的女人还没有为她所爱的对象做过一丁点事儿，却有权利索取一切。怎么忍受得了？怎能没有醋意？这还没完呢！对这难

---

① 舍勒，《道德建设中的羡憎情结》，第 4—5 页（Max Scheler, *Das Ressentiment im Aufbau der Moralen*, hrsg. von Manfred S. Frings, Frankfurt: Klostermann, 1978）。

以忍受的事，还得高兴才是，得衷心地祝贺，得用爱去拥抱新
人。即便是魔鬼，也想不出比这更狡猾的圈套来考验一个英
雄。难怪不同民族的民歌、传说和故事中的婆婆形象，往往是
凶狠阴险的。[①]

现代意义上的羡憎情结，是对过去的一种感受，尤其是对一种
精神伤害的"回味"以及与之相连的恼怒；它是一方对另一方的一
种不肯承认的嫉妒和幽愤，原因是觉得他（你）过得比我好，该得
到的我没得到，是命运亏待了我。（忌妒之最简单的公式是一种不
满的回应："为什么我不是你？""为什么你有我没有？"）在一个社
会甚或整个世界，理论上每个人都有权和另外一个人相比，但实际
上却无法比，那么，这样的社会和世界本身就是滋生羡憎情结的土
壤。从个人心理学或社会心理学来说，羡憎情结必须具备两个前
提：（1）羡憎情结的主体认为，它与它的企羡和怨恨对象是平等
的，本来不相上下。但这只是理论而已，现实却是另一回事。
（2）它的对立面绝对高它一等，毫无平等可言。政治生活中的羡憎
情结，说的是一个群体或一个民族感到自己遭到了不公正的待遇。

我们或许可以用中国近现代史中的一些例子来解释这一概念。
一百多年前，中国的羡憎情结尤其来自政治现实的亲身体验，来自
帝国主义的凌虐亦即中国的屈辱。1887 年 1 月，曾国藩的长子、清
廷出使英法大臣曾纪泽在伦敦的 *The Asiatic Quarterly Review*
（《亚细亚季刊》）上发表英语文章，题名是 "China — The Sleep
and the Awakening"（《中国之睡与醒》）。文章虽然颇为乐观，一

---

① 舍勒，《道德建设中的羡憎情结》，第 21 页。

些悲切忧伤的话语却隐现出羡憎情结。曾纪泽的文章发表以后引起广泛注意，何启于 1887 年 2 月 12 日在香港的《德臣西字报》(*The China Mail*) 发表反驳文章，题名 "China — The Sleep and the Awakening — A Repley to Marquis Tseng"，文中同样不无羡憎情结。胡礼垣当年就把何启的文章译成中文，两人联名发表《曾论书后》。其中的一段文字便透露出严重的羡憎情结，而且还说出了缘由，现将有关段落援引如下：

> 至谓外国所以待中国者，揆以交际常情，殊失公道。此事确凿，受侮正多，可为常太息者矣。夫中国自主之国也，言其民庶，天下无与比伦，论其冠裳，各邦无此文物。礼教则先于万国，纲常久炳于中华，似宜出则为外国所钦，入则为外人所敬矣。今也不然，合约各款，有大失中国之权衡者矣，然而不得不行也。苟求之事，有多违中国之意见者矣，然而不得不从也。中国所为，或于约章稍类不合，外国则严斥而切责之。中国不敢不速谢过也。外国所事，或于约款大觉相违，中国虽婉言而善道之，外国犹搪塞未遽持平也。盖一则视合约为一成不易之规，一则视合约为可有可无之物也。为上如此，为下可知。今中国人与外国人之交接者，应得之礼数，鲜可得之也。应有之体面，鲜能有之也。事之可为者，鲜见其准为之也。情之可谅者，鲜见其能谅之也。其待华人也，有以畜类待之，而不以人类待之者矣。其视华人也，有以鬼物视之，而不以人物视之者矣。欺藐原生于一国，偏憎遂及于万民，畛域久积于心胸，龃龉辄成于交涉。冤抑之诉，往往而闻，枉屈之端，时时

习见。此则大为可悯，而深觉不平者也。①

上文大可视为诠释羡憎情结的范本。将这段文字与何启在《德臣西字报》上的英语原文对照，我们便可发现胡氏译文中的羡憎情结更为强烈，行文和风格更具感情色彩。《曾论书后》并不是一篇逐字逐句、一板一眼的译文，而是在遵照原意的基础上大加发挥。在上面那段文字中，"受侮正多"的倾诉大大超过原文。其原因肯定不是英语与汉语的差异或两种语言的不同思路和习惯，而是接受对象的变化亦即读者的不同所引发的论述策略，以达到"可为常太息者矣"的目的。不仅如此，上文中颂扬中华文化的那些文字并不见于原文。除了读者变化这个因素外，还在于加强论说的力度，更能让人"深觉不平者也"。这添加进去的部分，正是羡憎情结所必备的要素：理论上彼此平等；岂止是平等，甚至是高人一等，这就更觉欺人太甚！一个群体或民族在政治、法律或者道义上应有的权利和地位与客观现实之间的差距越大，羡憎情结必然越甚。羡憎情结不只取决于这二者中的一个因素，而是取决于二者之间的差距。《曾论书后》作者的羡憎情结是明显的；并且，文章中能够操纵读者的那两个成分亦即民族自豪感与民族耻辱的强烈对比，其潜在能量足以在读者中引发同样的羡憎情结。

羡憎情结"在所有弱者与无可奈何者那里都是无法避免的"②。

---

① 何启、胡礼垣，《新政真诠初编·曾论书后》，上海，格致新报馆，1901 年，第 10 页。

② 尼采，《论道德谱系》（《尼采文集》卷八），第 320 页（Friedrich Nietzsche, *Zur Genealogie der Moral*, in: *Nietzsche's Werke*, Bd. VIII, Leipzig: Naumann, 1906）。

假如对立面和外部世界占据绝对优势，自己的创伤甚是沉重，怀有羡憎情结的人又会怎么回应呢？嫉妒无济于事，仇恨也许会带来危险。这时，他很可能陷入虚无主义或宿命论，或者就是尼采所发现的一种现象：怀有羡憎情结的人很"懂得沉默、牢记和等待时机，懂得暂且自轻自贱"①。这多少是一种防身术。若用文学形象来表现，大概就是阿Q的"打虫豸，好不好？我是虫豸——还不放么？"。不管阿Q怎样觉得自己是第一个能够自轻自贱的人并怎样为"第一个"而骄傲，那"酸楚"是不言而喻的。羡憎情结的另一种表现形式是（阿Q）"我的儿子会阔得多啦！"之类的表述。尼采把羡憎情结视为一种"道德上的奴隶起义"②。

阿Q式的羡憎情结和奴隶起义，只能说明他拿不出真正的回应和行动，只能通过假想的报复保住自身。由于自身的无能，被他人比了下去，要想报复；又由于不能在行动上报复，只能在"精神胜利法"上下功夫。在舍勒看来，羡憎情结首先发轫于"报复心理"。羡憎情结之报复行为有两大特征：（1）当初没有或曰无力直接还手；也就是说，回应前至少有过一段时间或长期的克制和让步。与此相应的是，（2）回应被推延到另一个时候与另一个合适的形势下，也就是时机的推移。（用俗话说："不是不报，而是时间未到。"或用郁达夫《沉沦》里的话说："他们都是日本人，他们都是我的仇敌，我总有一天来报仇，我总要复他们的仇。"）报复本身就是建立在弱者当时的无可奈何之上，并最终导致羡憎情结。

尼采把历史上犹太人的"反抗"视为道德上的奴隶起义之"最

① 尼采，《论道德谱系》（《尼采文集》卷八），第319页。
② 同上书，第317页。

典型的例子"，他所说的"犹太起义"是基督教诞生之前的事情：

> 我们这个地球上所发生过的对"高贵者""强盛者""统治
> 者""权势者"的所有反抗行动，与犹太人的反抗相比都不值
> 得一提。这个僧侣之民彻底地重新估定它的敌人和蹂躏者的价
> 值观，以此实现精神报复，并获得满足。［……］是犹太人，
> 他们有胆量用一种叫人心惊胆战的推断、一种咬牙切齿的（无
> 可奈何者的）仇恨，彻底翻转了（好＝高贵＝强大＝美丽＝幸
> 福＝上帝的宠爱）这种贵族价值等同观，代之以"只有不幸的
> 人是好的，只有穷人、无可奈何者、卑贱者是好人；也只有受
> 苦的人、贫困的人、病人、丑陋的人才是虔诚的，只有他们能
> 上天堂，天堂的极乐只给他们。而你们，你们这些高贵者和强
> 权者，你们永远是凶神恶煞、残忍的人、荒淫无耻的人、贪得
> 无厌的人、亵渎神明的人，你们永远也上不了天堂，你们是该
> 诅咒的人！"①

由无能而产生羡憎情结，通过价值的颠倒而达到一厢情愿的满足，
这是弱者的心理状态。尼采接着写道：

> 道德上的奴隶起义起始于犹太人。这个具有两千年历史的
> 起义之所以被人忽略，是因为它取得了胜利。②

---

① 尼采，《论道德谱系》（《尼采文集》卷八），第 312—313 页。
② 同上书，第 313 页。

犹太人之莫大的羡憎情结是在两种成分组成的土壤中产生的：一方面是犹太人强烈的种族自豪感（"天择之民"），另一方面是几百年（这里单指 20 世纪之前）仿佛命运般的被欺负践踏之现实。尼采认为，犹太人的智慧和勤劳是机构化了的（如反犹太主义）蹂躏所带来的民族感与自尊心受伤的结果，是对没有获得与其民族自我价值相适应之社会认同的一种超级心理补偿。一个人（群）把自己的遭遇和痛苦归因于他人或外在欺压，进而视自己为道德的化身，面对的是邪恶势力，这便是羡憎情结的典型心理过程。

如前所述，羡憎情结的质是反面的，是带有敌意的情感冲动，并常常因此而失去面对现实的能力。然而，当尼采谈论"羡憎情结带毒的眼睛"或"心理自我毒化"之时，亦称道那"犹太人的报复与憎恨是最深重、最精微的憎恨，是地球上从未有过的，创造理想、重估价值之憎恨"①。换言之，羡憎情结在某种程度上具有创造性，无可奈何的状态中产生出变被动为主动的东西。舍勒甚至认为，在整个"现代社会运动中，羡憎情结成了一种极大的参与力量，并不断地改变通行的道德"②。

羡憎情结起源于一种特殊的甲乙价值对比，其现实基础是两个本该平等的东西变得不平等了，心理基础则是失落感。怀有羡憎情

---

① 尼采，《论道德谱系》（《尼采文集》卷八），第 314 页。——尼采认为，产生于犹太教的基督教，其博爱正是来自"犹太之恨"，它是"恨"之果实，因此才出现了助穷人、病人、罪人于危难的救星耶稣。尼采对建立在犹太教、基督教传统基础上的"奴隶道德"之批判，在很大程度上是在谴责 19 世纪的社会运动。并且，尼采对"奴隶道德"的基本看法是贬义的，持否定态度的。笔者此处借用尼采"道德上的奴隶起义"之说，并不接受尼采此说的本来意图；从某种意义上说，是反其本意而用之。

② 舍勒，《道德建设中的羡憎情结》，第 36 页。

结的人往往会自觉或不自觉地视而不见甚或否定一种可取的价值，但其内心却是肯定和企羡这一价值的。前文羡憎情结之定义已经表明，这是一种人们常常"不肯承认"或"不愿挑明"的感受。舍勒在诠解尼采提出的"羡憎情结扭曲价值尺度"的观点时，举了一个很贴切的例子：狐狸本有自己的价值尺度，因而没有说"甜"有什么不好，只说葡萄是"酸"的。①

按照尼采的说法，怀有羡憎情结的弱者所思虑的是，"总有一天他们也要做强者，他们的'王国'总有一天也该到来"，他们渴望的是"平起平坐"。尼采不仅关注羡憎情结本身具有创造性并孕育价值，而且还指出：

> 一个怀有羡憎情结的种族，最终将肯定比任何一个高贵种族更聪明，它也将全然不同地崇尚智慧，视之为第一流的生存条件。②

换言之，为了追求人的幸福、实现自我，受排挤者、未解放者具有很大的能量开辟未来；而当他们领悟了一个长久的、形式不一的"情结"及其历史根源之后，便能发挥更大的潜力。马克思就已经意识到，19世纪（同样怀有羡憎情结的）"从属阶级"要实现自我解放，至关重要的是先得认清自我状况，认清自己还未看透意识与行为之间的关系。马克思的这个"直觉"，多少已经涉及以后弗洛伊德（Sigmund Freud, 1856—1939）所发展的"无意识理论"中的

---

① 参见舍勒，《道德建设中的羡憎情结》，第29—30页。
② 尼采，《论道德谱系》，第319页。

主要假设；只是后者关注的不是社会状况，而是心理状态并最终关系到社会文化的整个领域。在弗洛伊德看来，一种"情结"只要还未被认清，它就会不时起反作用。

对羡憎情结的揭示，是为了与它保持距离。同时，识别羡憎情结的历史性，视之为历史经验的体现或历史的产物，是因为羡憎情结是一种不可轻视的精神现象。本文只是一个尝试，着意再现和勾勒一种"个体"或"集体"心理状态，旨在揭示"感情用事"式的扭曲回应，例如无条件的"民族自卑"、全盘西化，或是狂热的、产生于惴惴不安的"民族自大"。

第三编

一个有悖史实的生造"衍指符号"[*]

——就《帝国的话语政治》中"夷/barbarian"的解读与刘禾商榷

一、 问题的缘起

刘禾教授著《帝国的话语政治：从近代中西冲突看现代世界秩序的形成》（杨立华等译，生活·读书·新知三联书店 2009 年版。以下简称《帝国的话语政治》，引文凡出自该著者均只标注页码），聚焦于 19 世纪晚期清王朝与英国之间的"帝国碰撞"，[①] 对"帝国"问题进行了跨文化的历史研究。该著英文版和中文版皆引起广泛关注，充分显示出其学术魅力。作者围绕一些关键词和概念的理解、转译或产生等问题，揭示语言等表意符号所引起的政治碰撞，在很大程度上体现出作者以往著述的主要研究取向及其敏锐目光。该书以主权想象为中心，"话语政治"则是其极为重要的查考视角。例如，她用大量篇幅挖掘、梳理和分析了 19 世纪中英关于"夷"字的翻译冲突，展示一场符号事件中的政治较量。迄今，不少评论者

---

* 本文原载《文艺研究》2013 年第 2 期，第 138—145 页。
① 刘禾论著的原文为《帝国的碰撞》：Lydia H. Liu, *The Clash of Empires. The Invention of China in Modern World Making*, Cambridge, MA and London: Harvard University Press, 2004。

被刘禾对"夷/barbarian"这一衍指符号的分析及其论断所折服，有人甚至认为这是该书最成功、最精彩的部分。

笔者曾于 1997 年在哥廷根大学的一次历史语义学国际学术会议上宣读过一篇论文，也论及 1858 年签署的中英《天津条约》第51 款禁止中国人在各式公文中对外称"夷"之事。① 因此，我对刘著中相关论述的兴趣自不待言。对于作者关于话语政治和主权想象语境中的"夷/barbarian"辨析，我的第一个不一定对的感觉是：围绕"夷"字的中英纠纷，果真是作者所渲染的那样影响中英关系以及中英交涉的"大事件"吗？它果真如作者所认为的那样贯穿整个近代中英冲突并成为其关键论题吗？要确认这第一感觉和怀疑，还需一篇较长的文章来论述。写此小文，多少与此有关，但主要缘于一种现象：诸多书评或"读后感"，基本上围绕刘禾给定的"史实"以及她对事物的理解、分析和结论展开讨论，几乎不见对"史实"本身的诘问，也就是在复杂的总体关联中的思考。不错，《帝国的话语政治》提供了许多信而有征的史实，可是历史上还有其他许多史实，一些史实可能掩盖了其他也是信而有征的史实。②

鉴于"夷/barbarian"这一很长的故事在该书中约有两章篇幅，且为全书的重要论据之一，笔者在此提出一些粗浅看法与刘禾教授商榷。我要谈的中心问题是：刘禾认为"夷"＝"barbarian"（"野蛮"）的符号关联是成问题的，"夷"字的这一含义是英国人强行

---

① 参见 Fang Weigui, "*Yi*, *Yang*, *Xi*, *Wai* and Other Terms: The Transition from 'Barbarian' to 'Foreigner' in Late Imperial China," in: *New Terms for New Ideas: Western Knowledge & Lexical Change in Late Imperial China*, ed. by Michael Lackner et al., Leiden: Brill, 2001, pp. 95 - 123。

② 《帝国的话语政治》的个别书评作者，可能对中国近代史所知不多，从而被该著的"颠覆性"意义所"震撼"。

为之，以达到禁止中国人对外用"夷"、稳固自己霸权地位的目的。
而我认为这一结论本身不是没有问题的。笔者与刘禾的一个较大分
歧是对"夷"字词性本身的看法。如果我没有误解作者的话，她把
《天津条约》之前的"夷"字主要看作表示"籍贯"的地理概念，
是"foreigner"的中性译词，将其译成"barbarian"是篡改，这是
其长篇大论的立足点。而我以为，"夷"字在中国历史上的贬义特
色是很浓重的，它具有标记（symptom）或象征（symbol）意义，
以及源于个人心理或社会心理的联想。这也是本文论述的重点之
一。我的主要依据是：大量历史文献表明，"夷"字不仅是地域概
念，更是华夏中心主义之华夷对举、夷夏之辨中表示等级和低劣性
的文化符号。

二、 一个所谓的"衍指符号"所引发的长篇大论

刘禾在分析西方近现代帝国的话语政治时，引入"衍指符号"
（super-sign）概念，即甲方语言的概念在被译成乙方语言时的表述
方法。它不是指个别词语，而是翻译在异质文化之间所引发的意义
链，并跨越两种或多种语言的语义场（第 13、45 页）。论者在此基
础上展开讨论，指出《天津条约》英语文本中出现"夷/i/
barbarian"字样，用"barbarian"翻译"夷"字，偏离了汉语
"夷"字的语义；这种"纠正"使其获得了"barbarian"的特征，
并因此发生蜕变而指向别处。换言之：英国人在鸦片战争期间生造
的"夷/barbarian"概念，使"'夷'字的衍指符号已经不能等同于
纯粹的本土文字"，不再是"汉语原有的概念"。这"不仅终止了汉
字'夷'的生命，而且对近代史的叙事投下了浓重的阴影"。"这种

做法对于后人如何理解近代史，如何理解文明之间的交往，造成了严重的障碍。"（第 43、45、47—48、51、52 页）对论者来说，将"夷"翻译成"barbarian"，是"知识的误用"，是"跨语际谬释法"。"何以证明中国人的确把外国人叫作'barbarian'呢？在多数情况下，汉语文献里用的只是'夷'这个词。"（第 13、51、62 页）这种论据显然缺乏说服力，因为在鸦片战争那个时代，汉语文献里基本上不会出现英语；中国说英语者寥寥无几，老百姓甚至士大夫口中确实不会出现"barbarian"。如此看来，论者在此或许是想表达另外一层意思？

笔者以为，"衍指符号"本身是符合学理的，把一种语言中的概念译入另一种语言，很可能会因为历史文化和时代背景的不同而引发新的联想，增多或减少概念本身所传递的信息。然而，我认为如下说法未必恰当：《天津条约》"迫使汉字'夷'用英文的'barbarian'来表义"，是排除"夷"字原有含义的"驱逐行为"，是"翻译造成的事实"（第 49 页）。就文本而言，我把事情看得比较简单，与当今在一个生僻译名后面加上原文的常见做法差不多。甚至可以说，"夷/i/barbarian"之表述，或许可以让英国人认识一个汉字及其读音，让能够接触英文版条约的中国人学到一个英语单词，不多也不少，没有那么神秘。从另一层面来说，我们也完全可以把《天津条约》禁止对外用"夷"看作（说得通俗点）英国人"得势不让人"，没事找茬。

我们姑且不讨论"夷"字在古汉语中曾经有过的多重含义，以及英语"barbarian"与汉语"夷"字哪个更具贬义的问题，这不是这篇文章的议题。一个词语译入另一种语言，难免失去"原样"；某些译词与被译词语的完全对应是很困难的，甚至是不可能的。但这不是这里的问题所在。关键在于，能否用"barbarian"来与"夷"字相对应，它是否属于错译？在笔者看来，用"barbarian"翻译"夷"字，确实是一个不错的选择。如同西方有"文明/civilisation"与"野蛮/barbarian"相对举，中国有华夷对举、文野之分。英国人通过"barbarian"而认识到"夷"字含义并因此而勃然大怒，这是人之常情；而这与"夷"字在中国的具体运用及其演变不是一回事。

其实，"衍指符号"的提出，还是来自刘禾在《跨语际实践》中有关翻译问题的思考，即不同语言的概念（词语）互译，属于人为"建构"，因而也只能是"虚构"，原因在于概念或词汇的含义既不是"自明的"也不是"透明的"。她认为"语言之间透明地互译是不可能的，文化以语言为媒介来进行透明地交流也是不可能的"[①]。笔者以为，无限夸大"虚拟对等"和"不可译性"，很符合后现代、后殖民思潮及其论说逻辑，但肯定不符合事实，并必然导致文化翻译中的虚无主义。黄兴涛指出："我们不能因为不可能具有百分之百的对等，就彻底否认有基本对等、大体相当和相近的对应词存在的可能，就完全否认两种文化间词汇、概念有可能存在各种不同程度内在'对等'性、相近性的事实。""刘禾的观点所赖以支撑的出发点——完全否认语言的'透明性'：认定所有词汇和概念的含义都不是'自明的'或'透明的'——这个极易诱人赞同的宣判本身，实际上就已经犯了偏颇武断的毛病。""否认'自明性'或'透明性'为语言特征的基本方面，则已然走向偏颇，至于完全

---

① 李陀"序"，刘禾，《语际书写——现代思想史写作批判纲要》，上海，上海三联书店，1999年，第6页。

彻底地否定语言存在某种程度的'透明性',更不啻是连语言基本的社会交往功能也视而不见的信口之言了。"①

诚然,"翻阅大量明、清两代的官方中文文献,没有证据显示唯有'夷'这个汉字是专指外国人的"(第46页)。此外还有"泰西""西洋""西洋人"等称谓,但这并不能削弱"夷"的贬义词特色;当时与它连用的,是人们常说的"夷性犬羊""番鬼逆夷"等。此时,我们当然不能排除一种可能性:伸手即来、用惯了的"夷"字,在使用者那里可能不会总是离不开"野蛮"之义。这种"约定俗成"的说法,未必总有贬义,甚至恶意或敌意,如魏源所说"师夷长技""以夷制夷"②,或冯桂芬《校邠庐抗议》中著名的"四不如夷"③。这在某种程度上属于论述策略,或在内容上表达古法本有的"礼失求野"。(当然,只有在上下文中才能确定"夷"字真实用意。)但在大多数情况下,正是为了强调外人的"夷性","夷"字要么作为话语和文本铺叙中的价值概念和反面属性的信号,要么作为词缀与其他词语和概念组合。这样,我们所看到的一切与外部世界有关的东西,似乎非要镶嵌上"夷"字不可,并成为理所当然的定见。对异域外族的这类"修饰",仿佛早已扎根于中国人的意识和下意识之中,隐藏于社会无意识之中,很难从彼时"中国思维"

---

① 黄兴涛,《"话语"分析与中国近代思想文化史研究》,载《历史研究》2007年第2期,第(149—163)158、159页。

② 参见魏源,《海国图志原叙》,《海国图志》,陈华等校点注释,长沙,岳麓书社,1998年,第1页:"是书何以作?曰:为以夷攻夷而作,为以夷款夷而作,为师夷之长技以制夷而作。"第24页(《筹海篇三》):"筹夷事必知夷情,知夷情必知夷形。"

③ 冯桂芬,《制洋器议》,《校邠庐抗议》,郑州,中州古籍出版社,1998年,第198页:"人无弃材不如夷,地无遗利不如夷,君民不隔不如夷,名实必符不如夷。"

中根除出去。

"英国东印度公司从 18 世纪到 19 世纪初，一直采用英文单字'foreigner'（外国人）来翻译汉字的'夷'。"（第 46 页）这或许只能说明彼时英国人汉语水平有限，不知"夷"字深浅。但我在此想要强调指出的是：即便在当时，一些了解中国的外国人太知道"夷"字的贬义内涵了。用"foreigner"翻译"夷"字，在很大程度上是从事翻译工作的通事做了手脚；用刘禾的话说，是"翻译造成的事实"。这种有选择的、经过"处理"的翻译，其动机或许与明末清初耶稣会士为了传教事业而在欧洲美化中国的行为有点相似，也就是避免矛盾，避免"barbarian"之译可能会在其本土统治者那里引起不满和麻烦，从而对做生意产生不良后果。

在中国最早的双语辞书《华英字典》（1822）[①] 中，马礼逊（Robert Morrison, 1782—1834）也将"夷人"译成 foreigner，其影响是可想而知的。郭实猎（Karl Gützlaff, 1803—1851）1832 年才发现，"夷"的意思是 barbarian。另外，在中英关于"夷"字的交涉中，"满清官吏一律否认他们使用'夷'字是在侮辱英国人"（第52—57、62 页）。这只能让我们看到，外交中的狡辩是习见现象。至于衍指符号"夷/barbarian"如何"取代清朝官方对'夷'的更早的满文翻译'tulergi'（外地，外部）"（第 45 页），这确实是事实，但丝毫不能说明"夷"字在彼时汉语中的实际运用，以及它在

[①] 马礼逊编，《华英字典》，澳门，英国东印度公司印刷厂，1815—1822 年(Robert Morrison, *A Dictionary of the Chinese Language*, in Three Parts, part first, containing Chinese and English, arranged according to the radicals, part second, Chinese and English arranged alphabetically, part the third, English and Chinese, Macao: Honorable East India Company's Press, 1815/1822)。

进入 19 世纪之后是否被取代的问题。它还能见出曾被明代遗民及其追随者视为蛮夷的清代皇室，如何在"入主中原"之后，出于帝国意识形态之需，援恃《孟子》所言舜为东夷之人、文王为西夷之人的说法，宣扬以德为王、唯德是从，为满族问鼎中原政权的合法性寻找依据：进于中国则中国之，降于夷狄则夷狄之。雍正六年（1728），雍正帝借叛逆被罪的曾静案，展开大规模思想整肃，并著《大义觉迷录》（1730），阐释满族皇权之所以君临天下之"大义"。

三、"夷"： 一个表示低劣性的文化符号

对于中原以外的地区和居民，历史上有"南蛮""北狄""东夷""西戎"之说。《礼记·王制》曰："中国戎夷，五方之民，皆有性也，不可推移。东方曰夷，被发文身，有不火食者矣。南方曰蛮，雕题交趾，有不火食者矣。西方曰戎，被发衣皮，有不粒食者矣。北方曰狄，衣羽毛穴居，有不粒食者矣。"[1] 宋代理学家石介说："天处乎上，地处乎下，居天地之中者曰中国，居天地之偏者曰四夷，四夷外也，中国内也。"[2] 随着时间的推移，"夷"字也被用来泛指中原以外的四方部族，与"夏""华"相对而言。"夷"字或其同义词很早就成为一种轻贬的指称，《春秋》中常有"戎狄无亲而贪"或"戎，禽兽也"[3] 之类的说法。《汉书·匈奴传》曰：

---

① 《礼记正义》，〔汉〕郑玄注，〔唐〕孔颖达疏，龚抗云整理，王文锦审定，北京，北京大学出版社，2000 年，第 467 页（卷第十二"王制"）。
② 石介，《中国论》，《徂徕石先生文集》，陈植锷点校，北京，中华书局，1984 年，第 116 页。
③ 《春秋左传正义》，〔周〕左丘明传，〔晋〕杜预注，〔唐〕孔颖达正义，浦卫忠等整理、杨向奎审定，北京大学出版社，2000 年，第 959 页（卷第二十九"襄公四年传"）。

"夷狄之人贪而好利，被发左衽，人面兽心。"① 这才会有"严夷夏之防"的说法。明清之际，欧人东来，"夷"之范围随之扩大。它不再局限于历史上与华夏相对的地域，亦被用来指称欧西之高鼻深目的远人，以强调外来人种之低而且贱，及其文化的低劣性。于是，"夷"字的外延和内涵都得到了扩展，并作为具有普遍意义的称词，在特定语境中表述某种特性和价值判断。

中国的华夷之界，主要注重文明程度和文化异同，以教化和礼法论之，而非畛域界限，即"不在于地而在于人，不在于人而在于道"②。谭嗣同亦说中国人"好以夷狄诋人，《春秋》之所谓夷狄中国，实非以地言，故进于中国则中国之，流于夷狄则夷狄之。惟视教化文明之进退如何耳。若以地言，则我湘、楚固春秋之夷狄，而今何如也?"③ 当初，明末遗民喜用夷夏之辨来对付新朝；时至19世纪，曾经各分彼此的满人和汉人在中西交冲中一致对外，夷视西洋为性近犬羊的"夷狄"，或在字形上已经一目了然的"蛮貊"。不管是中西交通之前的诸夏与夷狄之界，中心与四裔之分，还是后来所谓独享诗书礼乐的华夏与所谓不知教化和礼法的西洋各国之对

---

① 《汉书》第11册，〔汉〕班固撰，〔唐〕颜师古注，北京，中华书局，1962年，第3834页（卷九十四下"匈奴传"）。

② 金元之际的著名元儒郝经在论述"中国"这个文化概念时指出："今日能用士，能行中国之道，则中国之主也。〔……〕民无必从，为德是从。〔……〕以是知天之所兴，不在于地而在于人，不在于人而在于道。"（郝经，《陵川集》，《与宋国两淮制置使书》卷三十七，第355页）另参见易鼐《五洲风俗异同考》（《湘学新报》第35卷，1898年5月1日）："中土之谈风俗者，于同洲各国，率鄙之曰四夷，或曰四裔，或曰异域，傲然以华夏自居。小者以藩属待之，大者以夷狄视之。懵然不知《春秋》之义，夷狄不以地而以人。"

③ 谭嗣同，《论学者不当骄人》，《谭嗣同全集》下册，蔡尚思、方行编，北京，中华书局，1981年，第401页。

举，都是对社会发展程度和世界秩序的根本性见解。

根据索绪尔（Ferdinand de Saussure, 1857—1913）的说法，词语变化的关键，在于"所指"和"能指"之间关系的变化。我们从"东夷"到"四夷"到"西夷"（西方蛮夷）的转变中，很能看到"所指"的延伸和变化。19 世纪的大量官方中文文献足以证明，"夷"字基本上专指外国人。① "夷"字本身在当时并未失去其"野蛮"词性，它不是通过所谓衍指符号"夷/barbarian"才获得其"野蛮"含义的，中国人一如既往地夷视"犬羊之辈"。彼时运用"夷"字的中国人，基本上对"夷/barbarian"一无所知，见过《天津条约》英文本的中国人也屈指可数，人们依然在不同语境中运用自己所理解的"夷"字：蛮夷其邦，禽兽其人。或用宋育仁的话说："约虽施行，而其义终疑忌。"② 换言之：条约已在，但是中国人并不以为然，不愿放弃"夷"称。《天津条约》写明"嗣后各式公文，无论京外，内叙大英国官民，自不得提书夷字"，但在修约之后很长一个时期，各种不对外的奏折、谕旨等公文中，"夷"字依然时常出现。办理中外交涉事务，多半还是"夷务"。"夷务"概念约产生于道光年间（1821—1851），统称与"外夷"打交道的事务，如禁鸦片、海防等与外部世界有关的事宜。"洋务"概念约出现于 1839—1840 年间，③ 亦与第一次鸦片战争时期禁烟、海防等

---

① 这里不排除清代官府对边疆边民的"夷"称，例如用于"西南夷"彝族。

② 宋育仁，《泰西各国采风记》（1895），载王锡祺编，《小方壶斋舆地丛钞》（1877—1897），上海，著易堂，再补编，第十一帙。第 40 页。

③ 例如，1839 年，道光皇帝回复江南道监察御史骆秉章涉及禁烟等"洋务"的奏章，谕军机大臣等："据御史骆秉章奏，请整饬洋务，以绝弊端一折。［……］" 1941 年，钦差大臣两江总督裕谦奏曰："江南洋面平衍，无险可守，其情形较之浙江有过之无不及，一时亦难骤易生手，余步云于洋务虽未能谙习，而（转下页）

涉外事宜有关，但在兹后几年里鲜为人知。① 起初，"洋务"几乎只见之于对外公文，华人自己依然使用"夷务"，且为当时朝野人士的普遍用词。我们必须指出一种可能的误解，即以为《天津条约》彻底根除了对外"夷"称。至少在 19 世纪，"夷"字一直颇为活跃，并没有"被人从活着的汉语中永远驱逐出去"（第 50 页），"攘夷论"一直很有市场。梁启超在其《戊戌政变记》（1898）中还在说："中国向来守旧之徒，自尊自大，鄙夷泰西为夷狄者无论矣。"②

　　我们再来查考一下《天津条约》对译"夷/barbarian"之前的情况：毫无疑问，西人是很知道 barbarian 之汉语表达的，伦敦传教会传教士慕维廉（William Muirhead, 1822—1900）便说法国"古名之高卢，为野番部落，汉时为罗马征服"；英国"古为土番部落、汉时罗马平英伦"③。也就是说，英、法两大强国在中国汉代之时曾是 barbarian 之地。传教士编纂出版的《遐迩贯珍》（1853/1856）中亦有"僻土野人""野族"之说。同为传教士编纂的《六合丛谈》（1857/1858）也说英国"往时穷岛野番，凶犷如兽，以杀掠为事，今已变化气质，循循可教矣"。④

　　早期英华双语辞书中已有"barbarian"与"蛮夷"等词之对译。马礼逊《华英字典》（1822）：Barbarian 蛮人（残虐，残暴）；卫

　　（接上页）一年以来，亦已渐知大概。"（文庆等编，《筹办夷务始末·道光朝》，齐思和等整理，北京，中华书局，1964 年，卷七，第 16 页；卷三十，第 12 页）

① 参见陈旭麓，《辨"夷"、"洋"》，《近代史思辨录》，广州，广东人民出版社，1984 年，第 24—25 页。

② 梁启超，《戊戌政变记》，《饮冰室专集》之一，林志钧编，上海，中华书局，1936 年，第 143 页。

③ 慕维廉，《地理全志》，上海，墨海书馆，1853/1854 年，卷二，"欧罗巴志·佛兰西国志"，第 46 页；"欧罗巴志·大英国志"，第 52 页。

④《六合丛谈》卷一第八号，上海，墨海书馆，第 10 页。

三畏（Samuel Williams, 1812—1884）《英华韵府历阶》（1844）[①]：
Barbarian 蛮夷；麦都思（Walter Medhurst, 1796—1857）《英汉字
典》（1847/1848）[②]：Barbarian 夷人、夷狄、野人、生番（未识礼
义，凶恶，惨酷）。19 世纪来华传教士为传教和汉语学习而编纂的
不少双语辞书，以及《遐迩贯珍》《六合丛谈》等杂志，很快就被
传入日本，或被翻刻出版，并产生重大影响。无疑，19 世纪上半叶
日人所用"夷"字，与在中国基本相同，即用"夷""蛮"来指称
外国亦即欧洲诸国，"攘夷"甚至是江户末期流行的一个政治口号。
堀达之助等人编纂的《英和对译袖珍辞书》（1862）[③]，主要参考了
日本兰学译词，被誉为第一部英和对译字典。它是了解江户末期日
语新词、译词的重要资料，其中相关词条为"Barbarian, s. バルバ
リア人，夷人"，"Barbarian, adj. バルバリアノ，夷狄ノ"。

　　实际上，利玛窦（Matteo Ricci, 1552—1610）之辈已经了解
"夷"字的 barbarian 含义。利氏在明末中国所见之世界地图，以大
明帝国的十五省为主；散落在四周大海里的若干小岛，其总面积加
在一起也比不上中国的最小省份。这形象地再现出前近代中国人所
理解的"天下"。[④] 于是，利玛窦的《山海舆地图》（1584）和《坤
舆万国全图》（1602）给中国带来前所未知的地圆说和万国观，迫

---

① 《英华韵府历阶》，卫三畏鉴定，澳门，香山书院，1844 年（*An English and
Chinese Vocabulary, In the court dialect*, by S. Wells Williams, Macao: Office of
the Chinese Repository, 1844）。

② 《英汉字典》，麦都思编，上海，墨海书馆，1847/1848 年（Walter Henry
Medhurst, *English and Chinese Dictionary*, in two volumes, Shanghai: London
Missionary Society Mission Press, 1847/48）。

③ 堀达之助等编，《英和对译袖珍辞书》，江户，出版者不详，1862 年。

④ 参见陶绪，《晚清民族主义思潮》，北京，人民出版社，1995 年，第 13 页。

使一些士大夫审视中土固有的天下观，逐渐接受耶稣会士所传播的世界意识。[1] 中国人此前一直固守的天圆地方、中国为世界中央的旧观念开始瓦解。利玛窦说，"他们终于开始明白国与国之间所存在的真正区别"，不再"把外国人都归入一类并且都称之为蛮夷"。[2] 然而，康熙禁教之后，中国人不但在地理知识上出现了大倒退，而且在世界观上，"内中国而外夷狄"又逐渐成为中国社会里的常理和常谭，并且国体攸关。尤其是雍正、乾隆父子的禁教令，几乎断绝了中国同西方文化的所有交往。林则徐辑《夷情备采》，其中译有在华洋人出版的《澳门月报》道光十九年（1839）及二十年（1840）的记载："中国官府全不知外国之政事，又不询问考求，故至今仍不知西洋。"[3] 这一说法基本上符合彼时状况，林氏曾将其附奏进呈。如果明白了春秋之后"夷"字亦即被发文身、人面兽心、茹毛饮血之夷人就同西方的 barbarian 含义相近，二者的实际相似性并不是通过 barbarian 译词才被"建构"起来的，那么，所谓衍指符号"夷/barbarian"显然缺乏必要的根据。

四、 概念递嬗的历史因素

我们当然还必须看到另外一个事实：继《天津条约》之后的

---

[1] 关于利玛窦世界地图所引入的新知以及明末"世界意识"的形成，参见邹振环，《晚明汉文西学经典：编译、诠释、流传与影响》，上海，复旦大学出版社，2011年，第47—70页。

[2] 利玛窦、金尼阁，《利玛窦中国札记》，何高济等译，何兆武校，北京，中华书局，1983年，第216页。

[3]《澳门月报》（1839/1840），载魏源，《海国图志》卷八十一，陈华等校点注释，长沙，岳麓书社，1998年，第1959页。

《北京条约》（1860）签订前后，中国在涉外用词上确实出现了由"夷"到"洋"的明显变化，这在英法联军占领下的广州城尤为显著。① 广东人在物质生活上的崇"洋"风气开始向其他城市蔓延，"夷"字在社会语言中的使用频率明显下降。虽然，民众口中的洋火、洋油、洋气、洋钉、洋烟、洋场、洋街、洋伞、洋糖、洋装、洋烛等，这些表达的主要原因不是来自《天津条约》的约束，或帝国主义话语政治和"跨语际"主权想象和冲突的结果，而是"崇洋"！说得夸张一些，《天津条约》禁止中国人对外称"夷"，没多少人知道此事。

若说对外禁用"夷"称在很大程度上是西方炮舰政策亦即西方勒迫和侵逼的结果，那么，许多先识时务的士大夫在认识上的发展，则是观念变化之极为重要的内在因素。自同治中兴起，尤其是19 世纪 60 年代开始的洋务运动，使中国人对世界秩序的认识发生了重大变化。洪仁玕早在 1859 年的《资政新篇》中就指出，"夷狄戎蛮鬼子"，只是"口角取胜之事，不是经纶实际"。② 久居口岸的王韬也在《弢园尺牍》中说："以时局观之，中外通商之举，将与地球相终始矣，此时而曰徙戎攘夷，真腐朽不通事变者也。"③ 而在那些为数不多、最早睁眼看世界的先行者那里，这一变化发生得更早。尽管"夷"字在魏源《海国图志》（1843，1848，1852）中比比皆是，但从某种意义上说，夷狄之说在新的世界格局面前已开始逐渐陷入窘境。徐继畲从 1844 年初稿《瀛寰考略》到 1848 年正式

① 参见陈旭麓，《辨"夷"、"洋"》，《近代史思辨录》，第 25—26 页。
② 洪仁玕，《资政新篇》，载中国史学会主编《太平天国》（中国近代史资料丛刊），第 2 册，上海，上海人民出版社，1976 年，第 528 页。
③ 转引自陈旭麓，《辨"夷"、"洋"》，《近代史思辨录》，第 27 页。

刊行《瀛寰志略》的变化，虽还不是普遍现象，但已经很能说明问题：《瀛寰考略》还充斥着夷夏之界和夷夏之见，"夷"字不知凡几；而在后来各稿中，"夷"字渐次被删，或改换为较为中性的词语。《瀛寰考略》手稿中的"英吉利"一节只有 2429 字，其中共有21 个"夷"字；而《瀛寰志略》中的同一节长达 7620 字，"夷"字已经无影无踪。[①] 这种自觉行为，发生在所谓英国人在跨语际翻译时将"barbarian"含义强行植入"夷"字之前。徐氏知道"夷"字本义，无须借助"barbarian"的转换来指点。

以上辨析并非想要抹杀中国人用"夷"仇外的西方殖民扩张和帝国主义侵略的时代背景，以及枪炮逼出来的条款所谓平等所包含的实际不平等。中国有其夷狄说，西方人无法容忍中国人的蔑视。可是，西方世界为了标举自己的"文明"，同样有其关于 barbarian 的一整套冒犯人的话语，视中国人为野蛮人而一路非议，至多把中国归入"半开化"之国。[②] 此所谓人同此心、心同此理。不仅如此，西方人以文明傲视野蛮的俯视之态，訾议和垢辱中国的"夷狄"说辞，更见轻薄和刻薄，给人的印象亦更为深刻。西方人的文野之辨与中国人的夷夏之辨相比，实为有过之而无不及。

---

① 参见任复兴，《晚清士大夫对华夷观点的突破与近代爱国主义》，载《社会科学战线》1992 年第 3 期，第（195—201/139）196、197 页。

② 郭嵩焘在《伦敦与巴黎日记》光绪四年二月初二日（1878 年 3 月 5 日）写道："盖西洋言政教修明之国曰色维来意斯得，欧洲诸国皆名之。其余中国及土耳其及波斯，曰哈甫色维来意斯得。哈甫者，译言得半也；意谓一半有教化，一半无之。其名阿非利加诸回国曰巴尔比瑞安，犹中国夷狄之称也，西洋谓之无教化。三代以前，独中国有教化耳，故有要服、荒服之名，一皆远之于中国而名曰夷狄。自汉以来，中国教化日益微灭；而政教风俗，欧洲各国乃独擅其胜。其视中国，亦犹三代盛时之视夷狄也。"——郭嵩焘，《伦敦与巴黎日记》（走向世界丛书），钟叔河主编，长沙，岳麓书社，1984 年，第 491 页。（色维来意斯得：civilized；哈甫色维来意斯得：half-civilized；巴尔比瑞安：barbarian）

　　刘禾研究的方法论根柢，是福柯（Michel Foucault，1926—1984）的话语理论。福柯的理论诉求，是要打破思想史研究对于观念（真理）之连续性和整体性的认识，因而采用事件化的话语分析视角，视真理和理论为独特的话语事件的效果。刘禾对"夷/barbarian"的解读，正是依托于事件引发的话语效果。然而，这种方法并不意味着可以无限夸大某些事件的话语效果，更不应该无视甚至否定历史观念在总体上的延续性。我们更应关注的，或许是中国近代史上的"夷"之言说对象和话语策略，也就是福柯所说的"话语"之特定实践功能，而且是特定社会语言运用中的动态"话语实践"。[①] 这在当时多少与中英《天津条约》有关，但与所谓衍指符号"夷/barbarian"关系不大。

　　中国传统的对外习惯，完全受到儒学思想的支配；华夷思维框架，上接两千多年前的春秋辨夷夏，几乎成了一种人类学常数和文化代号。虽然晚清士大夫已经基本上认识到中国处于前所未有之变局；中国的对外交往，已不再是历史上的诸夏列国，也不是与四夷之间的关系，而是国与国的往来。然而，根深蒂固的"德华兽戎"观念，意味着等级和名分，长期使人坚信中国政治文化的优越性和独特性，并很容易导致中国文化中心主义和排外情绪，即《左传》所云"非我族类，其心必异"[②]。这种思想不仅见于士大夫阶层，在不了解外情的下层民众中更是如此。于是，这些观念也都相应地定型于文字表述之中，体现在"夷"的划分亦即人禽之界、夏夷之界

---

① 参见福柯《知识考古学》中的相关论述。
② 《春秋左传正义》，〔周〕左丘明传，〔晋〕杜预注，〔唐〕孔颖达正义，浦卫忠等整理，杨向奎审定，北京，北京大学出版社，2000 年，第 824 页（卷第二十六"成公四年传"）。

中。在这个语境里，"夷"字而外，自然还有"狄""蛮""胡""虏""戎""番"等同义词，亦包括其他一些夷狄之变称，如当时闽粤民间常用的"白鬼""黑鬼""番鬼"和"红毛鬼"，或华北民间惯用的"毛子"。

　　综观中国近代发展和对外接触，我们不难断定，鸦片战争的武力打破了中国人的传统世界观念。之后，中国士大夫在逐渐改变的文化观念以及与此有关的价值判断中，运用"夷""洋""西""外"这四个字时也出现了明显变化。尤其在19世纪下半叶，对外部世界及外人的称呼发生了深刻的变化。也就在这时，上述四个词的运用发生了新旧递嬗。不同的表达形式及文字组合，不仅在于不同论者的个人观点，更由于这四个词还体现出时人在不同时期的普遍价值尺度、行为准则和心理状态。①

---

① 参见 Fang Weigui, *"Yi, Yang, Xi, Wai* and Other Terms: The Transition from 'Barbarian' to 'Foreigner' in Late Imperial China," in: *New Terms for New Ideas: Western Knowledge & Lexical Change in Late Imperial China*, pp. 95 - 123。

臆断生造的"剑桥学派概念史" *

概念史正在中国成为一门显学或已经是显学。不管对概念史有无概念，似乎都能说些什么，至少可以望文生义。国际学界有一个"惯例"：一说到"概念史"，马上会脱口而出："德国！"接着会提"科塞雷克"（Reinhart Koselleck, 1923—2006）这位德国概念史的标志性人物。在研究文章中，论者常会直接采用德语词 Begriffsgeschichte（概念史）。但中国学界的情形似乎不完全一样，有时给人留下张口就来、自说自话的印象，比如概念史的张冠李戴。

《史学理论研究》2012 年第 1 期发表李宏图等人的《概念史笔谈》，"编者按"的第一句话是："概念史是 20 世纪 70 年代由英国剑桥学派的代表人物昆廷·斯金纳和德国的考泽莱克所开创。"我看到这句话时，确实大吃一惊。让人吃惊的还有笔谈文章中的不少知识性错误，例如把霍布斯鲍姆（Eric Hobsbawm, 1917—2012）在《革命的年代》（1962）中对一些新词汇的追溯、威廉斯（Raymond Williams, 1921—1988）的《关键词：文化和社会的词汇》（1976）

＊ 本文原载《读书》2018 年第 3 期，第 13—23 页。原文只有文中注，此稿添加了脚注，并在一些外国人名后面添加了外文原名，另有个别文字改动。

说成"概念史研究的前奏",把科塞雷克看作"德国概念史创始人"。与谈者对中国学界已有的研究一无所知吗?再往前推,《历史教学问题》2010年第1期发表"论题:概念历史研究的新路径",那是一个场面更大的"笔谈",主要是李宏图给大家讲"概念史",两次笔谈中存在不少重复文字。

近读李宏图《欧洲思想史研究范式转换的学术路径》一文(载《世界历史》2015年第2期),得知他把"剑桥学派概念史"这一"理念"带进了两个不小的研究项目,该文是作为两个项目的阶段性成果发表的,文中依然能够见到"[……]以昆廷·斯金纳和德国的考斯莱克为代表的一些学者又提出'概念史'这一新的研究范式"等字样。并且,李氏文章有一种出格的论述路径和逻辑,把斯金纳作为主线来论述,给人留下"斯金纳主打"的感觉:"值得注意的是,在欧洲学术界,不单单是斯金纳为代表的'剑桥学派'提出了概念史研究。在欧洲大陆,以考斯莱克为代表的一些德国学者早在1950年代就已经提出,并产生了一些具有影响力的研究成果,由此呈现出思想史研究的德国风格。"另有如下之说:"德国的'概念史'基本上是与英语世界中的'概念史'同时起步的。"(注意:对照三篇李文,关于概念史的产生年代有三种说法,当然都是不正确的。)

本来,有些事情不必当真,然而不时有人问我:"剑桥学派概念史"是怎么回事儿?鉴于过于随意的治学态度和轻率的说法,已经严重干扰在中国方兴未艾的概念史研究,也对一些硕博论文产生严重误导,加之网络中严重的以讹传讹,以及伪命题会影响真问题的讨论,我以为有必要厘清一些学术事实,因而写此小文求教于学界高明,尤其是《史学理论研究》特邀的"我国这一领域的几位专业学者"。

　　哪来的剑桥学派概念史？当然事出有因：我的书柜里就有李宏图主编的"剑桥学派概念史译丛"凡四册（华东师范大学出版社，2010 年）。当时见到这套书时，我的第一反应是：哪个剑桥学派？弄得我一头雾水。第二反应是：Made in China!

　　"剑桥学派概念史译丛"从何说起？这四本书中，里克特著《政治和社会概念史研究》（1995）① 是一部介绍性专著，主要介绍德国概念史，作者是纽约市立大学政治思想史教授，并无剑桥倾向。汉普歇尔-蒙克"著"《比较视野中的概念史》（1998）②，当为汉普歇尔-蒙克等人主编的书，选录了十多篇概念史经典论文和个案研究，作者中有科塞雷克、伯德克、舒尔茨、赖夏特、鲁斯布伦克等德国概念史名家，以及荷兰等国的概念史专家，该书出自荷兰史学家的一个概念史项目。另外两本书要么不是严格意义上的概念史著述，要么与剑桥学派无多关联：《概念变迁与美国宪法》（1988）③ 是 1987 年在华盛顿举办的美国宪法二百周年纪念会议文集；《重思〈近代政治思想的基础〉》（2006）④ 则是斯金纳的《基础》一书出版二十五周年纪念研讨会文集。（关于这套丛书的翻译质量，不是本文所要讨论的问题。这里只想指出四本书中对同一人名、书名和文章名，时有不同的译法。）

---

① 里克特，《政治和社会概念史研究》，张智译，上海，华东师范大学出版社，2010 年。
② 汉普歇尔-蒙克，《比较视野中的概念史》，周保巍译，上海，华东师范大学出版社，2010 年。
③ 鲍尔等主编，《概念变迁与美国宪法》，谈丽译，上海，华东师范大学出版社，2010 年。
④ 布雷特等主编，《重思〈近代政治思想的基础〉》，胡传胜、邵怡译，上海，华东师范大学出版社，2010 年。

李宏图在该译丛的"中文版前言"中说："概念史研究的理论和方法已经发展得较为系统和成熟，并形成了两大学术流派。一是以昆廷·斯金纳为代表，主要从概念与修辞之间的关系入手来研究概念史。［……］另外一种概念史研究的路径是将概念的变迁与社会的变化集合在一起进行考察，代表性人物是德国的历史学家考斯莱克。"在此我要先做两个说明：其一，斯金纳不是一直对修辞感兴趣，或曰这不是他的政治思想研究的"全部"，他的所谓"修辞转向"发生在 1990 年代。其二，说斯金纳是 1970 年代概念史的开创者之一，那我只能说，彼时英美还没有"概念史"之说，英语中甚至还没有一个通行的、作为术语的"概念史"表述。① 总体说来，这一状况一直要延续到 1980 年代末。带有剑桥倾向的美国政治学教授鲍尔（Terence Ball）在其专著《政治话语的转型：政治理论与批判性概念史》② 中提出，应当发展一种批判性概念史，并将之用于（剑桥）政治理论研究。

何来所谓"剑桥学派概念史"？披阅整个译丛，果然发现《比较视野中的概念史》这部文集中有与此相近的说法，言者还是鲍

---

① 樊炳清编《哲学辞典》（上海，商务印书馆，1926 年）已有"概念史"条目，释义："就特殊之事实的认识，而叙述其变迁发达之迹者，谓之概念史。所以补哲学史及特殊科学史之不足。"在该条目中，虽然德语"Geschichte der Begriffe"之前列有英语"History of concepts"，但显然指向一个德语术语，并罗列了概念史的德国"血脉"：特伦德伦伯格（Friedrich Trendelenburg, 1802—1872），泰希穆勒（Gustav Teichmüller, 1832—1888），倭铿（Rudolf Eucken, 1846—1926），文德尔班（Wilhelm Windelband, 1848—1915）。条目中的人名罗列，似有舛误，如"米勒（Muller）"，当为特伦德伦伯格的弟子泰希穆勒。人名中另有"何辉尔（Whewell）"，即英国科学哲学家惠威尔（William Whewell, 1794—1866），不当名列其中。

② Terence Ball, *Transforming Political Discourse: Political Theory and Critical Conceptional History*, Oxford: Blackwell, 1988.

尔，见之于氏著《"概念史"和"政治思想史"》①一文。他说"概念史"的两种主要路径在平行展开，一为德国的概念史样式，即 Begriffsgeschichte，一为"英美版本的'概念史'，也即 conceptual history，或者如我所称的'批判概念史'（critical conceptual history）"②。这或许就是有人相信存在"英美版本的'概念史'"的依据，并因此大做文章？鲍尔自己也不得不承认，说概念史有两个"学派"或两种"途径"，"或许有些夸张"。他指出：德国概念史家"充分发挥集体协作的优势，并试图在范围和广度上成就一种百科全书式的著述。而英语世界的概念史家们则大部分各自为战，［……］"③。此时，我首先想到的问题是："各自为战"的概念史，何以成为学派？又如何与德国的相提并论？其实，鲍氏文章的标题，已经暗含一个明确内容：剑桥学派的"政治思想史"走的不是"概念史"之路。

鲍氏文章中的不少观点，早已见诸德国概念史理论，他只是把德国说法变换了一下，试图将之用于英美的政治思想研究，即英国的剑桥和马萨诸塞的坎布里奇（Cambridge, Massachusette）的思想史研究。该文的一个重要目的是借题发挥，大发其"批判性概念史"之感慨，即捍卫"'政治思想史'写作中的'概念史'范式"④。

---

① 原文：Terence Ball, "Conceptual History and the History of Political Thought," in: *History of Concepts: Comparative Perspectives*, ed. by Iain Hampsher-Monk/Karin Tilmans/Frank van Vree, Amsterdam: Amsterdam Univeristy Press, 1998,（75 - 86）83。

② 保尔（鲍尔），《"概念史"和"政治思想史"》，载汉普歇尔-蒙克《比较视野中的概念史》，第116—117页。

③ 同上书，第114、118页。

④ 同上书，第114页。

批判性概念史的核心思想是，"概念"必须在"话语"框架中进行阐释。我以为，所谓"'政治思想史'写作中的'概念史'"，似乎还有点靠谱。不能否认英美政治思想史"中"的概念研究，但它不足以成为一个概念史学派。该书主编之一汉普歇尔-蒙克在"引论"中说，鲍尔偏向所谓"英语学派"，可是对"概念史"甚至"政治思想史"的看法缺乏整体性。[①] 这一评判是中肯的。鲍氏并未明确说"剑桥学派概念史"，而是"英美政治思想史"，这当然就与剑桥学派有联系。

　　根据笔者有限的阅读，尚未发现国际学界还有谁在说"剑桥学派概念史"，这里不排除论说历史语义学亦即概念史的时候说及波考克（John Pocock）和斯金纳（Quentin Skinner），他们毕竟是很有影响的人物，尤其是其论题和研究方法与概念史时有纠缠，[②] 从而引发比较研究，但关键要看立论能否站住脚。或许有人会说，斯金纳的某部著作中关于某个概念的考察，简直就是概念史研究，比如李宏图在译丛的"中文版前言"提到的斯金纳《近代政治思想的

---

① 参见汉普歇尔-蒙克，《比较视野中的概念史·引论：比较视野中的"概念史"》，第 10 页。

② 见之于二者基本立场中的一些共同特点：（1）二者都从政治的语言因素出发，认为政治行为以语言共识为前提，在很大程度上建立在体现于语言的基本信念的基础上。（2）语言行为是政治的重要方面，而政治交流建筑于用词，亦即变化的、不断流动的话语中的词语，并且受到概念的支配。（3）研究者都很重视文本的语境化探讨，因而拒绝单个词语的研究。——参见赖夏特，《"词语统计学"与"新文化史"之间的"历史语义学"——现状述评》，载赖夏特编《启蒙运动与历史语义学：西欧文化史的跨学科研究》，第 14—15 页（Rolf Reichardt, "*Historische Semantik* zwischen *lexicométrie* und *New Cultural History*. Einführende Bemerkungen zur Standortbestimmung", in: *Aufklärung und Historische Semantik. Interdisziplinäre Beiträge zur westeuropäischen Kulturgeschichte* [*Zeitschrift für Historische Forschung*, Beiheft 21], hrsg. von R. Reichardt, Berlin: Duncker & Humblot, 1998, S. 7 - 28）。

基础》中对"国家"概念的考查，或《自由主义之前的自由》中对"自由"概念的探索。可是，这哪能成为号称一个学派的依据呢？德国观念史大家迈内克（Friedrich Meinecke, 1862—1954）在其名著《新近历史中的国家利益至上观念》[1] 中翔实考察了"国家"概念；曼海姆（Karl Mannheim, 1893—1947）深入研究过"意识形态"与"乌托邦"；[2] 阿伦特（Hannah Arendt, 1906—1975）在其《人的境况》[3] 中，探讨了行动、制造、工作等范畴自古至近代的巨变，有观念史也有概念史。这样的事例真是太多太多。

说斯金纳研究过某个概念，这不稀奇，这在西方著作中很常见。在斯金纳的实际研究中，有无专门的概念史文章或专著？似乎没有。[4] 诚然，他在《政治思想和行为分析中的一些问题》[5] 这篇论文中，详谈了概念变化问题，但这与倡导作为方法的概念史没有联系。换言之，有些论者在讲述所谓"以斯金纳为代表的剑桥学派概念史"时，会援引斯氏讨论概念的相关论述，但这不等于斯金纳

---

[1] Friedrich Meinecke, *Die Idee der Staatsräson in der neueren Geschichte*, München: Oldenbourg, 1924.

[2] 参见曼海姆，《意识形态与乌托邦》，黎鸣、李书崇译，周纪荣、周琪校，北京，商务印书馆，2007 年。

[3] 英：Hannah Arendt, *The Human Condition*, Chicago: The University of Chicago Press, 1958。德（作者自译）：Hannah Arendt, *Vita active oder Vom tätigen Leben*, München: Piper, 1960。

[4] 固然，斯金纳为鲍尔等人主编的文集《政治革新与概念变化》所写的长文《国家》（Quentin Skinner, "The state," in: *Political Innovation and Conceptional Change*, ed. by Terence Ball/James Farr/Russell L. Hanson, Cambridge: Cambridge University Press, 1989, pp. 90 – 131），考证了国家概念的起源和含义史，但采用的还是很传统的方法，参考文献也都出自《近代政治思想的基础》（1978）。——参见里克特，《政治和社会概念史研究》，第 201 页。

[5] Quentin Skinner, "Some Problems in the Analysis of Political Thought and Action," in: *Political Theory*, Vol. 2, No. 3 (Aug., 1974), pp. 277 – 303.

自己做的就是概念史；西方思想家、史学家时有关于概念的言说，这一现象太平常了。斯金纳在 1970 年代（也是其研究早期）最著名的著述是《近代政治思想的基础》①，那是一部新式观念史大作，或曰政治思想史研究，体现出思想史研究的新写法，但绝对不是概念史！他在 1980 年代还写过《语言与社会变迁》②、《语言与政治变迁》③ 等文章，也都没有涉及概念史，更多地谈论政治思想史与语言的关系。对于"以昆廷·斯金纳为代表"之类的言说，首先要在时间上有一个明确的认识。

在英美世界，里希特（Melvin Richter ［1921—2020］，这是一个德语姓氏，李宏图等人译为里克特）是最早关注德国概念史的学者之一。他于 1986 年在《政治理论》（*Political Theory*）杂志上发表《概念史与政治理论》④，1987 年在《观念史杂志》（*Journal of the History of Ideas*）上发表《概念史与观念史》⑤。后来，他又分别于 1990 年和 1991 年用英德两种语言发表两篇几乎相同的文章：《论政治语言史的重构：波考克、斯金纳与"历史基本概念"》⑥.

---

① Quentin Skinner, *The Foundations of Modern Political Thought*, Cambridge: Cambridge University Press, 1978.

② Quentin Skinner, "Language and Social Change," in: *The State of the Language*, ed. by L. Michaels/C. Ricks, Berkeley: University of California Press, 1980, pp. 562-578.

③ Quentin Skinner, "Language and Political Change," in: *Political Innovation and Conceptional Change*, ed. by Terence Ball/James Farr/Russell L. Hanson, Cambridge: Cambridge University Press, 1989, pp. 6-23.

④ Melvin Richter, "Conceptional History (Begriffsgeschichte) and Political Theory," in: *Political Theory* 14(1986), pp. 604-637.

⑤ Melvin Richter, "Begriffsgeschichte and the History of Ideas," in: *Journal of the History of Ideas* 48(1987), pp. 247-263.

⑥ 英：Melvin Richter, "Reconstructing the History of Political Languages: Pocock, Skinner, and the Geschichtliche Grundbegriffe," in: *History and Theory* （转下页）

1995 年，他的《政治概念和社会概念的历史——综合述评》[1] 问世，即前揭译丛中的《政治和社会概念史研究》。作者在书前的"致谢"中说，他作为访问学者在德国沃尔芬比特尔市著名的赫尔措格-奥古斯特图书馆从事研究工作。"正是在那里，我第一次得知一种德国史学类型：Begriffsgeschichte，即 History of Concepts，或 Conceptual History〔目前英语对德语'概念史'的两种通用译法〕。"里氏接着说："概念史确实有许多东西可以提供给英语学者。概念史家们系统深究了与他们最为接近的英语世界的同行未能钩稽的原始资料，发展出全新有用的研究框架，以此阐释重大问题。"[2] 显然，里希特是要在英语世界为概念史代言，以此开启和促进德国学者与英美学者之间的对话。[3]（前文提及的鲍尔倡导批判性概念史，很可能与里氏概念史介绍有着直接联系。）里希特又在该书"导言"的起首说："本书旨在为英语世界的读者简要评述 Begriffs-geschichte，这是自 20 世纪中期兴起于联邦德国的一门史学类型。它的理论目标、研究计划和实际运用，都同英语学者所从事的观念史、思想史和政治思想史有着很大的不同。"[4]

里氏之言至少提供了两个简明的信息：其一，Begriffsge-

（接上页）19（1990），pp. 38 - 70；德：Melvin Richter, "Zur Rekonstruktion der Geschichte der Politischen Sprachen: Pocock, Skinner und die *Geschichtlichen Grundbegriffe*", in: *Alteuropa. Ancien Régime — Frühe Neuzeit: Probleme und Methoden der Forschung*, hrsg. von Hans Erich Bödeker und Ernst Hinrichs, Stuttgart-Bad Cannstatt: Frommann-Holzboog, 1991, S. 134 - 174。——德文版当为英文版的"译文"。

① Melvin Richter, *The History of Political and Social Concepts. A Critical Introduction*, New York: Oxford University Press, 1995.
② 里克特，《政治和社会概念史研究》，"致谢"第 1 页。——译文略有改动。
③ 参见同上。
④ 里克特，《政治和社会概念史研究》，"导言"第 1 页。——译文略有改动。

schichte 首先是一种"德国"方法；其二，在他介绍之前，英美对概念史基本上一无所知。而从里希特介绍概念史的第一篇文章到专著中的相关章节，我们可以准确无误地获得第三个，也是更为重要的信息："概念史"与剑桥学派的"政治语言史"走的是两条路。

里希特在专著"致谢"中还感谢波考克和斯金纳，说这两位老友为该书第六章关于他们的著述与德国概念史的比较研究而"不辞劳苦地写来洋洋洒洒又下笔谨慎的信"①。斯金纳在 1990 年代才在文章中论及德国概念史，这是否与里希特和他的通信有关？这当然只是一个问题。对于德国概念史来说，1990 年代意味着什么呢？那是曾经如火如荼的概念史研究将要落幕，诸多持续几十年、令人叹为观止的大型概念史辞书项目将要竣工的年代，那也是德国概念史开始走向世界的时候。斯金纳这样的聪明人不会太落伍。

行文至此，在某种意义上只说了一些不得不说的边缘问题，但不是可有可无，那是为了回应"斯金纳在 1970 年代开创概念史"之说。关键问题是，剑桥学派做的是概念史吗？这就需要对何谓概念史有一个基本了解。关于概念史的来龙去脉、理论设想、具体实践、发展变化等，笔者写过若干文章，有数万言长文，也有简要概述，另外还在一些书评中说及理论，在此不宜一一赘述。下面我要讨论的，主要是"剑桥学派"能否与"概念史"连缀，在这之前还须扼要介绍一下相关问题。

西方传统的思想史研究，主要集中于考察大思想家的经典文本，即学术传统中的"正典"（canon）：从柏拉图（Plato, 前 427—

_____

① 里克特，《政治和社会概念史研究》，"致谢"第 2 页。

前 347）、亚里士多德（Aristotle, 前 384—前 322）到奥古斯丁
（Aurelius Augustinus, 354—430）、阿奎那（Thomas Aquinas,
1225—1274），到马西利乌斯（Marsilius, 约 1275—约 1342）、马基雅
维利（Machiavelli, 1469—1527），再到霍布斯（Thomas Hobbes,
1588—1679）、洛克（John Locke, 1632—1704）、休谟（David Hume,
1711—1776）、伯克（Edmund Burke, 1729—1797），直至黑格尔
（G. W. F. Hegel, 1770—1831）、马克思（Karl Marx, 1818—
1883）等近现代思想家。这种论述格局遭到晚近学者的非难，他们
诟病往昔的研究没有证实那些大思想家的社会代表性，对常用的政
治和社会用语缺乏钩稽。约在 1960 年前后，西方史学界分析词汇
和词组的蕴涵及其认识功能的意识日趋明显。思想史在理论和方法
上的不足之处，导致德国、英美和法国史学界对语言和话语分析的
浓厚兴趣。

于是，德国、英美和法国的学术文化中出现了三种不同的研究
方法：德国史学以"概念史"著称；英美史学界尤其是剑桥学派则
倡导新的"观念史"模式；法国史学界以"话语分析"（Analyse du
Discours）或"概念社会史"（Socio-histoire des Concepts）见长。
三种研究模式在很长一段时期内各自为政，且确实有着不同的特
色。"历史语义学"（英：Historical Semantics；德：Historische Se-
mantik；法：Sémantique historique）是国际学界相关领域的学者熟
知的一个概念。一般而论，西方的概念史、观念史或关键词研究，
都可以用"历史语义学"来归纳其方法。

总的说来，"概念史"在英美世界不怎么被人看重，一直没有

得到普及，① 而且迄今如此。剑桥学派波考克的《古代宪法与封建
法律》（1957）和《马基雅维利时刻》（1975）、斯金纳的《近代政
治思想的基础》（1978）等，属于"观念史"著作，亦可称为政治
思想史。鲍尔提出批判性概念史，出于一种期待，即"概念史"与
"政治语言史"应当相遇，也就是两个研究方向的方法论和认识论
视域的融合。可是如何融合呢？斯金纳本人曾长期否定"概念史"
的可能性；我想，他也不会答应把他的研究称作概念史。下面，我
就围绕这个问题对剑桥学派政治思想史做一简要分析。

　　德国史学概念史成型的年代（比其历史更悠久的是哲学概念
史），也是新的"剑桥学派"崛起之际。在政治学、史学和哲学相
结合的英美观念史研究中，"剑桥学派思想史"（Cambridge School
of Intellectual History），尤其是以波考克和斯金纳为代表的政治思
想研究，为方法论创新奠定了新的基石。需要指出的是，波考克和
斯金纳时常混用"观念史"　（history of ideas）和"思想史"
（intellectual history），英语学界的许多学者也都如此。

　　剑桥"政治思想史"是对占主导地位的"正统"观念史的拒
绝，这与概念史相仿。德、英两种研究方案都极为重视政治语言，
力图透过语言来认识历史。然而，波考克和斯金纳更喜于从事与
"语言"或"政治思想"相关的研究，而不是单个概念或相关概念
群的考察。也就是说，剑桥与海德堡的区别，在"政治语言"（"话
语"）和"概念"之间，或曰"政治语言史"与"概念史"的分
野。把二者联系在一起的，是政治思想研究，而不是概念史方法。

---

① 参见科尔曼，《概念史的实际用处》，载《政治思想芬兰年刊》卷三（1999），第
　 33 页（Janet Coleman, "The Practical Use of Begriffsgeschichte," in: *Finnish
　 Yearbook of Political Thought*, vol.3[1999], pp.28 - 40)。

尽管德、英二派都拒绝了老式观念史，但是"概念史"和"新剑桥学派"的哲学根基大相径庭："概念史"是在德国史学和诠释学传统中发展起来的，"政治语言史"则源于盎格鲁-撒克逊传统，后者有两个重要来源：其一是剑桥学派的开创者、历史学家拉斯莱特（Peter Laslett, 1915—2001），他的历史研究重视未出版的档案资料，将缜密的语文学阅读方法纳入政治观念史研究。他以洛克为例，揭示后人对洛克著述的解读完全背离了作者原意。第二个来源是维特根斯坦（Ludwig Wittgenstein, 1889—1951）晚期的语言哲学研究，以及奥斯丁（John Austin, 1911—1960）和瑟尔（John Searle）的"言语行为"理论。

波考克诸多研究的主要兴趣，指向政治语言和英国近代早期政治理论家的习语及其纷繁的关联，在方法上主张对政治思想的语言进行考察，这在很大程度上使观念史变成思想家用何语言写作的历史，研究说话的内容、动机、目的和策略。他在《马基雅维利时刻》中，辨析了"天赋人权说""公民人文主义""古典共和主义"等概念。他把事物及其发展称为话语，他所撰写的历史带有浓重的语言论色彩。在《当代史学》（*History Today*）1985 年 10 月号的《什么是思想史》"七人谈"中，斯金纳称波考克的研究为"新政治思想史"，同时指出："波考克号召政治观念史家不要将精力耗在文本和思想传统上，而要集中精力研究政治'语汇'。"①

斯金纳是新剑桥学派第二个主要代表人物。他的研究进路，对英美观念史的进一步发展有着重大意义。他对老式观念史之主导思

① 斯金纳，见《什么是思想史?》，任军峰译，载丁耘主编《什么是思想史》，上海，上海人民出版社，2006 年，第 15 页。

想的批判，不像福柯（Michel Foucault, 1926—1984）那样对观念史的断然拒绝，而是在呼唤一种全新的观念史。他在《什么是思想史》"七人谈"中颇为自信地说："我的明确主张是：假如观念史想要具有真正的历史性，我所说的新方法才是最值得践行的方法。"①他所提出的创新方案，主要依托于维特根斯坦晚期的语用理论，尤其是将奥斯丁的"以言行事"之说运用于政治观念史纂。

斯金纳在《近代政治思想的基础》的"修辞与自由"一章中，着重探讨了人文主义修辞的重要意义，但并未关注概念，没有论及概念含义在运用中的连续性或转变。进入 1990 年代之后，他开始对修辞进行深入研究，发表长文《霍布斯：修辞与道德建构》② 和《古典修辞及霍布斯早期思想中的公民科学》③，强调"意识形态"与修辞的紧密关系。他喜于把自己所研究的政治思想称为复数的"意识形态"（ideologies），这在他那里是中性术语，指称许多思想家分享的语言实践，例如用于表达主张的词汇、原则、假设和范畴等。修辞策略研究而外，斯金纳还悉心查考了一些词语史，他显然偏好"词语史"之说，而不是"概念史"。

在《政治和社会概念史研究》中，里希特指出了斯金纳学术的发展变化，说他的政治思想研究在向语用概念史的方向靠拢，但却显示出雄心勃勃的方法论批评与时常很保守的实际研究之间的矛

---

① 斯金纳，见《什么是思想史?》，任军峰译，载丁耘主编《什么是思想史》，上海，上海人民出版社，2006 年，第 16 页。——译文略有改动。

② Quentin Skinner, "Thomas Hobbes: Rhetoric and the Construction of Morality," in: *Proceedings of the British Acadamy* 76(1991), pp. 1 - 61.

③ Quentin Skinner, "Scientia Civilis in Classical Rhetoric and in the Early Hobbes," in: *Political Discourse in Early Modern Britain*, ed. by Nicholas Phillipson and Quentin Skinner, New York: Cambridge University Press, 1993, pp. 67 - 93.

盾，尤其是其专注于经典理论家的言论（这与传统观念史的做法相仿），置之不顾那些不该被遗忘或被忽略的思想，这就使他向概念史靠拢的方案很难兑现。[1] 应该说，里希特的观察是准确的。说到底，斯金纳的方法论原则与概念史方法存在龃龉，也必然会阻碍他走向概念史。至少在里希特著作发表之际，也就是 1995 年，作者在该著中言之凿凿地说，英语学者尚未展开系统的概念史研究，当然也不存在德国那种政治和社会概念史。[2] 而其专著的名称《政治和社会概念史研究》（直译为《政治概念和社会概念的历史》），几乎就是科塞雷克等人主编的《历史基本概念》（八卷本）副标题"德国政治/社会语言历史辞典"[3] 的翻版。这并不奇怪，他是在英美世界大力倡导概念史，因而明显偏向德国概念史。

斯金纳起初对德国概念史基本上持否定态度，但在表述上较为温和，不像他对英美现代观念史的奠基者洛夫乔伊（Arthur O. Lovejoy, 1873—1962）的鞭笞。我们或许可以提出一种假设：1990 年代之前，德国史学概念史压根没有引起斯金纳的关注。他认为科塞雷克的研究以及《历史基本概念》不是真正的概念史，只是词语史。在他眼里，不可能存在概念史，只有概念不同用法的历史（见斯金纳《对我的批评者的回应》[4] ）。因此，他怀疑词语史是不是历

---

[1] 参见里克特，《政治和社会概念史研究》，第 193—206 页。

[2] 参见上书，第 211 页。

[3] *Geschichtliche Grundbegriffe. Historisches Lexikon zur politisch-sozialen Sprache in Deutschland*, 8 Bde, hrsg. von Otto Brunner, Werner Conze, Reinhart Koselleck, Stuttgart: Klett-Cotta, 1972 - 1997.

[4] Quentin Skinner, "Reply to my Critics," in: *Meaning and Context: Quentin Skinner and His Critics*, ed. by James Tully/Quentin Skinner, Princeton: Princeton University Press, 1989, pp. 231 - 288.

史学家从事研究的合适方法。此外，他否定借助基本概念来准确描述历史过程的可能性。他对概念史的反对态度，很大程度上或许只能从英美学术传统中找到解释：英美观念史直到 1960 年代还常在论说普世观念和伟大思想家。

很长一段时间，德国概念史与较多接受了法国话语理论的剑桥学派之间的嫌隙，影响了二者之间的合作。德国有翻译大国之称，给人无所不译之感，可是斯金纳的两部代表作，《近代政治思想的基础》和《霍布斯哲学思想中的理性和修辞》①，迄今没有德译本，简直匪夷所思，但却有其缘由。科塞雷克和斯金纳都把谈论对方的方法论看作"雷区"②。曾任教于美国斯坦福大学的德国著名文学理论家贡布莱希特（Hans-Ulrich Gumbrecht）是概念史研究的重要前辈人物之一。他在其《概念史的维度和局限》的长篇"绪论"中指出，谁在 1980 年代末去美国，行李中带着德国概念史辞书和自己撰写的概念史论文，他会失望地发现，"概念史只是德国人文科学中的一种特殊追求。"③

① Quentin Skinner, *Reason and Rhetoric in the Philosophy of Thomas Hobbes*, Cambridge: Cambridge University Press, 1996.

② 斯金纳在 2007 年的一次访谈中，借用科塞雷克批驳他时所用的"雷区"之喻，也把自己的方法与科塞雷克方法之间的关系形容为"雷区"。参见塞巴斯蒂安，《思想史，自由与共和主义——斯金纳访谈》，载《概念史文献》第 3 卷第 1 期（2007），第 114 页（Javier Fernández Sebastián, "Intellectual History, Liberty and Republicanism: An Interview with Quentin Skinner," in: *Contributions to the History of Concepts* 3[2007] I, pp. 103 – 123）。

③ 贡布莱希特，《精神金字塔：论概念史运动的迅速高涨、看不见的维度和突然退潮》，《概念史的维度和局限》，第 10 页（Hans-Ulrich Gumbrecht, "Pyramiden des Geistes. Über den schnellen Aufstieg, die unsichtbaren Dimensionen und das plötzliche Abebben der begriffsgeschichtlichen Bewegung", in: H.-U. Gumbrecht, *Dimensionen und Grenzen der Begriffsgeschichte*, München: Wilhelm Fink, 2006, S. 7 – 36）。

　　尽管剑桥学派遭到来自多方的批评，但它还是在英美世界的历史编纂学中获得了稳固地位，波考克和斯金纳也备受崇拜和效仿。谁都知道"语境中的观念"（Ideas in Context）与"政治思想史剑桥文本"（Cambridge Texts in the History of Political Thought）这两套丛书，没有人会怀疑体现于其中的剑桥学派研究进路的成功。至于"剑桥学派概念史"，它存在吗？

关键词方法的意涵和局限*

——雷蒙·威廉斯《关键词：文化与社会的词汇》重估

作为英国马克思主义文化理论家、"新左派"的领军人物、文化研究的重要奠基者，雷蒙·威廉斯（Raymond Williams, 1921—1988）对于中国相关领域，尤其是文化研究学者来说，可谓人人皆知。可是在人文学科的大多数人那里，威廉斯的名字或许主要是同他的著作《关键词：文化与社会的词汇》①联系在一起的。威氏在该书 1983 年"第二版序言"中说："这本书的初版，深受欢迎，远超过我的预料。"②若他有幸知道该书在 21 世纪初被介绍到中国以后的情形，或许不是"出乎意料"可以形容的。

伊格尔顿（Terry Eagleton）认为威廉斯能与萨特（Jean-Paul Sartre, 1905—1980）和哈贝马斯（Jürgen Habermas）相提并论，称他为战后英国最重要的文化思想家。③《关键词》曾对英国的新左

---

* 本文原载《中国社会科学》2019 年第 10 期，第 116—133 页。
① Raymond Williams, *Keywords: A Vocabulary of Culture and Society*, London: Fontana Paperbacks, New York: Oxford University Press, 1976.
② 威廉斯，《关键词：文化与社会的词汇·导言》，刘建基译，北京，生活·读书·新知三联书店，2005 年，第 1 页。
③ 参见伊格尔顿，《前言》，载欧康纳，《威廉斯：著述，文化，政治》，第 xii 页（Terry Eagleton, "Foreword," in Alan O'Connor, *Raymond Williams: Writing, Culture, Politics*, Oxford: Blackwell, 1989, pp. vii – viii）。

派运动产生过很大影响，是欧美文化研究中的经典作品之一。该书随着文化研究进入中国以后，被广泛接受和大量征引。作为文化研究、文学研究以及不少人文学科中的重要理论资源和研究方法，"关键词"在中国的走红，还体现于颇为丰赡的研究成果。但另一方面，在文化研究的语境中，威廉斯是个热门话题，专门研究《关键词》的文章却寥寥无几。《关键词》在中国备受关注，主要是它被当作工具书：对不少人来说，要找相关"概念"，那里可以信手拈来。颇为有趣的是，这同彼时英美对《关键词》的一种接受状况不谋而合，如威廉斯自己后来所发现的那样："我现在注意到对我的其他任何作品都没有兴趣的人们在使用《关键词》一书，他们遇到这些词中的一个，想在书中查找它。"①

这便出现了一个更大的问题：在不多的《关键词》研究文献中，偶尔能见到一种说法，即该书在西方的评价"毁誉参半"。对此，论者的一般做法是一笔带过。所以，常能见到的是一些大词，比如《关键词》开启了研究方法上的革命。在为数不多的《关键词》研究中，一般是褒奖之词，至多是中性评述。作为一个积极的社会主义者，威廉斯对语言、文学和社会之间的关系兴趣浓厚，并有大量相关著述。因为他的左派立场而引起意识形态上的对垒是可想而知的，但是还有方法论上的质疑。在笔者所见的讨论《关键词》的文章中，有一个突出现象，就是顺着威廉斯本人的观点和思路展开，且以《关键词》的作者"导论"为主要理论依据；接着是挑选此书中的几个词条陈述一番，以显示威廉斯的渊博和独到

---

① 威廉斯，《政治与文学》，樊柯、王卫芬译，开封，河南大学出版社，2010 年，第 170 页。

视野。

在国际学界时常遭到诟病的是《关键词》在方法论上的缺陷。可是在它落脚中国之后，为了彰显威氏创造性思想及其"关键词批评"的理论特质和文本体例非同一般，有人会用"隐在的体系性"来为《关键词》缺乏体系性辩护，说一个个关键词自成系统，潜隐着相应的理论脉络。另一种结论也令人生疑：《关键词》所触及的术语都是相关领域不可或缺的核心范畴，多半蕴含巨大的理论能量，并对认识研究对象甚至一个学科的深入发展具有根本意义。而笔者以为，《关键词》的词条数目删去一半或一大半，是不会出问题的，而且后来也有人这么做了。的确，威廉斯本来就不愿像《牛津大辞典》那样号称所谓客观性、权威性和非个人性，他是要彰显他的价值观、他的文化政治立场、他的个人预设。这就必然"借题发挥"。

作此《关键词》重估，绝无矮化威廉斯的意图，何况他这样的人物是无法被矮化的；能够编写《关键词》这样的著作，委实难能可贵，成就不容置疑，出版后几经再版也不是没有道理的。关键问题是我们应当如何看《关键词》，这是本文的写作动机之一。本文的更大追求是，厘清一些与《关键词》有关的基本问题，以显示理论匮乏而生发的误导。

《关键词》毕竟是一项历史语义学研究，须尊重历史和尽可能的客观性。威廉斯尽力扣住语言的社会和历史之维，而且写得深入浅出、通俗易懂，但他的不少词义解释，旨在阐发自己的思想，显然不是历史的全部，这就出现了何谓"标准"的问题，也就是威氏文化与社会关键词的代表性问题。笔者将讨论威氏《关键词》的成就和缺陷。首先是在"文化与社会"研究模式的大框架中，展示

《关键词》的生成语境，即威廉斯的立足点和批评理念的一般特征；
然后在此基础上梳理和评估孕育于文化研究母体的《关键词》，以
呈现威氏关键词讨论的理论视野、写作理念和文本体例。笔者会不
时借助德国的"同类"著作《历史基本概念》进行考察，也就是把
《关键词》与概念史这一历史语义学的标志性范式做对照，在比较
中见出二者的异同。

　　在国际学界，概念史和关键词研究均被看作"历史语义学"
（德：Historische Semantik；英：Historical Semantics）；换言之：关
键词和概念史均可用"历史语义学"来称谓。威廉斯也明确用历史
语义学归纳"关键词"方法，甚至视之为文化/社会研究的主要方
法。并且，他倡导的社会史方向的关键词研究，其理论、方法论思
考以及不少立论与德国概念史代表人物科塞雷克（Reinhart
Koselleck, 1923—2006）的观点颇为相似，例如词汇含义在历史关
键时期会发生重大变化等，二者之间有着不少相通之处。"余论"
将简要论述关键词方法在西方的效应和现状。

一、"文化与社会"研究模式与"关键词"

　　文化研究的核心论题是文化与社会之错综复杂的关系，以及文
化分析和社会分析的结合。[①] 英国文化研究发端之时，威廉斯曾把

---

① 参见温特尔，《文化的核心地位：论文化社会学与文化研究的关系》，载赫宁、温
　特尔主编《倔强的文化：作为挑战的文化研究》，第 146—195 页（Rainer Winter,
　"Die Zentralität von Kultur. Zum Verhältnis von Kultursoziologie und Cultural
　Studies", in: *Widerspenstige Kulturen. Cultural Studies als Herausforderung*,
　hrsg. von Karl H. Hörning und R. Winter, Frankfurt: Suhrkamp, 1999, S. 146 -
　195）。

历史语义学描绘成文化/社会研究的方法。他要尽力通过词语意义的考辨梳理，寻找有效研究社会和文化的独特方法，以呈现问题的起源、发展与流变，揭示隐身于词语的意识形态，绘制出认识文化与社会的路线图。"这种探索最初的用意是要了解当前若干迫切的问题——实际上，就是了解我们现今的世界问题。"①

说起文化研究，人们马上就会想到起始于 1960 年代的伯明翰学派，也就是一种新的大众文化研究范式的崛起。可是对学术史而言，另一文化研究的传统是不应被忽略的。1930 年代希特勒上台，德国的文化/知识社会学亦即不少文化研究的尝试不得不中断。从某种程度上说，那正是后来文化研究的起点；不仅在方法论上如此，同样也关乎研究主题。② 然而，虽有曼海姆（Karl Mannheim, 1893—1947）在英国的流亡经历，以及艾略特（T. S. Eliot, 1888—1965）对曼海姆的接受所产生的或明或暗的联系，但对英国文化研究创立时期来说，德国 1920/1930 年代的倡导并未产生任何影响。③ 对于同文化研究平行发展的德国社会史取径的概念史，英国的文化研究学者也无动于衷。尽管二者有着颇多共同之处，却没有直接的触点，这里似乎能够见出这个领域的"两种文化"。其代表人物之截然不同的生平，只是问题的一个方面，更重要的还有

① 威廉斯，《关键词：文化与社会的词汇·导言》，第 4 页。
② 参见米勒、施米德尔，《概念史与历史语义学综考》，第 699 页（Ernst Müller und Falko Schmieder, *Begriffsgeschichte und historische Semantik. Ein kritisches Kompendium*, Frankfurt: Suhrkamp, 2016）。
③ 参见霍内格，《曼海姆与威廉斯：文化社会学或文化研究?》，载胡贝尔编《文化-分析》，第 115—146 页（Claudia Honegger, "Karl Mannheim und Raymond Williams: Kultursoziologie oder Cultural Studies?", in: *Kultur-Analysen*, hrsg von Jörg Huber, Wien: Springer, 2001, S. 115 - 146）。

英、德两国不同的学术文化传统。一般而论，德国的历史主义与学术研究中的普遍主义倾向，在英国都是较为淡漠的，那里更关注英伦三岛上的事情。以《关键词》为例，例证主要出自大不列颠历史；这对欧洲主要语言的发展史来说，经常是不够充分的。另外，德国那种深厚的语文学传统，在英国是稀缺的，对古希腊和拉丁语等语言遗产缺乏敏感度，没有法国人、德国人那样的自觉。

威廉斯著《关键词》出版于 1976 年，那正是德国概念史的繁盛时期。《关键词》面世之时，八卷本《历史基本概念——德国政治/社会语言历史辞典》(1972/1997)① 的前两卷已经出版，按照字母排列的词条，亦见于《关键词》的有"工作""工人""民主""解放""发展""家庭""进步""自由""历史""社会""平等"；仅这些条目的叠加篇幅，已经超过整本《关键词》。另外，德国的十三卷本《哲学历史辞典》(1971—2007)②，也已出版四卷（第四卷 1976 年出版），其中不少词条，同样出现在《关键词》中。两相对照，人们定会发问："关键词"和"概念史"的区别究竟在哪里？暂且简单回答：威廉斯论述的不少"关键词"历史，原文一般只有三五页文字；其中很多条目，很难说是词语史还是他也试图追寻的概念史。尽管他的有些研究理念与概念史有着相同或相似的追求，只是他时常混淆词语与概念。

《关键词》的前期工作亦即"文化与社会"研究模式，可以往

---

① *Geschichtliche Grundbegriffe. Historisches Lexikon zur politisch-sozialen Sprache in Deutschland*, 8 Bde, hrsg. von Otto Brunner, Werner Conze, Reinhart Koselleck, Stuttgart: Klett-Cotta, 1972 - 1997.

② *Historisches Wörterbuch der Philosophie*, 13 Bde, hrsg. von Joachim Ritter, Karlfried Gründer, Gottfried Gabriel, Basel/Stuttgart: Schwabe, 1971 - 2007.

前追溯近二十年，即被看作文化研究开创之作的威氏《文化与社会（1780—1950）》（1958）。如作者在该书"前言"和"导论"中所说，此书基于一个发现，即18世纪晚期和19世纪上半叶以降，当代语言中的"文化"概念及相关重要词语获得了新的含义。他认为这种意义嬗变与两次革命（工业革命和政治革命）密切相关。在他看来，"文化"概念与"工业""民主""阶级""艺术"等范畴有着很大的关联性，它们在同一个发生重大历史变迁的关键时期发生了语义变化，同属一类结构，不仅是思想上而且是历史的结构；在这种关联性中分析文化概念的发展，足以见出人们对社会、经济、政治生活之历史变迁的一系列重要而持续的反应。这可被视为分析文化概念诸多变化的主线，并可用关键词来组织论点。①

从结构史视角出发，分析一个概念的历时深层分布，揭示各种结构和重大事件的关联以及语言变化的结构性特征，常被看作历史语义学的核心。《文化与社会》的主要目的，是描述"文化"这个在观念和关系上都极为复杂的词语的形成过程及其意义结构；作者把文化看作"一场广大而普遍的思想与感觉运动"，他要揭示文化概念的抽象化和绝对化过程。② 就方法而言，威廉斯的分析基础是对大不列颠精神史中"伟大"思想家和作家之关键文本的细读，研究从伯克（Edmund Burke, 1729—1797）到奥威尔（George Orwell, 1903—1950）这些"当事者的实际语言"，即"赋予他们的

---

① 参见威廉斯，《文化与社会（1780—1950）·导论》，吴松江、张文定译，北京，北京大学出版社，1991年，第15、19页；另参见威廉斯，《关键词：文化与社会的词汇·导言》，第4页。

② 参见威廉斯，《文化与社会（1780—1950）·导论》，第20页。

经验以意义时所使用的词汇与系列词汇"①。因此，米勒、施米德尔
认为《文化与社会》是一种偏重词语的观念史或精神史研究。②

　　该书的时间框架，关于词汇含义重大变迁的基本立论，对主导
概念之变化模式的考证，以及意义史与社会史的紧密联系，都与科
塞雷克十年之后在《概念史文库》年刊中所介绍的《历史基本概
念》的追求类似。③ 这同样体现于对许多现代语义学视角的认同，
例如对很多"主义"复合词之起源的理解，或如何把握一些自足的
一般概念，如"文化自体"（Culture as such, a thing in itself）。从
语言入手，查考社会、政治、文化、思想的历史演进，挖掘文化的
历史语义，将词汇分析与文化联系起来，并揭示其复杂的内在关联
性，都是威廉斯的主要研究兴趣所在。伊格尔顿说："在威廉斯看
来，词语是社会实践的浓缩，是历史斗争的定位，是政治智谋和统
治策略的容器。"④

　　关注具体历史和社会情境中的词义及其变化，并对文化概念的
泛化和大众化做意义史查考，是威廉斯发展一种新的、一般意义上
的文化理论的出发点。威廉斯之后，文化研究所依托的文化概念建
立在对文化的拓展了的理解基础上，涉及物质、知识、精神的"全
部生活方式"。他尤其借鉴了文学理论家利维斯（Frank Leavis,

---

① 威廉斯，《文化与社会（1780—1950）·导论》，第 21 页。
② 参见米勒、施米德尔，《概念史与历史语义学综考》，第 700 页。
③ 参见科塞雷克，《近代政治/社会概念辞典准则》，载《概念史文库》第 11 卷
　（1967），第 81—99 页（Reinhart Koselleck, "Richtlinien für das Lexikon politisch-
　sozialer Grundbegriffe der Neuzeit", in: *Archiv für Begriffsgeschichte* 11［1967］,
　S. 81‑99）。
④ 伊格尔顿，《纵论雷蒙德·威廉斯》，王尔勃译，刘纲纪主编《马克思主义美学研
　究》第二辑（1999），桂林，广西师范大学出版社，第 405 页。

1895—1978）和诗人、评论家艾略特的思想；他们发展了整体论的文化观念，可是带着保守的文化批评之精英意识，注重社会上层及其活动。威廉斯则将目光转向利维斯瞧不起的大众文化、通俗文学、传播媒介等领域。他依据自己的关键词考察，将所有阶级的活动纳入作为总体生活方式的文化概念，以证明这个概念的民主化转型，而绝非少数精英的专利。① 他的意义史研究表明：

> 我们在探讨和商榷自己行动时所使用的词汇——即语言——绝非次要的因素，而是一个实际而且根本的因素。实际上，从经验中汲取词的意义，并使这意义有活力，就是我们的成长过程。②

并且：

> 在许多例子中都可发现，意义的变异性不论在过去或现在其实就是语言的本质。事实上我们应该对于意义的变异性有所认知，因为意义的变异性呈现出不同的经验以及对经验的解读［……］③

威廉斯在此论及的经验场域，与德国概念史所强调的"经验空间"（Erfahrungsraum）亦即概念史模式的任务颇为契合，即概念

---

① 参见温特尔，《文化的核心地位：论文化社会学与文化研究的关系》，载赫宁、温特尔主编《倔强的文化：作为挑战的文化研究》，第160页。
② 威廉斯，《文化与社会，1780—1950·结论》，第416页。
③ 威廉斯，《关键词：文化与社会的词汇·导言》，第18页。

史"既追溯哪些经验和事实被提炼成相应概念，亦根究这些经验和事实是如何被理解的"[1]。语言能够积累各种历史经验，聚合着关联中的大量理论和实践，而"变异性"或旧词获得新义，也就呈现出对于历史经验的新的阐释力，缘于变化了的历史和时代经验。

威廉斯考证出的事实，与各种文化泛化理论相去甚远。因此，他在《文化与社会》"结论"部分中，把"文化参与"和创造一种大众平等拥有的共同文化视为重要任务。他所见到的文化概念与实际生活的不协调，也见之于其本人的生平。他出身于工人家庭，奖学金使他有可能进入高等学府，而其他许多人被拒之门外；但他在大学期间一直是个局外人。后来，威廉斯受邀为一本名为《我的剑桥》（1977）的文集撰文，他起首便写"那从来不是我的剑桥，一开始就很明确"[2]。他与中产阶级出身的同学在生活上的差距，都让他看到社会的不平等首先是教育和文化的不平等，文化差异才是讨论文化概念的起点。他的许多研究都与一般文化和特殊文化之间的基本对立以及受到排挤的经验有关，这也是葛兰西（Antonio Gramsci, 1891—1937）和阿尔都塞（Louis Althusser, 1918—1990）讨论文化霸权的再生产、（亚）文化反抗的缘由，布迪厄（Pierre Bourdieu, 1930—2002）的文化资本和文化生产概念也与此通连，这些都是文化研究的重要方法论视野。威廉斯晚期

---

① 科塞雷克，《关键词：概念史》（2002），载科塞雷克《概念史：政治社会用语的语义和语用研究》，第 99 页（Reinhart Koselleck, "Stichwort: Begriffsgeschichte," in R. Koselleck, *Begriffsgeschichten. Studien zur Semantik und Pragmatik der politischen und sozialen Sprache*, Frankfurt: Suhrkamp, 2006, S. 99‑102）。

② 威廉斯，见海曼编《我的剑桥》，第 55 页（Raymond Williams, in: *My Cambridge*, ed. by Ronald Hayman, London: Robson Books, 1977, pp.55‑70）。

颇为重视布迪厄的研究，但认为布迪厄对社会变化的可能性过于悲观。

威廉斯腹诽对文化的均质化处理，强调不同时的发展以及文化斗争中的对立和冲突，这也是他后来从事历史唯物主义关键词研究的前期准备。在论文《马克思主义文化理论中的基础与上层建筑》[①] 以及在此基础上撰写而成的专著《马克思主义与文学》[②] 中，他区分了四种文化要素：主导性的，选择性的，残留的和新出现的。产生重要影响的是他提出的"感觉结构"（"structures of feeling"）[③]，用以描述某一特定时代的人对现实生活的普遍感受，即集体日常经验的结构性和形式性，如同后来布迪厄所发展的"惯习"（Habitus）理论，分析行为与结构之间的纠缠关系。威廉斯说：

> 我想用感觉结构这个词来描述它：正如"结构"这个词所暗示的，它稳固而明确，但它是在我们活动中最细微也最难触摸到的部分发挥作用的。在某种意义上，这种感觉结构就是一个时代的文化：它是一般组织中所有因素带来的特殊的、活的结果。[④]

---

① Raymond Williams, "Base and Superstructure in Marxist Cultural Theory," in: *New Left Review* I/82(1973), pp. 3 - 16.

② Raymond Williams, *Marxism and Literature*, Marxist Introductions Series, Toronto: Oxford University Press, 1977.

③ 参见威廉斯，《漫长的革命》，倪伟译，上海，上海人民出版社，2013 年，第 57—82 页；威廉斯，《马克思主义与文学》，王尔勃、周莉译，开封，河南大学出版社，2008 年，第 141—144 页。

④ 威廉斯，《漫长的革命》，第 57 页。

二、《关键词》的立意与实绩之间的距离

《关键词》竭力梳理和叙写词汇发展及其意义，揭示词语背后的历史蕴含和隐含动机。作者明确将之归于历史语义学范畴，这也是其文化研究的重要方法。他要以此重拾原先的计划，即为《文化与社会（1780—1950）》添加一个"附录"，对重构文化概念具有重要意义的六十个概念做注解及短评。[①]《关键词》"参考书目"中的一些著作，对德国概念史研究也曾有过重要影响，例如奥地利著名罗曼语言文学家、文学理论家施皮策（Leo Spitzer, 1887—1960）和德国艺术史家潘诺夫斯基（Erwin Panofsky, 1892—1968）的英语论著，[②] 德国语言学家特里尔（Jost Trier, 1894—1970）的《含义视域中的德语词汇：语言领域的历史》[③]。威廉斯主要借鉴的是语义学史中的英语文献，如巴菲尔德（Owen Barfield, 1898—1997）的《英语词汇中的历史》[④]，斯特恩（Gustaf Stern, 1882—1948）的

---

① 参见威廉斯，《关键词：文化与社会的词汇·导言》，第5—6页。

② 参见施皮策，《历史语义学文集》（Leo Spitzer, *Essays in Historical Semantics*, New York: S.F. Vanni, 1948）；潘诺夫斯基，《作为人文学科的艺术史》，载格林编《人文科学的意义（论文五篇）》，第 89—118 页（Erwin Panofsky, "The History of Art as a Humanistic Discipline," in: *The Meaning of the Humanities: Five Essays*, ed. by Theodore M. Greene, Princeton: Princeton University Press, 1938, pp.89 - 118）；潘诺夫斯基，《艺术家，科学家，天才：对"文艺复兴之破晓"的几点注释》，载弗格森等编《文艺复兴六论》，第 121—182 页（Erwin Panofsky, "Artist, Scientist, Genius: Notes on the 'Renaissance-Dämmerung'," in: *The Renaissance: Six Essays*, ed. by Wallace K. Ferguson et al., New York: Harper and Row, 1962, pp.121 - 182）。

③ Jost Trier, *Der deutsche Wortschatz im Sinnbezirk des Verstandes. Die Geschichte eines sprachlichen Feldes*, Heidelberg: Winter, 1931.

④ Owen Barfield, *History in English Words*, London: Methuen & Company, 1926.

《意涵与意涵的变化》①，燕卜荪（William Empson，1906—1984）的《复杂词汇的结构》②，希尔（Christopher Hill，1912—2003）的《十七世纪英国的变化与接续》。③

《关键词》究竟是一部什么性质的著作？威廉斯自己说它不是一本辞典，也不是一个特殊学科的术语汇编，而是一种探询和质疑文化与社会词汇的记录。④ 显然，这绝非人们通常所理解的辞书。就这点而言，它同《历史基本概念》有着相似之处。不管威廉斯承认与否，他实际上是要借助辞书形式，比如按照字母顺序排列词语，以历史语义学方法进行关键词钩沉，努力发现词汇意义的嬗变历史、复杂性和不同用法。因此，视之为理论辞书是没有问题的。

如前所述，《关键词》出版之前，《历史基本概念》前两卷已经出版，但人们看不到威廉斯对《历史基本概念》的任何观照，很可能缘于语言障碍，他没有发现在实践或理论上与他的研究方向相同的研究。《关键词》第一版问世之后，他才得知还有与他的研究相关的学派，比如德国学派。⑤ 同样，德国概念史研究对威廉斯也置若罔闻（肯定不是语言原因），而且至今没有改变。把威廉斯引入德国语境的一个尝试，体现于《文化与社会》的德译本，这是原作发表十六年之后的事，而且译本书名为《作为概念史的社会理论：

---

① Gustaf Stern, *Meaning and Change of Meaning. With special Reference to the English Language*, Göteborg: Wettergren &. Kerber, 1931.

② William Empson, *The Structure of Complex Words*, London: Chatto &. Windus, 1951.

③ Christopher Hill, *Change and Continuity in Seventeenth-Century England*, London: Weidenfeld &. Nicholson, 1974.

④ 参见威廉斯，《关键词：文化与社会的词汇·导言》，第 6 页。

⑤ 参见威廉斯，《政治与文学》，第 166 页。

"文化"的历史语义研究》[1]。人们不太愿意把《关键词》与《历史基本概念》做比较，或许也很难比较；这部由上百位各路专家分头撰写的八卷本巨制，九千多页篇幅且排版细密，而威廉斯个人撰写的《关键词》原文仅 337 页。可是相去不远的是同样按照字母排列的词条数目：《历史基本概念》共有 119 个词条，《关键词》有 110 个词条，1983 年第二版为 131 个词条。《历史基本概念》中的有些词条有几百页的篇幅（纯粹就是专著），而《关键词》中最长的词条为"Class"（阶级，等级，种类）共 8 页，"Structural"（结构的）7 页，"Culture"（文化）和"Nature"（自然，天性）各 6 页。

　　威氏"关键词"是跨学科的，如《文化与社会》所显示的那样，不少关键概念往往相互关联、相互依赖，且有脉络可循。而《关键词》与《历史基本概念》的一个明显区别，是前者显豁的现实关联。威廉斯说《关键词》的"明显的特征是，不仅强调词义的历史源头及演变，而且强调历史的'现在'风貌——现在的意义、暗示与关系"[2]，也就是过去与现在的联系和对话。明确的跨学科追求和威廉斯本人的文学研究背景而外，现实关联也是这两部"辞书"的条目只有三分之一相同的主要原因。现实关联见诸"Career"（职业，生涯，历程），"Consumer"（消费者），"Hegemony"（霸权），"Jargon"（行话，隐语），"Management"（资方，管理，技巧），"Media"（媒介，媒体），"Technology"（工艺，技术）等条目。而"Art"（艺术，技艺），"Fiction"（小说，虚构），"Genius"

---

① Raymond Williams, *Gesellschaftstheorie als Begriffsgeschichte: Studien zur historischen Semantik von "Kultur"*, übersetzt von Heinz Blumensath, München: Rogner & Bernhard, 1972.
② 威廉斯，《关键词：文化与社会的词汇·导言》，第 17 页。

（天才），"Image"（意象），"Originality"（独创性，创造力），"Realism"（实在论，唯实论，现实主义），"Taste"（味道，鉴赏力，品位）等条目，则能见出作者的文论学术背景。此外还有"unconscious"（无意识的，未知觉的），"psychological"（心理的，心理学的），"subjective"（主观的，主体的）等心理学术语，这里也可看到威廉斯也顾及形容词。《关键词》中另有一些概念，如"Alienation"（异化，疏离），"Status"（身份，地位，状态），"Wealth"（财富，资源）等，其实亦当出现在《历史基本概念》中。

　　《关键词》的问世，无疑是一个研究方法兴起的重要标识，用时髦的说法，或许可称之为关键词转向。就理论和方法论而言，《关键词》明显比《文化与社会》更为明了，也与《历史基本概念》有着许多相通之处。威廉斯在《关键词》"导言"中，更深入地探讨了意义和意义变化等问题以及语言、历史、社会之间的关系，视之为历史语义学的应有之题。对他而言，关键词"在某些情境及诠释里，它们是重要且相关的词。另一方面，在某些思想领域，它们是意味深长且具指示性的词"。他又说："每一个词的原始意涵总是引人注意，然而通常最引人关注的是后来的变异用法。"现在被看作"正确"的用法，是词义演变的结果。"语言的活力包含了引申、变异及转移等变化层面。"① 前文已经论及威廉斯强调词义的古今关联，但他与科塞雷克相仿，也强调：

　　　　的确有变异、断裂与冲突之现象，且这些现象持续发生，

――――――――――

① 参见威廉斯，《关键词：文化与社会的词汇·导言》，第7、14页。

成为争论的焦点。我书中所挑选的语词，包含了与这些现象有关的关键词，其中可以见到词义的延续、断裂，及价值、信仰方面的激烈冲突等过程。[1]

威廉斯视"关键词"为复杂的、关乎价值和规范的概念，它们充满争议，难下定义，在重要的文化论争中不同凡响，因而必不可少。[2] 不同社会团体、立场和利益的代表人物，都不会忽视关键词，从而使之成为分歧和争论的焦点，成为长久的争夺对象。对关键词的这种理解（"具有争议且备受关心"[3]），与《历史基本概念》有着共同之处。同科塞雷克一样，对威廉斯来说，关键词的发展也是社会问题使然。社会和历史发展过程在语言之内发生，不是来自语言却贯穿其中。

若将威廉斯的观点与科塞雷克的观点稍加比较，便能轻易地发现，他们对许多问题的认识"如出一辙"。就在《关键词》问世的那个时期，也就是《历史基本概念》编纂早期，有人对概念史研究方案的可行性提出批评。针对这类批评和强势的话语分析方法带来的压力，科塞雷克在后来的思考中颇多强调基本概念的分析范畴：基本概念的首要特征是其对于观察和解释社会、政治状况时的不可或缺；由此而出现第二个特征，也就是基本概念的争议性。关于第二点，主要源于不同话语群体都为了自己的利益，力争自己的话语权，因而各取所需地突出基本概念的不同阐释视角。科塞雷克对政治和社会"基本概念"的解释是：

---

[1] 参见威廉斯，《关键词：文化与社会的词汇·导言》，第 17 页。
[2] 参见上书，第 6—7 页。
[3] 同上书，第 15 页。

　　与一般概念不同，《历史基本概念》所探讨的基本概念是政治和社会语汇中不可或缺、无法替代的概念。[……] 基本概念连通各种经验和期待，从而成为相关时代最迫切的焦点问题。基本概念极为复杂；它们总是有争议的，且有与之颉颃的概念。这使它们在历史上特别显豁，并因此区别于纯粹的技术或专业术语。没有一个政治行动、没有一种社会惯习的生发和存在，能够缺少最起码的历时长久的基本概念，并突然出现、消失、重现或者变易，不管是骤变还是渐变。我们必须诠解这些概念，厘定它们的多重含义、内在矛盾及其在不同社会阶层的不同应用。①

　　威廉斯不认同艾略特《文化的定义刍议》② 中的观点，或其他一些对于关键概念的所谓不刊之论，概念在他看来必然是多义的："在特殊的社会秩序结构里，在社会、历史变迁的过程中，意义与关系通常是多样化与多变性的。"③ 此外，威廉斯的一个重要追求

---

① 科塞雷克，《对〈历史基本概念〉的各种评论的回应》，载勒曼、里希特编《历史趋势和历史概念的含义——概念史新论》，第 64—65 页（Reinhart Koselleck, "A Response to Comments on die Geschichtliche Grundbegriffe", in: *The Meaning of Historical Tenors and Concepts. New Studies on Begriffsgeschichte*, Ocasional Paper No. 15, ed. by Hartmut Lehmann and Melvin Richter, German Historical Institute, Washington D. C., 1996, pp. 59 - 70）。

② T. S. Eliot, *Notes Towards the Definition of Culture*, London: Faber & Faber, 1948.

③ 威廉斯，《关键词：文化与社会的词汇·导言》，第 15 页。同样，科塞雷克把"多义性"和"多层次性"视为确认概念的标准。在他眼里，尽管词语可能会有不同含义，但它们所指明确，定义使其含义显然。概念则是无法明确定义的（转下页）

是："希望从词义的主流定义之外，还可能找出其他边缘的意涵。"[①]
对意涵的各种理解上的差异，是社会矛盾亦即语言中的社会差异
性造成的。不同时期、不同身份和不同文化背景，使得不同人的
出发点多种多样，结论也只能是多种多样的。他不无惋惜地看
到，无论分析多么详尽，仅想通过厘清概念来排除争执甚至解
决社会矛盾，只能是幻想。他说："我相信了解'阶级'（class）
这个词的复杂意涵对于解决实际的阶级纷争与斗争问题助益不
多。"[②] 他把自己的关键词研究看作启迪历史行动的辅助手段。

　　伊格尔顿说威廉斯"从《文化与社会》到《关键词》，语言问
题自始至终是他思想上热情探究的问题之一"[③]。《关键词》的短小
篇什，主要关注意涵变迁的连接点，也就是以关键词为"结点"来
衔接"文化"这一核心概念。《关键词》的文章铺陈没有统一的体
例，尤其重视词汇发展中显著的评价变化与语言运用的有意偏离和
不同的运用，以及词汇的过时、专门化、贬义化或褒义化；作者还
分析了意涵重叠、用法的扩展、转化或限定、词语创新与旧词的承
接或改变；另有关于平行概念、上位概念、次要概念、对立概念的

（接上页）词语。换言之：一个词语因其多义而意义肯定，一个概念却必须保持
　　多义才是概念。概念虽附着于词语，但比词语丰富。概念可能与一些词语的多种
　　义项有关，但它不认可约定俗成的定义，而是指向实际经验和经验关联。鉴于其
　　多义性，概念是不可定义的，只可阐释。作为具有特定历史意义的词语，概念是
　　区别于"一般词语"（"纯粹词语"）的"特殊词语"。——参见科塞雷克，《概念
　　史与社会史》，《过去的未来：论历史时间的语义》，第 110 页(Reinhart Koselleck,
　　"Begriffsgeschichte und Sozialgeschichte", in: ders., *Vergangene Zukunft: Zur
　　Semantik geschichtlicher Zeiten*, Frankfurt: Suhrkamp, 1979, S. 107 - 129)。
① 威廉斯，《关键词：文化与社会的词汇·导言》，第 18 页。
② 同上书，第 18 页。
③ 伊格尔顿，《纵论雷蒙德·威廉斯》，刘纲纪主编《马克思主义美学研究》第二
　　辑，第 405 页。

论述，还论及复合概念以及派生的名词或形容词。威廉斯始终注目于概念的社会辐射度亦即传播程度，然而例证不多。他自己提出的对主导性、选择性、残留性、新生性意涵的区别处理，在其实际研究中并不多见。

威廉斯的关键词讨论中不乏敏锐。关于抽象的一般概念的形成，他的研究成果与《历史基本概念》也有可比性。在"History"（历史）条目中，他重构了这个概念从其多样性（复数）向单一性（单数）亦即"复合单数"的过渡，并在其对于未来的开放性中见出现代历史概念之新的品质。① 这是语义转变时期特有的现象和变化之一，即"历史"概念从先前的"许多"历史转变为包括"历史总和"和"历史反思"的总括性概念。② 总的说来，威廉斯的关键词钩沉，以他眼中的核心术语为考察重心，不但追溯词源，还要查考语义的变化过程，呈现意义的延续、变异、冲突、断裂以及延展性释义，这是《关键词》单篇文章用三五页文字很难胜任的。

《关键词》的一个缺陷是语文学方面的不足，也就是疏于从文献角度考证语言文字的发展。作者自己也坦承，此书中的许多重要词语，早在其他语言中，也就是先于英语而生发出重要意涵，或者

---

① 参见米勒、施米德尔，《概念史与历史语义学综考》，第 706 页。

② 参见方维规，《概念史八论：一门显学的理论与实践及其争议与影响》，《东亚观念史集刊》第四期，2014 年，第 113 页。科塞雷克认为，"复合单数"（德：Kollek-tivsingular；英：collective singular）是从前不可言说、无法想象的概念。他把"发展""进步""自由""平等"或"历史"等总体概念称为复合单数，它们是对西方从近代到现代转型时期形成的日益复杂的历史整体性的反思结果。这些概念的出现所体现出的语义变化过程，得以揭示之前不曾有、也不可能有的近现代经验。

有着错综复杂的发展史，尤其是在古典语言和中世纪拉丁语中的发展变化。挖掘和把握这方面的材料，显然不是威氏强项。偶尔发现一些材料，他的感觉是"又兴奋又困惑"，甚至"充满疑惑，无法得到解答"①。另外，他对年代或时间的认定，往往只是猜测而已，或者极为模糊。大部分例证出自高雅文学（明显不符合他对通俗文学和大众文化的推重），时常源于异类出处的偶然发现。跳跃式的论说，常常跨越很长的历史时段。② 另外，文中几乎没有紧凑的论据和较为具体的社会事实或相关问题的实证材料。松散的（开放的、延展的）架构安排，当然也与作者的一个思考不无关系：书后特地留有一些空白页，供读者做笔记或添加条目，或指正、补述、回应、批评书中的内容，威廉斯也把这看作《关键词》的精神之所在。

三、 斯金纳的批评： 概念、语境与意义

在对《关键词》的接受中，曾有不少非议。尤其是剑桥学派斯金纳的檄文《文化辞典之观念》，具有强劲的学术穿透力，曾对国际学界的《关键词》接受产生较大影响。他对《关键词》的数落，也连带德国概念史研究遭到质疑。但他对威廉斯的指斥，远比他后来对科塞雷克的诟病翔实得多。应该说，他对科氏研究不够深入，

---

① 威廉斯，《关键词：文化与社会的词汇·导言》，第 12—13 页。
② 参见布鲁克斯，《关键词转向》（威廉斯《关键词》书评），载《草原篷车》第 51 卷（1977）第 3 册，第 316 页（Gerry H. Brookes, "Turning Keywords," Review: *Keywords: A Vocabulary of Culture and Society* by Raymond Williams, in: *Prairie Schooner* 51[1977]3, pp.316 - 317）。

而他的批评在德国却被看作国际学界关注"德国概念史"的明证；
他对科塞雷克的批驳，只是重复或改写了他在 1970 年代末期批评
威廉斯时的主要观点。^①另一方面，斯氏观点又与德国语言学界对
科氏方法的批判有着不少类似之处。^②

《文化辞典之观念》原载于牛津大学的《批评随笔》季刊第 29
卷（1979），修订本收入作者文集《政治的视界》第一卷《方法论
思考》（2002）。^③斯金纳在该文修订本的注释中说，他在 1979 年的
文章中驳斥了威廉斯的大多数主张，威氏在《关键词》第二版
（1983）中都做了相应修改，或者干脆删掉了相关内容。^④尽管如
此，斯氏新文对《关键词》的批判几乎还是全方位的（他的批评涉
及《关键词》的前后两个版本）。他认为威氏著作的主要缺陷在于
缺乏一套方法论的铺陈，而要把社会语汇看作理解社会的线索，方
法论是不可或缺的。^⑤他还批评威廉斯没有在方法论上分清词语或

① 参见莱昂哈特，《基本概念与鞍型期，语言与话语：欧洲与英美对语言和历史之关
系的阐释》，载哈贝马斯、马林克罗特编，《跨文化传输与国家的固执：欧洲与英
美的文化研究立场》，哥廷根，Wallstein，2004 年，第 84 页（Jörn Leonhard,
"Grundbegriffe und Sattelzeiten — Languages and Discourses: Europäische und
anglo-amerikanische Deutungen des Verhältnisses von Sprache und Geschichte",
in: *Interkultureller Transfer und nationaler Eigensinn: Europäische und anglo-
amerikanische Positionen der Kulturwissenschaften*, hrsg. von Rebekka Habermas
und Rebekka v. Mallinckrodt, Göttingen: Wallstein, 2004, S. 71 - 86)。
② 参见米勒、施米德尔，《概念史与历史语义学综考》，第 707 页。
③ 斯金纳《文化辞典之观念》：Quentin Skinner, "The Idea of a Cultural Lexicon,"
in: *Essays in Criticism* 29(1979)3, pp. 205 - 224; also in Q. Skinner, *Visions of
Politics*, vol. 1: *Regarding Method*, Cambridge: Cambridge University Press,
2002, pp. 158 - 174。
④ 参见斯金纳，《文化辞典之观念》（2002），第 158 页。
⑤ 参见上书，第 172 页。

术语与概念的区别，对概念的特点和功能不甚明了。^① 从前文的论述可以见出，威廉斯不至于真的分不清词语与概念的区别，问题当出在实际研究中。

在斯金纳眼中，威廉斯过于轻率地把词语运用看作对概念的理解，把一个词的意涵与指涉混为一谈。他没有说清楚"关键词"与"概念"相比，究竟有何特别之处；或者说，威廉斯的说法晦涩不明。对于威廉斯试图借助词汇来阐明人们的许多核心经验，斯金纳曾说，我们若想理解某人如何看待世界，我们所需要知道的，并不是他使用了什么样的词语，而是他持有哪些概念。将二者画等号的任何做法都是错误的，比如威廉斯在讨论"自然"这个术语时，把词语与概念等同起来。^② 斯金纳的反证是：弥尔顿（John Milton，1608—1674）结合自己的《失乐园》，认为诗人的原创性极为重要，但他从未用过"原创性"（originality）一词，这个词在弥尔顿死后一百余年尚未在英语中出现。^③ 换言之，尽管人们可以考证出"originality"一词之不同用法的历史，但绝不能将之等同于"原创性"的概念史。

威廉斯认为，语境能够展现历史例证，但意涵不能单靠语境来解释，有时甚至会得出相反的结论。^④ 坚持语境说的斯金纳则非难《关键词》对词语的孤立处理，且以为通过分析词语的内在结构和历史，便可澄清意涵问题。他批评威廉斯忽略了一个事实，即一个词语所具备的整体意义：某个词语发生了意涵变化，亦改变了它同

① 参见斯金纳，《文化辞典之观念》（2002），第 160 页。
② 参见上书，第 159 页。
③ 参见上书，第 159 页。
④ 参见威廉斯，《关键词：文化与社会的词汇·导言》，第 11 页。

一整套语汇之间的关系。① 就概念的整体性而言，《关键词》中的不少说法不足为凭。概念总是在宽广的语境中，在社会哲学的框架内，才能获得其完整含义。要理解概念争议，就须弄清特定群体为何以特定方式使用某个概念，而另一群体不这么做，甚至拒绝在某种语境中使用特定词语。在《文化辞典之观念》第一稿（1979）中，斯金纳表达了他后来一再变换说法的思想："严格说来，不可能存在对概念之争的分析，只能分析概念在论说中的运用。"②

我们可以设想：倘若如威廉斯原先所愿，把六十个关键词作为附录附于《文化与社会》，或许不会遭致"孤立处理"的指责，语境也颇为明确，他遴选的是"一些与书中的问题范围有关的词"③。拓展并独立成书以后，《关键词》不少条目的入选，很会给人留下"随心所欲"之感。若无对威氏思想的总体认识，很难窥见《关键词》的体系。另一个问题或许更为重要，即批评者的立足点，同时也是对语境本身的理解。一方面是威廉斯本人的立场：他的关键词钩沉，也志在现实意义和现实关怀，也就是萨特那样的"参与"或"介入"。另一方面是史学家斯金纳的立场，他很难接受《关键词》的做法。

他针对《关键词》的许多批判性思考，无疑具有建设性意义，

---

① 就"语境"问题而言，科塞雷克与斯金纳有着相似的看法。在科氏眼里，"历史概念"是特定时代、特定思想和事物发展之语境中生成的概念，永远带着产生时代的语境。概念史真正谋求的是"语境化"。它在分析词语运用时，极力进行语境化处理，且主要出于两个层面的认识意图：第一层是分析概念的具体运用，第二层则要揭示概念运用时的具体政治状况或社会结构。从这个意义上说，概念史当被理解为结构史。科氏"概念史"关注概念在历史语境中的社会意义之生成，探寻一些特定概念（"基本概念"）为何得以确立。
② 斯金纳，《文化辞典之观念》（1979），第 224 页。
③ 威廉斯，《政治与文学》，第 166 页。

比如他认为，分析有争议的概念是必要的（威廉斯也有类似观点），然而重要的是先确认概念的标准意涵和运用范围，然后才能确认以此为依据的具体意涵和具体运用。[1] 威廉斯认为，在"意义"被赋予、证实、确认、限定的过程中，所有争执都是围绕词语的意义展开的；此言不差，斯金纳不会反对，但他强调指出，为了更好地理解语言分歧背后的社会性争论，评价性词语应根据其公认意义来评说，这才是描述词语应用情境的适当方式。[2] 显然，这是直接针对威廉斯而说的，不难听出欲言又止的话外之音。他在《文化辞典之观念》的开头，就已略带讥诮地突出威廉斯见重"边缘意涵"：这么一来，还有何标准可言，该如何展开研究呢？的确，常有批评者说，《关键词》的释文中渗透着作者的文化政治观点，充满门户之见。这无疑是斯金纳强调词语之"公认意义"的原因。同理，若将《关键词》与《历史基本概念》稍加比较，不难发现一些本该属于文化与社会关键词的概念，如"权威""等级""公共领域"等等，都被威廉斯排除在外，这也是他的政治立场使然，令他更关注弱势阶级和非主流文化。

威廉斯认为《牛津大辞典》或《约翰逊辞典》（Dr. Johnson's Dictionary），都不足以用来把握"关键词"的历史语义；它们主要关注语料及词源，较少关注词与词之间的关联和互动，缺乏对晚近社会史中的意义发展的描述，而他自己注重"意义与语境的探寻"。他认为《牛津大辞典》体现的是编者或社会主导阶层的意识形态和价值观："虽然《牛津大辞典》标榜不具个人色彩，但实际上并不

---

① 参见斯金纳，《文化辞典之观念》（2002），第 159—162 页。
② 参见上书，第 165 页。

是如其所声称的那样不具个人观点、那样纯学术性、那样不含主观的社会与政治价值观。"① 不过他认为，这是可以接受的，学术不必避免倾向性，他坦承《关键词》中的词义评论也有他自己的立场，至少是暗含臧否。然而，这就存在一个内在矛盾，使他陷入自己设下的陷阱：一方面，他要人们警惕那些在论辩中采用对自己有利的词义，视而不见不合适的词义。另一方面，他在挖掘重要词义的边缘意涵时，又无处不在、或显或隐地表露自己的意识形态，结果被人诟病门户之见。

最后，斯金纳责备威廉斯未顾及言语行为及其潜能的各种形式。概念能够有其指涉范围和意涵，但作为社会变化因素的价值观是变化的。论及语言变迁和社会变迁之间的关联，或语汇在社会变迁过程中所扮演的角色，斯金纳指出，不只是现实，语汇也能决定人们所说的历史。"的确，我们的社会实践会赋予社会语汇以意义。但同样确凿的是，我们的社会语汇亦能构建社会实践的特性。"并且，"语言看来并不是行为的映射现象，而是行为的决定性因素之一。"② 在《关键词》第二版中，作者删除了遭到斯金纳批判的主张：社会变迁是语汇发展的主要原因，语汇发展被视为社会变迁的反映（当缘于他的文化唯物论）。斯金纳则认为，第二版中依然可见这种反映论，将语言视为更具根本性的社会现实之镜。③ 斯氏称之为"风行却很贫弱的化约论"。④

杰伊（Martin Jay）赞同斯金纳从言语行为理论出发的历史语

① 威廉斯，《关键词：文化与社会的词汇·导言》，第 11 页。
② 斯金纳，《文化辞典之观念》（2002），第 174 页。
③ 参见上书，第 173 页。
④ 同上书，第 174 页。

义研究，认为有必要用"文化语用学"来充实"文化语义学"。[①] 其实，1961 年出版的威廉斯著《漫长的革命》，其中有对文化分析的任务设置，可以见出威氏研究在原则上是可以与言语行为理论相结合的。他区分了"文化"的三种类型：理想的文化，即具有普遍价值、以高雅文学艺术为代表的文化传统；文献的文化，即以各种形式记载下来的人类思想和经验；社会的文化，即体现于各种社会机制和日常行为的价值观。同第三种类型相关，"文化分析就是要阐明一种特殊的生活方式——即一种特定的文化——中或隐或显的意义和价值"[②]。《关键词》出版以后，威廉斯又在 1981 年发表深入浅出的论著《文化》，进一步翔实考证了这个概念，将之界定为"既成重要机制"（"a realized signifying system"），并在多个章节中分析了"文化生产的手段与文化再生产的过程"[③]。威廉斯在此书中竭力倡导"文化社会学"，并希望它成为一门"新的主要学科"[④]。

余论

《关键词》出版四十年有余。起初，借重文化研究转向的强劲势头，这本书产生了较大影响。威廉斯在文化研究草创时期所倡导的、包括各种机制和日常行为等实践的宽泛的文化概念，尤为彰显

---

① 参见杰伊，《文化语义学：我们时代的关键词·导论》，第 3 页（Martin Jay, "Introduction," in: M. Jay, *Cultural Semantics: Keywords of our Time*, London: Athlone Press, 1998）。

② 威廉斯，《漫长的革命》，第 51 页。

③ 威廉斯，《文化》，第 206、207 页（Raymond Williams, *Culture*, London: Fontana, 1981）。

④ 同上书，第 233 页。

催生社会含义的多种多样的形式，并试图借助关键词来挖掘历史实在。这种方法得到不少人的赞赏，至少给人耳目一新之感。然而，如琼斯（Paul Jones）在其回顾文章《三十年关键词》中所说，威廉斯所主张的社会史取径的关键词研究，在后来的文化研究中已经失去意义。① 在美国，罗杰斯（Daniel Rodgers）的《尚无定论的事实：独立以来美国政治中的关键词》② 一书，承接了威廉斯的方法取向，但该书只集中考察六个关键词："Utility"（公用事业，效用），"Natural Right"（自然权利），"The People"（国民，人民），"Government"（政府，政体，治理），"The State"（政府，国家），"Interests"（兴趣，权益，公共利益）。罗杰斯主要查考了重要人物的论争。在他看来，"关键词"并非缘于频繁使用，而是由被争论、被争夺的强度所决定的。③

　　无论如何，关键词方法的启示性是毋庸置疑的，跟进者在英美学界大有人在。在杰伊的《文化语义学：我们时代的关键词》一书中，论文篇幅较大也较为系统，但语文学和史学维度不很突出。本尼特（Tony Bennett）等人合编的《新关键词：文化与社会词汇修订本》④，从书名便可判断该著是对威廉斯著作的"更新"。此书包

① 参见琼斯，《三十年关键词》，载《社会学》第 40 卷（2006）第 3 册，第 1209—1215 页（Paul Jones, "Thirty Years of Keywords," in: *Sociology* 40[2006]6, pp. 1209 - 1215）。

② Daniel Rodgers, *Contested Truths. Keywords in American Politics Since Independence*, New York: Basic Books, 1987.

③ 参见罗杰斯，《关键词——我的回应》，载《观念史杂志》第 49 卷（1988）第 4 册，第 669—676 页。（Daniel Rodgers, "Keywords: A Reply," in: *Journal of the History of Ideas* 49[1988]4, pp. 669 - 676）。

④ *New Keywords: A Revised Vocabulary of Culture and Society*, edited by Tony Bennett, Lawrence Grossberg, Meaghan Morris, Oxford and Malden, MA: Blackwell, 2005.

含 92 个新条目（其中有"纳粹大屠杀""全球化"），而威廉斯
《关键词》中的约一半条目被删除。琼斯的结论是，在历史语义学
的新课题中，几乎已经看不到威廉斯《关键词》的理论和方法论基
础，而他曾反对的立场和方法，却表现得尤为强劲。[①] 琼斯认为，
从编写辞书转向撰写关键词，这一新的趋势是对社会知识生产之根
本改变了的前提条件的回应，如同威廉斯彼时关心成人教育和工人
教育、公共领域读者的形成或技术媒介的意义。这样看来，威氏
《关键词》至少在西方已经过时，然而关键词方法仍在显示其强大
的生命力。

　　总体而言，随着文化研究向文化理论的转向，也明显出现了从
社会史兴趣向文化和政治的重点转移。伯吉特（Bruce Burgett）和
亨德勒（Glenn Hendler）主编的《美国文化研究关键词》[②]，现实
问题意识显豁，例如在"Environment"（环境）条目中，没有一项
参考文献是 20 世纪最后三十年之前的；并且，该书中的文章不再
见重语言，而是偏重观念史和理论史。晚近学界重理论的倾向，尤
其见诸文化、文论和文学领域，例如以关键词形式编排的本尼特
（Andrew Bennett）、罗伊尔（Nicholas Royle）合编《文学、批评与
理论导论》[③]。另有沃尔夫莱（Julian Wolfreys）等人编写的《文学

① 参见琼斯，《三十年关键词》，载《社会学》第 40 卷（2006）第 3 册，第 1215 页。
② *Keywords for American Cultural Studies*, ed. by Bruce Burgett and Glenn Hendler, New York: New York University Press, 2007.
③ 本尼特、罗伊尔，《关键词：文学、批评与理论导论》，汪正龙、李永新译，桂林，广西师范大学出版社，2007 年；原著标题中无"关键词"：Andrew Bennett and Nicholas Royle, *An Introduction to Literature, Criticism and Theory*, London: Pearson, 1995。

理论关键概念》①，沃尔夫莱著《批判性关键词：文学与文化理论》②，或帕德利（Steve Padley）著《当代文学关键概念》③。

威廉斯《关键词》第一版发表不久，希恩（James Sheehan）曾在《"概念史"：理论与实践》④ 一文中认为，以后对于语言的历史研究，都会受到威廉斯的影响；现在看来，这种说法在很大程度上已经过时，或只能在广义的文化语义学中来理解。新近的英美文化研究中的历史语义研究，如杰伊在《文化语义学：我们时代的关键词》导论中指出的那样，更有点像鲍尔（Terence Ball）所说的"批判性概念史"（Critical Conceptional History），这是鲍尔在其专著《政治话语的转型：政治理论与批判性概念史》⑤ 中提出的，依托于他对斯金纳和科塞雷克研究方向的分析。而在著名的《观念史杂志》（*Journal of the History of Ideas*）的文化研究转向中，威廉斯的关键词方法已经无人问津，反倒是科塞雷克的概念史受到关注。前文提及的《文学理论关键概念》或《当代文学关键概念》，似乎有点这个迹象，但那在很大程度上只是"关键词"的改头换面而已。伯克（Martin Burke）十多年前在《概念史在美国：没有"国家工程"》一文中指出，美国的历史学家、哲学家、政治学家各自

---

① Julian Wolfreys, Ruth Robbins and Kenneth Womack, *Key Concepts in Literary Theory*, Edinburgh: Edinburgh University Press, 2002.

② Julian Wolfreys, *Critical Keywords in Literary and Cultural Theory*, Houndmills: Palgrave Macmillan, 2004.

③ Steve Padley, *Key Concepts in Contemporary Literature*, Houndmills: Palgrave Macmillan, 2006.

④ James J. Sheehan, "'Begriffsgeschichte'. Theory and Practice," in: *Journal of Modern History* 50(1978), pp. 312–319.

⑤ Terence Ball, *Transforming Political Discourse: Political Theory and Critical Conceptional History*, Oxford: Blackwell, 1988.

为政，加之长时间的跨学科大项目的研究经费很难得到，因而没有其他国家那样的政治/社会概念史研究，尤其是不可能有德国那样的重大概念史辞书项目。[1] 他倡导在美国研究公共话语中的核心概念，似乎也很难实现。

① 参见伯克，《概念史在美国：没有"国家工程"》，载《概念史文献》第 1 卷第 2 期（2005），第 127—144 页(Martin J. Burke, "Conceptual History in the United States: A Missing 'National Project'," in: *Contributions to the History of Concepts*, no.1/2[2005], pp. 127 - 144)。

黄兴涛著《"她"字的文化史》"序言"*

　　我早就拜读过兴涛所写的关于中文"她"字的文章。两年前，他告诉我还在悉心研究这个字的历史并准备拓展成书的时候，我虽未拍案，却已连连叫绝。凭直觉和预感，或由于本人的学术兴趣，我觉得这样的研究一定比那些言不及义的"后殖民""后现代"宏论有意思得多。每当见到一些赶时髦的、半生不熟的著述，我总会思忖：为什么不能静下心来做一些实实在在的学问呢？《"她"字的文化史——女性新代词的发明与认同研究》便是扎实研究的成果。

　　肯定会有人认为，为"她"字写史，未免小题大做。我不会与其争辩，只想说我与兴涛同感：这不是小题。"她"字所折射出的文化史蕴含，实在太丰富了。当然，我这里说的不只是"小中见大"的问题。对此，本书已有许多精彩论述，因而无须赘言。一个很简单的事实是，"她"涉及人类的一半（"半边天"），"她"同"你""我"休戚相关，人的悲欢离合也多半与"她"有关——"她"能不重要吗？没有她，文学艺术黯然失色；没有她，情歌恋曲难以谱写……显然，我在这里用"她"这个代词泛指女性，而中

* 本文原载黄兴涛著《"她"字的文化史——女性新代词的发明与认同研究》，福州，福建教育出版社，2009年，第1—10页；另文《"叫我如何不想她"》，载《读书》2010年第1期，第146—151页。此稿添加了几个脚注。

文中代表女性的"她"字是九十多年前才诞生的，用本书作者的话说："作为第三人称单数代词的'她'字（不只是看外形，而是就形义的统一体而言），乃为刘半农所创造和发明。"对"她"字没有研究的我，也会很自然地想起刘半农的那首名诗《叫我如何不想她》，尽管这并不是许多人所认为的"她"字首次入诗。

"她"字的创制以及关于"她"字"造型"的极为热闹的争论，让我想到西方早就有的一种观点，即中文因为汉字结构而不太适合于抽象思维，更有利于直观的形象思维。换句话说，在很大程度上属于表意文字的汉字，不像西方的拼音文字那样，其含义多半已见之于文字符号。表意文字本身就是可以理解的。它的读音也许在历史长河中发生了变化，或在不同方言中有不同的发音，但是就像阿拉伯数字在不同语言中有不同的读音一样，其含义却是"一目了然"的。正是汉字的表意特征，使它在中国人的文化和精神生活中具有显著地位（汉字书法只是一种表现形式）。早期研究中国思想和语言的西方学者已经热衷于这类话题，并以此分析所谓中国人的思维方式。当然，他们当时面对的还是文言文和古代汉语，其语言比较的结论是：西方的逻辑思维主要借助句法上的组合，而表意文字使中国人推崇类比思维。中国古代哲人不擅长从抽象概念出发来进行演绎，而是喜欢用具体事例说明问题；他们不喜思辨，而以比照见长。此乃具体的、形象的思维。①

关于中国语言，西方早有不同的说法，上述观点只是其中一种，然而却是很重要的一种。这种说法是否有理，则是见仁见智的

① 参见方维规，《语言与思辨——西方思想家和汉学家对汉语结构的早期思考》，载《学术研究》2011 年第 4 期，第 128—136 页。

问题，或许也不是一篇论文能够说清楚的。但就"她"字创生之初的不同观点以及围绕该字的字形而展开的激烈争辩而言，这种说法似乎不是向壁虚构，至少是笔者马上想到这类观点的一个缘由。由"他"字派生出的"她"字，以及许许多多其他此类汉字都告诉我们，思考已经进入文字，一切包含在字形之中。

　　每种语言都为思想和交流提供了基本模式，都有特定的规范，以调节思想和交流的程序。人们在运用一种语言时，几乎无法摆脱其特定规范。什么规范占据主导地位并融合于语言结构之中，这在不同语言之间可能存在很大差别。威廉·封·洪堡（Wilhelm von Humboldt, 1767—1835）于 1826 年 3 月 20 日在柏林科学院做了一个题为《论中国语言的语法结构》[①] 的报告，分析了汉语与西方语言的利弊。尽管有些人会从"后现代""后殖民"的立场出发，对洪堡观点提出异议，但我还是要说，洪堡对语言本质问题的锐利目光是不可否认的。他的核心思想是，人的智力承担着用语言表述思想的职责，没有语言的思维是不可能的。但是他还是对思想和语言做了区分。在他看来，人有两种智力活动，一种指向思想，一种指向语言。[②] 毫无疑问，洪堡更赞赏西方主要语言的语法、逻辑性及其功能，而汉语（重复一遍：我们在此谈论的是文言文）因语法"缺席"只能构造简单句式，无法写出复杂的从句，哲学思考中充满模糊性。尽管洪堡注重的是书面语言的语法结构，但是他并不认

① Wilhelm von Humboldt, "Ueber den grammatischen Bau der chinesischen Sprache", in: *Wilhelm von Humboldts Werke*, Bd. 5, hrsg. von Albert Leitzmann, Berlin: B. Behr's, 1906, S. 309 – 324.

② 参见洪堡，《论汉语的语法结构》，《洪堡特语言哲学文集》，姚小平选编、译注，长沙，湖南教育出版社，2001 年，第 120 页。

为一种语言的形式架构越是复杂，功能肯定越大。他也不排除汉语在形式上没有的东西可能存在于思想，一方面的缺失或许正是另一方面的优势。鉴于汉语字形不变、句子的含义来自词义本身、词的组合和顺序以及上下文，洪堡认为汉语的语言结构能够促进人对概念排序、大胆组合的乐趣，更有利于语言上的想象力和创造力。[①]我想，中国古诗的魅力很能说明这一点，当然不只仅此而已。谁都知道，西方的认识论不可能适用于所有文化，洪堡的思考也只是许多思考中的一种。需要说明的是，西方学者在分析语言与逻辑的关系时，并没有说汉语没有逻辑，也没有说中国人不会逻辑思维，而是说哪种语言更便于逻辑思维。同样，中国在近代以前没有区分男女第三人称单数代词的传统，也不意味着不能表达第三人称的"她"。然而，语言学中的一个定论是：语法结构越是完整和明确，一种思想便越能在语言上得到精准的表达。在此，"她"字依然可以拿来作为例子；同样，在根据现代汉语语法将古文译为白话文的时候，将五个字或七个字译成一行字的时候，我们也能看到这个问题。

　　在以拉丁文为基础、依托于字母和语音的西洋文字中，创造一个新字不是很难的事情，而且也很常见。汉语则不然（繁体汉字变为简体汉字不属于这里所说的造字范畴）。像"她"这样的新造字，在汉语中只能属于不多的一些例外。19世纪中叶以降，中国不断努力翻译介绍一种截然不同的，也就是西方的知识文化体系，并试图把西方的科学文化与中国的传统文化结合起来。在这个过程中，"西学"的译介大大丰富了近现代汉语学术词汇。现代汉语（尤其

---

① 参见洪堡，《论汉语的语法结构》，第117页。

是科技和学术用语）的很多重要词汇与概念均产生于 19 世纪下半叶和 20 世纪初。还有许多词汇也是在这个时期发生了质变。新字新词是一种极为复杂的现象，主要表现在词汇层面和语义层面。一般说来，人们在发现自己的价值体系和习惯规则受到冲击甚至威胁时，会努力寻找新的精神依托，新的发现或价值转换会体现于语言。

鸦片战争之后，中西文化之间存在着严重的不平等现象，这是一个不争的事实。然而，语言上的新发现所引起的发明创造，能否都称得上不平等现象的表征？这个问题则是需要具体讨论的。以"她"字为例，刘禾在《跨语际实践》中认为，当初那些把汉语中没有欧洲语言第三人称阴性代词的对等词视为"汉语本身的一种缺陷"并想尽办法加以弥补的做法，与其说反映了汉语本身的不足，还不如说恰好体现了"语言之间的不平等"，因为在西方，"在把法语的阴性复数 elles 翻译成英语的没有性别区分的 they 时，人们没有感到什么不便"①。而我以为，语言的嬗变和革新有其自身规律。这里其实并不存在"平等""不平等"的问题，而只是"有""没有"的问题。法语和英语各自原有 elles 和 they，且为习惯用法；德语中的阴性单数、复数和一般复数均为 sie，也是语法使然。它们之间的翻译当然不成问题。"她"字的创制，直接与中西语言接触有关，与翻译有关。古汉语中没有与英、法、德、俄之 she、elle、sie、она 的对应词，在现存字库中找一个词，通过新增词义与之对应（如当时不少人所做的那样），本在情理之中。如果认为此

①　刘禾，《跨语际实践：文学，民族文化与被译介的现代性（中国，1900—1937）》，宋伟杰等译，北京，生活·读书·新知三联书店，2008 年，第 50 页。

举不尽人意而另创新词，也是顺理成章的事。

"她"字的创制及其争论，不能说是西方文化霸权和胁迫的结果，而是许多有识之士的自觉行为。无论在汉语还是西方语言中，大多数新词的创用前提是，新的事物要求创造新词和新概念。一个伟大时代的出现，往往会使语言成为巨大的实验场所，新词层出不穷。我们在文艺复兴时期法国的拉伯雷（François Rabelais, 1493—1553）、龙萨（Pierre de Ronsard, 1524—1585）和蒙田（Michel de Montaigne, 1533—1592）那里能够看到这种现象，在中国近现代士子学人那里也能看到这种现象。在许多情况下，新词是对已经存在的词汇的新的解释和理解（词义更新），或者是字或词的新的组合。中国近现代介绍西学的时候，很有一些概念是西方有而我们没有的，这就给准确译介带来麻烦，由此才有严复"一名之立，旬月踟蹰"之说。针对"她"字创生之初的诸多非议，刘半农在据理力争的时候指出，即使"她"字不能在汉语中最终确立和流行，仅作为西方语言的一个翻译词，它的存在也是有理的、有用的。[①] 这样看来，创造新词还是一个需求的问题。

不同语言的交流或碰撞，或多或少都会留下痕迹。我们不否认政治和文化强权会带来话语霸权，然而，某个新造词或外来词，一般发生在"归宿语言"之内，"出发语言"只是起因。因此，新造词的创制或外来词的接受，多半是接受者的主动行为，而不是对话语霸权的屈服。不管是化学元素汉语新字的创制，还是对西方标点符号的借鉴和采纳，或者对正规汉语语法的探索，都是学习"西学"亦即"新学"的必然结果，也是汉语现代化的需要。在众多译

① 参见黄兴涛，《"她"字的文化史——女性新代词的发明与认同研究》，第 60—61 页。

介活动和话语实践中，我们不但能够看到时人的孜孜追求所带来的成果，也能看到语言上的“适者生存”。今天看来，现代汉语缺少“她”字已经是不可想象的了，如同现代汉语一定需要标点一样。

本书作者关于“她”字创生的观点是很贴切的：“‘她’字在汉语中的合法化，本质上并不是因为它来源于霸道的西方，不是因为西方语言中也就必须有，而是因为它在根本上与汉语在新时代被激发出的现代性诉求或者说现代化需要发生了关联，从而为汉语所接纳。在这里，‘她’字的西方性与现代性只是偶然发生了重合而已。”① 作者把主要原因总结为：“首先，它有精确性的要求。”“其次，它还有简约性和有效性的要求。”② 应该说，这一观点不但适用于“她”字，也可以用来说明一百年前的许多汉语“新生”词语和概念。

至于古汉语中没有欧洲语言里第三人称阴性代词，是否一定就是“汉语本身的一种缺陷”，则是另一个层面的问题。语言学家肯定能够证实，某种语言更适合表达某一方面的事物或情状，这样的例子是很多的。比如，法语对某些事物或情状的表述，远比其他语言更丰富、更准确。其原因是：在历史进程中，由于特殊的社会发展状况，法兰西人（比其他国家和地区的人）对某些事物或情状的语言表述更注重细微的差别，从而也就更细腻，有更多的同义词可供选择。于是，表述某种事物或情状，在法语中可以做到细致入微，而在其他语言中也许只能粗略表述，或者只能说个大概。当然，我完全可以换一种语言来说明这个问题。

① 黄兴涛，《“她”字的文化史——女性新代词的发明与认同研究》，第 154 页。
② 同上书，第 155 页。

　　在不同母语的人的相互交流中，我们常能听到这样一句话：
"我们的语言中没有你们这种说法。"此说很能体现语言之间的差
别。我在不少地方说过一些语言表述的"不可译性"，讲的也是这
个意思。在当今世界的现存语言中，德语创制概念的空间尤为宽
广，几乎没有多少拘囿，从而特别适合于哲学思考。20 世纪的重要
思想家海德格尔（Martin Heidegger, 1889—1976）充分认识到并充分
利用了这一点。很难想象，他用其他语言也能做出同样的哲学思考。
在很大程度上，是德语（海德格尔的德语）成全了他的不少思路。

　　再回到《"她"字的文化史》，我想谈一下这部著作与一些方法
学思考的关系，也就是我在阅读这部书稿时所想到的一些研究
方法。

　　这本书立刻使我想到了"知识考古学"。福柯（Michel Foucault,
1926—1984）把自己的研究看作"知识考古学"，其实就是一种类
型的话语分析，钩稽"话语实践"亦即"话语事件"，或曰通过局
部研究强调历史话语的偶然性、断裂性和物质性，以呈现事物不再
以同样的方式被感知、描述、刻画、表达、分类和认识。当然，联
系福柯只是我阅读这部书稿时的直接感受所引起的，并非见重福柯
的知识考古学或谱系学方法的哲学追求及其浓重的解构色彩，而是
直取字面含义：l'archéologie du savoir——知识考古。①

　　另外，本书书名马上会让人想到陈寅恪的"凡解释一字即是作

① 我在文中采用的"知识考古学"是中国大陆学界约定俗成的译法。福柯所用的
　l'archéologie du savoir，其实译成"知识考古"即可。尽管在英汉、法汉、德汉辞
　典中，archaeology、archéologie、Archäologie 译为"考古学"，而且它也确实是一
　门学科，但是在特定组合中（尤其是同"知识"之类的抽象概念的组合），西方
　语言中的这个概念常常表示查考和钩稽。王德威将福柯著作的书名译为《知识的
　考掘》（台湾麦田出版有限公司，1993 年），还是比较贴切的。

一部文化史"之说，这也是本书作者研究"她"字时的明确的方法论追求。应该说，这一研究是成功的，我们确实看到了"她"字的一部色彩斑斓的文化史。我们应当把陈氏说法看作方法论和方向性的定位。将其落实到实处，当为很具体的研究，而不是以一个字为依托来撰写文化史，世上还无此先例。以"她"字为例，我们看到的是"这个字的文化史"，是文化史中的一个事件，文化史的一个截面。

当然，作为一个对"概念史"或"历史语义学"做过些微研究的人，我很自然地会把"她"字考古与历史语义学联系起来。该著全方位地揭示出这个字的生成语境和发展脉络，并将单独词语的分析扩展为词语群、概念架构和概念网络的探讨。历史语义学不仅分析特定概念（词语）的"含义"和"运用"，也观照相近概念、平行概念、对等概念、颉颃概念同某个特定概念的关系，探索它们多层次的关联，这在本书中表现得淋漓尽致。

最后我要强调的是本书的材料功夫。不管是"知识考古学"还是"历史语义学"，材料是重中之重；更何况为一个字写一本书，没有充足的材料是不行的。只有材料翔实，才能做到有话可说、有东西可写，才能做到"游刃有余"。以科塞雷克（Reinhart Koselleck, 1923—2006）主编的八卷本大辞典《历史基本概念——德国政治/社会语言历史辞典》（1972—1997）为例，它的基础是材料。这部"辞典"不是传统意义上的"词条"汇编，而是论述基本概念的文集，其中的许多论文超过百页，完全可以单独成书。此外，就德国经验而言，从概念史看社会史、思想史或文化史，首先是史学家的专长，成就最大的也是他们。兴涛是中国人民大学的史学教授。记得在四五年前，《近代史研究》杂志曾把他的一篇名为《晚清民初现代"文明"和"文化"概念的形成及其历史实践》的论文寄往德国让我做匿名评审，当时给我留下深刻印象的，除了该文的新视角、新观点外，便是作者对大量资料的掌握和运用。文章发表以后，我才知道作者姓甚名谁。后来有幸与兴涛结识，随着对他学术了解的深入，最初的深刻印象也渐渐成了实实在在的确信。就本书而言，我想，即使是一位与他素昧平生的读者，也一定能够猜出是出自一个史学家之手，书中许多地方对材料的挖掘和把握，委实让人敬佩。

近年来，兴涛以扎实的材料功夫为依托，在相关研究领域提出的新思路、新观点，无疑给历史研究展示了新的视野，给予了新的启发。实际上，《"她"字的文化史》这部新颖而精彩的论著，不仅是兴涛奉献给史学界的力作，也是人文社会科学界的相关研究所期待的跨学科成果。相信许多读者都会喜欢它。

一个概念一本书

读冯天瑜先生新作《“封建”考论》*

　　我在西洋从事中国文学与思想史的教学和研究多年；如何将有些重要的汉语概念移译成西洋语言，常常是一个令人困惑的问题，“封建”便是一例。这里说的并不是翻译用词问题，而是“概念”与“指称”的问题，“名”与“实”的问题，也就是接受者是否能够理解的问题。在现当代汉语语境里，诸如“封建意识”“封建迷信”“老封建”之类的表达是不难理解的；而将其直译成西洋语言，西人定会感到摸不着头脑，不明白没有“封建”的上下文里为何“封建”。

　　“封建”（即“封土建国”“封爵建藩”）这个汉语古词在20世纪发生了指称的变化，获得了“新”的含义和标记，其词义特征与古义“封建”几乎无缘。笔者以为，所谓“封建”新义，或曰此概念蜕变后的内涵和外延，至少可以归结为三点：首先，“封建”指称1911年之前中国历史上的皇朝时代；而1949年前的一百年时间，也常被称为“半封建”时代。其次，“封建”用以状写与所谓封建传统和封建社会相关的意识形态。再次，在人们谈论所谓封建残余的时候，或论说保守的、愚昧的、落后的、迷信的行为方式和

＊　本文原载《中国图书评论》2006年第9期，第62—65页。此稿添加了几个脚注。

思维的时候，亦常出现"封建"一词。以上三点，大概可以包括绝大部分中国人的语言实践。即便在学界，似乎大部分人至今还在用"封建制度"描写秦汉以降的各代王朝。甚至连不少史学家也已经不再考虑"封建"概念的词源和语义，或不再想到，今天的封建概念，至多只是约定俗成而已，并不能说明约定的准确与否。在这种状况下，冯天瑜先生的大作《"封建"考论》①（下称《考论》）的发表，无疑具有非同一般的意义。

本文开头所说之翻译的困惑，主要是说，一个误用的概念无法得到正确的翻译。这种概念的误用，正是冯论所说的概念误植所致，或曰"名实错置"。早在《新语探源——中西日文化互动与近代汉字术语生成》一书及其他一些单篇论文中，冯天瑜已对不少误植概念做了可贵的厘定工作。在概念史研究中，指出误植固然重要，更重要的是弄清误植的缘由，这就往往需要长篇大论甚至一本著作论述一个概念，《考论》为我们提供了一个范本。它不但指出今天的封建概念既与汉语本义脱钩，又与英语 feudal system 或 feudalism 相左，而且还明晰地展示出整个概念的发展和演变过程，以及这个多少已经变得不伦不类的泛化概念的来由。使《考论》这部难得之作与其他同类研究区分开来的，首先就是它的篇幅。换言之，中国学界明确地在历史语义学的层面上，一本书论一个概念，此著当为开山之作。当然，《考论》巨制，非言纸张之重，而是内容丰厚。

与《新语探源》相仿，此作依然围绕中西日互动展开讨论，探索一个概念的古今沿革。中西日交叉关系是目前谈论晚清西学东渐

---

① 冯天瑜，《"封建"考论》，武汉，武汉大学出版社，2006 年。

话题的一个常见框架，冯氏研究则在结构上更加突出了这一交叉关系。中西日互动或许最能体现于"封建"一词与 feudalism 交接之初。当美国传教士赫本（James C. Hepburn, 1815—1911）编撰的《和英语林集成》（1867）的第二版（1872）或柴田昌吉、子安峻编撰的《附音插图英和字汇》（1873）起用汉语古词"封建"与英语"feudalism"对应，用"封建的"翻译"feudal"，应该说是极为精准的，原因是日本与欧洲封建制的酷似以及日本自古袭用的汉语"封建"之名与西洋概念的匹配。对此，冯文做了极为精当的论述。其实，用"封建"写照欧洲中世纪的社会和政治形态，已经见于魏源的《海国图志》（1843）和徐继畬的《瀛环志略》（1848）。在这两部介绍外国史地、政治习俗等概况的名著中，"封建"一词虽不常见，但却用得恰到好处，例如魏源说欧洲诸国近代"变封建官家之局，而自成世界者"①。鉴于魏源等人之著多以一些洋人汉语著述为蓝本，我们多少可以窥见当时中西封建概念的对接，窥见"feudalism"概念在中土的移译，尽管论者常常是引用他论，而不是从翻译的角度介绍欧洲的 feudal system。

　　19 世纪下半叶，封建概念还未异化。郑观应在《易言·论公法》（1880）中指出："考诸上古，历数千年以降，积群圣人之经营缔造，而文明以启，封建以成。自唐、虞讫夏、商、周，阅二千年莫之或易。"② 谭嗣同则在《仁学》（1896/1897）中说"自秦以来，

---

① 魏源，《海国图志》卷六十，陈华等校点注释，长沙，岳麓书社，1998 年，第1662 页。

② 郑观应，三十六篇本《易言·论公法》，《郑观应集·救时揭要（外八种）》（上），夏东元编，北京，中华书局，2013 年，第 66 页。

封建久湮"①。时至 19、20 世纪之交，也就是封建概念从日本返回中国的时候，梁启超将"封建"与"feudal"相对应，将中国周代国体与古希腊国体相比（《论中国与欧洲国体异同》，1899），或论述春秋战国至秦代由地方分权趋于中央集权，"及秦始皇夷六国，置郡县，而封建之迹一扫"②。此时，梁氏所运用的"封建"一词，既是正宗的中国概念，又是接受了西方学术、经日本与西方"feudalism"相通约的概念；也就是说，在真正的中西日互动之时，"封建"还是一个纯正的概念，而且成功地实现了与"feudal"的对接。清末民初，基本上还未出现"封建"术语紊乱的现象，误植或对一个纯正概念的歪曲是以后的事。

冯天瑜的《考论》对这个重要概念进行了全方位的梳理。没有对大量材料的把握及深厚的功底，此工程是无法完成的。尤其令人钦佩的是冯氏对日本材料如数家珍似的陈述与分析。此书日本封建概念史部分，汇总东西洋考，兼及中西交汇；分则可视为一部精巧的日本封建概念史，将其镶嵌于古今中国"封建"论，合为一部充满动感的概念发展互动史。从方法上看，此作是平行研究与影响研究的成功结合；加之一些范例比较，更有助于辨析。另外，书中除专章阐述欧洲"封建"术语外，无论是在日本部分还是中国部分（不包括中国传统的封建论），对欧洲封建概念的关照总是或明或暗地体现在全篇论述之中，因此，《考论》也是对西方各种封建论的一次大的检阅。这样，我们又看到了概念史跨文化研究的成功

---

① 谭嗣同，《仁学》二十二，《谭嗣同全集》下册，蔡尚思、方行编，北京，中华书局，1981 年，第 368 页。

② 梁启超，《中国专制政治进化史论》，《饮冰室文集》之九，林志钧编，上海，中华书局，1936 年，第 66 页。

尝试。

《考论》一方面系统地再现了中西日众多的封建论，另一方面对中国封建概念在 20 世纪的异化做了详尽的论述（这也是认识误植的关键）：从陈独秀的"泛封建"观到苏俄及共产国际的封建中国说，从中国社会史论战到毛泽东的论说对"封建"新名之定型的意义。这一切都给我们展示了一幅曲折的历史长卷，让我们看到封建概念在 20 世纪之演变的来龙去脉、前因后果。同时，我们又不得不提出一个问题，即诸多名家对泛化封建观的质疑或者坚持精当的"封建"用词，为何无力修正脱钩和误植。在此，我们看到了一个概念的不平常的命运，看到了非学术对学术的干扰；或如著者所指出的那样："'封建'泛化，绝非由于论者不通古义、西义，而是另有缘由的。因此，'封建'概念被泛化，不单是一个语义学问题，更是历史学、文化学问题，可以总结为'历史文化语义学'问题。"①

陈寅恪有"凡解释一字，即是作一部文化史"② 之名论，此说似乎略嫌夸张。不过，不少文史哲核心概念的解释，其非同一般的意义是毋庸置疑的。《考论》的问世，似乎可以让人比较直观地领会陈寅恪解字作史的见解。《考论》无疑是一部精湛的封建概念学术史。言其精湛，很大程度在于这部力作的拨乱反正和继往开来。拨乱者，非自冯氏起；而冯氏拨乱，气势过人。《考论》是作者长期关注名辩、对一个概念反复思考的结果，冯氏对泛化封建概念的怀疑及其纠正的努力，已见于其十五年前的《中华文化史》中对中

---

① 冯天瑜，《"封建"考论》，第 7 页。

② 陈寅恪，《致沈兼士》，见《沈兼士学术论文集》，北京，中华书局，1986 年，第 202 页。

国"封建制度"的专门辨析，冯氏无疑属于当代最早关注封建概念之误用的学者之一。另一方面，《考论》精选各种名家论说，从不同的侧面反应"封建"名辩；只有在这时，我们才会赞叹《考论》为探讨封建概念的集大成之作。

当一个学科连最基本的概念还没有弄清的时候，很多学理讨论只能无异于盲人摸象，或曰公说公有理，婆说婆有理。可悲的也许并不是众说纷纭，而是人云亦云一种仿佛天经地义的东西，其实是以讹传讹天长日久，"封建"便是一个极其典型的例子。冯天瑜展示的由陈独秀开创的诸多"泛封建短语"，在现代汉语（政治）语汇中多么"理所当然"！然而，当我们看到冯氏揭示的诸如"封建地主阶级""封建专制帝王""封建专制皇权""封建官僚"等套话的自相矛盾之处，我们自会感到误用概念之滑稽。确实，泛化封建概念是历史对现代汉语开的一个不小的玩笑。只有在正本清源之后，《考论》作者才可能提出用"宗法地主专制社会"取代"封建社会"指称秦至清之帝国时代。这时，我们便能清晰地看到"正名"的重要意义，看到一个中心概念对一个学科的意义。由封建概念引发的论题，不但涉及中国历史的总体框架，亦关乎"封建"自身的定性和定位，是一个无论如何都应厘清的大概念。同样在这时，《考论》已经超出了对一个概念的论述，超出了中西日互动的讨论框架，成了对中国几千年历史的一个总体反思和考查，并给历史重新定性。

应该说，书作者提出用"宗法地主专制社会"总括秦至清之主要时段的见解是很自信的，而且做了必要的论证。然而，作者似乎还是看到了语言实践自有的规律，看到了一个概念约定俗成、难以更改的事实，冯天瑜因而说其正本清源，也在于让人们在将错就错之际，知道错在哪里，正解在何方。笔者也曾对几个汉语重要术语做过些微梳理，与冯先生的上述看法大约相同，为的是让人知道"原来如此"。不过我现在想，中国"封建"论者逾越千年，"将错就错"不过才大半个世纪，人们不见得会一错到底。既然这没有封建的"封建"属于子虚乌有，执迷不悟总有到头的时候。其实，笔者所见的西洋升堂入室之中国史论，秦汉至明清，一般不会以"封建"论之，而是"官僚中央集权制"之类，或者是早已见之于梁启超的"专制政治社会"等。中国当代对以"封建"论秦之后二千余年的考问，也是在对外开放以后的中西交流，促进了对西方"feudalism"以及对本土原本封建词义的再思考以后的事。我相信，通过学人的论说，教材的更正，汉语封建概念的普遍正确使用只是时间而已。到那时，人们依然会想起 2006 年的一本书所做出的非同一般的贡献。

笔者不是历史学家，不敢冒昧评说《考论》对中国史学研究的意义；但是凭直觉，此书当为史学不同凡响之作。无论如何，有一点是可以肯定的：在汉语历史语义学领域，《考论》的重要性及其典范意义是毫无疑问的。冯天瑜在其《考论》释题时指出，此书"由词义史之'考'导入思想文化史之'论'"[1]。我以为，这是一部有分量的历史语义学著作或论文的关键所在。论词溯源只是为了铺陈，释义才是宗旨；而人文社会学科的一些关键词，本身就直逼思想史要害，也只有在思想史的高度才得以廓清。对做概念史的人来说，尤其可以从冯著对"名辩之学"的阐发中得到颇多启示，冯氏力倡名辩之学亦言之有理，而《考论》本身，便是对名辩之学的

---

[1] 冯天瑜，《"封建"考论》，第 8 页。

意义的一个最有说服力的注解。

　　最后，笔者想就《考论》中提出的"历史文化语义学"概念发表一点看法。此说当为"历史语义学"的延伸或扩展。加入"文化"，自然是为了强调文化在词语和概念发展中的重要作用，或视之为不可或缺的因素。或者，这里只是一种限定，研究一些与文化有关的概念之历史。我所理解的"历史语义学"，是研究某一个词语或概念的生成、发展和变化及其同其他一些相关概念的关系，注重一个概念的发展和定型过程，或不同时代对一个概念的不同认识。人文社会学科中不少概念的发展，往往与不同的历史、政治、社会、文化、地域有着不可分割的关系。假如说"历史文化语义学"中的"文化"是一个广义概念，那么，加入"文化"似嫌累赘，因为"文化"是"历史语义学"研究的应有之义，这或许也是陈寅恪所说"解释一字，即是作一部文化史"之缘由。如果"历史文化语义学"取狭义之"文化"，又会给人拘囿之感，因为很多概念本身，超出了狭义文化范畴。且以"封建"为例，它与历史和文化有关，同时也是社会学和政治学的议题。同样，封建概念的名实错置亦即旧名向新名的转换，固然由于"一些史家那里发生了文化错位"① 所致，但还有不少学术与非学术的原因。另外，在狭义文化范畴内探讨"科学""革命""商品""市场""细胞"等概念的语义发展，也有不够贴切之处。因此，笔者还是觉得简用国际学界约定俗成的"历史语义学"（英：Historical Semantics；德：Historische Semantik；法：Sémantique historique）为妥。

---

① 冯天瑜，《"封建"考论》，第6页。

历史沉淀于特定概念

——评金观涛、刘青峰《观念史研究：中国现代重要政治术语的形成》*

一、 概念史与观念史

无论是在历史学、社会学领域，还是在哲学、政治学或者其他领域，在概念或观念变化之类的问题上，还有很多问题没有真正的答案，或许我们永远无法得到最终答案。我们容易做到的是（而且不断有人在这么做），确证某一年代（年代 A）与另一年代（年代 B）之间发生了某些变化：原来如何如何，后来不这样了。但是事情肯定不是这么简单。我们如何才能描述变化的过程呢？什么才是"社会事实"（杜尔克姆［Émile Durkheim］语）呢？社会事实背后的观念形态又是怎样的呢？

语言随着时间的推移而变化，概念的含义也会出现变异。我们的研究不只是要弄清某个概念曾经有过的含义，厘定它在具体文本中的含义或者没有的含义，还要弄清含义变化和确立的缘由。语义变化为何得以确立？是什么促成了语义的变化？如何描述语

---

* 本文原载《二十一世纪》2009 年第 2 期，第 101—108 页。此稿添加了脚注，个别文字和语句稍有改动。

义变化的动因？这些都是研究者需要提出的问题，回答这些问题常常需要艰难的考究。有一种观点认为，语言的变化直接与它的运用有关；不是社会的变化或一个社会团体的发展阶段决定语言的变化。因为我们运用语言，所以它在变。这个结论看似简单，蕴涵却很丰富。当然，对这些问题的认识，至今还是见仁见智。

　　以观念史和知识论研究著称的美国历史学家洛夫乔伊（Arthur O. Lovejoy, 1873—1962）于 1936 年发表专著《存在巨链——对一个观念的历史的研究》①，并于 1940 年创刊《观念史杂志》（*Journal of the History of Ideas*）。不过在德国，也早有狄尔泰（Wilhelm Dilthey, 1833—1911）的"精神科学"研究方向在先。对概念史研究具有里程碑意义的是，罗特哈克尔（Erich Rothacker, 1888—1965）于 1955 年主编出版《概念史文库》（*Archiv für Begriffs-geschichte*）年刊，伽达默尔（Hans-Georg Gadamer, 1900—2002）曾长期是该年刊的领衔合作者。约在半个世纪前，"概念史"（Begriffsgeschichte）亦即"历史语义学"（Historische Semantik）受到德国学界重视，并逐渐获得国际声誉。后来，英美史学家偶有听说德国的概念史研究，发现了这种研究方法的价值，称之为 History of Concepts 或 Conceptual History，或直接采用德语 Begriffsgeschichte。② 然而"概念史"在英美世界不怎么被人看重，

---

① Arthur O. Lovejoy, *The Great Chain of Being：A Study of the History of an Idea*, Cambridge, Mass：Harvard University Press, 1936.

② 参见里希特 1990 年前后的相关著述，尤其是《政治/社会概念史——综合述评》（Melvin Richter, *The History of Political and Social Concepts. A Critical Introduction*, New York: Oxford University Press, 1995）。

人们更为推崇的是波考克的《古代宪法与封建法律》①和《马基维利时刻》②，或者斯金纳《近代政治思想的基础》③那样的观念史经典。

1990年代以来，中国学界也发现了这些"新"的研究方向或方法。就目前中国大陆学界的相关研究而言，尽管各有明确的说法，可是总的说来似乎并不存在"观念史"和"概念史"的明显区别。有人称相关研究为观念史研究，有人喜于历史语义学（概念史）研究，更多的人热衷于关键词研究。需要说明的是，这里所说的相关研究只在一定程度上涉及近年来中国书市上的《政治哲学关键词》④、《西方文论关键词》⑤之类的专著，它们多半不是专门从概念史或观念史的角度考察问题，而是"分门别类"地阐释相关学科的重要概念。本文所关照的主要是与德国经典的八卷本《历史基本概念——德国政治/社会语言历史辞典》⑥，或威廉斯（Raymond Williams, 1921—1988）著《关键词：文化与社会的词汇》⑦之研究

---

① John Pocock, *The Ancient Constitution and the Feudal Law: A Study of English Historical Thought in the Seventeenth Century: A Reissue with a Retrospect*, Cambridge: Cambridge University Press, 1957.

② John Pocock, *The Machiavellian Moment: Florentine Political Thought and the Atlantic Republican Tradition*, Princeton: Princeton University Press, 1975.

③ Quentin Skinner, *The Foundations of Modern Political Thought*, Cambridge: Cambridge University Press, 1978.

④ 张凤阳等著，《政治哲学关键词》，南京，江苏人民出版社，2006年。

⑤ 赵一凡等主编，《西方文论关键词》，北京，外语教学与研究出版社，2006年。

⑥ *Geschichtliche Grundbegriffe. Historisches Lexikon zur politisch-sozialen Sprache in Deutschland*, 8 Bde, hrsg. von Otto Brunner, Werner Conze, Reinhart Koselleck, Stuttgart: Klett-Cotta, 1972–1997.

⑦ Raymond Williams, *Keywords: A Vocabulary of Culture and Society*, London: Fontana Paperbacks, New York: Oxford University Press, 1976.

方法相似的考证。

不管对观念史或概念史方法的理论自觉如何，近年来的不少研究成果是可喜的，有长篇大论，也有要言不烦的短文。不仅在中国本土，西方也有对近现代汉语学术用语的可观研究。"历史语义学"（德：Historische Semantik；英：Historical Semantics）的追求是明确的：对特定概念的语义生成和嬗变进行历史诠释。我们应该看到，在理论自觉之前，不同学科已经有人对一些重要概念做过梳理，中外都是如此。前期研究常能给我们提供有益的线索。

二、 从思想史向观念史的转换？

金观涛和刘青峰二位先生 1990 年代以来在这个领域做了大量开拓性的工作，并取得了令人瞩目的成就。他们十多年来的研究成果不仅体现于大量长篇论文，更见之于他们的一些独特认识。鸿篇巨制《观念史研究：中国现代重要政治术语的形成》①（下称《观念史研究》，引用只注页码）便是他们以关键词为中心的中国近现代政治术语研究的结晶。他们所理解的"观念史"，对应的当为英美的"history of ideas"；用他们的话说，"观念是指人用某一个（或几个）关键词所表达的思想"，而"所谓观念史就是去研究一个观念的出现以及其意义演变过程"（页 3）。他们在这部论集中探讨了中国近现代史上的十个与政治相关的重大观念及其近一百个关键词的意义演变轨迹。从这个意义上说，金、刘的考察不仅传承观念史

① 金观涛、刘青峰，《观念史研究：中国现代重要政治术语的形成》，香港，香港中文大学出版社，2008 年。

传统，而且同德国的概念史方法也很贴近。这也是本文在前面先说"概念史"和"观念史"的缘由。

英美和德国的历史学家在探讨政治和社会思想的时候有着方法上的区别，也就是"观念史"与"概念史"的区别。但是近年来的一些研究实例表明，它们的共同之处也是显而易见的。二者在某种程度上你中有我，我中有你。科塞雷克（Reinhart Koselleck，1923—2006）所代表的概念史研究的发展和成熟，是对纯粹编年史式的政治事件史的拒绝，也是对脱离政治/社会语境的观念形态亦即"永恒观念"（洛夫乔伊：immutable ideas）的超越。正是在这里，我们可以看到金、刘《观念史研究》的有益尝试。另外，对概念群、概念架构和概念网络的探讨，也是该著与概念史的相近之处。当然，我们需要廓清德国"概念史"同英美"观念史"的一个重要区别：观念史基本上不涉及词语符号和语言构造；另外，"概念史"显然还包括"观念史"无法涵盖的许多概念，也就是不依赖某种理论和观念体系所产生和发展的概念，甚至它们的某些"突变"。

且不论金、刘的专著究竟与"观念史"还是"概念史"更近；他们用"观念"或"概念"阐释了思想，这是毫无疑问的。在此，我们需要了解"观念史"和"概念史"的重要起因：西方传统的思想史研究主要集中于考察大思想家的经典文本，从亚里士多德说到马克思等近现代思想家。这种论述格局遭到了晚近学者的非难，他们诟病往昔的研究没有证实那些大思想家的社会代表性，对常用的政治和社会用语缺乏钩稽。这便是出现"概念史"和（剑桥学派）新式"观念史"的主要方法论背景，并使其明显区别于传统的思想史研究，从内容到方法都焕然一新。

金、刘二位的志趣，显然不只停留在观念本身，而更多在于显示观念与行为的关系，也就是伯瑞（John B. Bury, 1861—1927）在他的《进步的观念》（*The Idea of Progress：An Inquiry into its Origin and Growth*）中所说的思想：观念不仅是一种智力行为，同时也包括知觉和意志的某种特定方向（页3）。换言之，每一种观念都是一种力量，并通过对行为的影响而实现其自身目的，例如"民主""科学""进步""改良""革命"等。金、刘结合中国近现代史，从他们的研究出发，提出其大胆设想，即研究视野的转换——从思想史向观念史的转换，并以此对一些历史现象做出新的定位。[①]

他们认为，以往的思想史研究主要建立在对某一人物、某一著作或某一流派的分析的基础上；因为思想和语言之间的关系不很明确，不同研究者对同一文本的分析，常会得出迥异的结论。而现在可以用观念史的方法，找出表达某一观念所用过的所有关键词，并根据句子来判断某一关键词的意义，通过核心关键词的意义统计分析来揭示观念的起源和演变。于是，"观念史就可以从思想史研究中分离出来，成为思想史研究的经验基础"。而且，它"具有相当大的客观性"（页5）。鉴于历史文献数据化在当今的快速发展，以及他们所占有的庞大数据库，金、刘竭力倡导"数据库方法及历史研究的范式转变"。他们的研究成果正是这一研究方向的难能可贵的尝试。这不但给同行带来启发和思考，也可以引起刚刚涉足这个领域的人的学术兴趣。

他们的研究常常别开生面，试举一例为证：甲午战争是影响中

[①] 这一转换之说，有其明确指向，但在英美或许会引发理解上的困难，因为英语学界——例如波考克和斯金纳——时常混用"观念史"（history of ideas）和"思想史"（intellectual history）。

日韩三国历史发展的重大事件。尽管如此，中国学界对这次战争的起源和影响的历史考察，往往是从中国立场出发，得出与中国有关的结论，例如它对中国现代思想史产生的巨大影响，以及它所开启的转型时代，等等。金、刘则探讨参与这场战争的各方动机，从而进入与动机紧密相关的观念世界，以认识甲午战争的历史面貌。应该说，他们得出的结论是令人信服的：在中日韩三国不同的观念系统中，对这场（同样对日本和朝鲜近代思想冲击巨大的）战争的原因，三个观念系统在战后对事件的记录、反应、解读，都遵循各自的逻辑和理据展开。支配中日韩三国参战的普遍观念不同，因而对不同观念的反作用也大不一样。对甲午战争的"鸟瞰"，使我们对这场战争有了一个全方位的认识：甲午战争成为三个观念史图像中的事件，展示出各自深刻的思想原因。

金、刘对甲午战争的精到分析，尤其是其观察问题的立场告诉我们，一种片面的分析，极可能导致片面的结论，甚至错误认识。其结果是，对同样一个问题不可能形成真正的对话。这里涉及的当然不是对事件的不同指称（日本称甲午战争为日清战争），或者对某一事物的不同表述，而更多的是历史形成的语义。我们在此不妨用欧洲的一个例子来说明这个问题，也就是人们对德国的和平主义运动的扭曲看法：尽管德国人和法国人在过去的二百年中经历了不少共同的历史，但是他们的经历是不同的。因此，其回忆、解释、忘却或纪念的方式也是不同的，特定概念的内涵和外延也有区别。在那些了解历史的法国人那里，"和平主义"（pacifisme）会让人联想到《慕尼黑协议》，亦即对希特勒扩张主义的妥协，还有1940年的惨败在法国集体记忆中的创伤记忆。从此，1914年之前以及两次世界大战之间在法国起过重大作用的"和平主义"概念，便成了民主凋敝的同义词，等同于失败主义或者沆瀣一气的卖国主义，是一个不名誉的概念。换一个主题：中国和日本对《马关条约》的理解和感受是不同的，中国和西方国家对《凡尔赛条约》的理解和感受也是不同的。

三、 如何客观地再现历史？

史学看来确实像本雅明（Walter Benjamin, 1892—1940）说过的那样："史学不仅是科学，也是铭记方式。"[1] 也就是说，这里涉及的是用怎样的方法客观地再现历史。金、刘在阐释"是什么"和"为什么"的时候，依据的是其数据库，当然还有在此基础上对历史背景和文本结构的分析，从而在另一个层面上又回到了思想史研究方法。他们认为，以数据库中的例句为中心，可以确定某一词语在一个句子中的真实含义，得以使研究者获得共识，而不像从前那样对某一流派或人物的思想众说纷纭。现在，"观念史研究变得可以验证了"（页 444）！他们之所以这么做，是因为他们认为以往研究中存在缺陷：迄今的有关历史整体模式和长程结构之研究，大多只是停留在哲学和观念史的思辨层面上。

无论是黑格尔（G. W. F. Hegel, 1770—1831）的历史哲学，还是柯林武德（Robin G. Collingwood, 1889—1943）的观念史，都没有将经验研究（实证考据）与思想分析结合起来，用史料鉴别理论更是不可能。当然，我们在这里不能忘记 19 世纪相当有名的历

---

[1] 本雅明，《巴黎拱廊街》，《本雅明文集》卷五（1），第 589 页（Walter Benjamin, "Das Passagen-Werk", in: *Gesammelte Schriften*, V/1, hrsg. von Rolf Tiedemann und Hermann Schweppenhäuser, Frankfurt: Suhrkamp, 1999）。

史主义，也就是对经验主义的皈依。德国 19 世纪最重要的历史学家兰克（Leopold von Ranke, 1795—1886）便主张历史研究必须基于客观的档案资料，然后才能如实地呈现历史原貌。

不同的学术流派、价值取向和阐释方法可以围绕某些问题争吵不休，各种文化可以相去甚远。可是谁都必须看到和承认，特定历史时期的特定语境中存在特定的话语。人文科学属于软科学，有人甚至不把它看作真正的科学，至多只是文献而已，且时常给人虚无缥缈之感。因此，抓住实实在在的事实就显得尤为重要，例如人们在概念史领域所做的工作。

毋庸置疑，人文和社会科学内的真正的概念史研究与思想史难解难分。但是它们之间又有着明显的差别。思想史可能会涉及语词，但是不会抓住不放。一本思想史杂志可以发表关于柏拉图（Plato，前 427—前 347）和亚里士多德（Aristotle，前 384—前 322）历史哲学的论文，而这在历史语义学或概念史数据库中却是不可能的。后者关注的重要问题之一，便是语言的运用和嬗变。这里所说的历史语义学数据库，当为一种特定设置的数据库。目前不少研究机构所开发的历史文献的全文数据库，可以为观念史亦即思想史研究所用，但是也完全可以为其他研究目的服务。

在研究视角上实现从思想史到观念史的转换，或许是一个过于大胆的设想，因为这样会出现"泾渭分明"的现象。其实，二者本来的关系应该是互补的，或者说很难分开，甚至是一回事。当初，不少西方学者把日渐走红的概念史称为史学研究的一个方向，或许不是没有道理的，然而其前提是，它终究还是在史学研究框架之内。换言之，它是一种研究方法，如同世界上存在阐释学、话语分析、解构等方法一样。或许在新的观念史里所发生的一切，确实是研究视角的转换，然而不是为了取代思想史，而是"使得思想史研究成为可以检验的"（页 6）。因此，从思想史到观念史的转换，似乎有些说过头了。

事实上，不存在没有历史的概念，也没有不与不同史实发生关系的历史。因此，历史语义学描述特定语词和概念的生涯，首先不在于查清和描述准确无疑的含义，更多在于发现隐藏在特定概念和历史背后的需求和动机。与问题意识一样，思想史的文本不是本应如此，它们常常是历史长河中不同思想的融合、变奏或者对立形态的一部分。历史语义学旨在探测概念的历史原貌，呈现不同的关联，以揭示特定概念的作用和意义如何凸显于历史。根据科塞雷克等人的观点，历史语义学的主要前提是：历史沉淀于特定概念并凭借概念成为历史。于是，我们在这个领域的任务便是如何在当今呈现历史。

谁也否定不了，人们可以在数据库中找到实在的"证据"。它所提供的，是所有概念史研究所需要的东西：实证资料。说到底，数据库方法并没有改变从前考证文献的性质，它只是以当代技术代替了卡片，可以让人将更多的时间用于分析研究。当然，笔者在此不否认量化研究的巨大能量，不否认量变到质变的可能，也不否认电脑制作图表的绝对优势。不过，人文和社会科学领域的实证方法，或许永远不能达到自然科学领域所能达到的精密程度。目前有关中国近现代史的不少数据库，规模已经很大，可是与更为浩瀚的历史文献相比，它们依然不是"面面俱到"，而且在可见的将来还是如此。我在这里不是宣扬一种学术研究中的虚无主义。正相反：我们不应因噎废食，必须看到实证数据的不同凡响的实力。

其实，这里讨论的中心思想还是一个老话题，为了达到"真实性"，或者尽量贴近历史，就必须尽可能排除当下的价值取向，用实证的方法去认识当时支配历史事件的观念，也就是以信而有征的语言运用数据为依托。然而，实证研究的最大问题之一，其实与以往的研究模式（包括其他研究方法）也没有多大区别，即如何加工历史材料。而在概念史领域，它涉及特定概念（关键词）的历史形态，以此反映历史概念的原貌及其发展。

例如鲁纳（Rune Svarverud）深有研究的汉译英文"right"的问题：不少研究者认为，汉语第一次选用"权利"翻译"right"，是在总理衙门资助、京师崇实馆印行的丁韪良（William Martin, 1826—1916）译《万国公法》（1864）中，该著至今被不少人视为最早出现国际法领域汉语译词的译作，原作为惠顿（Henry Wheaton, 1785—1848）的《国际法原理》（*Elements of International Law*，又名 *Wheaton International Law*，1836）。然而，我们要追溯"right"这个中译英语概念的历史原貌，自然不能视之为洋务运动期间才传入中国的概念，它已见于六十卷本《海国图志》（1847）之《夷情备采》中译自英文的节选《滑达尔各国律例》，原文为瓦泰尔（Emer de Vattel, 1714—1767）的《万民法》（这部名为 *Le Droit des Gens* 的著作于 1758 年在法国出版，英译本 *The Law of Nations* 于 1759 年在伦敦问世）。① 传教士伯驾（Peter Parker, 1804—1888）与袁德辉的两篇译文紧邻而刊，似乎出于原文中相同的段落，译笔却大相异趣。伯驾译"right"为"改变"，并用同样的概念翻译"preservation of right"，而用"应有此事"翻

---

① 关于《万民法》在中国的首次译介，参见鲁纳，《万民法在中国——国际法的最初汉译，兼及〈海国图志〉的编纂》，载《中外法学》第 12 卷第 3 期（2000），第 300—310 页。

译"prosecute our right";袁德辉对这三处的翻译分别为"道理""保全自己道理"和"伸吾之道理"。它们或多或少涉及西方"right"概念除法律权益之外,对个体自主性的"正当性"和"理所必然"的含义,如袁德辉译本所言:"此等道理常在人心中,亦人人所共知。"①

要探讨这里的"right"的中译,至少涉及两方面的内容,一是不同译者为何选用不同译词,这是一个很复杂的问题;一是这些译词后来为何被淘汰,而《万国公法》译文几乎只强调国家权力和利益、不顾个体自主性的"权利"终得确立,这同样是一个很复杂的问题。这就使历史语义学的考证尤为艰辛,知识考古的有趣之处也正在于此。

金、刘在探讨中国近现代从西方引入的政治观念时,发现他们所查考的一些关键词(译词)从生成到确立,常常依次经历了"选择性吸收""学习"和"创造性重构"三个阶段。应该说,这种现象在不少新概念的发展史中是可以考证的,这一发现也颇具慧眼。然而我们也必须看到,就近现代汉语学术用语整个发展而言,这三个阶段不一定总是以阶梯向上的形式出现,它们常常是同时的,而且在很大程度上互为因果。

四、"辛亥革命"是不是革命?

金、刘依托于 20 世纪哲学研究的语言论转向 (linguistic turn)

---

① 见《滑达尔各国律例》,载魏源《海国图志》(下)卷八十三,陈华等校点注释,长沙,岳麓书社,1998 年,第 1992—1995 页。

亦即语言学和哲学的交汇，这是极有见地的。历史上的某一种普遍观念转化为社会行动时，一定可以找到语言上的证据，任何观念的表达和传播都离不开语言。普遍观念转化为社会行动，或者社会行动反作用于普遍观念，总是体现于表达有关观念的概念。我们可以在此看到科塞雷克的一个重要立论，即社会或政治的重要概念一方面是语言之外的事物的语言表述形式，例如社会结构在历史进程中的变化所需要的概念呈现；另一方面，重要概念本身被看作历史发展的推动因素。[①] 确实，围绕历史语义学而展开的一系列思考，正是在"语言论转向"以及由此而生发的唯心主义史学之危机的基础上发展起来的。

《观念史研究》中的一个颇为耀眼之处，是探讨何为推动辛亥革命的主要观念的问题，其结论与以往的主流观点相左。笔者从未见过类似的"颠覆性"论断，亦由于它必然引发歧义，我想在此做一些补充说明，聊备一格：

金、刘根据其数据库中 1890、1911 年"革命"一词的使用频次发现，清廷推行预备立宪的几年中，"革命"一词很少出现，且在主流社会往往带有贬义；1911 年正是"革命"一词使用的最低谷。论者将这一语言现象同 1910 年和 1911 年间恰好是革命党活动

---

① 参见科塞雷克，《历史基本概念——德国政治/社会语言历史辞典·导论》卷一，第 XIII—XXVII 页（Reinhart Koselleck, "Einleitung", in: *Geschichtliche Grundbegriffe. Historisches Lexikon zur politisch-sozialen Sprache in Deutschland*, Bd. 1, hrsg. von Otto Brunner, Werner Conze, Reinhart Koselleck, Stuttgart: Klett-Cotta, 1972, S. XIII - XXVII）；科塞雷克，《概念史与社会史》，载科塞雷克编《历史语义学与概念史》，斯图加特，Klett-Cotta, 1979 年，第 19—36 页（Reinhart Koselleck, "Begriffsgeschichte und Sozialgeschichte", in: *Historische Semantik und Begriffsgeschichte*, hrsg. von R. Koselleck, Stuttgart: Klett-Cotta, 1979, S. 19 - 36）。

的低潮结合起来进行考查。他们得出的结论是：辛亥革命不是革命，而是共和主义的实现。其根据是，辛亥革命作为观念史图像中的事件，支配其发生和展开的，主要不是"革命"而是别的观念，即当时占主导地位的共和主义观念。另外，数据库检索还表明，"辛亥革命"概念最早出现于 1912 年梁启超的《罪言》一文："辛亥革命之役，易数千年之帝制以共和。"（页 447）

在哲学领域内，历史语义学被看作一种围绕含义问题进行讨论的哲学史研究；它不直接与"事物"本身，也不仅仅与"概念"相关，而是审视所探讨的对象并赋予其特定含义的方式方法。换句话说，哲学中的历史语义学是对文化内涵的形态、转型和变形的哲学探讨。联系辛亥革命中的"革命"观念，我们首先需要廓清的是：1. 当时的"革命"概念是否与我们今天对它的理解相同；2. 其他语词表达是否能够体现"革命"观念；3. 什么才是"革命"。关于第一点，汉语"革命"旧词新用，移译"revolution"，当初与现今的含义基本相同。第二点和第三点密切相关，换言之，革命观念不一定要用"革命"一词来表述。世界历史中的无数次革命，从法国大革命到各种其他革命，很少直接打出"革命"的旗号，而是受到具体观念和具体诉求的支配（例如辛亥革命时的"共和主义"观念）。原因有三：

其一，革命是一个大概念和总体评价，描述事件的性质和趋势。假如有人说他要革命，一定会有人问他究竟（具体）想干什么，而且还能告诉他，他的行动或计划能不能算作革命。"闹革命"是抽象的，必须要有具体内涵；"打土豪，分田地"才能唤起民众。

其二，用"革命"称谓某一历史事件，往往是后加的、追认的，例如梁启超所说的"辛亥革命"。我们不排除某些事件的参与者在事件的发展过程中就称之为革命，但是它的革命性还必须到事后才能确认。世上存在失败的革命和成功的革命；也有革命的蜕变，或者"出乎意料"的革命。

其三，世界历史中的不少革命，并没有打出"革命"旗号（因为革命是危险的），为的正是达到革命的目的。这里，我们就不能用"革命"用词的频次来确认事件的革命性质和倾向。推翻帝制、建立共和属于当之无愧的"革命"，行动者的革命观念也毋庸赘言，不管他是革命党还是地方绅士。康德（Immanuel Kant，1724—1804）的一个重要思想是，君主制同样能够达到"共和"的"革命"目的（《论永久和平》，*Zum ewigen Frieden*）。

如果我们就概念论概念，那么，梁启超的"大变革"思想，无疑属于"革命"观念："今日之中国，必非补苴掇拾一二小节，模拟欧美、日本现时所谓改革者，而遂可以善其后也，彼等皆曾经一度之大变革。"① 这就是"概念史"要求研究相近概念和平行概念同某个特定概念之关系的意义所在。

---

① 梁启超，《释革》，《饮冰室文集》之九，林志钧编，上海，中华书局，1936 年，第 41—44 页。